U0483831

明清紫砂名陶典籍

◎高英姿　编

江苏凤凰美术出版社

图书在版编目（CIP）数据

明清紫砂名陶典籍 / 高英姿编 . -- 南京：江苏凤凰美术出版社，2023.5

ISBN 978-7-5580-5888-2

Ⅰ . ①明⋯ Ⅱ . ①高⋯ Ⅲ . ①紫砂陶－宜兴－明清时代－文集 Ⅳ . ① K876.34-53

中国国家版本馆 CIP 数据核字（2023）第 075178 号

项目策划 朱　婧
责任编辑 奚　鑫
郭　渊
陆鸿雁
责任校对 吕猛进
责任监印 生　嫄
责任设计编辑 孙　悦

书　　名 明清紫砂名陶典籍
编　　者 高英姿
出版发行 江苏凤凰美术出版社（南京市湖南路 1 号　邮编 210009）
制　　版 南京新华丰制版有限公司
印　　刷 苏州市越洋印刷有限公司
开　　本 787mm × 1092mm　1/16
印　　张 43.5
版　　次 2023 年 5 月第 1 版　2023 年 5 月第 1 次印刷
标准书号 ISBN　978-7-5580-5888-2
定　　价 380.00 元

营销部电话　025-68155675　营销部地址　南京市湖南路 1 号

目录

写在典籍之前的话

将紫砂茶具当成收藏和爱护的珍品，这段历史现在看来不会超过600年。细想著名茶器紫砂壶的来历，有点横空出世的感觉。明代时期的器皿国度是瓷器的天下，瓷器的艺术在这个时期已经到了应有尽有，五彩纷呈的全盛时期。有著名的宣德青花，成化斗彩，而在瓷器的国度里，晶莹和光亮这样确定的美感，青红分明鲜明的美感，瓷器出自泥土却让人有种高高在上的感觉。明代中期以来的政治，暗黑压抑，知识阶层神经紧张，不知所往。就当时的两性关系而言，宋以来的理学发展到明，人的欲望已被压抑至极，妇女的三从四德到御赐贞节牌坊，浓重的道德黑云压制到喘不出气来。然而知识分子的思想却在明代高压下迸发出启蒙的光亮，从王阳明到李贽的哲学问答，后来宋应星、徐光启的儒学走向实学，都在暗黑的封建腐败中启迪了新的人文意识。两性相悦在《牡丹亭》《金瓶梅》中蓬勃闪光，在秦淮河边的考场外滋生，无论《金瓶梅》式的纵欲还是《牡丹亭》般的生死契阔的精神，都是知识分子善感的心在人性中感受到的涌动，感受到的天性释放的快乐。一种远离朝堂和社会禁锢的轻松。

理学的演进有王阳明心学的崛起，格物致良知，我心本光明，为人生苦难找到了些许出路和希望，同时，日用即道，也支撑了平凡日子的精神家园。人心需要温暖和放松，需要于自然中寄托。日常中的茶显得亲切温暖，这个温暖和自然的道场，被挑选进入精神修炼的领域。反观技艺精湛，层层描绘，底撰大明宣德等字样的官宣和高调，人们需要找到与茶相匹配的平凡而含蓄妥帖的器皿。在文人挑剔的收罗和寻找中，紫砂器令人倍感放松。温润的质感，好像来自大地温暖的怀抱，古朴的外形也似故土老友，与人们对于茶的抽象精神追求正相契合。

竹林茅舍，砂壶椰瓢，配合着仅仅保留杀青、蒸青、炒青等简化了的草茶，新造出一个全新的道场。煮水的声音仿佛松林风声，空间中光线柔和，照在温润含蓄的器物上，发出使人爱恋的亲近光泽。人们着迷于造园，布置家居和茶室，赏玩书画，品评美人姿态，悠游其中，清幽静雅的诗意生活，成为精神寄托的理想国，也成为社会追随的审美时尚。大众开始睁开欣赏的眼睛，讲究品位的不俗。紫砂泥矿沉睡地下亿万年，阳羡（今江苏宜兴地区），做陶也有千年历史，而恰恰在明代中期开始，紫砂壶走出来，使得当时的社会摒弃银、锡、瓷的茶具，独爱宜兴紫砂壶。这实在是千载难逢的机缘，是文化的激荡产生的结晶。好比是一段偶遇的恋爱，结成了良缘，充满了神秘感。于是紫砂的产生就有了异僧说，有了富贵土的出台。而这些传说正是对不可思议的一种解读。

泥土贵重如黄金，说出来谁信？不是只有皇帝贵族之家的镂金绘银才是高高在上的贵重之器吗？紫砂壶走出了这个阶层的圈圈，实在是令人尊敬和着迷的，让人另眼相看。

天赐良机，天赐良材，还须得遇良工。身材不高，面貌黧黑的时大彬，在当时上层的文人看来简直是来自乡间地头的农人。但是，他没有朝堂气，没有市侩气，却有着泥土味，有着对于陶泥的天性敏锐感觉。他对于形的认识是从泥的自然属性而来，两张泥片相接的不如一张来得自然，那就加工泥料，用一张泥片拍出饱满的圆球体，形成顺滑的曲线。柔软的泥土塑造出流畅的壶流，出水自如。这些无不来自他的天赋，来自陶业生活和周遭环境。时大彬也曾经外出学习，游艺娄东，见识了文人收藏的三代青铜器、牙骨玉器，但是试想，见过这些的艺人何止一个时大彬？月照万川，不是同一个月亮吗？所以，明代葛应秋作《瓦壶记》（《石丈斋集》卷四23-96，清刻本，见四库未收书辑刊第六辑）有了赵无声的文后感喟："大彬不朽，此壶也不朽。直是茎草化丈六，芥子藏须弥。"

明末儒家对于实学的提倡和践行，摒弃空谈玄虚，走向田野，走向经济致用的技能，倡导学习和记录，今天所见的《天工开物》《园冶》《长物志》等，无不是实学的体现。抟埴陶冶是记载的重要部分，在中国文化的历史中，也是少见的对于物质文化的宣扬和尊敬。种种精神的渗透，引发了明代社会的百工振兴。雕竹、琢玉、制陶、纺织、建筑，行行有突破性创造，行行出明星并且青史留名。

只有光明敞亮的善感之心，才可能毫无芥蒂地吸收、创造。思想的启蒙照亮了工匠的心。一种根本观念的更新，工匠开始走出自己的轨迹，成为创造精神思想的主角。紫砂壶发展历史中有文人的足迹，但文人绝不是紫砂造型和工艺的创造主体。古代，有话语权的是文人，文献记载中有时大彬与陈继儒的一段交流佳话，陈鸣远与浙江文人的友谊互动，却很少看到记载他们之间的磨合，很少年到文人主观意识与紫砂陶来自土地的土味之对抗。其中紫砂艺人作品中有不求装潢矫饰，不求名家镌刻，素颜示人的傲娇，也有雕琢粉饰的献媚。文人参与的紫砂壶也有深刻紧密的感触，也有附赘夸耀的半瓶子学问。读书万卷，行路万里，心中所追求的方向在哪里？徐友泉一句“吾之精，终不及时（时大彬）之粗”，可见艺人心中的反复掂量。琢磨切磋，磨磨合合，唯其如此，一部紫砂的历史才丰富多彩，才有引人入胜的风景。

紫砂陶的历史，是陶瓷艺术史中比较幸运的一段，原因就在于有着一本本古籍文献，使得我们可以编辑、注读，当然就会有想象。随着出土物和方志、家族宗谱、文人艺文等的研究深入，紫砂的历史面貌越来越清晰和鲜明，对紫砂原创时的力量也会感受更为强烈。温故知新，传承弘扬，老生常谈的说法中，应该会触摸到一些实在的内核吧。同样，紫砂典籍的注读，触类旁通，也可以让我们更接近明代工艺振兴的核心。

写在书前，与爱紫砂的同道共勉。

序论

由《阳羡茗壶系》《阳羡名陶录》论宜兴紫砂制系的构建

紫砂自明代中期初创，晚明万历鼎盛以来，从业者众多，获利于四方，传播于海外，并且在中外茶文化、陶文化的体系中拥有了独特的地位，不能不说是物质文明创造中的一个奇迹。而今社会上名家名作的鉴赏与收藏风气日盛，历经600多年仍然有这样的影响力，如果没有精神内涵和价值体系支撑，是不可想象的。关于宜兴紫砂艺术研究，20世纪在香港台湾地区已经开展，且在不断深入。大陆的研究在紫砂从业者的积极推动下，尤其是以顾景舟先生为领袖的艺人研究，带来了真正的工艺与文化的碰撞，免除了许多隔靴搔痒的虚浮。大陆文化学者也投入了不少精力，近年来，紫砂艺人和作品的相关文献、方志和族谱不断被挖掘，其实这本身也表明了紫砂受到关注的程度。紫砂陶艺术文化在研究中也获得了无数次的诠释和称颂。而文献的整理，则是将古代社会的反响和评判，隔空传达到今天。古代文献有的已经成书，有的仅仅是片言只语，零星残章。但是，就是在这些文献中，可追本溯源，可渐渐靠近事物的真相。靠近真相，是探秘，是为了研究，更是为一脉传承和弘扬。

紫砂艺术研究，有最为著名的两本历史文献资料，即明代末年周高起的《阳羡茗壶系》和清吴骞的《阳羡名陶录》（及《阳羡名陶续录》）。在《阳羡茗壶系》的基础上，清代藏书家、文人吴骞撰写的《阳羡名陶录》及续录，续写了紫砂自明发展至清乾嘉年间的各种状况，其中也收集了当时文人墨客的一些诗词和品论。参考两本主要紫砂文献的记录，对照出土文物，收集零星文字，探索审视分析宜兴紫砂的工艺历史，基本可以勾勒出紫砂的初创与发展概貌。尔后，有日本爱壶者出版《茗壶图录》，有民国实业家出版《阳羡砂壶图考》《明清沙壶全形集拓》等，基本建立在前两本基础之上。本次出版典籍集中的几本书籍，极大地丰富了紫砂陶艺术研究内容。近年来，各界爱壶人士广搜博征，在明清诸子杂论、各地方志书以及遗留诗稿和绘画书法作品中，又汇集了许多紫砂陶的信息，为勾勒紫砂的清晰面貌添笔加彩，紫砂的面目也越发清晰。

文献中的爬梳中，可搭构出紫砂工艺起源发展到成熟的框架，可勾勒出艺人的艺品和作为，可定位经典作品的样貌。借用明人周高起的“茗壶系”，就是形成了系统，因此紫砂何其有幸，有这些古籍的存留！

在搭建紫砂系统框架中，注释文献是一项工程，涉及工艺手法和工具等具体细节的注释。2000 年我撰写编注这些典籍，由浙江摄影出版社出版，今天再由江苏凤凰美术出版社重新付印，发现还是有不少可供探索的疑点，也有不少谬误，令人感喟学无止境啊。这次重印，又会给将来留下多少遗憾也不得而知。这里罗列一些我的学习心得，借此契机以供同道纠正。也有相关细节涉及年代的问题，以供参考。但在此主要研究明清两本重要紫砂文献在紫砂艺术体系中的架构作用，这些文献难能可贵之处不仅在记录工艺进程，更在明确指出了紫砂工艺价值及文化价值。两书核心内容，是对紫砂制系的确立和提倡，并以文字搭建了紫砂制系的框架。由《阳羡茗壶系》《阳羡名陶录》研究紫砂制系的确立和构建，是基于文献的研究，从此展开，也许可以为后续的紫砂研究趟出新的道路。

以下将具体陈述之。

一、《阳羡茗壶系》周高起完成书稿的时间：完全成书应该在1644年下半年至1645年初

《阳羡茗壶系》成书时间可从书中记述的最后事件来考证一下：

1. 甲申夭亡——陈仲美、沈君用之死

《茗壶系》中神品一栏只列入两位艺人：陈仲美、沈君用。

陈仲美，江西婺源人，原在景德镇做瓷器，觉得行业竞争厉害，难以成名，就来到宜兴做紫砂，好配壶土，创意百出，龙戏海涛茶壶，观音大士塑像，花果草虫，无不神采奕奕。心思殚竭，以夭天年。古代五十知天命，夭天年，应该是卒年不到50。

沈君用，名士良，传承欧正春一脉，以创作花塑器皿为主，不尚正方圆，而工艺精湛，可以做到口盖笋缝不苟丝发，而且精于配土，泥色变幻奇妙。自幼聪慧，小时候被称为“沈多梳”。与陈仲美一样，被周高起写进茗壶系神品一章。但是，书中却写

道“亦以甲申四月夭”。

“亦”和“夭”可以理解为与陈仲美一样，没有活过50岁，也可以说是也卒于甲申四月。

明万历十二年，是甲申年，1584年，这与时大彬生活时期重合。沈君用上接欧正春，而欧正春应该与时大彬差不多同时代而年幼于大彬。记载中中欧正春是时大彬弟子，不可能上接欧正春的沈君用早于这个时间已经成名，而且快50岁了，尔后夭亡。在1644甲申年前一个60年，是万历十二年，此时的紫砂业尚处于初期发展阶段。因此这个沈君用卒年的甲申年不可能是万历甲申年，而是后一个甲申年，就是60年后，即崇祯十七年。而甲申四月这个时间点，只有明末崇祯十七年发生的事件才让人连年带月来铭记的。发生了什么事件呢？具体时间是明崇祯十七年，农历甲申年三月十九，即公元1644年4月25日，崇祯皇帝自缢于煤山。紧接着，就有明大批将军降清，清兵入关，李自成的大顺败走西北，一系列大事。甲申四月，是崇祯自缢后，城头变幻大王旗，人心难安，大动荡时期的一个月。

这一个多月，正是吴三桂引清兵入山海关，李自成兵败，德州等地缙绅起兵反大顺朝，南直隶福王将至南京，筹建南明王朝。风雨飘摇，时局激荡。而五月初六，多尔衮就命汉人剃发，遭遇各地激烈抵抗。甲申四月是有着特定意义的时间点，“亦”一字中含义匪浅。这些艺人是如何夭亡的？而不是写成病逝。为何要突出：亦以甲申四月夭？是个大大的问号。

2. 紫砂豪侠艺人陈用卿的遇害

周高起《茗壶系》之雅流章，记载有陈用卿，与时大彬同为艺人，年龄和从业时间较后。“负力尚气”，力气大，有勇气，曾经犯事入狱，俗名“陈三呆子”。可见是个路见不平则拔刀相助的英雄人物，有豪侠之气。而后来参加抗清斗争，英勇牺牲就是陈用卿这位壶坛英雄的最后结局。

目前，宜兴川埠陈氏家谱以及宜兴县志等相关资料被爬梳整理，陈用卿的研究有了更详细的资料。清宣统三年陈采芉等敦本堂《川埠陈氏宗谱》引《嘉靖丙申（1536）陈氏族谱原谱》记载，陈用卿始祖是凤阳指挥使蒋氏之子，年方弱冠，代父从驾宋室南迁，川埠陈氏子息伶仃，但尽力招待逃难中的皇帝，皇帝感叹陈氏的诚意，将蒋氏之子赐给这家以继香火，名为陈荣，此为陈用卿始祖。

陈用卿（1591—1646），名善行，字用卿，陈鸣远族祖。清兵入关后，随卢象升之弟卢象观起兵抗清，兵败被擒，惨遭杀害。（查宜兴县志，卢象观自刎，死于 1645 年。）事件发生于顺治丙戌 1646 年农历十月三十日，陈用卿为贼兵所害，续弦张氏以及次女和幼子一起惨遭杀害。

“艺精于壶，蜚声江湖。性刚气侠，奸宄是图。运遭屯九，一门受屠”出自其族侄陈廷玠《用卿公赞》。

《茗壶系》未记载有陈用卿遇害一事。

3.《茗壶系》作者周高起被害时间

作者周高起，《江阴县志・人物传》中，明确记载他卒于

1645年闰六月，在由里山被游兵所杀。1645年农历六月初五，清多尔衮命多铎令江南剃发。发布“剃发令”前，有扬州十日清兵南下大屠杀事件。而闰六月初二，江阴百姓推陈明遇为首，正式反清，开始81天的抗战。江阴的抵抗最为激烈。周高起正是死于江阴开始抗清斗争这个时期。

周高起被害于1645年的农历闰六月。书中记载艺人卒于1644年甲申四月，是最后的记录，可以推测《茗壶系》最后完成的时间可能在1644年甲申之变后。

《茗壶系》作者周高起被害于1645年农历闰六月，所以没有可能记载陈用卿被杀害一事。

4.《阳羡茗壶系》最早版本

《阳羡茗壶系》未注明成书时间，版本最早见于康熙三十四年（1695）《檀几丛书》本，不见于崇祯末年各丛书（见陈宁《茗壶系》版本考证一文）。现在所见最早版本是清康熙三十四年《檀几丛书》本。也是此次编注的选本。

小结：上文中所述的甲申四月夭亡艺人，以及陈用卿仅有入狱事，而未及抗清被杀害，陈用卿被杀在周高起被害之后等，因此可以推测，此书完全成书应该在1644年下半年后，于甲申之变后完成。其时南明政权建立，而清兵尚未完全进入江南地区之际。农史学家万国鼎推测成书于崇祯十三年（1640）是不合理的。

小结：《阳羡茗壶系》开篇就说“近百年中”尚宜兴陶，那么上推100多年，有明正德，明朝第十位皇帝朱厚照，公元1506—1521年。明嘉靖，明世宗朱厚熜，公元1522—1566年，共计 45 年。明隆庆皇帝，公元 1567 年—1572 年，共计 6 年。明万历，明神宗朱诩钧，公元 1573—1620 年，共计 48 年。明正德年到崇祯十七年，1644 年，恰好 150 年左右。从《茗壶系》“近百年中”世人推崇宜兴茗壶，到明代文人一些杂记中的记载来看，紫砂的流行大约自正德开始，正是吴仕与紫砂发生关联的年代。王稚登（1535—1612）、许次纾（1549—1604）、李渔（1611—1680）、张岱（1597—1689）等在文中也都记述百年来紫砂陶壶的逐渐风行。 因此，研究周高起成书确切时间，可以佐证一下周高起所记载的一些紫砂的人和事。

二、《阳羡茗壶系》确立紫砂茗壶“制系”

在此提出“制系”概念，是基于《阳羡茗壶系》的创意。宜兴紫砂陶制系的建构是由制而系，又由系而制，不断精进的过程。而吴骞《阳羡名陶录》以及续录，是基于《茗壶系》制系的思维和观念上的继续完善。

1.《阳羡茗壶系》“制系”的提出

生活于明代末期的江阴学者周高起所著的《阳羡茗壶系》，是目前所见最早的紫砂专门书籍。开篇周高起设了一个问题：近百年中，茶壶已经不时兴银锡器及闽豫瓷器了，而改为流行推崇宜兴陶壶，是“近人远过古人之处”，为什么呢？周高起自问自答道：“陶何取诸？取诸其制。”“制”，可以理解为制造，也可以说是拟定和规定，或者是限定和管束，还有可以是制定制度，成法和准则、规范体系，也可以理解为工艺制作。

从全书的构架章节看，他写了紫砂的创始，正始，大家、名家、雅流、神品、别派，称之为“茗壶系”，建立一个有历史时间轴，有壶土与烧成，有人物梯队，有评介层次的系统。重点围绕撰写阳羡紫砂壶最为可取之处——“制”，也就是宜兴陶茶壶的一整套制作系统，从起源至完善，一直写到周高起自己生命的最后一年，写了他心中想写的一个地方特色茶壶的体系，称为《阳羡茗壶系》。明代晚期的紫砂壶，被称为宜兴陶壶或阳羡茗壶、宜兴瓷壶等名称，不是现在的紫砂茶壶这个名字。这个系统中的茶壶，与其他材质工艺的茶壶相比较，有无与伦比的可取之处。这样的茶壶，在功能上，能够“以本山土砂，而发真茶之色香味”；在格调上，那些“倾银注玉”的砂土陶壶，是高士得以免俗的法器，它的制作工艺，制作法则和规范成就了一批陶艺名家。小小一把壶，有源有流，有规矩有师承，有思考和改进，章法井然。从田间地头，走向文房书斋，案头清供，成为一个时代的物质文明典型，用后来清陈曼生的镌刻壶上铭文，就是“饮之活活，其中有物”！其中之物，正是周高起所说的宜兴陶壶之“制”。

“制”诱发了周高起的浓厚兴趣，而当时名手所作，已经可与黄金争价，“抑足感矣！”周高起感慨万千。他潜心考证陶工、陶土以及制壶工艺演变的情况，写成《阳羡茗壶系》一书，将当时正史不载的一门独特的陶瓷工艺之源流记述下来。全书从紫砂工艺的起源、发展 、名工大家，以及艺术风格流派，一一考订记录在册。这正是对周高起自己开篇所问答的“制”，这个最可取之处，进而形成系，因此，我们可以称之为制系。《阳羡茗壶系》是记载工艺体系的制系，而非名人集或者是雅玩的闲笔。紫砂茶壶由独特之制而形成了系，在系统中“制”又进一步完备和严谨，形成“制”的内在逻辑性，制系的建构才能具有强大的生命力。明代晚期，紫砂工艺已经完成从草创到发展至兴盛的过程。紫砂工艺经过陶工艺人们的改革，日益精雅，紫砂茶壶也从民间陶瓷工艺登堂入室为中国人书斋茶案必备的雅物，紫砂壶成了无可比拟的中国茶陶的杰出代表。当初周高起关注的“制系”，由于自身的包容和规范，在保持自身特质的同时，不断发展和融入多种艺术的元素，从宜兴小小的县，传播到全国各地甚至世界各地，积淀出丰厚的文化财富，已经于2006年录入中国非遗名录。归于非遗传统技艺系统中的宜兴紫砂陶传统制作技艺，正是当初周高起所关注的“制”，因此，《茗壶系》一书，既发现了紫砂壶的独特之制，又能够最早成书，开创了紫砂制系的确立和创建。

2.《阳羡茗壶系》中关于紫砂茗壶制系的构架设置分析

《茗壶系》是紫砂壶的制系书籍，细分其内容可知周高起梳理设置出如下紫砂茗壶制系的结构框架：

a.制系源起：由陶缸瓮者以及金沙寺僧起始、吴仕以及供春正始、四名家传承传播。其重点是“制”即工艺来自粗陶日用陶。

b.制系改新和完善：时大彬以及弟子、万历间各路名家，大彬同时期还有陈用卿、陈信卿等，晚明还有惠孟臣等。师徒传承，艺人各承师门，又各有创新。师承之临摹和规仿，矿土出产与处理等也做了记载。重点是制系旗手时大彬完成了里程碑式的工艺改革。

c.茗壶制系中的作家流派发展以及作品品种：据周高起《阳

羡茗壶系》的记载，时大彬同时代或父辈擅长品种：董翰，始造菱花式。赵梁，多做提梁壶。李茂林，制小圆式。到时大彬，一开始喜欢做大壶，后来做小壶，并且“不务妍媚而朴雅坚栗”，并有弟子李仲芳、徐友泉等人。时大彬时代记录的作品，光素壶有汉方壶，有提梁壶、小圆壶、莲子、汤婆钵盂、圆珠等式。筋瓤壶有蕉叶、菱花。仿青铜器有扁觯、分裆索耳壶。方器有一回角和六子等款式。另外徐友泉、陈仲美、沈君用等，可以“捏塑”“大士像”，即运用紫砂泥来捏塑动物和佛像，可以“尚像诸物，制为器用，不尚正方圆，而笋缝不苟丝发”，那应该就是仿生来制作像生肖形的器皿，同样可以口盖严丝合缝。陈辰，“工镌壶款”“陶家之中书君”，代为刻款，即早期陶刻艺人出现。从传器以及记录看，也有壶上镌刻诗句的，为文人陶刻装饰的滥觞。

划重点：至明末，在周高起《茗壶系》中，紫砂体系不但有擅长某一类品种的艺人师承，且造型类别中现代紫砂所分类的光货、花货、筋瓤货，方器、圆器，雕塑及陶刻装饰等门类已然建构完成。

d.制系中的品第评价：大家，名家，雅流、神品、别派，是书画艺术品第之类的分法，《茗壶系》周高起借用于茗壶作者以及作品格调的品第之中。时大彬的作品“不务妍媚而朴雅坚栗”“几案一具，生人闲远之思”，列入大家。其他可列入名家、雅流、神品别派，也有后来荒废主业，让人代工的不良艺人。制系中艺术风格也各不相同，时大彬朴雅，他教的学生李茂林制壶则秀丽妩媚。而徐友泉捏塑像生，巧夺天工，晚年却感叹自己之精“终不及时之粗”，意境不如自己老师时大彬朴雅。在优秀作品中又分出了层次，在品第之外记录了艺人对艺术意境的不懈追求。

重点：茶壶是可供欣赏的艺品，有意境高下区分。

e. 制系中突出紫砂茶壶的独特使用功能和文化价值，壶供真茶论是周高起在制系中强调的重要内容。

紫砂茗壶在当时就有人说“时壶质地坚洁注茶越宿，暑月不馊”，但周高起强调了旋瀹旋啜的瀹茶法。可知明末就有紫砂壶泡茶大热天不馊的说法，当时的人并没有今天这样的检测手段得知这是紫砂泥烧成后的独特而优越的双气孔结构。周高起认为真茶之法是用这样的壶瀹茶，不是求暑天隔夜不馊，而是要泡好马上喝，阳羡瓷壶才能尽发茶之色声香味。紫砂壶用久了自发暗然之光，入手可鉴，这个特点也记载于该书中，如今是紫砂壶用之美的一部分。

而《茗壶系》中书房雅供等论，真茶论，琅琊太原品茶施茶之论，以及朱萼堂看壶等皆为紫砂茗壶文化价值论之关键，是构建紫砂壶制系的文化内涵要素。

重点：紫砂壶有着独特的优良使用功能和用之美，以及丰富的文化价值。

以上 a、b、c、d、e 这些内容，是《茗壶系》设置构建的制系之框架，亦是奠定今日紫砂艺术体系之基础。

三、关于宜兴紫砂茗壶制系之核心

《阳羡茗壶系》确立了紫砂茗壶的制系，记述了重要的内容，搭建了制系的框架；清吴骞的《阳羡名陶录》是制系的进一步构建和完善，尤其是对于紫砂茗壶制系的核心内容做了重要补充。

首先，什么是紫砂茗壶制系的核心呢？我认同顾景舟先生1992年在文章中的看法，即：时大彬改革完成的泥片拍打镶接凭空成型法是制系的核心和关键。

顾景舟大师在1992年主编出版的《宜兴紫砂珍赏》一书中，凭借多年的紫砂历史研究和大量过目实物，以及他本人深厚的工艺造诣，对紫砂泥片拍打镶接成型方法有很好的总结：“揣摩时壶以及明代民间的传器，可以看到时大彬后来的制作方法确有了突飞猛进。最大的改进是泥条镶接拍打法凭空成型”“紫砂陶艺发展到这一阶段，遂真正形成宜兴陶业中独树一帜的技术体系”“经他（时大彬）的总结力行，成功地创制了紫砂传统的专门基础”“几百年来，紫砂全行业的从业人员，就是经过这种基础技法的训练成长的”。顾先生所说泥条，即泥片。这是一位工艺大家基于实践和阅历基础上的总结。

早期紫砂，用类似日用粗陶模具（内模和外模，主要以内模为主）泥片镶接成器工艺来造型，器型变化小，造型总要受到模具的一些限制。而时大彬改制小壶，放弃模具后，变为在可以控制的慢速转盘上非常自由的成器法，制作者拍打的节奏，泥料的先期处理是否合适，壶身形体的圆正和弧线变化等，全部可由个人掌控，艺人的造型审美观念以及对形体的控制能力也得到全面展现。紫砂艺术体系中，“时悟其法”，时大彬悟到了泥片工艺的法则，悟到了泥片工艺与造型之间的关系，发明制造了各种工具，运用多种手法加工成器，造型日益丰富。一件紫砂壶，从泥的配制到制作完成，不假他手，就可以独立完成，成器的掌控权在艺人个人手中，紫砂日益向着个人艺术的个性化方向发展，获得的自由空间大大拓宽了。

泥条镶接拍打凭空成型技法是紫砂艺术体系中最为基础和本体的部分，也是宜兴陶传统的泥片镶接拍打成型工艺在时大彬等人手中得到提炼和完善的部分，是周高起所感兴趣的“制”的核心所在！今天，这些工艺仍然在传习，仍然是紫砂艺人学习的基础。

紫砂制系之核心是泥片拍打镶接造型法，简要基本工艺如图片（图 1）所演示。

炼土、配土与养土：如果进行更为深入的研究，对比出土残片，那么明代中晚期的工艺改革，还应该有更多的细节和内容，如制壶用泥从山土到淘洗和澄练，更不用说对泥料的处理，已经在自家门口挖掘养土的地窖，配合取用，各自有自己的一套技法而互相保密。

烧成：已经运用密闭的“瓦缶”（《阳羡茗壶系》），也就是类似今天所用的匣钵，茶壶不再有开裂和射火、飞釉等次点。蜀山周围，“陶烟飞染，祠宇皆黑”（《阳羡茗壶系》）。明代晚期，紫砂的烧制已经规模可观。

壶嘴的制作从原始粗陶的泥片卷成、钻洞塞粘法，到通壶嘴、琢壶嘴。

盖子从单片盖到需要两块泥片制成的仝盖头工艺。

据《阳羡茗壶系》记载，时大彬小壶弃模拍打法，是受到明万历间茶文化的影响，并接受了陈继儒等文人的建议，由做大壶改做小壶。同时，明代兴起的散叶泡茶功能和审美要求，也在这样的拍打泥片镶接成器工艺中得到了实现。紫砂大壶，应该用来煮水最为合宜。而陈继儒等一批文人的泡茶法（民间茶人早已开始瀹茶法，而陈等文人的提倡却更有说服力和影响力），却开始了雅致小壶的提倡。“时悟其法”，时大彬悟到茶壶用于泡茶的用法道理，悟到弃模具拍打镶接的法则。这是制系中最为重要的一大步。时大彬改革了工艺，增加和改进了工具，壶从大变小，艺人对造型的掌控也逐渐变得自由，紫砂壶从日用煮水陶器或煮茶器开始向精雅的紫砂泡茶器茶陶蜕变。

考古发现：随着现代考古学的发展，晚明周高起、周容以及清吴骞所记载的内容已可以更多地从考古发现得到一些佐证。比较正式的考古发掘有 1976 年和 2006 年的两次，分别是宜兴丁蜀镇羊角山和蜀山地域。（如今羊角山已经变成居民小区。）

当时的考古报告，1976 年，南京大学考古系在鼎蜀镇羊角山发掘整理古窑遗址，其中就有早期紫砂残片，以壶、罐为大宗。图 2：见羊角山残片（宜兴陶瓷博物馆藏）。2006 年，南京博物院在蜀山西山麓进行仔细的考古发掘，历时 3 年，所发现最早的紫砂残片断代为明末时期。图 3：蜀山残片与南京吴经墓出土的提梁壶图 4 的材质和形制相类。（宜兴陶瓷博物馆藏）蜀山窑址发现了许多残片，有些胎质粗，工艺粗糙，也有较为精致的，可见该时期大量生产的紫砂陶仍然处在由粗转精的转型期。这与周高起记载的紫砂工艺在明代晚期的兴盛，尤其万历年间时大彬进行工艺革新，而后引发紫砂热潮的历史事件是可以相互佐证的。

（今天在宜兴陶瓷博物馆所藏明代宜兴釉陶或者大型的手工陶器中，可见到泥片拍打和内模的运用。日用陶器手工成型，代代相传，至今还运用这种方法。宜兴日用陶器中早已存在拍片镶接成型技法，运用内模是常用的工艺。（见图 5，明代釉陶也使用拍打镶接成型，并运用了内模法）紫砂艺术体系的确立过程中，从金沙寺僧到供春，再至时大彬，一路走来，泥片拍打镶接担当了重要的作用。紫砂陶工艺与宜兴传统日用陶工艺，是流和源的关系。泥片拍打镶接法与日用陶成型法犬牙交错，互为交融，这一点是毋庸置疑的。明中期，宜兴日用陶器业比较兴盛，陶器鬻于四方，大量罐、缸、盆、瓶成为主打产品，而这些陶器成型所用的工艺，很多就是所谓供春时代的木模法泥片镶接成型，宜均是其中的佼佼者。《陶雅》记载："天青、天蓝、芸豆等色居多，间有葡萄紫。"而日用陶器胎土也有白泥和紫泥夹泥等多种。窑址出土也有釉陶小件与紫砂共烧现象，因此在明代宜兴陶瓷历史上，紫砂的产生可能是基于日用陶器中的小件釉陶，而不是直接从缸瓮到案头这么突兀了。可惜记载中的明代欧子明欧窑文献太少，实物年代的确立也缺乏准确的科学测定，因此在体系上进行对比研究的困难比较多。）

相关泥片镶接成型法考古出土物图片：明早期泥片成型釉陶罐（图 6），明早期紫砂匜口罐（图 7），大彬六方壶（图 8），时大彬紫砂壶出土物可以看到泥片法工艺痕迹（图 9，漳州出土大彬壶底部工艺，做法为底包墙）可以看到明代饮茶法的变化。具体相关茶文化专家已经做了详细考证。

容量上，紫砂壶确实有大壶和小壶之分。比较南京出土的嘉靖吴经墓提梁壶以及无锡出土的时大彬壶（图 10），容量约分别在 1000 毫升左右与 500 毫升左右，可以明白大与小的概念。

《茗壶系》对于制系的确立以及核心内容的重点阐述，得到了今日考古出土文物的佐证。

四、清吴骞《阳羡名陶录》对制系的补充和完善

清乾嘉年间吴骞撰写的《阳羡名陶录》一书，在序中，“陶之道益微”，而“惟义兴之陶，制度精而取法古”。吴骞在开篇就提出他重视陶之道的倡导，也重视宜兴陶的制度和取法。换作周高起当初的说法，即“取诸其制”。因此《阳羡名陶录》并没有脱离制系，而且开宗明义，认为宜兴陶（紫砂）之制符合陶之道，同时为补茗壶系的缺漏以及入清以来的名家名作，才写了《名陶录》。相比较《茗壶系》，《名陶录》和《续编》，细分出原始、选材、本艺、家溯、谈丛、文翰、艺文等章节，总之是在周高起的制系框架中，增补和完善。但《名陶录》在构建紫砂文化体系中尤为重要的贡献在于汇集了当时吴骞认为重要的文章，尤其是列入文翰第一篇的《宜兴瓷壶记》。我觉得应当重点提出来。

1.《名陶录·文翰》中《瓷壶记》对紫砂制系核心内容的补充和佐证

在“文翰”一章中，有明遗民周容写的《宜兴瓷壶记》（瓷壶即紫砂壶）文字一篇。通篇不过几百字，却远胜过其他诗篇溢美之词无数。吴骞选了周容文章，这个操作非常重要，明遗民周容的文字在当时应该还属于比较禁忌的一类，他的诗作和文章有许多被删（其中周容所写的紫砂艺人《许龙文传》就不完整，容以后再议）。意义重大的原因在于这篇文稿记录了周容亲眼所见

清初紫砂艺人制作茶壶的全过程，也记述了那位艺人所口述的紫砂草创与工艺改革的历史。而吴骞发现了这篇文稿的重要性，放在文翰的第一篇。周容，用当时社会中非常难能可贵的无偏见笔墨，将紫砂工艺历史以及制作工艺流程、手法和工具体系做了如实记录。在文人普遍视工艺为小技、不屑于翔实记录研究的时代，留下的这些描述，实在弥足珍贵。

周容（1619—1692），字鄮山，一字茂三，又作茂山，号躄堂，鄞县（浙江宁波）人。明诸生，明亡后出家为僧，后以母返俗。足迹遍天下，所教皆明遗民。清康熙十八年（1679）以词科荐，辞不就。著有《春涵堂诗文集》《春酒文存》《春酒堂集》。

周容的《宜兴瓷壶记》记述亲眼所见的紫砂壶制作过程，从他访谈的紫砂艺人那里了解了紫砂器的诞生过程，主要是成器工艺的改变，也就是紫砂泥片拍打镶接法凭空成型工艺的演变历程，正是周高起注重的“制”的核心所在。

周容在甲午年（清顺治十一年）春天，来到宜兴，寓居友人家中，在园中见到主人聘请的紫砂艺人在做壶，边看艺人做壶，边听紫砂艺人讲时大彬等人改革工艺的历史和紫砂壶制作工艺、工具的运用方法等。清初的甲午年，即1654年，离改革者时大彬生活的明代万历年间（1573—1620）并不太久远，紫砂从业者所知道和流传的紫砂工艺的演进历史，应当比较可信。“磁壶宜兴著六十年。”周容另一篇《许龙文传》开篇就说宜兴壶出名在60前，从周容与许龙文见面的顺治八年（1651）上推60年，即万历二十年左右，是紫砂壶著名的时代。这个时代和时间点非常重要，很多相关联的事件可以在这个时间点周围铺设，形成面貌。

这与周高起的记载以及明代文人有关时大彬的记载，时间也相重合。

备注：《瓷壶记》中周容在甲午年春，寓于阳羡，看做壶的时间是顺治十一年即1654年，而与许龙文相见于丹阳荆园是辛卯秋，是顺治八年。因此先认识许龙文，在到宜兴好友家中小住看艺人做壶，于3年后在宜兴见到有艺人做壶，到底这个艺人是不是许龙文，成为一个谜。

（同书有过伯龄、柳敬亭、芋老人传、鹅笼夫人传等，但是在清初收录此书时有删节，而删节一般而言就是不利于清的言论或抗清人士的事迹记载。）

（周容曾作《阳羡吴园二首》，感叹满目荒凉，此时吴园已经败落。可见周容不止一次到过宜兴，曾经见过吴园的昔日繁荣。）

《宜兴瓷壶记》重点是泥片拍打镶接凭空成型法的演变：

（1）“以寺僧始，止削竹如刃，刳山土为之。”僧人竹制如刀状的工具刳山土，即掏空陶泥而形成茶壶，现在未见器物。与《阳羡茗壶系》记载“金砂寺僧，闲静有致，习与陶缸瓮者处，抟其细土，加以澄练，捏筑为胎，规而圆之，刳使中空，踵傅口、柄、盖的，附陶穴烧成”口吻相一致。

（2）“供春更斫木为模。”到供春这位紫砂初创时期的神奇人物出现，是运用木质模具制作壶身，是宜兴日用陶器成型中最常用的方法，即借助内模的泥片拍片镶接法，或外模。又《阳羡茗壶系》记载：供春制壶，“指掠内外”“胎必累按，故腹半尚现节奏”。看看宜兴日用陶器的制作，就能够清楚供春茶壶壶身的做法。

（3）“时悟其法则又弃模。”时大彬悟到一种拍打的法则，将长长的泥片在慢轮上粘接围成筒形，慢轮匀速地转动，产生离心力和惯性，均匀拍打筒形泥片，泥片受离心力和拍打外力的影响，就产生圆弧，形成器皿的圆形。时大彬去掉了内模，用一根泥条（泥片），可以凭空拍打成型。

结合周高起的记录，时大彬“初自仿供春得手，喜作大壶，后游娄东，闻陈眉公与琅琊太原诸公品茶施茶之论，乃作小壶”。就是时大彬有先做大壶后改做小壶的过程，而他改成的小壶恰好是凭空拍打成型的最佳尺寸。

（这篇《宜兴瓷壶记》，笔者 1990 年在顾景舟先生指导下阅读和注释，他一直把这篇文字当成《考工记》一般的分量来对待。而只有精通紫砂壶工艺的内行专家才能够解读这些文字，今天的紫砂研究者仍然要感念顾老的研究和实践精神。参见《宜兴紫砂珍赏》顾景舟文章《紫砂陶史概论》。）

明末紫砂壶制作形成了一套完整的工艺手法，完整的工具体系也随之基本确立。

《宜兴瓷壶记》也记载了弃模具后的一个重要工具，就是木转盘。泥片围成圆柱放在木转盘上，用拍子拍打，代替了模具到粘接的两个步骤。又比如去掉模具后，黏而软的泥片是很难把控的，“土稚不耐指”，器型小，人不能像粗陶制作一样围着缸转圈拍打，就用木材做了个像“月皋”一样的转盘——木转盘，以底部圆中心面为支点，可以“运代土”，可以带着泥片转动，一只手在里面，一只手握拍子，就可以在双手的配合中拍打器型的身筒。木转盘匀速转动，如同慢轮，如果技艺熟练，就可以“左右是意于始终”，得心应手，中空的圆形体就诞生了。

周容所见到的艺人告诉他，是时大彬创造性的改革，是“悟其法”而行，因此工具的创造也应是在“悟法”的基础上开始的。悟成器之法，悟泥性之法。比如因为制作“分听土力”的拍子，要厚的薄的各一个（今天的艺人都会有三四个、四五个拍子），拍子的形状像人的手掌，这已与粗陶制作拍子已经不同了。“而所谓削竹如刃者器类增至今日不啻数十事”，弃去模具，工具反而增加了，达到了几十件的数量。即清初周容所见，紫砂艺人制壶工具已经发展到几十件之多。工具多到“不能为名”，可以运用的工艺手法，有“侵者薙之，骄者抑之，顺者扶之，限者趁之，避者剔之，暗者推之，肥者割之”等，各种精细的工具都是顺势而为地运用、加工和琢塑。

这些工具和手法，在粗陶工艺中原本是没有，或者原来就有，却不够精细、明显的，或者手法是粗放的。紫砂工艺中为了塑造的需要，创造了新的工具，精工细作，在小小的一张工作台上做足了文章，创造了方圆乾坤。当时面对着周容叙说紫砂工艺发展历史的艺人，对于前辈时大彬，是满怀崇敬之心的，是推崇时大彬为紫砂壶改革大家的。

制系的构建者时大彬，是紫砂制系的核心奠基人。《茗壶系》中关于时大彬的记载，给后人留下最精彩的一笔，是将时大彬这位紫砂艺人，列入“大家”。所谓“大家”（宋·叶适《答刘子至书》“盖自风雅骚人之后，占的大家数者不过六七”；清·叶廷绾《鸥陂渔话·董思翁画册题记》“此可见公少即能画，涉历至老，即成大家，尤不自满”），是对于某一领域领军人物、大专家、大作家的称谓，如文坛领袖董其昌等。周高起将时大彬列为大家，足见心中对于大彬的尊崇。而时大彬弟子有李仲芳、徐友泉、欧正春，等亦列入名家，后又记载有弟子陈俊卿列入别派，再传弟子或仿大彬和大彬弟子的，文字几乎围绕大彬而开展。可见茗壶系中对时大彬的推崇。而清吴骞《阳羡名陶录》称“明代良陶让一时”“独尊大彬，故自匪佞”，作为最高评价。文翰将周容《宜兴瓷壶记》为开篇第一文，同时序言中明确提出宜兴紫砂“取法古而制度精”，是振兴了衰微的陶之道。吴骞隆重地为大彬汉方壶（图 11，现存汉方壶拓片）题咏册题写“千载一时”四字（图 12，吴骞题字），这些文字以及文章布局安排基本延续了茗壶系中对大彬的改革和成就的肯定，补充了对于“制”这个核心的佐证资料，更着重强调了“制”的重要性。

紫砂制系的演变，在宜兴陶瓷传统艺术基础上，朝着合乎泥性的手工艺方法——凭空泥片拍打镶接法的创造逻辑，朝着合乎紫砂泥的性质，符合泡茶功能的要求而进行着，愈来愈浓缩陶和茶的精华，愈来愈具有中国传统文化的“道法自然”的创造精神和审美意趣。

具体关于《瓷壶记》及紫砂工具体系的研究，详见后缀拙文《因穷得变 意至器生》。

附：《许龙文传》［《春酒堂文存·杂忆七传》（四明丛书·约园刊本）卷二，页 30、31。］

宜兴磁壶著六十年，时大彬为最，今乃得龙文许氏。龙文少年耻壶名，然世以壶争致之。辛卯秋遇于荆园，谓予曰：侥幸以壶名工耳，虽然亦有足言者，宁拙嫌毋巧悦，宁耐成毋苟率为千百年者此一日，盖作者之志气，仰足以及乎前古俯足以及乎其寿，非专后人之敬持宝惜然也。余心叹之，谓一壶且然矣。数旬所成，为汉方为商卣为觯为罍，云雷饕餮审形就昔不敢自徇，要无过方圆二法，龙文曰等土之轻重厚薄为二，一方一圆，而视其所受圆之水必多于方，岂非善容物者能元？其廉露棱隅者乃隘于中。周子曰，此其言宜于应世。吾思之未能，因愧而为之传。

2.吴骞《阳羡名陶录》中树立陈鸣远为时大彬后紫砂制系中的旗手

间世突出陈鸣远：清康熙乾隆年间是紫砂艺术确立以来的第一个繁荣时期，涌现出许多名家，而陈鸣远是其中最为“特出”的一个，这是吴骞《阳羡名陶录》中非常隆重地推出的一位紫砂艺人。

《名陶录》家溯一章，艺人至陈辰为止，基本转引周高起《茗壶系》，而入清以来的紫砂艺人是名陶录续上的部分。吴骞在家溯一章中，在明代艺人之后，首推陈鸣远，大力记述的重要艺人也是陈鸣远。

陈鸣远是清康熙年间人，曾载于《宜兴县志》。吴骞《阳羡名陶录》评价他“自百余年来，诸家传器日少，故其名尤噪”“一技之能，间世特出”。（具体见家溯陈鸣远条）陈鸣远是横空出世的奇才。陈鸣远的“特出”，一是因为制技之精湛。吴骞自己收藏一件天鸡壶，“制作精雅，真可与三代古器并列，窃谓就使与大彬诸子周旋，恐未甘退就郑莒之列耳”，可与大彬并列。而吴骞在他的另一本书《桃溪客语》中甚至认为他的制技已经近乎大彬，达到了“精雅绝伦”的地步。“特出”的原因之二，他有游艺的阅历，在与海盐张氏，桐乡汪家，海宁马氏、曹廉让、杨中允等画家、诗人、收藏家交往中，所见文房雅玩、古董书画，博览而通识。游艺这种形式催生更有活力的创造。从传世作品看，陈鸣远也是一个精益求精、致力追求技艺超越的艺人，有着非常高的天分和悟性。

“国朝宜兴陈远制沙壶形制款识无不精妙，予目中所见及家旧蓄者数器，意谓即供春少山无以远过也。远，字鸣远，号鹤峰，或称壶隐，挟其技以游四方名人胜流竞相延结，海宁则杨晚研曹廉让诸公尤所契赏故至今遗器独多，海盐则涉园张氏假馆亦最久。

陈子畦、徐次京、郑宁侯，并沙壶名手，第不详何代人。或云子畦即远父。”——《拜经楼丛书》之《桃溪客语》卷二

文翰中更录入多篇称颂陈鸣远作品的诗词。汪文柏作《陶器行赠陈鸣远》开篇就有“陈生一出发巧思，远与二子想争雄”，将陈鸣远与供春时大彬并列。文中更有名句：“人间珠玉安足取，岂如阳羡溪头一丸土。”并透露陈其年介绍他与陈鸣远相识。陈鸣远制莲蕊水盛，梅根笔格，为查慎行所称道：“合作案头清供具，不归田舍归禅房。”从茶道和工艺之道境界的追求中，紫砂艺术意境主动倾向于哲学宗教的领域。吴骞《名陶录》谈丛中记张燕昌《阳羡陶说》：得汪次迁赠送陈鸣远所制砚屏，也所见鸣远所制梅根笔架茶具雅玩不下数十种，张认为风格“不免纤巧”，

但款字有晋唐之风，可谓隐于壶者。记徐喈凤《宜兴县志》：陈远，工制壶、杯、瓶、盒，手法在徐沈之间，而所制款识书法雅健，胜于徐沈。故其年虽未老，而特为表之。

从《名陶录》的诸多相关的记载中可以看到，陈鸣远是个全面发展的艺人，创造能力极强，方器、圆器兼擅长，茶具文玩都有创新佳作传世，而紫砂作品上的镌刻诗句，更是意境高远。南京博物院所藏《东陵瓜壶》，“仿得东陵式，盛来雪乳香”，书法雅致蕴藉，镌刻清爽利落，刀法老到娴熟。用东汉邵平清廉守节的种瓜典故，运用紫砂泥的“一丸土”，创作了紫砂历史上的一件经典花货作品，创造了高远的境界。（见图 13）

在造型艺术领域，陈鸣远的文房雅玩、仿古青铜造型、瓜形、松段、天鸡等壶以及光素壶形，表现出形体精准、高度抽象提炼的特点，造型能力极强。同时应看到，作品造型精准呈现的背后，泥片拍打镶接工艺的娴熟、泥料配制的精进，紫砂琢塑工艺的精致，当然更有我们今天已经见不到的陈鸣远那些必然讲究的整套制壶工具（壶体的起线，壶身的肩、腹、足等造型所用的篦只等，在传器上都能有所反映），可见工艺功力之深厚。陈鸣远的艺术值得研究和传承，达到了历史技艺上新的高度。他的作品，确实应该被视作紫砂艺术发展研究中的重中之重。（图 14）

陈鸣远的创新意识和文化修养很好地拓展了时大彬以来的紫砂艺术创作范畴，提升了审美境界。而他的精湛技艺也传承了时大彬一代的创造成果，艺术意境上具有时大彬“几案一具，生人闲远之思”的气韵，他认识到博采众长与精通紫砂工艺技艺并重的要点，在游艺中磨炼出超越前人的艺术。陈鸣远在时大彬等基础上，技艺深刻，技道融为一体，精神文化内涵丰富了。如果说《茗壶系》中时大彬是周高起力推的紫砂旗手，那么陈鸣远就是吴骞《阳羡名陶录》力推的主要领袖了。《名陶录》隆重推出的艺人陈鸣远，与时大彬一脉相承，而又发展精进，对于紫砂制系而言，已经从建构完成进入发展精进阶段，核心的技艺也上升为“精雅”的高度。

3.《阳羡名陶录》及续录中谈丛、文翰、铭、赞、赋、诗等文献的汇集，完善了紫砂制系文化建构。

明末周高起《阳羡茗壶系》制系中两次提及的太原琅琊王氏，陈眉公等这些文人的参与，是最早记载文人参与紫砂系统的文献。紫砂制系在文化建构中，离不开中国古代文人集团的加持。就精神文化价值观而言，周高起和吴骞应该是立场一致的同道。其中核心价值观是对紫砂文化中技道合一的认知。《阳羡茗壶系》文后也有附诗赋，其中《过吴迪美朱萼堂看壶歌兼呈贰公》记述了在宜兴城中吴氏家族紫砂壶集藏馆——朱萼堂看壶的经历，具体相关朱萼堂研究目前也有了一些成果，此处不赘述。这里值得提出的是周高起在诗中表达的审美观和价值观：“始信黄金瓦价高，作者展也天工窜。技道曾何彼此分，空堂日晚滋三叹。”对于技道合一，不分贵贱高下的观念表露无遗。而吴骞《名陶录》中，更集中收录茶界、学界、画界、诗词界等文人的摘抄，尤其是江浙一带文人，使得文化艺术界对于紫砂壶的评价和描述综合汇聚，大大丰富了紫砂制系文化的内容，其中也应该包含吴骞自己在内。王稚登《荆溪疏》，许次纾《茶疏》，冯可宾《茶笺》，文震亨《长物志》，张岱《陶庵梦忆》，李渔《杂说》，陈贞慧《秋园杂佩》，以及《先进录》《博物要览》《池北偶谈》，《宜兴县志》《常州府志》等。张燕昌《阳羡陶说》摘录文字最多，较为全面汇集了当时所见的一些紫砂文献资料。《续录》中谈丛章，第一篇录王士正《居易录》一段文字，王士正观《袁中郎集》有感，并摘抄其中文字并表示认同袁宏道对于铸铜王吉，琢琴雷文张越，瓷器如哥窑董窑，漆器如张成杨茂彭君宝……近时瓦壶供春时大彬等手艺人的敬佩，有薄技小器皆可成名。认为五谷不熟不如稊稗，文人学问做不好还不如这些手艺人。袁宏道“独抒性灵、不拘格套”的文学创作观念也反映在他的工艺观上。实则吴骞录入这段文字，也表明了对这种观念的认同，这与《名陶录》开篇序言中提倡推崇制度精取法古的紫砂技艺，振兴陶之道的观点是一致的，也与《茗壶系》周高起“技道”合一一脉相承。

《阳羡名陶续录》中记载张廷济得到一把时大彬汉方壶，召集文人好友雅聚鉴赏题咏。后时大彬汉方壶拓本题咏册由吴骞题签隶书“千载一时”，时间为嘉庆乙丑（1805）。题咏册涉及人物有汉方壶的拥有者张廷济，壶原持有人王幼扶（隐泉王氏）王安期，诗人徐熊飞，金石学者沈铭彝，收藏鉴赏家葛澂，工诗文的周汝珍、张上林。基本记述了一件时大彬汉方壶得到的过程以及形色质工的方方面面。吴骞本人是蜚声江浙的藏书家，题咏册将浙江文人集团的审美时尚以及对于紫砂壶的认识和评价记述下来。从中可见清代中期，紫砂制系已然完成建构，一件紫砂名器成为文人集团吟咏欣赏的重器，折射出紫砂茶壶的文化精神价值。

吴骞题张廷济藏时大彬汉方壶拓本题咏册“千载一时”，以及张廷济等人对于壶的赞颂，本身已然成为研究对象，见陈圣泓撰写出版《千载一时》一书。浙江海盐张氏、马氏等人与陈鸣远的交游，陈鸣远游艺浙江，甚至终老浙江，包括吴骞本人作为著名藏书家的影响都是值得研究的。目前由浙江文人团体的参与引发的研究，使得陈鸣远研究获得丰硕的成果（可参见：金张诗抄的相关研究）。吴骞曾经长期居住于宜兴，有《桃溪客语》问世，与宜兴当地文人团体也有非常多的交流，尤其关注紫砂壶的问题，因此录入吴梅鼎作为吴仕后人追溯所作《阳羡茗壶赋》，以及阳羡词派领袖陈维崧与高士其的唱和等。紫砂制系之文化内涵日益丰富，这也反哺和滋养了紫砂工艺本体。

总结：

《阳羡茗壶系》《阳羡名陶录》这两本紫砂的文献为今天的研究留下许多宝贵的遗产。循着数百年的痕迹，可见紫砂的核心和基础。研究紫砂艺术制系确立的过程、传统技艺传承的过程，可以清晰地看到紫砂艺术体系既包含物质性的工艺技术内容，即具体的工艺手法、精选配制泥土的经验、制作工具的原理、成器中的工艺经验、烧成温度的掌握以及经典款样的临习、演绎等；也包含精神性的艺术人文内涵，那些贯穿紫砂壶造型创造和工艺成器过程的思考和逻辑，造型创作的意境追求，以及对于作品的评鉴等。时代的精神，紫砂作者和鉴藏者文化艺术素养，都于器物之中得到了体现。如果没有工艺本体的传承，精神就失去了依托；而如果没有一种执著的观念强化和精神追求，紫砂艺术也不会发展出今天的繁荣。紫砂艺术体系的确立，来自陶工艺人智慧的创造，而弘扬和发展这个体系，更需要代代相传、承上启下。

紫砂艺坛的优秀后来者，如同他们的先驱和榜样时大彬那样，运用“悟”的思考方法，调动智慧，学习师傅所教授的传统技艺，思考传统经典作品中蕴含的“法”和“理”，将头脑中的观念和个人的艺术修为，通过工艺进行完美的表达，从而形成了个人的面貌，完成了自我的实现。因此，传承紫砂艺术，是技和艺的双轨并行，两者缺一不可。制系，正是对工艺美术行业尤其是传统手工艺非常有意义和价值的双轨并行观念，如果脱离了制作工艺的技术范畴，手工艺存在的意义就消解了，但是如何定义这个制系，抓住制系之核心，将牵涉整个这门手工艺的传承和发展。在此研究紫砂制系，当作为工艺美术研究做个探索先例吧。

明清文献《阳羡茗壶系》《阳羡名陶录》提出了紫砂艺术制系的确立和构架，为这门独特陶瓷艺术门类厘清了脉络，为后来者做的贡献是无尽的，对于文献的研究也将是无尽的。以上拙见，以供参考。

辛丑初春于荆溪澄映堂

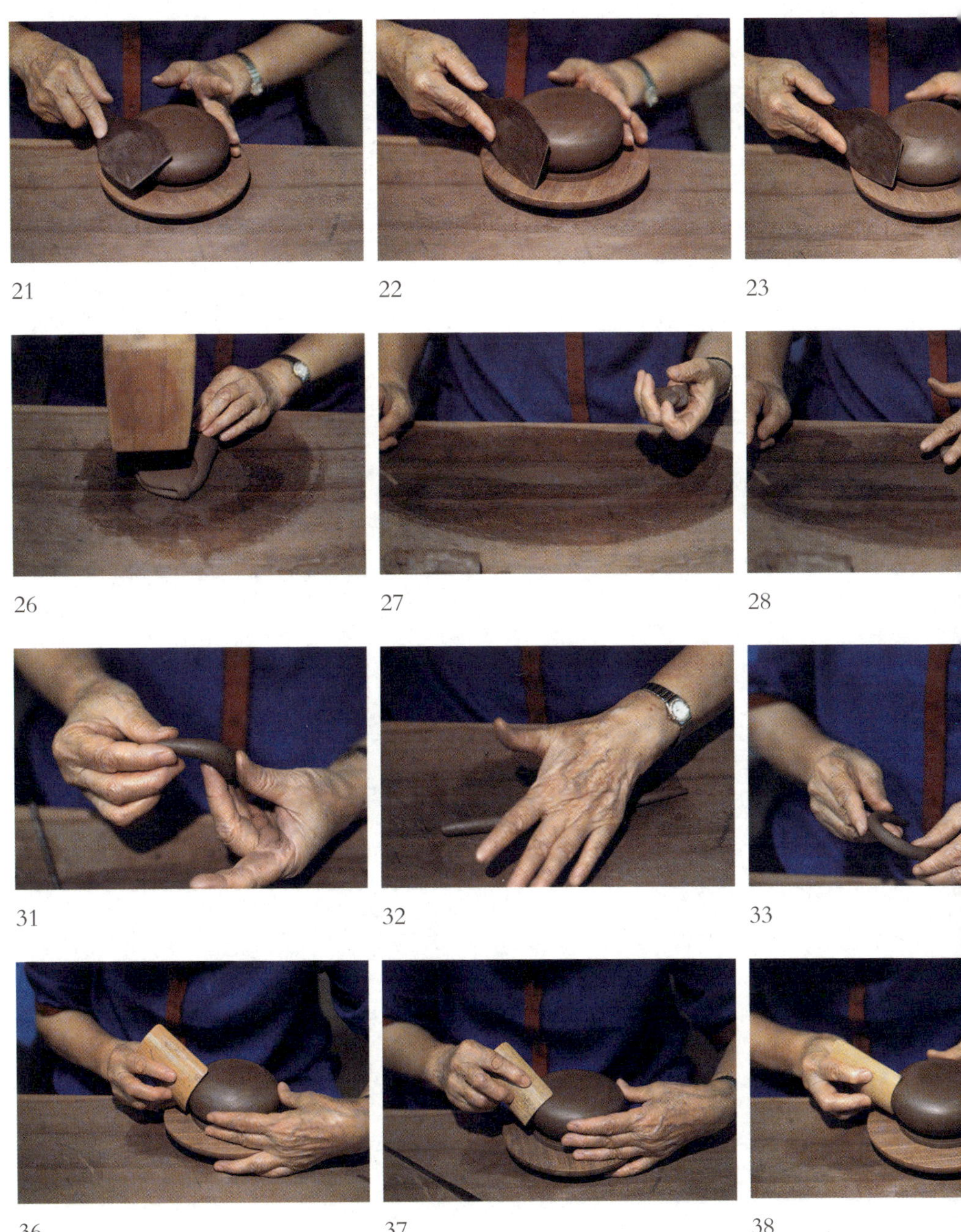

图 1　泥片拍打镶接凭空成型技法演示
演示者：紫砂非遗项目国家级传承人　周桂珍

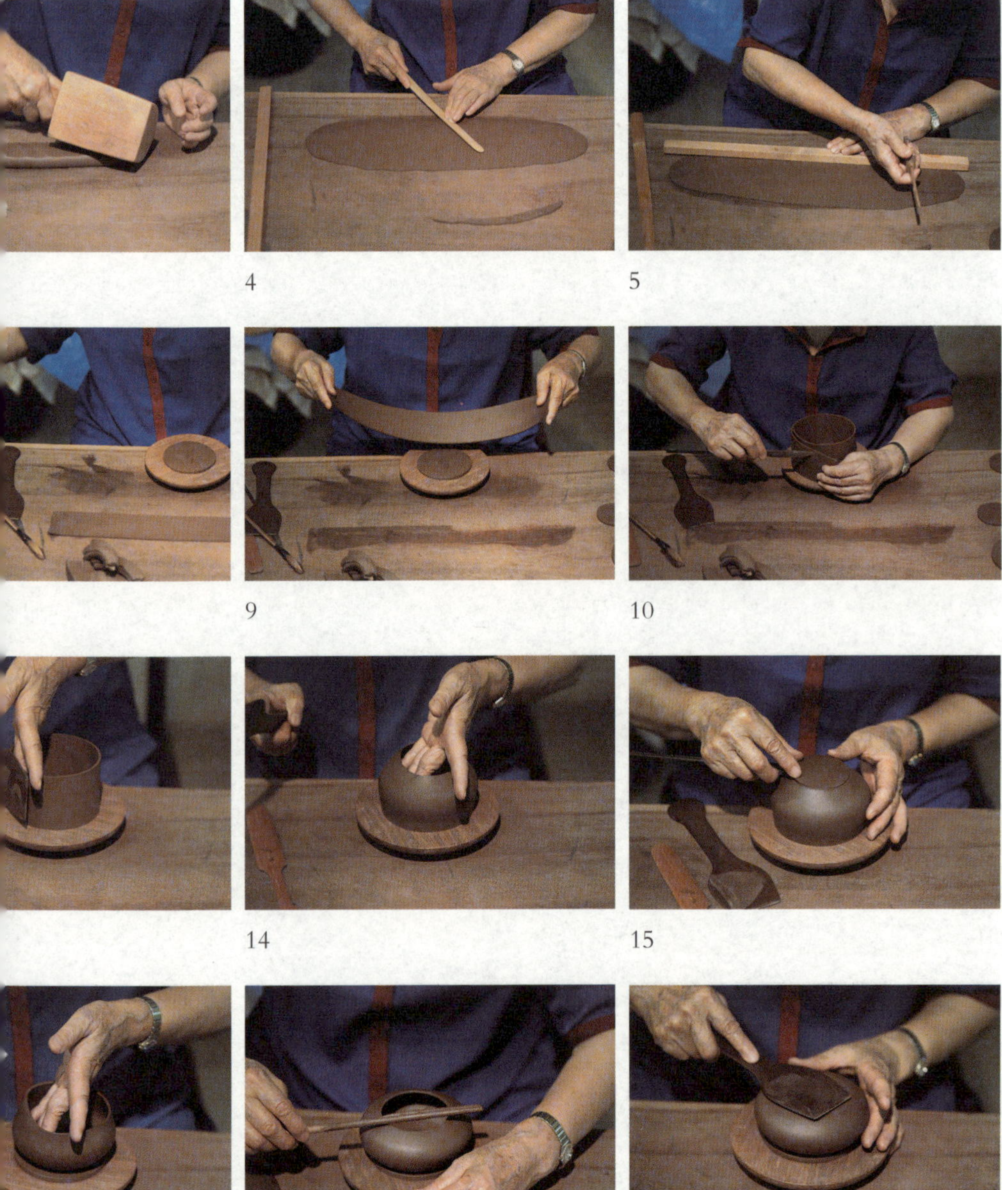

4 5

9 10

14 15

19 20

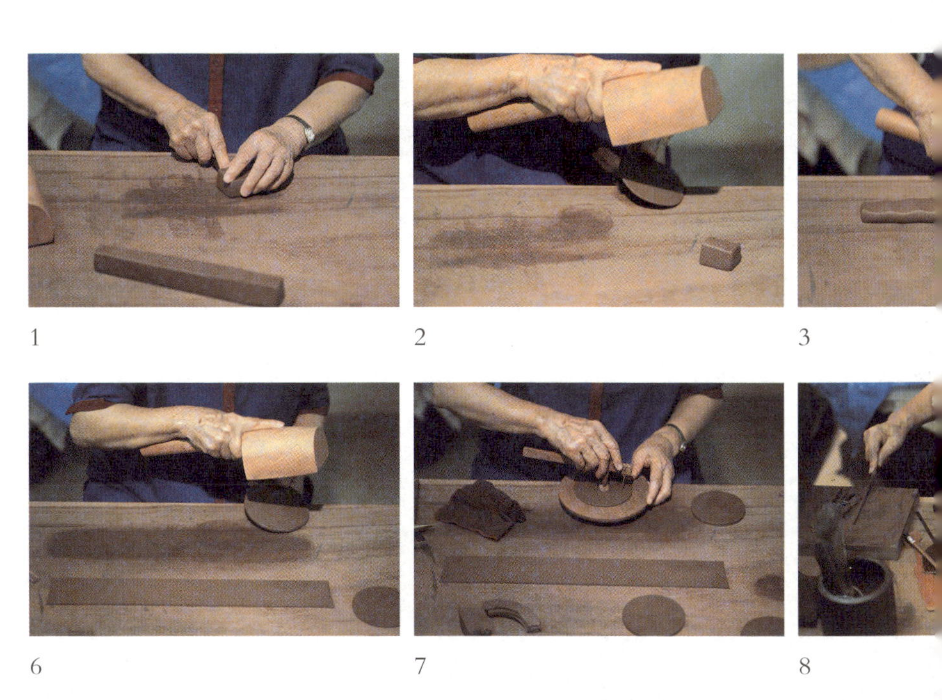

1 2 3

6 7 8

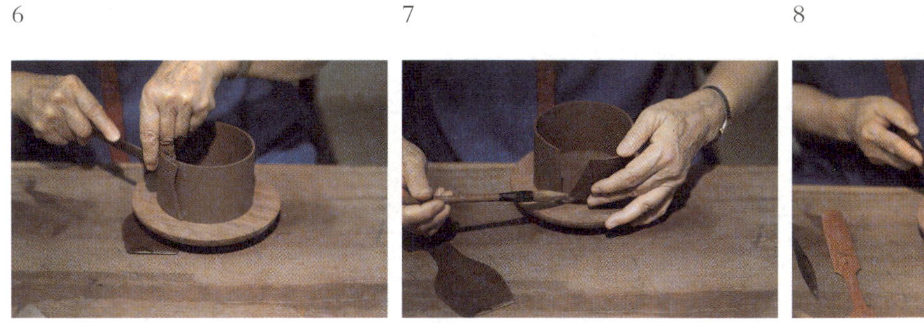

11 12 13

16 17 18

24

25

29

30

34

35

39

图2　羊角山示土残片

图3　蜀山窑址出土紫砂壶嘴

图4　南京吴经墓出土提梁壶（明·嘉靖）

图5　宜兴市宜城街道溪隐村明代古井出土紫砂酱釉提梁壶残件

图 6　明早期泥片成型釉陶罐

图 7　明早期紫砂匜口罐

图 8　大彬六方壶（1968 年江苏出土）

图 9　漳州出土大彬壶　漳州市博物馆藏

底部

图 10　无锡出土的时大彬壶

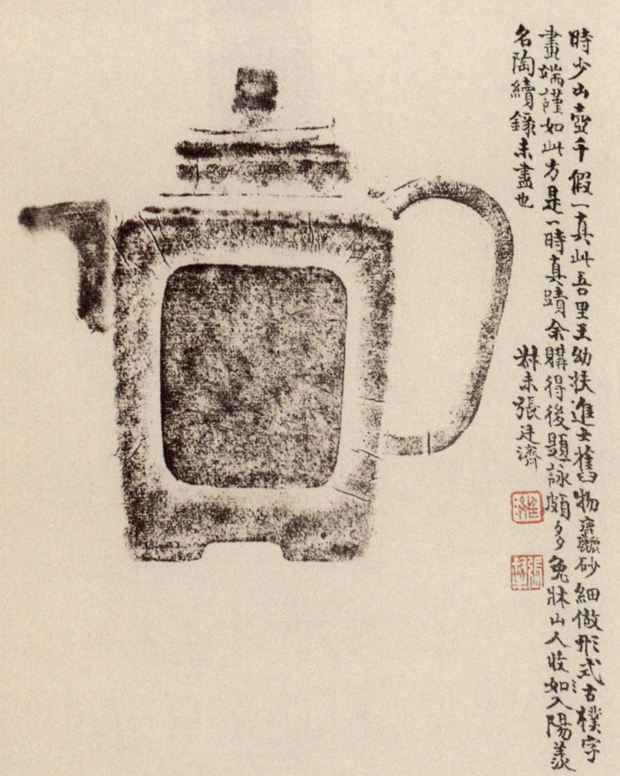

图 11　大彬汉方壶拓片

图 12　“千载一时”吴骞题

图 13 清·陈鸣远 东陵瓜壶 南京博物院藏

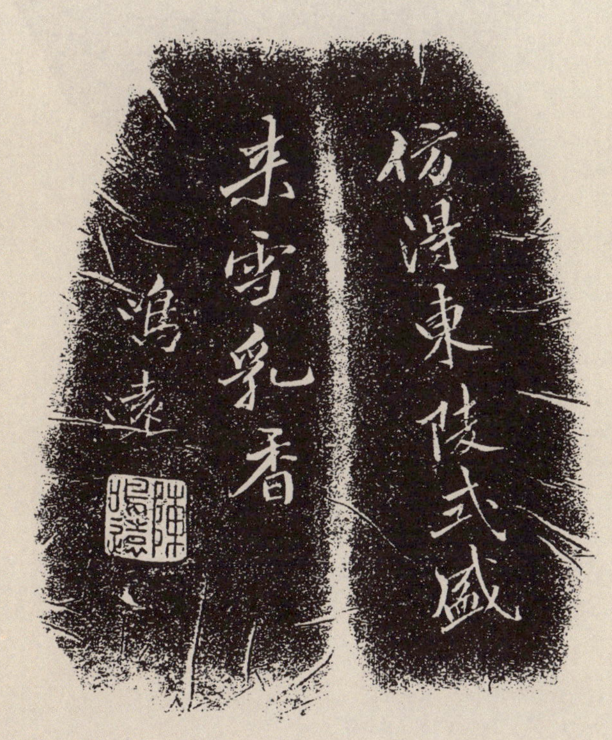

图 13 东陵瓜壶上铭文拓片

图 14　清·陈鸣远　苏州博物馆藏

因穷得变，意至器生

——由《宜兴瓷壶记》探究紫砂艺术的工具设计与运用理念

清乾嘉年间吴骞《阳羡名陶录》一书，是目前除明代周高起《阳羡茗壶系》外，记录紫砂艺术体系及文翰最为全面的古籍，其中，《文翰》《记》中有明遗民周容（1619—1692）《宜兴瓷壶记》文字一篇。通篇不过几百字，却远胜过其他诗篇溢美之词无数。原因在于这篇文稿记录了作者亲眼所见明清之交，紫砂艺人制作茶壶的全过程，并且用无偏见的文化学者的眼光，将明代末年的紫砂工艺以及工具体系做了如实记录。在文人普遍视工艺为小技，不屑于翔实记录的时代，留下这些详细的描述，实在弥足珍贵。

首先将全文录下：

今吴中较茶者，壶必宜兴瓷，云始万历间大朝山寺僧传供春者。供春者，吴氏小史也。至时大彬，以寺僧始，止削竹如刃，刳山土为之。供春更斫木为模，时悟其法则又弃模，而所谓削竹如刃者，器类增至今日，不啻数十事。用木重首作椎，椎唯炼土，作掌，厚一薄一，分听土力。土稚不耐指，用木做月皐，其背虚缘易运代土，左右是意与始终。用鐳，长视笔，阔视薤，次减者

1. 木搭只（椎）

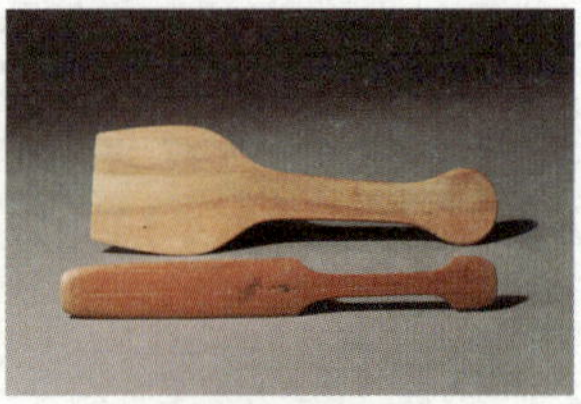

2. 木拍、竹拍（作掌）

3. 木转盘正反（月皋）

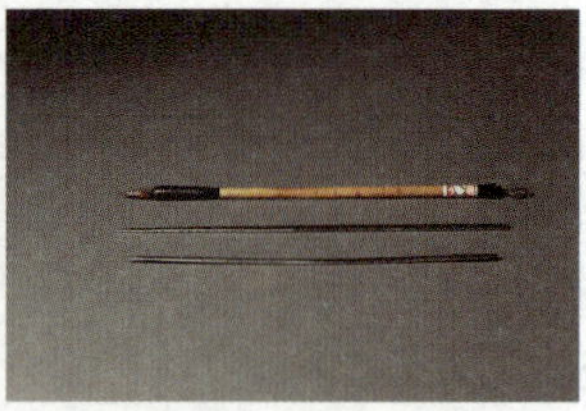

4. 鳑鲏刀、铁尖刀（廉首齐尾）

5. 明针（角）

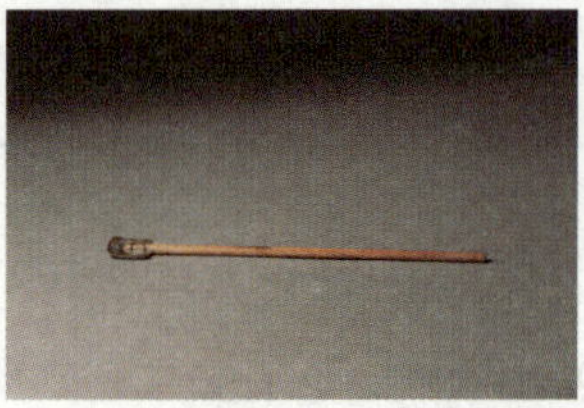

6. 刮子（竹木如贝窍其中）此处为铜皮

7. 木鸡子（有木如肾）

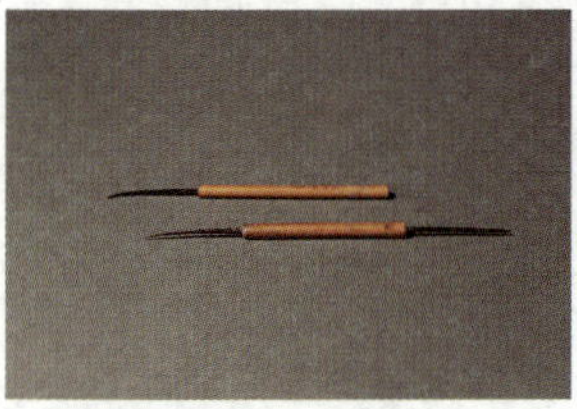

8-1. 剜嘴刀（蝎之尾）

8-2. 独果（如钗之股）

8-3. 完底石（用石如碓）

9. 泥条（土毡）

10. 围身筒（割而登足月，两端相见）

11. 滋泥（媒土）

12-1. 拍打壶底腹（足）

12-2. 拍打壶肩腹（面）

13. 上“满片”（面）

14. 身筒（为壶先天）

图1 “用木重首作椎”：即今紫砂工艺中最常用的工具，行内称“搭子”，用来敲泥片、泥条。

图2 “作掌，厚一薄一”：用来拍打成型的拍子，今已增至多种型款，并非仅有两把。

图3 “用木作月阜”：即半月形木转盘。今大多以铁辘轳代替。

图4 “用镳，长视笔，阔视薤，次减者二，廉首齐尾”：这种金属刀具，行内称“鳑鲏刀”“尖刀”，型款也是因需设置，不局限于二三件的数量。

图5 “用角，阔寸，长倍五，或圭或笏”：研光坯体表面的牛角制工具，行内称为“明针”。

图6 “用竹木如贝”：紫砂工艺中用于刮除一些暗处、内部接头处多余泥料的工具俗称刮子。

图7 “中丰两杀者，则有木如肾，补规万所困”：中间丰满，两头瘦削，形状如鸡蛋，用于规整壶口、壶盖等圆形器形的工具，俗称“木鸡子”。

图8 “用竹若钗之股，用石如碓，为荔核形，用金作蝎尾”：图8-1：“蝎尾”式的剜嘴刀，用于修理壶嘴内部；图8-2：“钗之股”的“独果”，用于使圆孔规整；图8-3：“荔核形”的小工具，称“完底石”“完盖石”，用于修理底部、盖内部。

图9 “土毡”：用于围成壶体的泥条。

图10 “割而登诸月……两端相见”：用工具划画好的泥条竖立在木转盘上，围成圆柱状：

图11 “廉用媒土，土湿曰‘媒’”：泥片之间的衔接要用“媒

土”，即湿泥浆，行内称“脂泥”。

图12　“有序，先腹……足面先后，以制之丰约定”：围成柱状后，先拍打击底足的弧底还是肩腹的弧底，以壶的造型差异而定。一般先拍打底，即壶身的底腹弧形。

图13　“面”：即壶身筒的肩腹口部。拍打好底部后将身筒翻转，拍打肩腹，上一块泥片，称为“满片”，因此拍打肩腹又称“打满”。

图14　“初浑然虚含，为壶先天”：拍打好的身筒即壶体的雏形，然后再加颈，开出口部，制作壶嘴、壶把。

二，廉首齐尾，廉用割、用薙、用剔，齐用抑、用趁、用抚、用推，凡接文深浅，位置高下，齐廉并用，壶事此独勤。用角，阔寸，长倍五，或圭或笏，俱前薄后劲，可以服我屈伸为轻重。用竹木如贝，窍其中，纳柄，凡转而藏暗者藉是。至于中丰两杀者，则有木如肾，补规万所困。外用竹若钗之股，用石如碓，为荔核型，用金作蝎尾，意至器生，因穷得变，不能为名。土色五，腻密不招客土，招则火知之。时乃故入以砂，炼土克谐。审其燥湿展之，名曰“土毡”。割而登诸月，有序，先腹，两端相见，廉用媒土，土湿曰“媒”。次面与足。足面先后，以制之丰约定。足约则先面，足丰则先足。初浑然虚含，为壶先天。次开颈，次冒，次耳，次嘴。嘴后著，戒也。体成，于是侵者薙之，骄者抑之，顺者抚之，限者趁之，避者剔之，暗者推之，肥者割之，内外等。时后起数家，有徐友泉、李茂林，有沈君用。甲午春，余寓阳羡，主人致工于园，见且悉。工曰：“僧草创，供春得华于土，发声光尚已。时为人敦雅古穆，壶如之，波澜安闲，令人喜敬。其下俱因瑕就瑜矣。今器用日烦，巧不自耻。”嗟乎！似亦感运升降焉。二旬，成壶凡十，聚就窑火。予构文祝窑，文略曰：“器为水而成火，先明德功，繇土以立，木亦见材。”又曰：“气必足夫阴阳，候乃持夫昼夜，欲全体以致用，庶含光以守时。”云云。是日主人出壶二，一提梁卣，一汉觯，俱不失工所言。

分析《宜兴瓷壶记》中的记录，作者周容是从一个被聘到大户人家，在后花园作壶的紫砂艺人口中听到的紫砂历史和制作工艺、工具的运用方法等。仔细分析，明末清初，甲午年，即1654年，离时大彬生活的年代不远，紫砂从业者所知道的和流传的紫砂工艺的演进历史，对于史料缺如的中国陶瓷艺术研究来说，有着重要的学术价值。《考工记》中，“抟埴之工”仅有“当其无，有器之用”等，基本无法得知陶瓷工艺的基本状况，尤其是宜兴当地，从原始社会时期就已经存在的拍片成型技法，到紫砂拍片成型方法的演变过程，仅有泛泛的文字记载是不够的，而该文章可以补《考工记》之遗。文章信息量极高，包含自历史现象到名家风格以及制作过程，工具形状、种类、使用方法等。本文要进行探究的是该文章记录与描述的明清之交，紫砂艺人所使用的制壶工具的状况，进而从工具演变的角度厘清紫砂工艺的发展过程，进一步为研究紫砂工艺的内在造型艺术观念，紫砂工艺中优秀的非物质文化内涵提供一些参照。

文章首先是记述紫砂器的诞生过程，包含了紫砂成型工艺的改进过程，也是一个工具的改变过程：

由 1“以寺僧始，止削竹如刃，刳山土为之。”

到 2“供春更斫木为模。”

到 3“时悟其法则又弃模。”

即紫砂工艺从宜兴日用陶器拍片成型工艺方法中，逐步演化的三阶段过程。

1 僧人用竹工具刳山土，即掏空陶泥而形成茶壶，现在未见器物。

2 供春斫木为模，也就是运用木质模具制作壶身，在宜兴日用陶器成型中却是最常用的方法。

宜兴日用陶器制作工艺，缸的底部半截是可以在内模上围上泥片拍打制成的。

而上半截器型再在这个基础上，加长长的泥片。

两截粘接后，工人围着器皿用简单的长形木条拍子拍打，所以缸器类经常在器腹出现接痕。

南京油坊桥出土的明嘉靖年间紫砂提梁壶，即草创时期的茶壶，在壶腹部也出现接泥片痕迹。紫砂早期运用内模拍打的工艺已经得到证实。

3“时悟其法则又弃模。”

无锡出土时大彬三足如意圆壶，则已经没有了中间粘接的痕迹，是一张泥片（艺人称泥条），完全运用自由的泥片拍打工艺完成，可扁可圆，变化多端。今天紫砂独特的泥片拍打成型法已经形成，期间有种种时大彬受明万历间茶文化的影响由大壶改小壶的记录。但是，由大壶改小壶，“时悟其法”，弃模具是最为关键的一步。工具的创造和运用，帮助紫砂从日用陶器，即粗陶向精细的紫砂陶演变。

时大彬以及他的时代又创造了哪些工具呢？弃模具后的第一步，就是木转盘的使用，泥片围成圆柱放在木转盘上，用拍子拍打，代替了模具的使用。

“而所谓削竹如刃者，器类增至今日，不啻数十事”，弃去模具，工具反而增加了，达到了几十件工具的数量。即周容所见的明清之际，紫砂艺人工具已经发展到几十件至多。

时大彬创造性的改革，是“悟其法”而行。因此工具的创造也应是“悟法”基础上开始的。悟成器之法，悟泥性之法。比如因为要“分听土力”，也就是拍打泥条时区别制作紫砂壶的泥土的性质，壶体的大小，要用到“掌”，即今天的“木拍子”，要厚的薄的各一个（今天的艺人都会有三四个、四五个拍子），拍子的形状像人的手掌，这已与粗陶制作不同。

又比如弃去模具后，黏而软的泥片是很难把控的，“土稚不耐指”，器型小，人不能像粗陶制作一样围着缸转圈拍打，就用木材制作了像“月皋”一样的转盘——木转盘，以底部圆中心点为支点，可以“运代土”，可以带着泥片转动，一只手在里面，一只手握拍子，就是可以在双手的配合中拍打器型的身筒，木转盘匀速转动。如果技艺熟练，眼到手到，就可以“左右是意”，得心应手，中空的圆器形体就诞生了。

其他工具，则有的是竹木所制，有的是金属制成，也有用“角”即牛角制成……形状五花八门，像韭菜叶子，像荔核，如圭笏的，工具多到“不能为名”。可以运用的手法、起到的作用是“侵者雉之，骄者抑之，顺者抚之，限者趁之，避者剔之，暗者推之，

15. 文中提到的部分手法

肥者割之，内外等”，各种精细的工具都是顺势而为地运用、加工和琢塑。（见图 15，紫砂工艺中的部分手法）

这些工具和手法，在粗陶工艺中原本是没有或者不明显的，或者手法是粗放的，紫砂工艺中却为了造型塑造的需要，创造了新的工具，精工细作，在小小的一张工作台上做足文章，创造方圆乾坤。那么配合造型设计而创造制作工具的原则和理念又是什么呢？

那就是文章中提到的因用而生，因穷而变，从弃模具到木转盘的运用，以及今天的尖刀、明针……无不是因穷得变。

木转盘，木拍子尖刀明针等工具。创造工具的目的，是要使工具为我所用，在制作造型塑造形体无法可施的情况下，即处于困境时，要根据需要变化出工具，才可以非常顺手顺意地塑造心中的造型形体，因此作者记录中用了“左右是意与始终”（木转盘），“可以服我屈伸为轻重”（牛角明针），“补规万所困”（木鸡子或篦只等）。

工具派上用场，才能够“意至器生，因穷得变”。

这样一些形容句式，应该也是周容转述工匠的描述，因为只有用工具的人，才能真实描述运用的感觉。

紫砂工艺依靠“因穷得变”，不断创造和改进工具，来完成造型创作，从而在工具的完备基础上，进而完善和提高紫砂造型的美感，达到“意至器生”。

众所周知，紫砂壶的造型非常丰富，方非一式，圆不一相，筋纹器，塑器更是变化万千。紫砂的工艺技艺体系十分完善，已经达到了只要想得到的造型，就可以运用工具甚至发明工具和技艺来实现造型的地步。文献中，明代万历时期已经有几十种造型。

供春斫木为模，时悟其法则又弃模。日用粗陶用模具制作的成器工艺，获得的器型变化小，造型受模具的限制，而时大彬弃模后，变为在可以控制的慢速转盘上非常自由的成器法，作者的造型审美观念以及对形体的控制能力得到了展现，对于泥料的把控也能得到反映，才有“意至器生”。紫砂艺术体系中，日渐增加的各种工具的使用，使紫砂日益向着个人艺术的方向发展，成器的掌控权在艺人个人手中，不假他手，独立完成。紫砂艺术中形成的有骨有肉、敦厚古穆，或者清秀俊雅等个人风格逐渐形成。制壶者自时大彬开始，就大大方方在壶上镌刻自己的姓名，彰显个性，也使得紫砂在中国陶瓷艺术领域一片“大明”“大清”制的底款中独树一帜，其独特的工具之道和成器工艺，功不可没。

真正达到意至器生，完成器物造型美感的塑造，必然要求纯熟的工艺技艺，器物于意到手到的状态中诞生，工艺境界才能逐步达到“技进乎道”的高度。而观看者、使用者也有了更深层次的审美对象，可以把玩、欣赏，获得更多的感受。

紫砂艺术中的意至器生，与绘画中意到笔到感觉类似，工具拓展了双手的功能，成为设计塑造造型时非常有用的元素。换一个角度思考，创造新的造型，如何“生”这个器物，作者也同时在思考运用何种工具能够达到效果。器物的造型设计也要符合工具的“法”则，符合工艺手法，这样设计出来的器物，才是工艺的自然产物，具有长久的生命力。细数紫砂中经典造型形式，圆珠、掇球、龙蛋、寿星壶等，以及当代的一些作品设计，无不如此。这里不一一展开了。

时大彬开创的“悟其法”，边悟边创的工具设计理念是紫砂艺术值得总结的优秀传统，数百年来这一理念没有湮没，而是得到了很好的弘扬。尤其是现代老艺人如顾景舟先生，重视这一传统理念，他虽然没有系统研究的文字传世，但是在实际传授紫砂技艺中，却强调和坚持了这一理念。带徒弟、教学生重要的一步就是要求学生自己制作工具，他的大弟子徐汉棠就是用自己制作的一件规车赢得师傅的认同。几乎所有紫砂艺人都十分珍视自己的工具，不会随便出借工具。每个紫砂艺人也有自己制壶专用的工具，多到不计其数。

掇球壶专用的篦子，仿古壶专用的篦子……那些工具上的弧度是专为这些样式而磨制的，或者说创造的这些样式同时也创造了这些工具。因穷得变，意至器生，顾景舟先生的一生就是这一理念的充分体现。他曾经为了创作的提壁壶上的一根线条，可以用3天时间来磨线杠，直到完全达到要求为止，而真正使用也许只有短短几分钟！

“工欲善其事，必先利其器。”《考工记》中有关工具的“利器”思想，在紫砂工艺体系中演进为因穷得变，意至器生的新的工具创造和运用理念，进而成为造型创作和形成技艺风格的来源之一。

《瓷壶记》中，可以得知现在紫砂艺人所使用的工具，在明代已经基本形成体系，已经比较完备；也梳理出紫砂艺术通过制作工具、创造工具、运用工具来进行工艺改革，提高工艺技艺，增强创作力，增强塑造形体能力，甚至打造艺术风格的优秀传统。这些传统和理念，为今日的器物设计，以及今日解决造型难点的工具设计，提供了参照。

紫砂艺术体系中有着今人可以多角度借鉴的优秀内涵，这里仅周容《宜兴瓷壶记》所反映的史实，从工具的角度做分析，作抛砖引玉之用。

高英姿　南京师范大学美术学院教授

原文刊载于《创意与设计》杂志

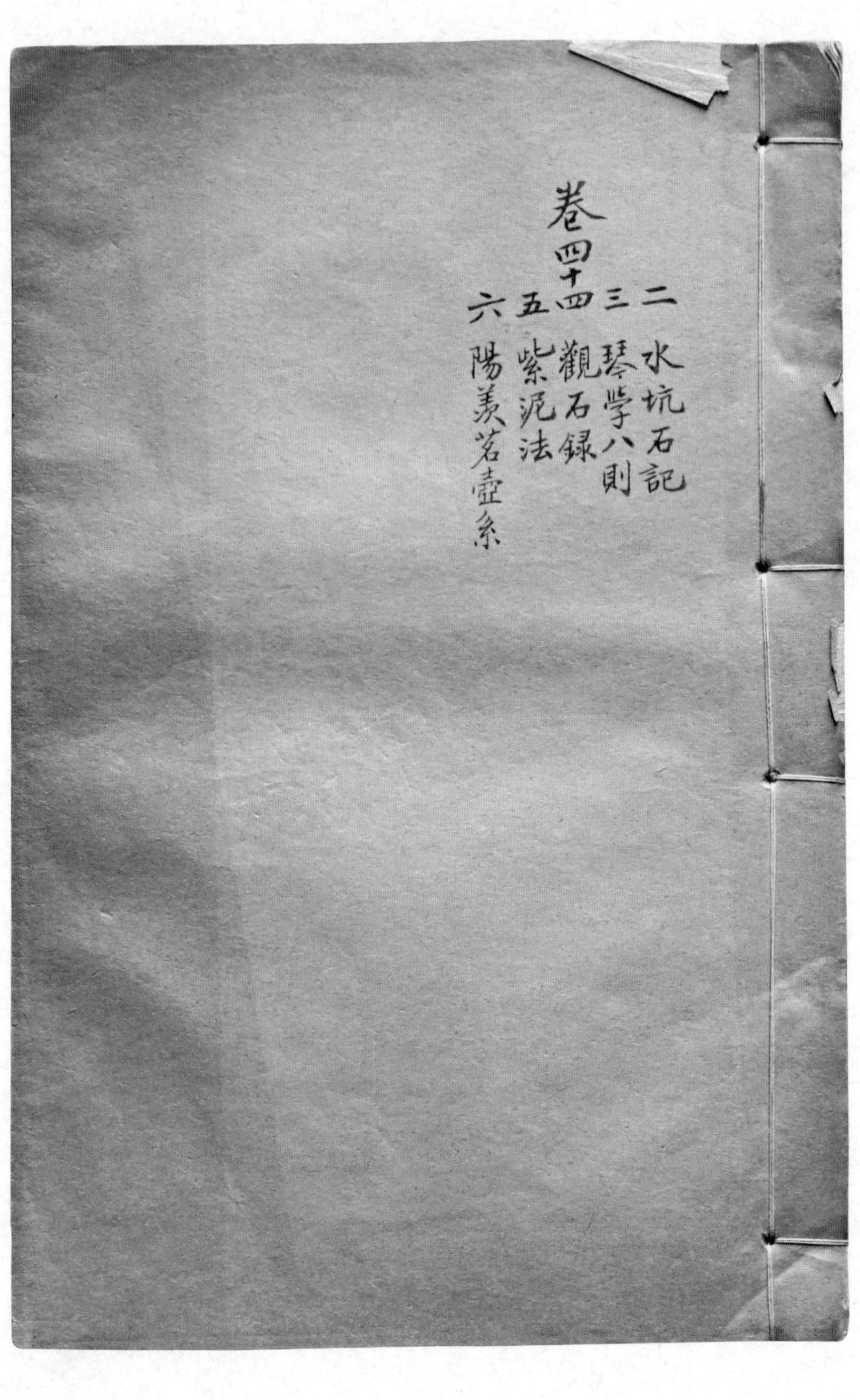
卷四十
二 水坑石記
三 琴學八則
四 觀石錄
五 紫泥法
六 陽羨茗壺系

阳羡茗壶系

檀几叢書二集卷四十六

武林 王晫 丹麓
天都 張潮 山來 同輯

陽羨茗壺系

江陰周高起伯高著

壺于茶具用處一耳而瑞草名泉性情攸寄實仙子之洞天福地梵王之香海蓮邦審厥尚焉非曰好事已也故茶至明代不復碾屑和香藥製團餅此已遠過古人近百年中壺

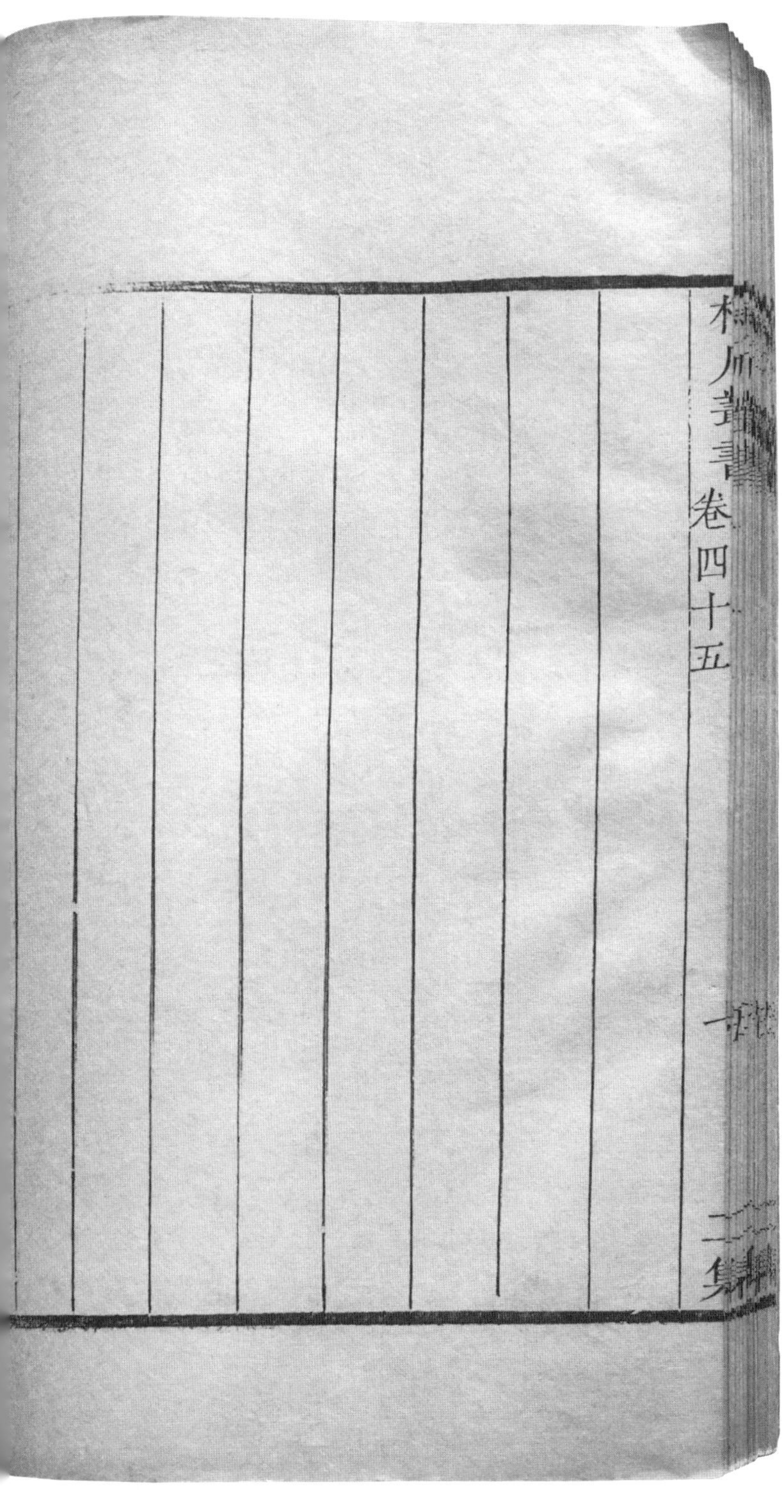

卷四十五

習與陶缸甕者處。摶其細土加以澄練，捏築爲胎，規而圓之。刳使中空，踵傅口柄蓋的，附陶穴燒成，人遂傳用。

正始

供春，學憲吳頤山公青衣也。頤山讀書金沙寺中，供春于給役之暇，竊彷老僧心匠，亦淘細土摶胚，茶匙穴中，指掠內外，指螺文隱起可按，胎必累按，故腹半尚現節腠，視以辨眞。今傳世者，栗色闇闇，如古金鐵，敦龐周正，允稱神明垂則矣。世以其孫龔黜銀錫及閩豫甆而尚宜興陶又近人遠過前人處也陶曷取諸取諸其製以本山土砂能發眞茶之色香味不但杜工部云傾金注玉驚人眼高流務以免俗也至名手所作一壺重不數兩價重每一二十金能使土與黃金爭價世日趨華抑足感矣因攷陶工陶土而爲之系

創始

金沙寺僧久而逸其名矣聞之陶家云僧閒靜有致

自此以往，壺乃另作瓦缶，囊閉入陶穴，故前此名壺不免沾缸罈油淚。

大家

時大彬號少山，或淘土，或雜硇砂土，諸款具足，諸土色亦具足，不務妍媚，而樸雅堅栗，妙不可思。初自仿供春得手，喜作大壺。後游婁東，聞陳眉公與琅琊、太原諸公品茶施茶之論，乃作小壺。几案有一具，生人閒遠之思，前後諸名家並不能及，遂于陶人標大雅之遺，擅空羣之目矣。

姓亦書爲龔春人皆證爲龔予于吳冏卿家見時大彬所仿則刻供春二字足折聚訟云

董翰號後谿始造菱花式已殫工巧

趙梁多提梁式亦有傳爲名良者

玄錫

時朋即大彬父是爲四名家萬曆間人皆供春之後勁也董文巧而三家多古拙

李茂林行四名養心製小圓式妍在樸緻中允屬名玩

壺上出門去適見樹下眠牛將起尚屈一足注視捏塑曲盡厥狀攜以視大彬一見驚歎曰如子智能異日必出吾上因學為壺變化式土仿古尊罍諸器配合土色所宜畢智窮工移人心目予嘗博考厥製有漢方扁觶小雲雷提梁卣蕉葉蓮方菱花鵝蛋分襠索耳美人垂蓮大頂蓮一回角六子諸款泥色有海棠紅硃砂紫定窰白冷金黃淡墨沉香水碧榴皮葵黃閃色梨皮諸名種種變異妙出心裁然晚年恒自歎曰吾之精終不及時之粗

名家

李仲芳。行大。茂林子。及時大彬門。為高足第一。製度漸趨文巧。其父督以敦古。仲芳嘗手一壺。視其父曰。老兄這个何如。俗因呼其所作為老兄壺。後入金壇。卒以文巧相競。今世所傳大彬壺。亦有仲芳作之。大彬見賞而自署款識者。時人語曰。李大𤭁時大名。

徐友泉。名士衡。故非陶人也。其父好時大彬壺。延致家塾。一日强大彬作泥牛為戲。不卽從。友泉奪其鉢盂圓珠諸製，不規而圓，已極妍飭。款仿鍾太傅帖意，落墨拙，落刀工。

陳信卿，仿時、李諸傳器，具有優孟叔敖處，故非用卿族品。其所作，雖豐美遜之，而堅瘦工整，雅自不羣。貌寢意率，自誇洪飲，逐貴游間，不務壹志盡技。間多伺弟子造成，修削署款而已。所謂心計轉粗，不復唱渭城時也。

閔魯生，名賢。製仿諸家，漸入佳境。人頗醇謹，見傳器則虛心企擬，不憚改爲，伎也進乎道矣。

雅流

歐正春。多規花卉果物。式度精妍。

邵文金。仿時大漢方。獨絕。今尚壽。

邵文銀。

蔣伯荂。名時英。四人並大彬弟子。蔣后客于吳。陳眉公爲改其字之敷爲荂。因附高流。諱言本業。然其所作。堅緻不俗也。

陳用卿。與時同工。而年伎俱後。負力尚氣。嘗挂吏議。在縲絏中。俗名陳三騃子。式尚工緻。如蓮子。湯婆。

沈君用名士良踵仲美之智而妍巧悉敵壺式上接歐正春一派至尚象諸物製爲器用不尚正方圓而筍縫不苟絲髮配土之妙色象天錯金石同堅自幼知名人呼之曰沈多梳（宜興垂髫之稱）巧殫厥心亦以甲申四月夭

別派

諸人見汪大心葉語附記中（休寧人字體茲號古靈）

邵蓋　周後谿　邵二孫　並萬曆間人

陳俊卿亦時大彬弟子

陳光甫仿供春時大爲入室天奪其能蚤眚一目相視口的不極端緻然經其手摹亦具體而微矣

神品

陳仲美婺源人初造甆于景德鎭以業之者多不足成其名棄之而來好配壺土意造諸玩如香盒花盃狻猊爐辟邪鎭紙重鏤疊刻細極鬼工壺象花果綴以草蟲或龍戲海濤伸爪出目至塑大士像莊嚴慈憫神采欲生瓔珞花鬘不可思議智兼龍眠道子心思殫竭以夭天年

規仿名壺曰臨比于書畫家入門時

陶肆謠曰壺家妙手稱三大謂時大彬李大仲芳徐大友泉也予爲轉一語曰明代良陶讓一時獨尊大彬固自匪佞

相傳壺土初出用時先有異僧經行村落日呼曰賣富貴土人羣嗤之僧曰貴不要買買富何如因引村叟指山中產土之穴去及發之果備五色爛若披錦

嫩泥出趙莊山以和一切色土乃黏脂可築蓋陶壺

周季山。陳和之。陳挺生。承雲從。沈君盛。善仿友泉君用。并天啓崇禎間人。

陳辰。字共之。工鐫壺款。近人多假手焉。亦陶家之中書君也。

鐫壺款識。卽時大彬初倩能書者落墨。用竹刀畫之。或以印記。後竟運刀成字。書法閒雅。在黃庭樂毅帖閒。人不能仿。賞鑒家用以爲別。次則李仲芳亦合書法。若李茂林。硃書號記而已。仲芳亦時代大彬刻款。手法自遜。

白泥出大潮山陶鉼盎缸缶用之此山未經發用載自吾鄉白石山。江陰秦望山之東北支峰

出土諸山其穴往往善徙有素產于此忽又他穴得之者實山靈有以司之然皆深入數十丈乃得。

造壺之家各穴門外一方地取色土篩擣部署訖弇窖其中名曰養土取用配合各有心法秘不相授

壺成幽之以候極燥乃以陶甕庋五六器封閉不隙始鮮欠裂射油之患過火則老老不美觀欠火則穉穉沙土氣若窯有變相匪夷所思傾湯貯茶

之丞弼也。

石黃泥出趙莊山即未觸風日之石骨也陶之乃變硃砂色。

天青泥出蠡墅陶之變黯肝色。又其夾支有梨皮泥。陶現梨凍色。淡紅泥陶現松花色。淺黃泥陶現豆碧色。蜜泥陶現輕赭色。梨皮和白砂陶現淡墨色。山靈腠絡陶冶變化尚露種種光怪云。

老泥出團山陶則白砂星星按若珠琲以天青石黃和之成淺深古色。

宿暑月不醆不知越數刻而茶敗矣安俟越宿哉况眞茶如蓴脂采卽宜羹如笋味觸風隨劣悠悠之論俗不可醫

壺入用久滌拭日加自發闇然之光入手可鑒此爲書房雅供若膩滓爛斑油光爍爍是曰和尚光最爲賤相每見好事家藏列頗多名製而愛護垢染舒袖摩挲惟恐拭去曰吾以寶其舊色爾不知西子蒙不潔堪充下陳否耶以注眞茶是藐姑射山之神人安置烟瘴地面矣豈不舛哉

雲霞綺閃直是神之所爲億千或一見耳

陶穴環蜀山山原名獨東坡先生乞居陽羨時以似蜀中風景改名此山也祠祀先生于山椒陶烟飛染祠宇盡墨按爾雅釋山云獨者蜀則先生之銳改厥名不徒桑梓殷懷抑亦攷古自喜云爾

壺供真茶正在新泉活火旋瀹旋啜以盡色聲香味之蘊故壺宜小不宜大宜淺不宜深壺蓋宜盎不宜砥湯力茗香俾得團結氤氳宜傾渴即滌去厥渟滓乃俗夫強作解事謂時壺質地堅潔注茶越

元氣復矣。

品茶用歐白甆爲良。所謂素甆傳靜夜。芳氣滿閒軒也。製宜弇口邃腸。色浮浮而香味不散。

茶洗式如扁壺。中加一盎鬲而細竅其底。便過水漉沙。茶藏以閉洗過茶者。仲美、君用各有奇製。皆壺史之從事也。水杓湯銚亦有製之盡美者。要以椰匏錫器。爲用之恒。

附 過吳廸美朱萼堂看壺歌兼呈貳公

新夏新晴新綠煥。茶式初開花信亂。羈愁共語賴吳壺之土色自供春而下。及時大初年。皆細土淡墨色。上有銀沙閃點。迨碙砂和製。穀縐周身。珠粒隱隱。更自奪目。

或問予以聲論茶。是有說乎。予曰。竹鑪幽討。松火怒飛。蟹眼徐窺。鯨波乍起。耳根圓通。爲不遠矣。然鑪頭風雨聲。銅餅易作。不免湯腥。砂銚亦嫌土氣。惟純錫爲五金之母。以製茶銚。能益水德。沸亦聲清。白金尤妙。第非山林所辦爾。

壺宿雜氣。滿貯沸湯。傾即沒冷水中。亦急出水寫之。

瓦價高作此廢也天工竄技道曾何彼此分空堂日

晚滋三歎

供春大彬諸名壺價高不易辦予但別其眞而旁蒐殘缺于好事家用自怡悅詩以解嘲

陽羨名壺集周郎不棄瑕尚陶延古意排悶仰眞茶燕市曾酬駿齊師亦載車也知無用用攜對欲殘花

吳迪美曰用涓人買駿骨孫臏刖足事以喻殘壺之好伯高乃眞賞鑒家風雅又不必言矣

附林茂之陶寶肖像歌 爲馮本卿金吾作

昔賢製器巧含樸規倣樽壺從古博我明龔春時大

郛曲巷通人每相喚。伊予眞氣合奇懷。閒中今古資
評斷。荊南土俗。雅尚陶茗壺奔走天下。半吳郎鑒器
有淵心。會聽壺工能事判。源流裁別字字矜。收貯將
同彝鼎玩。再三請出谿雙聯。今朝乃許花前看。高槃
捧列朱萼堂。匣未開時先置贊。捲袖摩挲笑向人。次
第標題陳几案。每壺署以古茶星。科使前賢參靜觀。
楷搖蓋作金石聲。款識稱堪法書。按某爲壺祖某雲
孫。形製敦龎古光燦。長橋陶肆紛新奇。心眼欲歔冬
暗換。寂寞無言意共滾。人知俗手眞[illegible][illegible][illegible]黃金

附俞仲茅贈馮本卿都護陶寶肖像歌

何人霾向陶家側。千年化作土赭色。揉來擣治水火齊。去聲義與好手誇埏埴。春濤沸後春旗濡。彭亨豕腹正所須。吳兒寶若金服匿。筋緣先入步兵廚。于今東海小馮君。清賞風流天下聞。主人會意郤投贈。賸以長句票緗文。陳君雅欲酬茗戰。得此摩挲日千遍。尺幅鵞溪綴剡藤。更教摩詰開生面。圖為王宏卿一時所寫一時佳話傾璠璵。堪備他年斑管書。月爭名馮園郎今書畫舫硯山同伴玉蟾蜍。

彬量齊水火摶埴作作者已往嗟濫觴不循月令仲冬夏荆谿陶正司陶復泥沙貴重如珩璜世間茶具稱爲首玩賞指摩在人手粉錫型模莫與爭素磁斟酌長相偶義取炎凉無變更能使茶湯氣永清動則禁持慎捧執久且色澤生光明近聞復有友泉子雅式精工仍繼美嘗教春茗注山泉不比瓶罍罄時恥以茲珍賞向東吳勝却方平衆玉壺癖好收藏阮光祿割愛舉贈馮金吾金吾得之喜絕倒寫圖錫名曰陶寶一時詠贊如勒銘直似千年鼎彝好

周高起，号伯高，又号兰馨，暨阳人（今江苏江阴）。早岁补诸生，列名第一，工古文辞，精于校勘，喜好积书，以玉柱山房为书室名。万历四十八年（1620），撰《读书志》十三卷，暨阳（今江苏江阴）人。生活于明万历、天启、崇祯年间，卒于1645年。博闻强识，工古文辞。崇祯十一年（1638）受江阴知县冯至仁礼聘，与徐遵汤同修《江阴县志》。富收藏，精于鉴赏，嗜茗饮，好壶艺，对宜兴紫砂颇有研究，撰写出我国第一部宜兴紫砂专著《阳羡茗壶系》，并有《洞山岕茶系》一卷、《读书志》（已佚）等著作。明亡后，“居由里山。游兵突至，被执索赀，怒詈不屈，死”（《江阴县志·人物传》）。以其刚烈，事迹入《江阴县志·忠义传》：“乙酉（1645）闰六月，城变突起，避地由里山。值大兵勒重，箧中惟图书翰墨，无以勒者，肆加笞掠，高起亢声诃之，遂遇害。”（《江阴县志·人物传》）

《茗壶系》未署撰写年月，而现有版本最早见于康熙三十四年《檀几丛书》本，不见于崇祯末年各丛书。应该完成于明朝末年。

《阳羡茗壶系》有多种刊本，如：

王晫、张潮《檀几丛书》本（清康熙三十四年）

卢文弨手校精抄本《卢抱经精钞本阳羡茗壶系》（乾隆三十九年）

金武祥《粟香室丛书》本（光绪十四年）

冯兆年《翠琅玕馆丛书》本（光绪十六年）

盛宣怀收入《常州先哲遗书》（光绪二十三年）

今拍摄为清康熙三十四年张氏霞举堂刻《檀几丛书》中之《阳

羡茗壶系》。

《阳羡茗壶系》的成书有着明确的目的，考究紫砂陶工、陶土，将当时正史不载的工艺名家、技艺的师承等情况翔实记录下来。全书分为创始、正始、大家、名家、雅流、神品、别派等章节，将紫砂工艺的发展过程，从初创（创始）、发展（正始）到兴盛阶段出现的名工名匠逐一记述，并且考订其生平、艺术风格、所见传器等，以赏鉴家的眼光，分别录入大家、名家、雅流、神品等章节中。在中国陶瓷史上，这是继蒋祁《陶记》、许次纾《茶疏·瓯注》及宋应星《天工开物·陶埏》后又一部陶瓷专著，并且是第一部宜兴紫砂专著，对中国陶瓷工艺发展史以及文化史的研究有着重要的学术价值。

阳羡茗壶系

江阴周高起著

壶于茶具，用处一耳，而瑞草名泉[1]，性情攸寄[2]，实仙子之洞天福地，梵王之香海莲邦。审厥尚焉，非曰好事已也[3]。故茶至明代，不复碾屑和香药制团饼，此已远过古人[4]。近百年中，壶黜银锡及闽豫瓷[5]，而尚宜兴陶，又近人远过前人处也。陶曷取诸？取诸其制[6]。以本山土砂，能发真茶[7]之色香味，不但杜工部云“倾银注玉惊人眼”[8]，高流务以免俗也。至名手所作，一壶重不数两，价重每一二十金，能使土与黄金争价，世日趋华[9]，抑足感矣。因考陶工陶土而为之系。

创始

金沙寺僧，久而逸其名矣[10]。闻之陶家云，僧闲静有致[11]，习与陶缸瓮者处[12]，抟其细土[13]，加以澂练[14]，捏筑为胎[15]，规而圆之[16]，刳使中空[17]，踵傅口、柄、盖、的[18]，附陶穴烧成[19]，人遂传用。

正始

供春，学宪吴颐山公[20]青衣[21]也。颐山读书金沙寺中，供春于给役之暇，窃仿老僧心匠，亦淘细土抟胚[22]，茶匙穴中，指掠内外，指螺文隐起可按。胎必累按，故腹半尚现节腠，视以辨真[23]。今传世者，栗色闇闇[24]，如古金铁，敦庞周正[25]，允称神明垂则矣！世以其孙龚姓，亦书为龚春。人皆证为龚，予于吴问卿家见时大彬所仿，则刻“供春”二字，足折聚讼云。

董翰，号后溪，始造菱花式[26]，已殚工巧[27]。

赵梁，多提梁式[28]。亦有传为名良者。

玄锡。

时朋，即大彬父。是为四名家，万历间人，皆供春之后劲也。董文巧，而三家多古拙[29]。

李茂林，行四，名养心。制小圆式[30]，妍在朴致中[31]，允属名玩。

自此以往，壶乃另作瓦缶，囊闭入陶穴，故前此名壶，不免沾缸坛油泪[32]。

大家

时大彬，号少山，或淘土，或杂硐砂土[33]，诸款具足，诸土色亦具足[34]。不务妍媚而朴雅坚栗[35]，妙不可思。初自仿供春得手，喜作大壶，后游娄东，闻陈眉公[36]与琅琊、太原诸公品茶施茶之论，乃作小壶[37]。几案有一具，生人闲远之思。前后诸名家并不能及，遂于陶人标大雅之遗，擅空群之目矣[38]。

名家

李仲芳，行大，茂林子，及时大彬门，为高足第一。制度渐趋文巧，其父督以敦古。仲芳尝手一壶，视其父曰：“老兄这个何如？”俗因呼其所作为“老兄壶”。后入金坛，卒以文巧相竞[39]。今世所传大彬壶，亦有仲芳作之，大彬见赏而自署款识者。时人语曰：“李大瓶，时大名[40]。”

徐友泉，名士衡，故非陶人也。其父好时大彬壶，延致家塾[41]。一日，强大彬作泥牛为戏，不即从，友泉夺其壶土出门去，适见树下眠牛将起，尚屈一足，注视捏塑，曲尽厥状(2)。携以视大彬，一见惊叹，曰：“如子智能，异日必出吾上。”因学为壶[42]。变化式、土[43]，仿古尊罍诸器，配合土色所宜，毕智穷工，移人心目。予尝博考厥制，有汉方[44]、扁觯、小云雷、提梁卣、蕉叶、莲方、菱花、鹅蛋、分裆索耳、美人垂莲、大顶莲、一回角、六子诸款。泥色有海棠红、朱砂紫、定窑白、冷金黄、淡墨、沉香、水碧、榴皮、葵黄、闪色梨皮诸名。种种变异，妙出心裁。然晚年恒自叹曰：“吾之精，终不及时之粗。”[45]

雅流

欧正春，多规花卉果物，式度精妍[46]。

邵文金，仿时大汉方独绝，今尚寿。

邵文银。

蒋伯荂，名时英。四人并大彬弟子。蒋后客于吴，陈眉公为改其字之“敷”为“荂”，因附高流，讳言本业[47]，然其所作，坚致不俗也。

陈用卿，与时同工，而年伎俱后[48]。负力尚气，尝挂吏议在缧绁中[49]。俗名陈三呆子。式尚工致，如莲子、汤婆、钵盂、圆珠诸制，不规而圆，已极妍饬。款仿钟太傅帖意，落墨拙，落刀工[50]。

陈信卿，仿时、李诸传器具，有优孟叔敖[51]处，故非用卿族。品其所作，虽丰美逊之，而坚瘦工整，雅自不群。貌寝意率[52]，自夸洪饮，逐贵游间，不务壹志尽技，间多伺弟子造成，修削署款而已[53]。所谓心计转粗，不复唱《渭城》时也[54]。

闵鲁生，名贤，制仿诸家，渐入佳境。人颇醇谨，见传器则虚心企拟，不惮改，为伎也进乎道矣。[55]

陈光甫，仿供春、时大为入室。天夺其能，蚤眚[56]一目。相视口、的，不极端致[57]，然经其手摹，亦具体而微矣。

神品

陈仲美，婺源人，初造瓷于景德镇，以业之者多，不足成其名，弃之而来。好配壶土，意造诸玩[58]，如香盒、花杯、狻猊炉、辟邪镇纸，重镂叠刻，细极鬼工。壶象花果，缀以草虫，或龙戏海涛，伸爪出目。至塑大士像，庄严慈悯，神采欲生，璎珞花蔓，不可思议。智兼龙眠、道子[59]，心思殚竭，以夭天年。

沈君用，名士良，踵仲美之智而妍巧悉敌。壶式上接欧正春一派，至尚象诸物，制为器用，不尚正方圆[60]，而笋缝不苟丝发[61]。配土之妙，色象天错[62]，金石同坚，自幼知名，人呼之曰“沈多梳”宜兴垂髫之称。巧殚厥心，亦以甲申[63]四月夭。

别派

诸人见汪大心《叶语附记》中。休宁人，字体兹，号古灵。

邵盖、周后溪、邵二孙，并万历间人。

陈俊卿，亦时大彬弟子。

周季山、陈和之、陈挺生、承云从、沈君盛，善仿友泉、君用，并天启、崇祯间人。

陈辰，字共之，工镌壶款，近人多假手焉[65]。亦陶家之中书君也。

镌壶款识，即时大彬，初倩能书者落墨，用竹刀画之，或以印记，后竟运刀成字，书法闲雅，在《黄庭》《乐毅》帖间，人不能仿，赏鉴家用以为别[66]。次则李仲芳，亦合书法。若李茂林，朱书号记而已。仲芳亦时代大彬刻款，手法自逊。

规仿名壶曰“临”，比于书画家入门时[67]。

陶肆谣曰：“壶家妙手称三大。”谓时大彬、李大仲芳、徐大友泉也。予为转一语曰：“明代良陶让一时[68]。”独尊大彬，固自匪佞。

相传壶土[69]初出用时，先有异僧经行村落，日呼曰：“卖富贵土。”人群嗤之。僧曰：“贵不要买，买富何如？”因引村叟，指山中产土之穴[70]去，及发之，果备五色[71]，烂若披锦。

嫩泥[72]，出赵庄山，以和一切色土，乃黏脂可筑，盖陶壶之丞弼也。

石黄泥[73]，出赵庄山，即未触风日之石骨也。陶之乃变朱砂色。

天青泥[74]，出蠡墅，陶之变黯肝色。又其夹支有梨皮泥，陶现梨冻色[75]；淡红泥，陶现松花色；浅黄泥，陶现豆碧色；

蜜泥，陶现轻赭色；梨皮和白砂，陶现淡墨色。山灵腠络，陶冶变化，尚露种种光怪云。[76]

老泥[77]，出团山，陶则白砂星星，按[78]若珠琲，以天青、石黄和之，成浅深古色。

白泥[79]，出大潮山，陶瓶盎缸缶用之。此山未经发用，载自吾乡白石山（江阴秦望山之东北支峰）。

出土诸山，其穴往往善徙，有素产于此，忽又他穴得之者，实山灵有以司之，然皆深入数十丈乃得[80]。

造壶之家，各穴门外一方地，取色土筛捣，部署讫，弇窖其中，名曰“养土”[81]，取用配合，各有心法，秘不相授[82]。壶成幽之，以候极燥[83]，乃以陶瓮[84]度五六器，封闭不隙，始鲜欠裂射油[85]之患。过火则老，老，不美观；欠火则稚，稚，沙土气。若窑有变相，匪夷所思，倾汤贮茶，云霞绮闪，直是神之所为，亿千或一见耳。

陶穴环蜀山。山原名独，东坡先生乞居阳羡时，以似蜀中风景改名此山也。祠祀先生于山椒[88]，陶烟飞染，祠宇尽墨。按《尔雅·释山》云，独者，蜀，则先生之锐改厥名，不徒桑梓殷怀[89]，抑亦考古自喜云尔。

壶供真茶，正在新泉活火，旋瀹旋啜，以尽色、声、香、味之蕴[90]。故壶宜小不宜大，宜浅不宜深；壶盖宜盎不宜砥，汤力茗香，俾得团结氤氲[91]；宜倾竭即涤去厥渟滓[92]。乃俗夫强作解事，谓时壶[93]质地坚洁[94]，注茶越宿，暑月不馊。不知越数刻而茶败矣，安俟越宿哉！况真茶如莼脂，采即宜羹，如笋味，触风随劣[95]。悠悠之论，俗不可医。

壶，人用久，涤拭日加，自发闇然之光，人手可鉴，此为书房雅供。若腻滓斓斑，油光烁烁，是曰“和尚光”，最为贱相。每见好事家藏列颇多名制，而爱护垢染，舒袖摩挲，惟恐拭去，曰：“吾以宝其旧色尔。”不知西子蒙不洁，堪充下陈否耶？以注真茶，是藐姑射山之神人，安置烟瘴地面矣。岂不舛哉[96]。

壶之土色，自供春而下，及时大初年，皆细土淡墨色[97]。上有银沙闪点，迨硇砂和制，縠绉周身，珠粒隐隐，更自夺目[98]。

或问予以声论茶[99]，是有说乎？予曰：竹垆幽讨，松火怒飞，蟹眼徐窥，鲸波乍起，耳根圆通为不远矣[100]。然垆头风雨声，铜瓶易作，不免汤腥[101]，砂铫亦嫌土气，惟纯锡为五金之母，以制茶铫，能益水德，沸亦声清。白金尤妙，第非山林所办尔[102]。

壶宿杂气，满贮沸汤，倾即没冷水中，亦急出水写之，元气复矣[103]。

品茶用瓯[104]，白瓷为良，所谓“素瓷传静夜，芳气满闲轩”也。制宜弇口邃肠，色浮浮而香味不散[105]。

茶洗，式如扁壶，中加一盎鬲而细窍其底，便过水漉沙[106]。茶藏以闭洗过茶者，仲美、君用各有奇制，皆壶史之从事也。水勺、汤铫，亦有制之尽美者，要以椰匏锡器为用之恒[107]。

附：《过吴迪美[108]、朱萼堂[109]壶歌兼呈贰公[110]》

新夏新晴新绿焕，茶式初开花信乱。

羁愁其语赖吴郎，曲巷通人每相唤。

伊予真气合寄怀，闲中今古资评断。

荆南土俗雅尚陶，茗壶奔走天下半。

吴郎鉴器有渊心，曾听壶工能事判。

源流裁别字字矜，收贮将同彝鼎玩。

再三请出豁双眸，今朝乃许花前看。

高槃捧列朱萼堂，匣未开时先置赞。

卷袖摩挲笑相人，次第标题陈几桉。

每壶署以古茶星，科使前贤参静观。

指摇盖作金石声，款识称堪法书按。

某为壶祖某云礽，形制敦庞古光灿。

长桥陶肆纷新奇，心眼欷歔多暗换。

寂寞无言意共深，人知俗手真风散。

始信黄金瓦价高，作者展也天工窜。

技道曾何彼此分，空堂日晚滋三叹。

附：供春、大彬诸名壶，价高不易办。予但别其真而旁搜残缺于好事家，用自怡悦，诗以解嘲。

阳羡名壶集，周郎不弃瑕。尚陶延古意，排闷仰真茶。燕市曾酬骏，齐师亦载车。也知无用用，携对欲残花。吴迪美曰：用涓人买骏骨[111]、孙膑刖足事，以喻残壶之好，伯高乃真赏鉴家，风雅又不必言矣。

附：林茂之[112]《陶宝肖像歌为冯本卿金吾作》

昔贤制器巧含朴，规仿尊壶从古博。

我明龚春时大彬，量齐水火抟埴作。

作者已往嗟滥觞，不循月令仲冬良。

荆溪陶正司陶复，泥沙贵重如珩璜。

世间茶具称为首，玩赏揩摩在人手。

粉锡[113]型模莫与争，素磁斟酌常相偶。

义取炎凉无变更，能使茶汤气永清。

动则禁持慎捧执，久且色泽生光明。
近闻复有友泉子，雅式精工仍继美。
尝教春茗注山泉，不比瓶罍罄时耻。
以兹珍赏向东吴，胜却方平众玉壶
癖好收藏阮光禄[114]，割爱举赠冯金吾[115]。
金吾得之喜绝倒，写图赐名曰陶宝。
一时咏赞如勒铭，直似千年鼎彝好。

附：俞仲茅《赠冯本卿都护陶宝肖像歌》
何人霾向陶家侧，千年化作土赭色。
捄来捣冶水火齐，义兴好手夸诞埴。
春涛沸后春旗濡，彭亨豕腹正所须。
吴儿宝若金服匿，夤缘先入步兵厨[116]。
于今东海小冯君，清赏风流天下闻。
主人会意却投赠，媵以长句缥缃文。
陈君雅欲酣茗战，得此摩挲日千遍图为王宏卿一时所写。
尺幅鹅溪缀剡藤[117]，更教摩诘开生面。
一时佳话倾播玙，堪备他年班管[118]书。
月笋（冯园名）即今书画舫，研山同伴玉蟾蜍。

注释：

［1］瑞草名泉：瑞草，指茶叶。唐杜牧《三题茶山诗》：“山实东吴秀，茶称瑞草魁。”名泉，适于茶性的著名泉水。古来嗜茗者对水颇有讲究，审定推崇名水名泉，如中泠泉，曾被品为天下第一泉。

［2］性情攸寄：是内心真性情的寄托。攸，所。

［3］审厥尚焉，非曰好事已也：尚，推崇。仔细探讨茶壶之所以推尚宜兴陶而不用瓷壶，并非仅是好事家的一时时尚，而有着实际的原因。

［4］故茶至明代，不复碾屑和香，药制团饼，此已远过古人：唐代饮茶，用蒸青后压制的团饼茶，且掺和橘、盐等调味品。至宋仍以饼茶为主。而至明代，利用高温杀青的炒青法等方法制成的散茶已在全国普及。罗廪《茶解》中说，以前的饼茶“曾不若今人止精于炒焙，不损本真”，散茶使人尝到了天然、纯真的茶香味，大大增加了茶的色、香、味。因此称为远过古人之处，亦称“真茶”。而散茶的作用使冲泡法普及，取代了捣碎饼茶煮饮的方法，茶具自然要更新，于是紫砂陶壶脱颖而出。

［5］闽豫瓷：福建、河南等地瓷器。在此泛指瓷器，即饼茶时期所推崇的瓷器茶碗等瓷茶具。

［6］陶曷取诸？取诸其制：宜兴紫砂陶壶的可取之处在于它的制作工艺。

［7］真茶：即散茶，炒青法制成（见注[4]）。区别于掺加香料的饼茶。

［8］倾金注玉惊人眼：见杜甫《少年行二首》其一。全诗为："莫笑田家老瓦盆，自从盛酒长儿孙。倾银注玉惊人眼，共醉终同卧竹根。"在此用杜甫诗典，意指从缸瓮粗陶中发展而来的宜兴紫砂陶艺术，朴雅清幽，不同流俗。此处作"倾金"，卢本改为"倾银"。

［9］世日趋华：华，浮华。由于价格腾贵，砂壶工艺有浮华、趋巧的趋向，世风也日趋浮华。

［10］金沙寺僧，久而逸其名矣：金沙寺僧人，因年代久远已不知其姓名。

［11］闲静有致：安闲静穆而有情趣。

［12］习与陶缸瓮者处：常常与做缸瓮的陶人相处。

［13］抟其细土：抟，捏之成圆。将做缸瓮用的陶泥中较细腻的泥料揉捏在一起。

［14］加以澂练：用水浸泡，去除杂质，再加以揉练。澂即澄。

［15］捏筑为胎：用手捏方法塑成泥坯。

［16］规而圆之：将泥坯规范加工成圆形。

［17］刳使中空：刳，剖，挖空。将泥坯中间掏空。这种先塑实心体再挖空的成型法，非常原始。金沙寺僧与宜兴陶工相处日久，应学会当地传统制陶成型法——拍打法。这段"刳使中空"的说法，可能仅是记录传闻，而无实证。

［18］踵傅口、柄、盖、的：踵，接着，跟着。的，砂壶盖上摘手，俗称"的子"。接着制作附件壶口、壶柄、壶盖、盖的。

［19］附陶穴烧成：陶穴，陶窑。做好的泥坯搭附在陶窑中烧成。紫砂陶器最初确实与粗陶混合装烧。

［20］吴颐山公：吴仕，字克学，一字颐山，号拳石，宜兴人。明正德甲戌进士，累迁山西、福建、广西、河南四省提学副使，后以提学副使擢四川参政。少年时曾经于邑内金沙寺读书。有《颐山私稿》存世。

［21］青衣：婢女，此处或应为着青衣小僮。据吴仕族人吴梅鼎赋，供春是吴仕僮仆，而非婢女，吴仕读书寺庙，也不应带侍女前往。从中可知供春乃“婢女”一说没有根据。

［22］“胚”应作“坯”。

［23］茶匙穴中，指掠内外，指螺文隐起可按。胎必累按，故腹半尚现节腠，视以辨真：用茶匙样工具使其中空，手指遍掠内外，手指螺纹凹凸都可以摸到，壶胎一定需要多次按压，因此壶腹部半截处出现节奏痕迹，以此可辨别真伪。对照1976年宜兴鼎蜀镇羊角山古紫砂窑器以及1966年南京中华门外大定坊油坊桥明司礼太监吴经墓出土紫砂提梁壶（明嘉靖年间）的制作工艺，供春学制砂壶“茶匙穴中，指掠内外”等仅是一种描述。因为出土紫砂器证明，早于供春时期已采用当地日用陶的拍打成型法。而在壶腹留有上下两段泥片衔接的痕迹，即“节腠”这一点倒与吴经墓壶一致，更补充了早期紫砂器与生俱来的日用粗陶特征。

［24］栗色闇闇：色泽为栗色。闇闇：沉着，坚实刚硬。

［25］敦庞周正：敦庞，敦厚笃实。周正：规整，指供春壶造型、形制规正朴实。以上几点可想见供春壶造型简洁、色泽古朴、略具粗朴的面貌。

吴问卿：吴洪裕（1598—1650），字问卿，号枫隐，万历乙卯举人，与王穉登、董其昌游，曾收藏《富春山居图》《智永法师千字文真迹》。

[26] 菱花式：即紫砂造型中的筋纹器。菱花以八瓣为多，砂壶造型制成八条筋纹花瓣图案形，称菱花式。

[27] 已殚工巧：殚，尽。已表现出相当的工艺技巧（这是与早期砂器对比而言）。

[28] 提梁式：有提梁的砂壶。

[29] 董文巧，而三家多古拙：形制风格上，董翰趋文巧，其他三家古拙。

[30] 小圆式：圆形小壶（当指光素圆形壶）。

[31] 妍在朴致中：于朴素端庄中见妩媚。

[32] 自此以往，壶乃另作瓦缶，囊闭入陶穴，故前此名壶，不免沾缸坛油泪：紫砂壶的烧成最初与粗陶器一样，不用匣钵封闭，因而容易沾染其他有釉陶器的釉料挥发物（油泪），这在出土早期砂器上得到证实。而从李茂林等人开始，使用封闭烧成，避免了杂质侵入，这一烧成上的改革为紫砂陶的精雅化奠定了基础。名壶，应作“茗壶”。

[33] 杂硇砂土：宜兴当地称土中的砂粒为硇砂（通过筛选的粗颗粒，并非煅烧后的熟砂）。这种工艺即现在的调砂、铺砂。

[34] 诸款具足，诸土色亦具足：将紫砂泥的各种特质以及色泽变化都展现得比较充分。

［35］不务妍媚而朴雅坚栗：据史料，时大彬也制作菱花、八角等变化的壶型，因此这里所指是艺术风格，以朴雅为主，造型、工艺都避免纤柔、秀巧的倾向。

［36］陈眉公：陈继儒（1558-1639），当明嘉靖、隆庆、万历、崇祯之世，江苏松江人，字仲醇，号眉公、眉道人等。为诸生，与董其昌齐名，工诗善文兼长绘事，有《陈眉公全集》。

［37］初自仿供春得手，喜作大壶，后游娄东，闻陈眉公与琅琊、太原诸公品茶施茶之论，乃作小壶：以小壶制作替代大壶制作是明代万历发生的重大紫砂工艺变革。明末文震亨《长物志》："供春最贵，第形不雅，亦无差小者。时大彬所制又太小。若得受水半升，而形制古洁者，取以注茶，更为适用。"明代一升约为今天的1073.7毫升，半升为536毫升，大壶应大于此，小壶应小于此。时大彬中晚期所制壶为小壶，今天看来，容量也不算太小。时大彬改大壶为小壶是应文人饮茶风尚之需，却在紫砂工艺体系中引发工艺的改革。

琅琊：申用懋（1560—1638），字敬中，号元渚，长洲人，时行长子，万历十一年进士，崇祯初兵部侍郎，兵部尚书，因申姓郡望琅琊，故称琅琊。

太原诸公：王衡（1562—1609），字辰玉，号缑山，别署蘅芜室主人，太仓人，锡爵子，时敏父，万历辛丑（1601）榜眼，著有《侯山集》等，编写有《郁轮袍》《没奈何》《真傀儡》等杂剧名篇。因王姓郡望太原，故称。

［38］前后诸名家并不能及，遂于陶人标大雅之遗，擅空群之目矣：大雅：《诗经》二雅之一，先秦时代的中国诗歌，大雅的作者大

多为德高而有才之人。擅：长于，独揽，独特出群之意。盛赞时大彬为陶艺领域的出类拔萃者，前后名家不能及。

[39] 卒以文巧相竞：从李茂林制小圆式“妍在朴致中”到李仲芳“以文巧相竞”，父子壶艺风格相似而又有差异。李茂林尚知寓巧于朴，敦促仲芳，而仲芳则以文巧为追求目标，这种变化是整个时代砂艺风格日趋纤巧的缩影。

[40] 李大瓶，时大名：瓶，当地壶亦称瓶。这句话是对工艺领域不良现象的讽刺。

[41] 延致家塾：古代有请工艺匠师到家中制作的做法。

[42] 因学为壶：（徐友泉）因此跟随时大彬学习制壶。

[43] 变化式、土：变化原有的土色配土和造型款式。徐友泉善于调配紫砂泥，又勇于创新，因此被赞为“妙出心裁”。

[44] 汉方：造型名，为紫砂传统造型之一，历代名家都有仿古的汉方壶。

[45] 吾之精，终不及时之粗：这句话反映了徐友泉在艺术境界上的认识与追求。砂壶诞生于缸瓮粗杂用具而能够避免粗俗，跻身茶道用具之首，关键在于它朴雅含蓄、不事雕琢的内涵正与茶文化精神吻合，与中国传统高层次审美指向吻合。时大彬所制没有雕琢的精巧，境界却高人一筹，为徐友泉晚年所叹服。

[46] 规花卉果物，式度精妍：规：规仿，以为模范而加以仿效。自然花卉、瓜果，款式制技都非常精致宜人（是自然仿生造型一类）。

[47] 讳言本业：忌讳提及紫砂艺人的身份。蒋伯荂是紫砂从业

者却羞于以艺人自居，这种虚荣心理是封建社会歧视手工艺人陋习的折射。

[48]与时同工，而年伎俱后：（陈用卿）与时大彬一起学艺制壶，年龄较时小，技艺也不如时大彬。伎，同技。

[49]尝挂吏议在缧绁中：挂，触碍、牵涉。吏议，处分官吏，议定其罪。缧绁，牢狱。陈用卿为人豪侠，曾因牵涉官吏的处分获罪而被关押牢中。

[50]款仿锺太傅帖意，落墨拙，落刀工：刻款仿锺繇帖，落墨拙朴而用刀工整。

[51]优孟叔敖：相传楚相孙叔敖死后，他的儿子贫困无依，艺人优孟就穿上孙叔敖的衣服，在楚庄王面前模仿孙叔敖的样子，使庄王深受感动，遂封叔敖子。见《史记·滑稽传》。这里指陈信卿仿时大彬等人传器颇肖。

[52]貌寝意率：貌寝，即貌侵，丑陋之意。率，轻率。

[53]间多伺弟子造成，修削署款而已：其间多有徒弟做好后，（陈信卿）修整一番，署上自己名款的作品。

[54]所谓心计转粗，不复唱《渭城》时也：渭城，乐曲名，本于唐王维“渭城朝雨浥轻尘”，后入乐府，成为名曲。这里所言是指陈信卿艺术作品有两个阶段，早期雅自不群，晚期嗜酒豪饮，与贵介闲游，不再一心钻研技艺，甚至有随便署款的行为，当然作品水准下降，不能与早期作品相提并论了。

[55]闵鲁生的从艺经历是，从临仿名家作品人手，渐入佳境。这也是紫砂行业内学习技艺的规矩。闵鲁生能够在学习传统中参

悟，不断改进，虚心向传统学习，被赞为庖丁解牛，技进乎道。

［56］眚（shěng）：眼睛生翳，眼疾的一种。

［57］相视口、的，不极端致：审视、安装壶口、壶盖的子等，并不十分端正。

［58］好配壶土，意造诸玩：喜爱研究调配泥料，创新设计，制作了许多文玩器物（配土与创新，在陈仲美身上表现为一种艺术手法，他所制作的仿生器皿、文玩，为求逼真，必然配制特殊泥料、泥色）。

［59］龙眠、道子：龙眠，宋代画家李公麟。道子，唐代画家吴道子，人称“画圣”。

［60］至尚象诸物，制为器用，不尚正方圆：规正的方形、圆形器皿在紫砂行业内属光素一派，而仿生器属欧正春所创的塑器类。

［61］而笋缝不苟丝发：仿生造型制成的壶、盒等器皿，口盖严密合缝，丝发不差。

［62］配土之妙，色象天错：配制仿生器皿所需的各色泥土，色泽如同天然。

［63］甲申：明崇祯末年，1644年。

［65］工镌壶款，近人多假手焉：擅长于壶款的镌刻，近来许多制作者都请他代为刻款（紫砂行业明末时已有刻字一行）。

［66］镌壶款识……赏鉴家用以为别：讲述紫砂陶欣赏对象之一——款识欣赏的源起。时大彬初时只能请人写好字后，用竹刀（一种制壶工具）依样描画，而后来他逐渐地自学书法，能够运

刀成字，而且书法闲雅，有《黄庭》《乐毅》遗韵。时大彬弟子众多，他的提倡以及在赏鉴家眼中的成功，无疑有着号召力，从此紫砂器的刻款、印章等成为艺术欣赏的重要内容。《黄庭》《乐毅》，法帖名。《黄庭》，相传晋王羲之书黄庭经。《乐毅》，魏夏侯玄作乐毅论，王羲之书之。唐褚遂良谓："笔势精妙，备尽楷则。"被称为王羲之正书第一。

[67] 规仿名壶曰"临"，比于书画家人门时：临摹传统名作是每一个紫砂艺人必经的学习过程。临摹中揣摩名作的造型线面处理、工艺技法的运用，借以增进技艺，培养艺术修养，如同中国书画的学习一样。悟性好的艺人能够在"临"中扬弃，逐渐形成自己的艺术风格，为创新制作打下基础。

[68] 明代良陶让一时：这是周高起给予时大彬的极高评价。这不仅仅是指时大彬在当时的技艺声誉，也是对紫砂工艺发展的过程中，时大彬所起承前启后、培养砂艺传人、完备工艺体系等历史作用而言。

[69] 壶土：制作紫砂壶的原料紫砂泥。

[70] 产土之穴：紫砂泥矿深埋于矿层下，藏在粗陶用泥——夹泥之中，要经过挖矿、采矿才能得到，因此有"岩中岩、泥中泥"的别称。开采出来的矿土质硬如石，经风化、碾碎、澄练后才能制作砂壶。紫砂泥矿出品不易，故有异僧"卖富贵土"的传说。

[71] 备五色：紫砂泥有紫泥、绿泥（本山绿泥）、红泥三种。天然矿土有矿脉的差异，而且三种泥之间的不同调配，或烧成时气氛的差异，会出现多种色彩效果，可谓五色具备。

[72] 嫩泥：嫩泥是一种粗陶制作必备的原料，可以增加可塑力，

但紫砂用泥中不加嫩泥，因此作者说嫩泥是陶壶“丞弼”，可能是混淆了紫砂泥与粗陶泥的概念。

[73]石黄泥：石黄泥即红泥。矿层在嫩泥矿的下层，出矿时呈黄、红色，质坚如石，因此称“石黄”（“未触风日之石骨也”）。风化、澄练后，才成为可用的红泥，烧成后呈现暗红色，至纯者烧成后呈朱砂色。

[74]天青泥：天青泥是紫泥的一种，原矿色泽为天青色，烧成后呈现黯肝色。这种色泽天然的原矿泥料历史上曾出现过，今已少见。

[75]又其夹支有梨皮泥，陶现梨冻色：紫泥的夹层，又称夹脂。实际应是本山绿泥，出矿时呈淡绿色，烧成呈米黄色。

[76]此段文字谈到浅红色、浅黄色泥等多种色泥，烧成后呈现丰富多彩的色泽。实际上，紫砂泥是单矿原成泥，是含铁量较高的泥矿，由于地质成因的关系，每处泥矿含铁量、化学成分等各不相同，再加上烧成火候、气氛的差异，烧成后呈色当然不同。古代人缺乏科学的认识，认为这种现象是山神显灵。

[77]老泥：老泥实指团泥。团山在赵庄山东南面，一度曾出现过紫泥与星点式本山绿泥混合的矿土，烧成后呈现铜色。现在天然团泥已少见，一般用紫泥与本山绿泥掺在一起练成这种色泥，名称仍沿用“团泥”。

[79]白泥：白泥出大潮山，是日用粗陶用泥。而作者说大潮山未开发时，白泥曾从江阴白石山运来。

[80]出土诸山……然皆深入数十丈乃得：作者所述紫砂泥的出产地都没有说错。紫砂泥矿层多寡厚薄不一，藏于夹泥之中，开

采时往往有矿脉时断时续、变化不定的现象，因此被古人视作有山灵司掌。

[81] 养土：是古代紫砂泥的练制方法。将风化后的矿土捣碎，碾成粉末，加水浸泡。几个月后取泥锤练，练好后放于阴凉处陈腐一段时间，才能拿来做壶。陈腐过程和存放的过程称为养土。

[82] 取用配合，各有心法，秘不相授：紫砂泥选矿、选料并互相配比会呈现不同的色泽效果，人们不断在其中摸索经验。当时全凭经验配泥，而没有科学依据，且各有家传，互不传授，形成了紫砂泥配料的神秘说法。

[83] 壶成幽之，以候极燥：做好的壶坯要封闭好，等候自然干燥。实际上，紫砂壶做好后并不需要“幽之”，只要不过分燥热，放在阴凉处自然干燥，直到可以入窑烧制。

[84] 陶瓮：俗称“缸掇”“掇罐”，由耐火材料制成。紫砂壶最初与缸瓮等粗陶混合在一起烧成，会沾染釉滴，明代李茂林等人开始用封闭容器装窑，与粗陶隔离。

[85] 欠裂射油：烧成中的射火、飞釉或因温差太大而造成开裂等现象。

[86] 过火则老，老，不美观；欠火则稚，稚，沙土气：紫砂壶的烧成火候、气氛要把握好（现在可以用测温表根据烧成曲线控制，过去全凭经验），温度过高，砂壶色泽发黯，砂壶表面起泡或发燥、发毛，不光滑；太低又没有烧结，仍然是土器，用来泡茶有砂土气。

[87] 窑有变相：即窑变。烧成中，由于泥质、火候、气氛互相配合，有时会呈现意想不到的效果。窑变极为难得，因此称“匪

夷所思”“神之所为”。

[88] 山椒：山顶。

[89] 桑梓殷怀：满怀思乡之情。桑与梓是古代住宅旁常常栽种的树木，喻作家乡。

[90] 壶供真茶，正在新泉活火，旋瀹旋啜，以尽色、声、香、味之蕴：真茶，口味纯正的茶，不掺和其他香料。品茶要用新汲的泉水，活火（炭火有焰无烟者为活火）煮沸，边煮边泡边喝。这样，才能使茶性充分发挥，而使饮者得到声（如松涛般的沸水声）、色、香、味的感官享受。

[91] 故壶宜小不宜大，宜浅不宜深；壶盖宜盎不宜砥，汤力茗香，俾得团结氤氲：作者身处散茶瀹茶法普及的明代末期，凭个人经验，认为小容量、浅腹、盖子虚高些的小壶最宜沏茶，而平盖（“砥”）的砂壶会使茶味受压抑。但是实际上，各类茶叶的冲泡法不尽相同，如红茶宜用深腹壶，绿茶宜浅腹壶；时代不同，散茶盛行前用的壶是煮水壶、注水壶，当是大壶，至时大彬游娄东前所制壶也称为大壶，游娄东后改做小壶，从出土实物看，今人又当视为大壶。又闽南工夫茶用小壶，北方喝花茶偏喜大壶。因此，壶的大小及造型与功能之间的关系不能一概而论。盖盎：盖呈弧形拱起。

[92] 宜倾渴即涤去厥滓滓：喝完茶后，应该立即倒掉茶渣，以防陈杂之气留存在砂壶中。倾渴，当为竭之误，卢本作竭。

[93] 时壶：时大彬壶。

[94] 坚洁：可理解为“坚结”。烧成火候较高，质地坚致。

[95] 况真茶如莼脂，采即宜羹，如笋味，触风随劣：这番议论是针对“砂壶贮茶越宿不馊”的俗论而发的。真茶好比莼菜，好比鲜笋，讲究愈新鲜愈好。茶叶冲泡后，真正散发香味的时间不过四十多分钟，哪容片刻迟误，更不要说夏天贮存隔宿了（砂壶贮藏茶水较瓷器、玻璃等容器不易变质，但要品饮，就不仅是要求不变质，而是一种声、色、香、味的享受，在此作者所论是合理、科学的）。

[96] “壶用久……”：砂壶表面由于加工摩压工艺及烧成烧结，光滑平整，用来泡茶次数多了，人们摩挲擦拭，会形成如玉一般的亚光效果，可以作为文房清玩。而如果不注意壶的清洁，任由污垢、油脂堆积，虽然光亮，却是卑俗的“和尚光”，是一些不懂养壶、用壶之道的外行人做法。这段文字，作者指斥那种藏污纳垢的做法是让西施美女蒙受不洁，是藐视姑射山上的神仙使之遭受世俗烟瘴的污染，是对砂壶艺术的糟蹋。

[97] 壶之土色，自供春而下，及时大初年，皆细土淡墨色，上有银沙闪点：砂壶所用泥料，早期都是采用紫砂陶泥中较细腻的泥料，即所谓细土，烧成后呈淡墨色，闪光的银沙是紫砂泥中的云母发出，这在明代墓葬出土的一些砂壶上可以见到。

[98] 迨硇砂和制，縠绉周身，珠粒隐隐，更自夺目：硇砂和制，采用过筛后的粗颗粒砂料，掺和进练制好的泥料，称“调砂”，形成砂颗料隐现于表面的特殊肌理效果。

[99] 或问予以声论茶：有人问我是否真能凭水的声音来评定所沏茶的优劣。

[100] 竹垆幽讨，松火怒飞，蟹眼徐窥，鲸波乍起，耳根圆通

为不远矣：竹垆，煮茶用泥炉，外面用竹编外壳。松火怒飞：用松枝或松叶烧水，火焰很高。苏东坡有“松风竹炉，提壶相呼”句，也是周伯高描述的煮水之景。蟹眼徐窥，炊中气泡渐渐翻腾，小气泡视作“蟹眼”。鲸波乍起：继之水将烧开，水开始沸腾汹涌。耳根圆通为不远矣：渐渐水声消失，听不见了。这是作者以声论茶的观点，要泡好一壶茶，首先要煮好水，水从“蟹眼”到“鲸波”再到没有声音，恰好用来泡茶，过则水太老，不足则水太嫩。

[101] 垆头风雨声，铜瓶易作，不免汤腥：要聆听如同风雨之声的水声，用铜瓶最佳，却不免使沸水沾染铜腥味（水“声”在茶道中是非常讲究的，人们常常据此联想，以融入自然的境界）。

[102] 惟纯锡为五金之母，以制茶铫，能益水德，沸亦声清。白金尤妙，第非山林所办尔：比较铜、砂、银等制成的茶铫后，作者认为锡制茶铫最佳，不破坏水的成分，沸声清幽。白银所制当然更好，却太过奢侈，未免破坏了山林气息，破坏了茶的清幽意境。

[103] 壶宿杂气，满注沸汤，倾即没冷水中，亦急出水泻之，元气复矣：砂壶长时间不用，会有陈杂之气味，解决问题的方法，是将砂壶先用沸水冲满，倒掉，马上浸入冷水中。这种“急冷法”能去除异味。满贮，卢本作“满注”。写，通“泻”。

[104] “欧”：应作“瓯”，据卢本改。

[105] 制宜弇口邃肠，色浮浮而香味不散：弇（yǎn），狭、小之意。白瓷茶杯的造型应该是深腹小口型，这样，茶色可在白色映衬下更清晰，香味却不至于涣散。

[106] 茶洗，式如扁壶，中加一盎鬲而细窍其底，便过水漉沙：

茶洗，即洗茶用具。作者所见造型像扁壶，中间有鬲形、细孔的过滤斗，作用是冲洗掉茶叶上的沙尘。

[107] 水勺、汤铫，亦有制之尽美者，要以椰匏锡器为用之恒：水勺、汤铫之类茶事用具，世间也有制作精美的（如前面提及白金汤铫），但日常使用，还是椰子壳、葫芦器、锡器最为实用，且适于茶境。

[108]吴迪美：吴贞吉，子修之，一字迪美，号嵩岳，吴正志长子，崇祯九年（1630）举人，有《春曙楼稿》。

[109] 朱萼堂：《宜兴荆溪县新志》记载，朱萼堂在西廊庙，俗称中宅，明吴参政仕故居，江阴周高起有朱萼堂看壶歌，今改为吴二宗祠，堂之东有太朴楼，眄柯阁，并董其昌书榜，后归路氏。

[110] 贰公：吴洪化（1608—1648），字以藩，号贰公，又号分霞居士，正己次子，吴本嵩、吴梅鼎之父。

[111]涓人买骏骨：典出《战国策·燕策》，燕昭王闻古之君子，有以千金求千里马者，三年不能得，涓人（内侍）言于君曰：请求之。君遣之。三月得千里马，马已死，买其骨五百金，反以报君。君大怒曰：所求者生马，安事死马？而捐五百金！涓人对曰：死马且买之五百金，况生为乎？天下必以为王为能市马，马今至矣。于是不期年，千里马至者三。

[112] 林茂之，即林古度，字茂之，号那之，别号乳山道士，福清人，诗文名重一时，时人称为东南硕魁，曾游历宜兴，有《玉女潭》等诗。明亡，以遗民自居，晚年寓金陵，穷困至极，双目失明，有《茂之诗选》二卷行世。

[113] 粉锡：粉，指瓷器，为江西景德镇仿制定瓷，粉定。粉

锡指瓷锡茶具。

[114] 阮光禄：光禄为古职官“光禄大夫”的简称。南朝宋阮韬，官至“金紫光禄大夫”，即有阮光禄之称。此处指阮大铖（1587—1646），字集之，号圆海，石巢，百子山樵，桐城人，万历四十四年进士，为人反复，居官后，先依东林党，后附魏忠贤，崇祯间以附逆罪去职。明亡后再南明朝廷官至兵部尚书，右副都御史，东阁大学士，最后降清。有《石巢传奇四种》，诗文有《咏怀堂全集》。

[115] 冯金吾，“金吾”也是官名，即“执金吾”。所谓金吾，一称是两端镀金的铜棒，执之以示权威。一云“吾”读“御”即执金以御非常。汉武帝时改中尉为执金吾，督巡三辅治安，晋以后废。但此处似与上古金吾无关，林古度《陶宝肖像歌》说得很清楚，冯金吾名本卿，当是明清间人。

[116] 步兵厨：此步兵，借指阮籍。阮籍，三国时魏陈留尉氏人，字嗣宗。齐王曹芳时任尚书郎，以疾归。大将曹爽被诛后，任散常侍。纵酒谈玄，长诗工文，与嵇康等被称为“竹林七贤”。传说当时步兵校尉厨中有酒数百斛，因请求任“步兵校尉”。有《阮步兵集》。“步兵厨”比喻藏有美酒之处。

[117] 尺幅鹅溪缀剡藤：“鹅溪”，位于四川盐亭县西北，以产绢著名。剡藤，指浙江剡溪以藤制作的名纸。苏轼有句：剡藤玉版开雪肤。即是。

[118] 班管：“管”，这里指诗文中常见的书笔。班氏之笔非一般，而是指班彪、班固、班昭书《汉书》之笔。

[119] 俞彦（1572—？），本姓李，名时彦，字容自，又字仲茅，

回族，上元人（今江苏南京），万历二十九年（1601）进士，官光禄寺少卿。

阳羡名陶录

陽羡名陶録

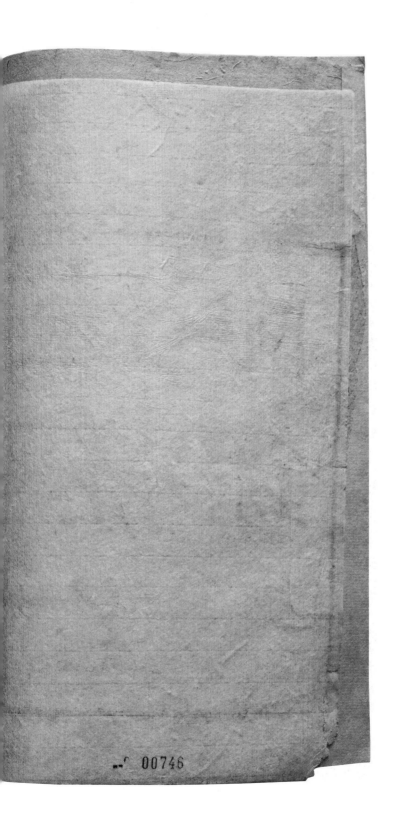

上古器用陶匏尙其質也史稱虞舜陶于河濱器皆不苦窳苦讀如鹽苦窳者何蓋髻墾薜暴之等也然則苦窳之陶宜爲重瞳所弗顧已厥後閼父作周陶正武王賴其利器用也以大姬妻其子而封之陳春秋述之三代以降官失其職象犀珠玉金碧焜燿而陶之道益微今窰穴所在皆有不過以爲瓴甋罌缶之須其去苦窳者幾何惟義興之陶製度精而取法古迄乎勝國諸名流出凡一壺一卣幾與商彝周鼎竝爲賞鑒家所珍斯尤善于復古者與予竭來荆南雅慕諸人之名欲訪求數器破數十年之功而所得

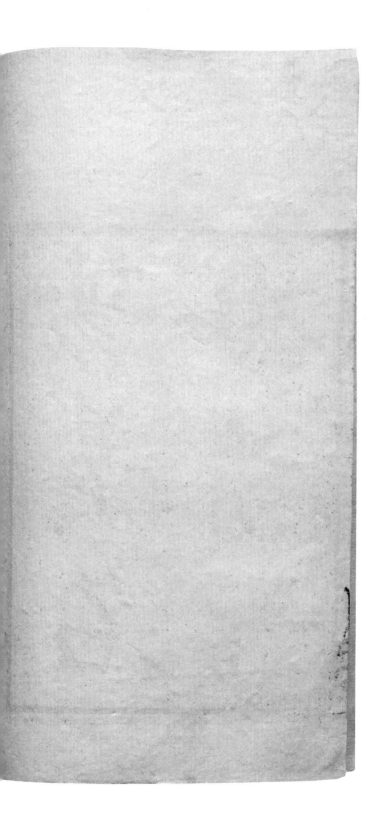

題辭

博物胸儲七錄豪閑窗餘事付名陶開函紙墨生香處篆入熏爐波律膏

甆壺小樣寂宜茶甘欸濃浮碧乳花三大一時傳舊系長教管領小心芽

聞說陶形祀季疵玉川風腋手煎時何當喚取松陵客補賦荆南茶具詩

陽羨新鐫地志謌延陵詩老費搜羅他年采入圖經內須識桃溪客語多

松靄周春

蓋寥寥焉慮歲月滋久并作者姓氏且弗章擬綴輯所聞以傳好事曁陽周伯高氏嘗著茗壺系述之間多漏略兹復稍加增潤釐爲二卷曰陽羨名陶錄超覽君子更有以匡予不逮實厚願焉

乾隆丙午春仲月吉兔牀吴騫書于桃溪墨陽樓

陽羨名陶錄卷上

原始

相傳壺土所出有異僧經行村落日呼曰賣富貴土人羣嗤之僧曰貴不欲買買富何如因引村叟指山中產土之穴及去發之果備五色爛若披錦

陶穴環蜀山山原名獨東坡先生乞居陽羨時以似蜀中風景改名此山也祠祀先生于山椒陶[illegible]飛染祠宇盡墨按爾雅釋山云獨者蜀則先生之鋭改厥名不徒桑梓殷懷抑亦玫古自喜云爾

吳騫曰明王升宜興縣志引陸希聲頤山錄

陶現凍梨色淡紅泥陶現松花色淺黃泥陶現豆碧色密口泥陶現輕赭色梨皮和白砂陶現淡墨色山靈滕絡陶冶變化尙露種種光怪云

老泥出團山陶則白砂星星宛若珠琲以天青石黃和之成淺深古色

白泥出大潮山陶瓶盎缸缶用之此山未經發用載自江陰白石山即江陰秦望山東北支峰

吳騫曰按大潮山一名南山在宜興縣南距丁蜀二山甚近故陶家取土便之山有洞可容數十人又張公善權二洞石乳下垂五色

云頤山東連洞靈諸峰屬于蜀山蜀山之麓有東坡書院然則蜀山蓋頤山之支脈也今東坡書院前有石坊宋牧仲中丞題曰東坡先生買田處

選材

嫩黃泥出趙莊山以和一切色土乃黏脑可築葢陶壺之丞弼也

石黃泥出趙莊山即未觸風日之石骨也陶之乃變硃砂色

天青泥出蠡墅陶之變黯肝色又其夾支有梨皮泥

規仿名壺曰臨比于書畫家入門時

壺供眞茶正在新泉活火旋瀹旋啜以盡色聲香味之蘊故壺宜小不宜大宜淺不宜深壺葢宜盎不宜砥湯力茗香俾得團結氤氳宜傾竭卽滌去渟滓乃俗夫强作解事謂時壺質地堅結注茶越宿暑月不餿不知越數刻而茶敗矣安俟越宿哉況眞茶如蓴脂采卽宜羹如筍味觸風隨劣悠悠之論俗不可醫

壺宿雜氣滿貯沸湯傾卽没冷水中亦急出冷水寫之元氣復矣

陸離陶家作釉悉于是采之

出土諸山其穴往往善徙有素產于此忽又他穴得之者實山靈有以司之然皆深入數十丈乃得

本藝

造壺之家各穴門外一方地取色土篩搗部署訖食窖其中名曰養土取用配合各有心法秘不相授壺成幽之以候極燥乃以陶甕（俗謂之缸掇）庋五六器封閉不隙始鮮欠裂射油之患過火則老老不美觀欠火則稚稚沙土氣若窯有變相匪夸所思傾湯貯茶雲霞綺閃直是神之所爲億千或一見耳

文房雅供若膩滓爛斑油光爍爍是曰和尙光最爲賤相每見好事家藏列頗多名製而愛護垢染舒袖摩娑惟恐拭去曰吾以寶其舊色爾不知西子蒙不潔堪充下陳否耶以注眞茶是藐姑射山之神人安置烟瘴地面矣豈不舛哉

周高起曰或問以聲論茶是有說乎荅曰竹鑪幽討松火怒飛蟹眼徐窺鯨波乍起耳根圓通爲不遠矣然爐頭風雨聲銅缾易作不免湯腥砂銚能益水德沸亦聲清白金尤妙第非山林所辦爾

品茶用甌白瓷爲良所謂素瓷傳靜夜芳氣滿閒軒也製宜弇口邃腹色澤浮浮而香味不散

茶洗式如扁壺中加一項鬲而細竅其底便過水漉沙茶藏以閉洗過茶者仲美君用各有奇製皆壺使之從事也水杓湯銚亦有製之盡美者要以椰匏錫器爲用之恒

壺之土色自供春而下及時大初年皆細土淡墨色上有銀沙閃點迨硐砂和製穀縐周身珠粒隱隱更自奪目

壺入用久滌拭日加自發闇然之光入手可鑒此爲

使之暇竊仿老僧心匠亦淘細土摶坯茶匙穴中指掠內外指螺文隱起可按胎必累按故腹半尚現節腠視以辨眞今傳世者栗色闇闇如古今銕敦龐周正允稱神明垂則矣世以其係龔姓亦書爲龔春

周高起曰供春人皆證爲龔春予于吳冏卿家見大彬所仿則刻供春二字足折聚訟云

吳騫曰頤山名仕字克學宜興人正德甲戌進士以提學副使擢四川叅政供春實頤山家僮而周系曰青衣或以爲婢並誤今不從

家溯

金沙寺僧久而逸其名矣聞之陶家云僧閑靜有致習與陶缸甕者處摶其細土加以澂練捏築爲胎規而圓之刳使中空踵傳口柄蓋的附陶穴燒成人遂傳用

吳騫曰金沙寺在宜興縣東南四十里唐相陸希聲之山房也宋孫覿詩云說是鴻磐讀書處試尋幽伴拄孤藤建炎間岳武穆曾提兵過此留題

供春學憲吳頤山家僮也頤山讀書金沙寺中春給

陶穴故前此名壺不免沾缸罈油淚

時大彬號少山或陶土或雜砂硇土諸款具足諸土色亦具足不務妍媚而樸雅堅栗妙不可思初自仿供春得手喜作大壺後游婁東聞陳眉公與瑯琊太原諸公品茶試茶之論乃作小壺几案有一具生人閒遠之思前後諸名家並不能及遂于陶人標大雅之遺擅空羣之目矣案大彬著壺系作大家

周高起曰陶肆謠云壺家妙手稱三大蓋謂時大彬及李大仲芳徐大友泉也予爲轉一語曰明代良陶讓一時獨尊少山故自匪佞

之

董翰號後谿始造菱花式已殫工巧

趙梁多提梁式梁亦作良

元暢茗壺系作元錫秋園雜佩作袁錫茗壺譜作元暢

時朋一作鵬亦作朋朋大彬之父與董趙元是爲四名家並萬歷間人乃供春之後勁也董文巧而三家多古拙

李茂林行四名養心製小圓式妍在樸緻中允屬名玩案春王茂林著壺系作正始

周高起曰自此以往壺乃另作瓦缶囊閉入

尊罍諸器配合土色所宜畢智窮工移人心目厥製有漢方扁觶小雲雷提梁卣蕉葉蓮芳菱花鵞蛋分襠索耳美人垂蓮大頂蓮一回角六子諸款泥色有海棠紅硃砂紫定窯白冷金黃淡墨沉香水碧榴皮葵黃閃色梨皮諸名種種變異妙出心裁然晚年恒自歎曰吾之精終不及時之粗友泉有子亦工是技人至今有大徐小徐之目未詳其名案仲芳友泉二人茗壺系作名家

歐正春多規花卉果物式度精妍

邵文金仿時大漢方獨絕

李仲芳茂林子及大彬之門爲高足第一制漸趨文巧其父督以敦古芳嘗手一壺眎其父曰老兄者個何如俗因呼其所作爲老兄壺亦入金壇卒以文巧相競今世所傳大彬壺亦有仲芳作之大彬見賞而自署款識者時人語曰李大瓶時大名

徐友泉名士衡故非陶人也其父好時大彬壺延致家塾一日强大彬作泥牛爲戲不卽從友泉奪其壺土出門而去適見樹下眠牛將起尙屈一足注視捏塑曲盡厥形狀攜以眎大彬一見驚歎曰如子智能異日必出吾上因學爲壺變化式土仿古

羣貌寢意率自誇洪飲逐貴游間不復壹志盡技間多伺弟子造成脩削署款而已所謂心計轉粗不復唱渭城時也

閔魯生名賢規仿諸家漸入佳境人頗醕謹見傳器則虛心企擬不憚改爲技也進乎道矣

陳光甫仿供春時大爲入室天奪其能蚤眚一目相視口的不極端緻然經其手摹亦具體而微矣案正春至光甫著壺系作雅流

陳仲美婺源人也造甆于景德鎮以業之者多不足成其名棄之而來好配壺土意造諸玩如香盒花

邵文銀

蔣伯荂名時英此四人並大彬弟子蔣後客于吴陳眉公爲改其字之敷爲荂因附高流諱言本業然其所作堅緻不俗也

陳用卿與時英同工而年技俱後負力尙氣嘗以事在縲絏中俗名陳三騃子式尙工緻如蓮子湯婆鉢盂圓珠諸製不規而圓已極妍飾款仿鍾太傅筆意落墨拙用刀工

陳信卿仿時李諸傳器具有優孟叔敖處故非用卿族品其所難作雖豐美遜之而堅瘦工整雅自不

周後谿

邵二孫並萬歷間人

吴騫曰按周嘉胄陽羨茗壺譜以董翰趙梁元暢時朋時大彬李茂林李仲芳徐友泉歐正邵春文金蔣伯荂皆萬歷時人

陳俊卿亦時大彬弟子

周季山

陳和之

陳挺生

承雲從

盃狻猊鑪辟邪鎮紙重鏤疊刻細極鬼工壺象花果綴以草蟲或龍戲海濤伸爪出目至塑大士象莊嚴慈憫神采欲生瓔珞花鬘不可思議智兼龍眠道子心思殫竭以夭天年

沈君用名士良踵仲美之智而妍巧悉敵壺式上接歐正春一派至尙象諸物製爲器用不尙正方圓而準縫不苟絲髮配土之妙色象天錯金石同堅自幼知名人呼之曰沈多梳（宜興垂髫之稱）巧殫厥心亦以甲申四月夭（案仲美君用著壺系作神品）

邵蓋

系入別派

徐令音未詳其字見宜興縣志豈即世所稱小徐者耶

項不損名眞檇李人襄毅公之裔也以諸生貢入國子監

吳騫曰不損故非陶人也嘗見吾友陳君仲魚藏茗壺一底有硯北齋三字旁署項不損款此殆文人偶爾寄興所在然壺製朴而雅字法晉唐雖時李諸家何多讓焉不損詩文深爲李檀園聞子將所賞頗以門才自豪人

沈君盛善仿友泉君用以上並天啓崇正間人

陳辰字共之工鐫壺款近人多假手焉亦陶之中書君也

周高起曰自趙蓋至陳辰俱見汪大心葉語附記中大心字體茲號古靈休甯人鐫壺款識即時大彬初倩能書者落墨用竹刀畫之或以印記後竟運刀成字書法閒雅在黃庭樂毅帖間人不能仿賞鑒家用以爲別次則李仲芳亦合書法若李茂林硃書號記而已仲芳亦時代大彬刻款手法自遜案趙蓋至陳辰茗壺

陳子畦仿徐最佳爲時所珍或云卽鳴遠父

陳鳴遠名遠號鶴峯亦號壺隱詳見宜興縣志

吳騫曰鳴遠一技之能間世特出自百餘年來諸家傳器日少故其名尤噪足跡所至文人學士爭相延攬常至海鹽館張氏之涉園桐鄉則汪柯庭家海甯則陳氏曹氏馬氏多有其手作而與楊中允晚研交尤厚予嘗得鳴遠天雞壺一細砂作紫棠色上鋟庾子山詩爲曹廉讓先生手書製作精雅眞可與三代古器並列竊謂就使與大彬諸子周旋恐

目爲狂後入脩門坐事死于獄静志居詩話載其題閩人梳奩銘云人之有髮旦旦思理有身有心奚不如是此銘雖出于前人然不損亦非一于狂者或云人之有髮云云乃唐盧仝鏡奩銘

沈子澈崇正朝人

吴騫曰仁和魏叔子禹新爲余購得菱花壺一底有銘云云後署子澈爲密先兄製又桐鄉金雲莊比部舊藏一壺摹其式寄余底有銘云崇正癸未沈子澈製二壺款制極古雅渾朴蓋子澈實明季一名手也

明代良陶讓一時之論耳又余少年得一壺底有眞書文杏館孟臣製六字筆法亦不俗而製作遠不逮大彬等之自檜以下可也

吴騫曰海甯安國寺每歲六月廿九日香市最盛俗稱齊豐宿山于時百貨駢集余得一壺底有唐詩雲入西津一片明句旁署孟臣製十字皆行書制渾朴而筆法絕類褚河南知孟臣亦大彬後一名手也葭軒工作藝章詳談藪又聞湖汶質庫中有一壺款署鄭甯侯製式極精雅惜未寓目

未甘退就邾莒之列耳

徐次京

孟臣

葭軒

鄭甯侯皆不詳何時人並善摹仿古器書法亦工

張燕昌曰王汋山長子翼之燕書齋一壺底有八分書雪庵珍賞四字又楷書徐氏次京四字在蓋之外口啓蓋方見筆法古雅惟蓋之合口處揔不若大彬之元妙也余不及見供春手製見大彬壺歎觀止矣宜周伯起有

陽羨名陶錄卷下

談藪

蜀山黃黑二土皆可陶陶者穴火負山而居纍纍如兎窟以黃土爲胚黑土傅之作沽瓴藥鑪釜鬲盤盂敦缶之屬粥于四方利最博近復出一種似均州者獲直稍高故土價踊貴畮踰三十千高原峻坂半鑿爲陂可種魚山木皆童然矣陶者甬東人非土著也王穉登荆溪疏

往時龔春茶壺近日時大彬所製大爲時人寶惜蓋皆以粗砂製之正取砂無土氣耳許次紓茶疏

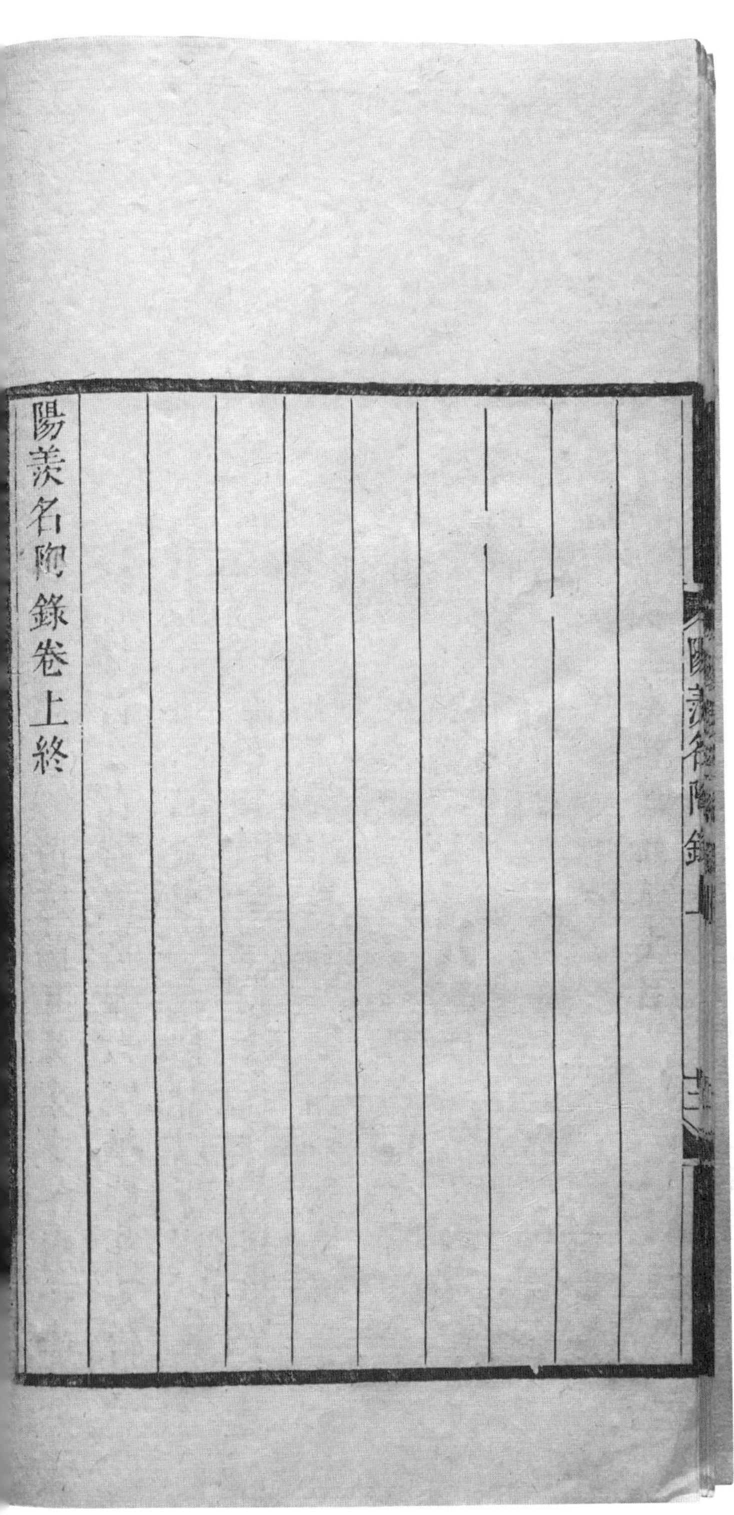

陽羨名陶錄卷上終

錫也器方脫手而一罐一注價五六金則是砂與錫之價其輕重正相等焉豈非怪焉然一砂罐一錫注直躋之商彝周鼎之列而毫無慚色則是其品地也 張岱夢憶

茗注莫妙于砂壺之精者又莫過于陽羨是人而知之矣然寶之過情使與金玉比值毋乃仲尼不爲已甚乎置物但取其適何必幽渺其說必至殫精竭慮而後止哉凡製砂壺其嘴務直購者亦然一曲便可憂再曲則稱棄物矣蓋貯茶之物與貯酒不同酒無渣滓一斟卽出其嘴之曲直可以不論

茶壺陶器爲上錫次之馮可賓茶牋

茶壺以小爲貴每一客壺一把任其自斟自飲方爲得趣何也壺小則香不渙散味不躭閣同上

茶壺以砂者爲上蓋既不奪香又無熟湯氣供春最貴第形不雅亦無差小者時大彬所製又太小若得受水半升而形製古潔者取以注茶更爲適用其提梁臥爪雙桃扇面八稜細花夾錫茶替青花白地諸俗式者俱不可用文震亨長物志

宜興罐以龔春爲上時大彬次之陳用卿又次之錫注以黃元吉爲上歸懋德次之夫砂罐砂也錫注

宜興時大彬製砂壺名手也嘗挾其術以游公卿之門其子後補諸生或爲四書文以獻嘲破題云時子之入學以一貫得之蓋俗稱壺爲罐也先進錄

均州窯器凡猪肝色火裏紅青綠錯雜若垂涎皆上三色之燒不足者非別有此樣此窯惟種菖蒲盆底佳其他坐墩墩罏合方餅罐子俱黃砂泥坯故器質不足近年新燒皆宜興砂土爲骨釉水微似製有佳者但不耐用博物要覽

宜興砂壺刱于吳氏之僕曰供春及久而有名人稱龔春其弟子所製更工聲聞益廣京口談長益爲

茶則有體之物也星星之葉入水即成大片斟瀉時纖毫入嘴則塞而不流啜茗快事斟之不出大覺悶人直則保無是患矣（李漁雜說）

時壺名遠甚即遐陬絕域猶知之其製始于供春壺式古朴風雅茗具中得幽野之趣者後則如陳壺徐壺皆不能髣髴大彬萬一矣一云供春之後四家董翰趙艮袁錫（疑即元暢）其一即大彬父時鵬也彬弟子李仲芳芳父小圓壺李四老官號養心在大彬之上爲供春勁敵今罕有見者或淪鼠菌或重雞彝壺亦有幸不幸哉（陳貞慧秋園雜佩）

毘陵器用之屬如筆簍扇箸梳杭及竹木器皿之類皆與他郡無異惟燈則武進有料絲燈壺則宜興有茶壺澄泥爲之始于供春而時大彬陳仲美陳用卿徐友泉輩踵事增華并製爲花罇菊合香盤十錦杯之等物精美絕倫四方皆爭購之（于琨重修常州府志）

明時宜興有歐姓者造瓷器曰歐窯有仿哥窯紋片者有仿官均窯色者采色甚多皆花盆奩架諸器者頗佳（朱炎陶說）

之作傳（五石瓠）

近日一技之長如雕竹則濮仲謙螺甸則姜千里嘉興銅器則張鳴岐宜興茶壺則時大彬浮梁流霞琖則昊十九皆知名海內（王士正池北偶談）

供春製茶壺款式不一雖屬瓷器海內珍之用以盛茶不失元味故名公巨卿高人墨士恒不惜重價購之繼如時大彬益加精巧價愈騰若徐友泉陳用卿沈君用徐令音皆製壺之名手也（徐喈鳳宜興縣志）

陳遠工製壺杯瓶盒手法在徐沈之間而所製款識書法雅健勝于徐沈故其年雖未老而特為表之

臺灣郡人茗皆自煮必先以手嗅其香最重供春小壺供春者吳頤山婢名製宜興茶壺者或作龔春者誤一具用之數十年則值金一笏周澍臺陽百詠注

昔在松陵王汋山楠話雨樓出示宜興蔣伯荂手製壺相傳項墨林所定式呼爲天籟閣壺墨林以貴介公子不樂仕進肆其力于法書名畫及一切文房雅玩所見流傳器具無不精美如張鳴岐之交梅手爐閻望雲之香几及小盒等制皆有墨林字則一名物之賴天籟以傳莫非子京精意所萃也張燕昌陽羨陶說

供春壺式茗具中逸品其後復有四家董翰趙良袁錫其一則時鵬大彬父也大彬益擅長其後有彭君實龔春陳用卿徐氏壺皆不及大彬彬弟子李仲芳小圓壺製精絕又在大彬之右今不可得近時宜興沙壺復加饒州之鎏光彩射人卻失本來面目陳其年詩云宜興作者稱供春同時高手時大彬碧山銀槎濮謙竹世間一藝皆通神高江村詩云規製古朴復細膩輕便可入筠籠攜山家雅供稱第一清泉好瀹三春薦昔杜茶村稱澄江周伯高著茶茗二系表淵源支派甚悉 阮葵生茶餘客話

柏次遷之會大父鳴遠曾主其家同上

汪小海淮藏宜興甆花尊一若蓮子而平底上作數孔周束以銅如提梁卣質樸渾氣九靜雅余每見必詢及無款不知爲誰氏作然非供春少山後作者所能措手也同上

余于禾中骨董肆得一瓷印盤螭鈕文曰太平之世多長壽人白文切玉法側有款曰葭軒製葭軒不知何許人此必百年來精于刻印昔時少山陳共之工鐫款字特眞書耳若刻印則有篆法刀法摹印之學非有數十年功者不能到也吳兎牀著陽

先府君性嗜茶所購茶具皆極精嘗得時大彬小壺如菱花八角側有款字府君云壺製之妙卽一蓋可驗試隨手合上舉之能吸起全壺所見黃元吉沈鷺雝錫壺亦如是陳鳴遠便不能到此旣以贈一方外事在小子未生以前迄今五十餘年猶珍藏無恙也余以先人手澤所存每欲繪圖勒石紀其事未果也同上

往晤桐鄉汪次遷安曾贈余陳鳴遠所製研屏一高六寸弱闊四寸一分强一面臨米元章垂虹亭詩一面柯庭雙鉤蘭惜乎久作碎玉聲矣柯庭名文

時大彬手製近于王芍山季子齋頭見一壺冷金紫製朴而小所謂游婁東見弇州諸公後作也底有楷書款云時大彬製內有紋一綫殆未曾陶鑄以前所裂然不足爲此壺病同上

余少年得一壺失其蓋色紫而形扁底有眞書友泉二字殆徐友泉也筆法類大彬雖小道洵有師承矣同上

客耕武原見茗壺一于倪氏六十四研齋底有銘曰一杯清茗可沁詩脾大彬凡十字其製朴而雅砂質溫潤色如猪肝其蓋雖不能翕起全壺然以手

羨名陶錄鑒別精審遂以爲贈時丙午夏日同上

陳鳴遠手製茶具雅玩余所見不下數十種如梅根筆架之類亦不免纖巧然余獨賞其款字有晉唐風格蓋鳴遠游踪所至多主名公巨族在吾鄉與楊晚研太史最契嘗于吾師樊桐山房見一壺款題丁卯上元爲耑木先生製書法似晚研殆太史爲之捉刀耳又于王芍山家見一壺底有銘曰汲甘泉瀹芳茗孔顏之樂在瓢飲閱此則鳴遠吐屬亦不俗豈隱于壺者與同上

吾友沙上九人龍藏時大彬一壺款題甲辰秋八月

厚一薄一分聽土力土稱不耐指用木作月阜其背虛緣易運代土左右是意與終始用鑄長視筆闊視薙次減者二廉首齊尾廉用割用薙用剔齊用抑用趁用撫用推凡接文深淺位置高下齊廉並用壺事此獨勤用角闊寸長倍五或圭或笏俱前薄後勁可以服我屈伸爲輕重用竹木如貝竅其中納柄凡轉流藏暗者藉是至于中豐兩殺者則有木如臂補規萬所困外用竹若釵之股用石如碓爲荔核形用金作蝎尾意至器生因窮得變不能爲名土色五膩窑不招客土招則火知之時乃故入以砂鍊土克諧審

撥之則不能動始知名下無虛士也既手摹其圖復系以詩云陳鱣松研𢁉隨筆

文翰

記

宜興瓷壺記　周容

今吳中較茶者壺必言宜興瓷云始萬歷間大朝山寺僧當作金沙寺僧傳供春供春者吳氏小史也至時大彬以寺僧始止削竹如刃刳山土爲之供春更斲木爲模時悟其法則又棄模而所謂削竹如刃者器類增至今日不啻數十事用木重首作椎椎唯鍊土作掌

運升降焉二句成壺凡十聚就窑火予搆文祝窑文略曰器爲水而成火先明德功繇土以立木亦見材又曰氣必足夫陰陽候乃持夫晝夜欲全體以致用庶含光以守時云云是日主人出時壺二一提梁卣一漢觶俱不失工所言衛懶仙云良工雖巧不能徒手而就必先器具脩而後制度精瓷壺以大彬傳幾使旅人攏指此則詳言本末曲盡物情文更峭健可補考工之逸篇

銘

茗壺銘　沈子澈

石根泉蒙頂葉漱齒鮮滌塵熱

陶硯銘　朱彝尊

其燥濕展之名曰土氊割而登諸月有序先腹兩端相見廉用媒土土濕曰媒次面與足足面先後以制之豐約定足約則先面足豐則先足初渾然虛含爲壺先天次開頸次冒次耳次觜觜後著戒也體成于是侵者薙之驕者抑之順者撫之限者趁之避者剔之闇者推之肥者割之內外等時後起數家有徐友泉李茂林有沈君用甲午春余寓陽羨主人致工于園見且悉工曰僧草創供春得華于土發聲光尙已時爲人敦雅古穆壺如之波瀾安閑令人喜敬其下俱因瑕就瑜矣今器用日煩巧不自恥嗟乎似亦感

六尊有壺或方或圓或大或小方者腹圓圓者腹方堇金琢玉彌甚其後獨陽羡以陶爲之有虞之遺意也然粗而不精與窳等余從祖拳石公讀書南山攜一童子名供春見土人以泥爲缶即澄其泥以爲壺極古秀可愛世所稱供春壺是也嗣是時子大彬師之曲盡厥妙數十年中仲美仲芳之倫用卿君用之屬接踵騁伎而友泉徐子集大成焉一瓷罌耳價埒金玉不幾異乎顧其壺爲四方好事者收藏殆盡先子以蕃公嗜之所藏頗夥乃以甲乙兵燹盡歸瓦礫精者不堅良足歎也有客

陶之始渾渾爾

茶壺銘　汪森

茶山之英含土之精飲其德者心恬神甯
酌中泠汲蒙頂誰其貯之古彝鼎賚之汲古得脩綆

贊

陳遠天雞酒壺贊　吳騫

媧兮煉色春也審殸宛爾和風弄是天雞月明花開
左挈右提浮生杯酒函谷丸泥

賦

陽羨茗壺賦并序　吳梅鼎

琢山斵陰凝以求土（時有異僧繞白碭青龍黃龍諸山指示土人曰賣富貴土人異之鑿山得五色土因以爲壺）於是砠白碭鑿黃龍宛掘井兮千尋攻巖有骨若入淵兮百仞采玉成峰春風花浪之濱（地有畫溪花浪之勝）分畦茹濾秋月玉潭之上（地近玉女潭）並杵椎春合以丹青之色圖尊規矩之宗停椅梓之槌酌剪裁于成片握文犀之刮施則掠以爲容稽三代以博古考秦漢以程功圓者如丸體稍縱爲龍蛋（壺名龍蛋）方兮若印（壺名印方皆供春式）角偶刻以秦琮（又有刻角印方）脫手則光能照面出冶則資比凝銅彼新奇兮萬變師造化兮元功信陶壺之鼻祖亦天下之良工過此則有大彬

過陽羨詢壺之所自來因溯其源流狀其體製臚其名目并使後之爲之者考而師之是爲賦

惟宏陶之肇造實運巧于姚虞爰前民以利用能製器而無窳在漢秦而爲甈寶厥美曰康瓠類瓦缶之太朴肖鼎鼒以成區雜瓷瓴與瓿甊同鍛錬以無殊然而藝匪匠心制不師古聊抱甕以團砂欲挈缾而堊土形每儕乎欵器用豈侔夫周簋名山未鑿陶甒無五采之文巧匠不生鏤畫昧百工之譜爰有供春侍我從祖在髫齡而穎異寓目成能借小伎以娛閒因心挈矩過土人之陶穴變瓦瓻以爲壺信異僧而

雲罍兮作鼎（壺名雲罍）陳螭觶兮揚杯（名螭觶）仿漢室之瓶
（漢瓶）則丹砂沁釆刻桑門之帽（僧帽）則蓮葉擎臺卣號提
梁（提梁卣）膩于漆雕君名苦節（苦節君）蓋已霞堆裁扇面
之形（扇面方）觚稜峭厲卷蓆方之角（蘆蓆方）宛轉瀠洄誥
寶臨函（誥寶）恍紫庭之寶現圓珠在掌（圓珠）如合浦之珠
回至于摹形象體殫精畢異韻敵美人（美人肩）格高西
子（西施乳）腰洵約素照青鏡之菱花（束腰菱花）肩果削成釆
金塘之蓮蒂（平肩蓮子）菊入手而疑芳（合菊）荷無心而出水
（荷花）芝蘭之秀（芝蘭）秀色可餐竹節之清（竹節）清貞莫比銳
欖核兮幽芳（橄欖六方）實瓜瓠兮渾麗（冬瓜麗）或盈尺兮豐

之典重（時大彬）價擬璆琳仲美之瑚璉（陳仲美）巧窮毫髮仲芳骨勝而秀出刀鐫（李仲芳）正春肉好而工疑刻畫（歐正春）求其美麗爭稱君用離奇（沈君用）尚彼渾成僉曰用卿醋飾（陳用卿）若夫綜古今而合度極變化以從心技而進乎道者其友泉徐子乎緬稽先子與彼同時爰開尊而設館令効技以呈奇每窮年而累月期竭智以殫思潤果符乎球璧巧實媲乎班倕盈什百以韞櫝時閱玩以遐思若夫燃彼竹鑪汲夫春潮浥此茗盌爛于瓊瑤對煒煌而意駴瞻詭厲以魂銷方匪一名圜不一相文豈傳形賦難爲狀爾其爲制也象

裁花蕊婀娜雕作海棠之盒（沈君用海棠香盒）翎毛璀璨鏤爲鸜鵒之杯（陳仲美製鸜鵒杯）捧香奩而刻鳳（沈君用香奩）翻茶洗以傾葵（徐友泉葵花茶洗）瓶織同文之錦（陳六如仿古花尊）爐橫古幹之梅（沈君用梅花爐）卮分十錦（陳六如十錦杯）菊合三臺（沈君用菊合）凡皆用寫生之筆墨工切琢于刀圭倘季倫見之必且珊瑚粉碎使棠谿觀此定敎白玉塵灰用濡毫而染翰誌所見而徘徊

詩

坐懷蘇亭焚北鑄鑪以陳壺徐壺烹洞山岕片

歌　熊飛

隆或徑寸而平砥或分蕉而蟬翼或柄雲而索耳或番象與鯊皮或天雞與篆珥（分蕉蟬翼柄雲索耳番象鼻鯊魚皮天雞篆珥皆壺款式）匪先朝之法物皆刀尺所不儗若夫泥色之變乍陰乍陽忽葡萄而紺紫倏橘柚而蒼黃搖嫩綠于新桐曉滴琅玕之翠積流黃于葵露暗飄金粟之香或黃白堆沙結哀梨兮可啖或青堅在骨塗髹汁兮生光彼瑰琦之窑變匪一色之可名如鐵如石胡玉胡金備五文于一器具百美于三停遠而望之黝若鍾鼎陳明廷迫而察之燦若琬琰浮精英豈隨珠之與趙璧可比異而稱珍者哉乃有廣厥器類出乎新

幅鵝溪綴剡藤更教摩詰開生面（圖爲王宏卿所寫）一時佳話傾璠璵堪備他年班管書月笋（馮圖名）郎今書畫舫研山同伴玉蟾蜍

過吳迪美朱萼堂看壺歌兼呈貳公

周高起 伯高

新夏新晴新綠煥茶室初開花信亂羈愁共語賴吳郎曲巷通人每相喚伊余眞氣合寄褱閒中今古資評斷荆南土俗雅尙陶茗壺奔走天下半吳郎鑒器有淵心曾聽壺工能事判源流裁别字字矜收貯將同彝鼎玩再三請出豁雙眸今朝乃許花前看高槃

式精工仍繼美常教春茗注山泉不比瓶罍罄時恥以茲珍賞向東吳勝卻方平眾玉壺癖好收藏阮光祿割愛舉贈馮金吾金吾得之喜絕倒寫圖錫名曰陶寶一時詠贊如勒銘直似千年鼎彝好

贈馮本卿都護陶寶肖像歌　　俞彥仲茅

何人霾向陶家側千年化作土赭色拔來擣冶水火齊去聲義與好手誇埏埴春濤沸後春旗濡彭亨豕腹正所須吳兒寶若金服匿貧緣先入步兵廚于今東海小馮君清賞風流天下聞主人會意卻投贈媵以長句縹緗文陳君雅欲酣茗戰得此摩挲日千遍尺

燕市曾酬駿齊師亦載車也知無用用攜對欲殘花吳迪美日用涓人買駿骨孫臏刖足事以喻殘壺之好伯高乃真賞鑒家風雅又不必言矣

贈高侍讀澹人以宜壺二器并系以詩

陳維松其年

宜壺作者推龔春同時高手時大彬碧山銀槎濮謙竹世間一藝俱通神彬也沉鬱并老健沙麤質古肌理勻有如香奩乍脫薛其上刻畫蜼鳧蹲又如北宋沒骨畫幅幅硬作麻皮皴百餘年來迭兵燹萬寶告竭珠犀貧皇天劫運有波及此物亦復遭荊榛清狂錄事偶弄得一具尚值三千緡後來往者或間出巉

捧列朱萼堂匣未開時先置贊捲袖摩挲笑向人次
第標題陳几按每壺署以古茶星科使前賢參靜觀
指搖蓋作金石聲款識稱堪法書按某爲壺祖某雲
礽形製敦龐古光燦長橋陶肆紛新奇心眼欷歔多
暗換寂寞無言意共深人知俗手眞風散始信黃金
瓦價高作者展也天工竄技道曾何彼此分空堂日
晚滋三歎

供春大彬諸名壺價高不易辨予但別其眞而
旁蒐殘缺于好事家用自怡悅詩以解嘲

陽羨名壺集周郎不棄瑕尙陶延古意排悶仰眞茶

埃塵

宜壺歌荅陳其年檢討　　高士奇 澹人

荆南山下罨畫溪溪光瀲灧澄沙泥土人取沙作茶器大彬名與龔春齊規製古樸復細膩輕便堪入筠籠攜山家雅供第一稱清泉好瀹三春荑未經穀雨焙娛綠養花天氣黃鶯啼旗鎗初試瀉蟹眼年年韵事宜幽棲柴磁漢玉價高貴商彝周鼎難致稽長安人家尚奢靡鏤鎪工巧矜象犀詞曹官冷性淡泊叨恩賜住蓬池西朝朝傫直趨　殿陛夜衙街鼓晨聽雞日間幼子面不見糟妻守分甘鹹虀縱有小軒

削怪巧徒紛綸鵬茶褐色好規製軟媚詎入山齋珍我家舊住國山下穀雨已過芽茶新一壺滿貯碧山界摩挲便覺勝飲醋邇來都下鮮好事椀嵌瑪瑙車渠銀時壺市縱有人賣往往贗物非其眞高家供奉最淡宕羊腔詎屑膏吾唇每年官焙打急遞第一分賜書堂臣頭綱八餅那足道葵花玉銙甯等倫定煩雅器瀹精茗忍使茅屋埋佳人家山此種不難致卓犖只怕車轔轔未經處仲口已缺豈亦龍性愁難馴昨搜敗簏賸二器函走長鬚踰城闉是其姿首僅中駟敢冀拂拭充綦巾家書已發定續致會見荔子衙

倘七十壽口占二絶句　查愼行 悔餘

梅根已老發孤芳蓮蕊中含滴水香合作案頭清供具不歸田舍歸禪房

偶然小技亦成名何物非從假合成道是摶沙沙不散與翻新句祝長生

希文以時少山砂壺易吾方氏核桃墨　馬思贊 仲韓

漢武袖中核去今三千年其半爲酒池半化爲墨船磨休蘄骨髓流出成元鉛曾落盆池中數歲膏愈堅質勝大還丹舐者能昇天贈我艮友生如與我周旋

列圖史那能退食閒品題近向漁陽歷邊徼春夏時扈八駿蹄秋來獨坐北窗下玉川興發思山谿致札元龍乞佳器遂煩持贈走小奚兩壺圓方各異狀隔城鄭重累錦綈長篇更題數百字敘述歷落同遠賚拂拭經時不釋手童心愛玩仍孩提湘簾夜捲銀漢直竹牀醉臥寒蟾低紙窗木几本精槃翻愴瑪瑙兼玻璃瓦瓶插花香爇缶小物自可同琰圭龍井新茶虎跑水惠泉廟岕爭鼓鼙他年揚帆得　愚請我將攜之歸故畦

以陳鳴遠舊製蓮蕊水盛梅根筆格爲借山和

嗜酒兼好奇以此飲之神益王傾銀注玉徒紛紛斲木豈意青黃文厥盒宣爐畱款識香奩藥盌生氤氳數物悉見工巧吁嗟乎人間珠玉安足取豈如陽羨溪頭一丸土君不見輪扁當年老斲輪又不見梓慶削鐻如有神古來技巧能幾人陳生陳生今絕倫

蜀岡瓦暖硯歌　胡天游稚威

蒼青截鐵堅不阿琭珞敲玉鏗而瑳太一之船卻斤斧帝鴻之紐掀穴窠貝堂伏卵抱沂鄂瓠肉削澤無瘢瘥露清紺淺葉幽漉日冷赭淡岡兜咤琅環一片抗歷落仡仡四面平傾頗瑩陳天智比珍觳巧斲山

豈敢計施報報亦非戔戔譬彼十五城難易趙璧然有明時山人搦砂成方圓彼視祖李輩意欲相後先我謂韓齊王羞與噲等肩青娥易贏馬文枕換玉鞭投贈古有之何必論媸妍以多量取寡差覺勝前賢

陶器行贈陳鳴遠　汪文柏季青

荆溪陶器古所無問誰作者時與徐（時大彬徐友泉）泥沙入手經摶埴光色便與尋常殊後來多衆工摹倣皆雷同陳生一出發巧思遠與二子相爭雄茶具方圓新製作石泉槐火鑪松風我初不識生阿髯尺素來相通（謂陳君其年也）贈我雙卮頗殊狀宛似紅梅嶺頭放平生

火山有軍竈圍燎熱阪近我勝噓呵涫湯初顧五熟釜灌壘等掀千囊沙劍門一道塞井絡春候三月暄江沱共工雖怒霸無所温洛自潤揚其華東宮香膠銘絳客湘姿紫鯉浮晴渦沉沉鵶色暈餘湆靄靄甬族拔圓羅咸池勃張浴黑帝神鼇研掣隨皇媧山馳岳走事俄頃霆翻雹薄酣滂沱虹窗焰流玉抱肚月䯶水轉金蝦蟇時時正見黝鏡底北斗熛燿垂天河蜀岡工良近莫過搗泥濾水相捖挼爲罌爲皿爲飲榼壺如嬰武杯如嬴千窯萬埴列門戶堆器不盡十馬馱智搜技徹更復爾誰與作者黠則那温姿勁骨

骨殊砮碏祝融相土刑德合方軫員葢經營多炎烹
爐化出摶造域分宇立開婆娑東有日山西有月包
之郛郭環之涯水輪無風自然舉氣母龔地歸于和
乾坤大腹吞樂浿荆吳懸胃藏蠡鄱陂蕃鴻隙兩黃
鵠敵樹角國雙元蝸靜如辰樞執魁柄動如牡鑰張
機牙綫連羅浮走複折氣通艮兌無壅謌嚴冬牛目
畏積雪終旬狸骨僵偃波封翰菀毳失纔鹿凍蜯作
噩銜刀戈一丸未脫手旋磨寸裂快逐紋生韡似同
天池敗萤霧比困泰法遭斯苛分明落紙困倚馬絆
拘行步偕孱羸爾看利器喜入用初如得寶良可歌

宫爲汝城初蓑啓之刀劍快出匣止爲熊虎嚴蟄窩蕭行孔草雖嬾擅須記甲乙親吟哦國風好色陳姣嫽離騷荒忽追沅灑凝鋪潭影滑幽璞秋生龍尾涼侵霞夜遥燈語風撼碧縈者爲蚓簇者蛾行斜次雜共綣蜿手無停度劇弄梭宏農客卿座上客雄鳴藉掃幺與麼欲銘功德向四壁顧此堅凜誰能劚硯乎與汝好相結分等石友亦已加闌干垂手鮮琢玉捧侍未許宫釵娥他年塗竄堯典字伴我作籀書歸禾

臺陽百詠　周澍靜瀾

寒榕垂蔭日初晴自瀉供春蠏眼生疑是閉門風雨

奪端歙輕膚細理欺杪欏馬肝或謗瓜削面鳳咮兼
狀鷺食荷燔燒顏色出美好端正不待切與磋華元
皤然抱坦拓周顗空洞非媕嬰早從仲將試點漆峽
檣懸澑駿注坡我初見此貪不覺眾中奇畜擬橐駝
詩篇送似因賺得若彼取鳥致以囮温泉火井佐沐
邑華陽黑水環梁嶓豹囊乾煤吐柏麝古玉笏笏徐
研摩青霜倒開漾海色烏蚪尾掉重雲拖端州太守
輕萬石宮淩秦羽磯羞鼉比于中國豈無士今者祗
悅哀臺佗時煩拭濯安且固捧盈恆恐遭跌蹉裝書
未取押珉瑁格筆遲斫珊瑚柯畫螭蟠鳳圍一尺錦

北注將勺水活波臣 予嘗自號東海波臣

無錫買宜興茶具 二首　馮念祖 爾脩

陶出瑤瓏盌供春舊擅長團圓雙日月刻劃五文章直並摶砂妙還誇肖物良清閑供茗事珍重比流黃

敢云一器小利用仰前賢陶正由三古茶經第二泉御聽魚眼沸移就竹爐邊妙製思良手官哥應並傳

陶山明府仿古製茗壺以詒好事 五首

吳騫

洞靈巘口庇精材百遍臨橅倚釣臺傳出河濱千古意大家低首莫驚猜

候竹梢露重瓦溝鳴

論瓷絕句　　吴省欽 沖之

宜興妙手數龔春後輩還推時大彬一種麤砂無土氣竹爐讒煞鬬茶人

周梅圃送宜壺

春彬好手嗟難見贗古砂麤法尚傳攜個竹爐蕭寺底紅囊須瀹惠山泉

觀六十四研齋所藏時壺率成一絕　　陳鱣 仲魚

陶家雖欲數供春能事終推時大彬安得攜來偕硯

眎製作醇雅形類僧帽爲賦詩而返之

蜀岡陶竈蘇祠鄰天生時大神通神千奇萬狀信手出巧奪坡詩百態新清河眎我千金寶云有當年手澤好想見礀砂白鍊精傳衣夜半金沙老一行銘字昆吾刻歲紀丙申明萬厤彈指流光二百秋眞人八化蓮臺錫吳梅鼎茗壺賦云刻桑門之帽則蓮葉擎臺昨暫留之三歸亭篋中常作笙磬聲趿然起視了無覩惟見竹爐湯沸海月松風清乃知神物多靈閟不獨君家雙寶劍願今且作合浦歸免使龍光斗牛占噫嗟公子愼勿嗟世間萬事猶摶沙他日來尋丙舍帖春風還啜趙州

金沙泉畔金沙寺白足禪僧去不還此日蜀岡千萬穴別傳薪火祀眉山

百和丹砂百煉陶印牀深鎖篆煙消奇觚不數宣和譜石鼎聯吟任尉繚明府嘗夢見尉繚了事四字因以自號茗壺並署之

脩脩琴鶴志清虛金注何能瓦注如玉鑑亭前人吏散一甌春露一牀書

陶泓已拜竹鴻臚玉女釵頭日未晡多謝東坡老居士如今調水要新符東坡調水符事在鳳翔玉女洞舊宜興縣志移于玉女潭辨詳桃溪客語

邑堂明經以尊甫瓜圖翁舊藏時少山茗壺見

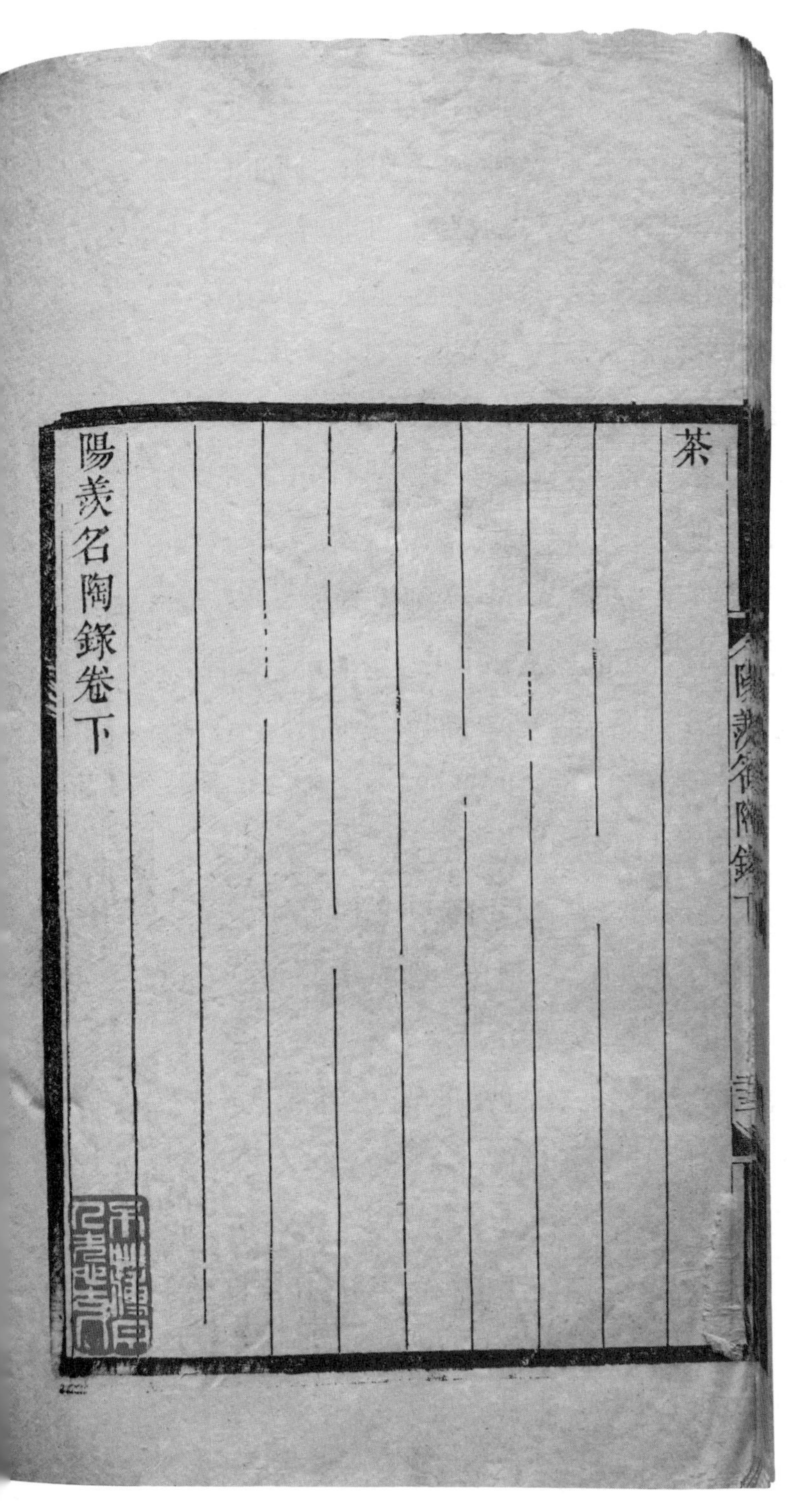

茶

陽羨名陶錄卷下

吴骞（1733—1813），清乾隆、嘉庆时人。字槎客，号揆礼，一作葵里，一号愚谷，又号兔床山人。世居浙江海宁。仁和（今浙江杭州）贡生。工绘事，山水仿倪云林。少有印癖，间亦治印。工训诂之学，所作诗文，词旨浑厚，气韵萧远。生负异禀，过目成诵，笃嗜典籍，遇善本倾囊购之，校勘精审，所得约五万卷，多宋元版本，建墨阳楼、拜经楼藏之。尤喜收罗金石文玩。著有《阳羡名陶录》《拜经楼诗文集》《画中八仙歌》及《论印绝句》等。吴骞对宜兴紫砂陶艺术研究颇深，在明周高起《阳羡茗壶系》基础上，经细审、精勘、排比、充实，撰成《阳羡名陶录》。《续纂宜兴荆溪县志·侨寓》（光绪八年）第一人即为吴骞："吴骞，字槎客，浙江海宁人，国子监生，家富，于书尽力搜讨，以善为诗古文名吴越间，先世故有别业在荆溪，骞间岁来荆溪，邑中士人皆推服之。骞往来荆溪之日久，采访旧闻，著有《桃溪客语》及《阳羡名陶录》。无锡秦侍郎瀛为杭嘉湖道时，与骞深相契，为序其拜经楼集而行之。侍郎自京师归，因骞以交于荆溪诸诗人，为山泽之游，相与流连觞咏者数月，一时传为韵事云。"

《阳羡名陶录》分上下两卷。上卷由原始、选材、本艺、家溯四部分组成。"原始"部分讲述宜兴紫砂陶的诞生传说，"选材"部分分别对各色、各种壶土的矿脉出处做一番探寻，"本艺"对宜兴紫砂陶的生产工艺流程如练土、成型、烧成以及使用中的一些问题做简略介绍，"家溯"是上卷中非常重要的部分，追本溯源，从紫砂工艺的起源开始，追述各家各派及其艺术风格，传器鉴赏，井然有序，凡作者亲眼所见或耳听传闻，无不录入，为今人考察明、清两代名工名匠及其艺术风格提供了较可靠的资料。下卷由谈丛、文翰两部分组成，主要收集作者当时所能汇集的凡涉及紫砂工艺的文人小品文、诗、词、赋，足见吴骞对紫砂的钟情厚爱。

本书采用清光绪二十二年孙谿朱氏校经堂刻补《拜经楼丛书》本，其他有 1922 年上海博古斋增辑景印本（根据清乾隆吴骞《拜经楼丛书》），道光十三年（1833）镌杨列欧《昭代丛书》本。

而《阳羡名陶续录》，采用过云楼红格抄本。其他有 20 世纪 30 年代上海中国书店影印，为《阳羡名陶录》之附属本。也有上海图书馆善本目录，清陈庆镛抄本可以做对比。续录有家溯、本艺、谈丛。其中谈丛中尤其重要的记录补充，是张廷济得到时大彬汉方壶的吟咏诗集，记录了时大彬壶的一些重要信息。

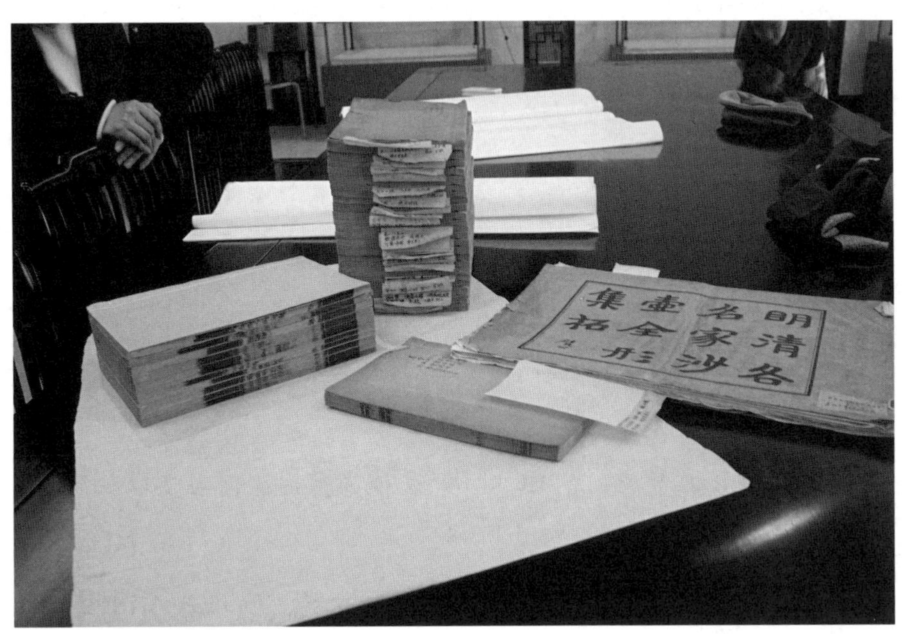

序

上古器用陶匏[1]尚其质也，史称虞舜陶于河滨器皆不苦窳[2]，苦读如监，苦窳者何？盖髻垦薜暴[3]之等也，然则苦窳之陶宜为重瞳[4]所弗顾已。厥后阏父作周陶正[5]，武王赖其利器用也，以大姬妻其子而封之陈，《春秋》述之。三代以降，官失其职，象犀珠玉，金碧焜耀，而陶之道益微。今覆穴[6]所在皆有不过，以为瓴甂罂缶[7]之须，其去苦窳者几何？！惟义兴[8]之陶，制度精而取法古，迄乎胜国[9]诸名流[10]出，凡一壶、一卣，几与商彝周鼎并为赏鉴家所珍，斯尢善于复古者与。予竭来[11]荆南[12]，雅慕诸人之名，欲访求数器，破数十年之功而所得盖寥寥焉，虑岁月滋久，并作者姓氏且弗章，拟缀辑所闻以传好事，暨阳周伯高氏尝著《茗壶系》述之，间多漏略，兹复稍加增润，厘为二卷曰，《阳羡名陶录》。超览君子，更有以匡予不逮，实厚愿焉！

乾隆丙午春仲月吉兔床吴骞书于桃溪墨阳楼[13]。

题辞

博物胸储《七录》[14]豪，闲窗余事付名陶，开函纸墨生香处，篆入熏炉波律膏[15]。

瓷壶小样最宜茶，甘歎[16]浓浮碧乳花，三大一时[17]传旧系，长教管领小心芽。

闻说陶形祀季疵[18]，玉川[19]风腋手煎时，何当唤取松陵客，补赋荆南茶具诗。

阳美新镌地志讹[20]，延陵诗老费搜罗，他年采入图经内，须识桃溪客语多。

松霭周春[21]。

原始

相传壶土所出，有异僧经行村落，日呼曰："卖富贵土！"人群嗤之。僧曰："贵不欲买，买富何如？"因引村叟指山中产土之穴。及去，发之，果备五色，烂若披锦。

陶穴环蜀山，山原名独，东坡先生乞居阳羡时，以似蜀中风景，改名此山也。祠祀先生于山椒，陶烟飞染，祠宇尽墨。按《尔雅·释山》云，"独"者，蜀。则先生之锐改厥名，不徒桑梓殷怀，抑亦考古自喜云尔。

吴骞曰：明王升《宜兴县志》引陆希声[22]《颐山录》云"颐山东连洞灵诸峰，属于蜀山，蜀山之麓有东坡书院[23]"。然则蜀山盖颐山之支脉也。今东坡书院前有石坊，宋牧仲[24]中丞题曰："东坡先生买田处。"

选材

嫩黄泥出赵庄山，以和一切色土，乃黏脂可筑，盖陶壶之丞弼也。

石黄泥出赵庄山，即未触风日之石骨也，陶之乃变朱砂色。

天青泥出蠡墅，陶之变黯肝色，又其夹支有梨皮泥，陶现冻梨色；淡红泥，陶现松花色；浅黄泥，陶现豆碧色；密口泥，陶现轻赭色；梨皮和白砂，陶现淡墨色。山灵腠络，陶冶变化，尚露种种光怪云。

老泥出团山，陶则白砂星星，宛若珠非？以天青、石黄和之，成浅深古色。

白泥出大潮山，陶瓶盎缸缶用之。此山未经发用，载自江阴白石山即江阴秦望山东北支峰。

吴骞曰：按大潮山一名南山，在宜兴县南，距丁、蜀二山甚近，故陶家取土便之。山有洞，可容数十人。又张公、善权二洞，石乳下垂，五色陆离，陶家作釉悉于是采之[25]。

出土诸山，其穴往往善徙，有素产于此，忽又他穴得之者，实山灵有以司之，然皆深入数十丈乃得。

本艺

造壶之家，各穴门外一方地，取色土筛捣，部署讫，弇窖其中，名曰“养土”。取用配合，各有心法，秘不相授。壶成幽之，以候极燥，乃以陶瓮俗谓之缸掇度五六器，封闭不隙，始鲜欠裂射油之患。过火则老，老，不美观；欠火则稚，稚，沙土气。若窑有变，匪夷所思，倾汤贮茶，云霞绮闪，直是神之所为，亿千或一见耳。

规仿名壶曰“临”，比于书画家入门时。

壶供真茶，正在新泉活火，旋瀹旋啜，以尽色、声、香、味之蕴。故壶宜小不宜大，宜浅不宜深，壶盖宜盎不宜砥，汤力茗香，俾得团结氤氲。宜倾竭即涤去渟滓。乃俗夫强作解事，谓时壶质地坚结，注茶越宿，暑月不馊，不知越数刻而茶败矣，安俟越宿哉！况真茶如莼脂，采即宜羹，如笋味，触风随劣。悠悠之论，俗不可医。

壶宿杂气，满贮沸汤，倾即没冷水中，亦急出冷水泻之，元气复矣。

品茶用瓯，白瓷为良，所谓“素瓷传静夜，芳气满闲轩”也。制宜弇口邃腹，色泽浮浮而香味不散。

茶洗，式如扁壶，中加一项鬲而细窍其底，便过水漉沙，茶藏以闭洗过茶者，仲美、君用各有奇制，皆壶使之从事也。水勺、汤铫亦有制之尽美者，要以椰匏锡器为用之恒。

壶之土色，自供春而下及时大初年，皆细土淡墨色，上有银沙闪点，迨硇砂和制，縠绉周身，珠粒隐隐，更自夺目。

壶，人用久，涤拭日加，自发暗然之光，入手可鉴，此为文房雅供。若腻滓斓斑，油光烁烁，是曰“和尚光”，最为贱相。每见好事家藏列颇多名制，而爱护垢染，舒袖摩挲，惟恐拭去，曰：“吾以宝其旧色尔。”不知西子蒙不洁，堪充下陈否耶？以注真茶，是藐姑射山之神人，安置烟瘴地面矣。岂不舛哉！

周高起曰：或问以声论茶，是有说乎？答曰：竹垆幽讨，松火怒飞，蟹眼徐窥，鲸波乍起，耳根圆通为不远矣：然炉头风雨声，铜瓶易作，不免汤腥；砂铫能益水德，沸亦声清；白金尤妙，第非山林所办尔。

家溯

金沙寺僧，久而逸其名矣。闻之陶家云：僧闲静有致，习与陶缸瓮者处，抟其细土，加以澄练，捏筑为胎。规而圆之，刳使中空，踵传口、柄、盖、的，附陶穴烧成，人遂传用。

吴骞曰：金沙寺在宜兴县东南四十里，唐相陆希声之山房也。宋孙觌[26]诗云：“说是鸿磐读书处，试寻幽伴拄孤藤。”建炎间，岳武穆[27]曾提兵过此，留题。

供春，学宪吴颐山家僮也。颐山读书金沙寺中，春给使之暇，窃仿老僧心匠，亦淘细土抟坯。茶匙穴中，指掠内外，指螺文隐起可按。胎必累按，故腹半尚现节腠，视以辨真。今传世者，栗色闇闇，如古金铁，敦庞周正，允称神明垂则矣！世以其孙龚姓，亦书为龚春。

周高起曰：供春，人皆证为龚春，予于吴冏卿家见大彬所仿，则刻“供春”二字，足折聚讼云。

吴骞曰：颐山名仕，字克学，宜兴人，正德甲戌进士，以提学副使擢四川参政。供春实颐山家僮，而周系曰青衣，或以为婢，并误，今不从之。

董翰，号后溪，始造菱花式，已殚工巧。

赵梁，多提梁式。梁亦作良。

元畅。《茗壶系》作元锡，《秋园杂佩》作袁锡，《茗壶谱》作元畅。

时朋，一作鹏，亦作朋。朋，大彬之父，与董、赵、元是为四名家，并万历间人，乃供春之后劲也。董文巧，而三家多古拙。

李茂林，行四，名养心，制小圆式，妍在朴致中，允属名玩。案春至茂林，《茗壶系》作正始。

周高起曰：自此以往，壶乃另作瓦缶囊闭入陶穴，故前此名壶，不免沾缸坛油泪。

时大彬，号少山。或陶土，或杂砂硇土，诸款具足，诸土色亦具足。不务妍媚而朴雅坚栗，妙不可思。初自仿供春得手，喜作大壶，后游娄东，闻陈眉公与琅琊、太原诸公品茶试茶之论，乃作小壶。几案有一具，生人闲远之思。前后诸名家并不能及，遂于陶人标大雅之遗，擅空群之目矣。案大彬，《茗壶系》作大家。

周高起曰：陶肆谣云“壶家妙手称三大”，盖谓时大彬及李大仲芳、徐大友泉也。予为转一语曰“明代良陶让一时”，独尊少山，故自匪佞。

李仲芳，茂林子，及大彬之门，为高足第一。制渐趋文巧，其父督以敦古。芳尝手一壶，视其父曰：“老兄者个何如？”俗因呼其所作为“老兄壶”。亦入金坛，卒以文巧相竞。今世所传大彬壶，亦有仲芳作之，大彬见赏而自署款识者。时人语曰：“李大瓶，时大名。”

徐友泉，名士衡，故非陶人也。其父好时大彬壶，延致家塾。一日，强大彬作泥牛为戏，不即从，友泉夺其壶土出门而去，适见树下[28]眠牛将起，尚屈一足，注视捏塑，曲尽厥形状。携以视大彬，一见惊叹，曰：“如子智能，异日必出吾上。”因学为壶。变化式、土，仿古尊、罍诸器，配合土色所宜，毕智穷工，移人心目。厥制有汉方、扁觯、小云雷、提梁卣、蕉叶、莲芳、菱花、鹅蛋、分裆索耳、美人垂莲、大顶莲、一回角、六子诸款。泥色有海棠红、朱砂紫、定窑白、冷金黄、淡墨、沉香、水碧、榴皮、葵黄、闪色梨皮诸名。种种变异，妙出心裁。然晚年恒自叹曰：“吾之精，终不及时之粗。”友泉有子，亦工是技，人至今有大徐小徐之目，未详其名。案仲芳、友泉二人，《茗壶系》作名家。

欧正春，多规花卉果物，式度精妍。

邵文金，仿时大汉方独绝。

邵文银。

蒋伯荂，名时英。此四人并大彬弟子。蒋后客于吴，陈眉公为改其字之“敷”为“荂”，因附高流，讳言本业，然其所作，坚致不俗也。

陈用卿，与时英同工[29]，而年技俱后，负力尚气，尝以事在缧绁中，俗名陈三呆子。式尚工致，如莲子、汤婆、钵盂、圆珠诸制，不规而圆，已极妍饰，款仿锺太傅笔意，落墨拙，用刀工。

陈信卿，仿时、李诸传器具，有优孟叔敖处。故非用卿族，品其所作[30]，虽丰美逊之，而坚瘦工整，雅自不群。貌寝意率，自夸洪饮，逐贵游间，不复壹志尽技，间多伺弟子造成，修削署款而已。所谓心计转粗，不复唱《渭城》时也。

闵鲁生，名贤。规仿诸家，渐入佳境。人颇醇谨，见传器则虚心企拟，不惮改，为技也，进乎道矣。

陈光甫，仿供春、时大，为入室。天夺其能，蚤眚一目。相视口、的，不极端致，然经其手摹，亦具体而微矣。案正春至光甫，《茗壶系》作雅流。

陈仲美，婺源人也。造瓷于景德镇，以业之者多，不足成其名，弃之而来。好配壶土，意造诸玩，如香盒、花杯、狻猊炉、辟邪镇纸。重镂叠刻，细极鬼工。壶象花果，缀以草虫，或龙戏海涛，伸爪出目。至塑大士像，庄严慈悯，神采欲生，璎珞花蔓，不可思议。智兼龙眠、道子，心思殚竭，以夭天年。

沈君用，名士良。踵仲美之智而妍巧悉敌。壶式上接欧正春一派，至尚象诸物，制为器用，不尚正方圆，而榫缝不苟丝发，配土之妙，色象天错，金石同坚，自幼知名，人呼之曰沈多梳宜兴垂髫之称。巧殚厥心，亦以甲申四月夭。案仲美、君用，《茗壶系》作神品。

邵盖、周后谿、邵二孙，并万历间人。

吴骞曰：按周嘉胄《阳羡茗壶谱》以董翰、赵梁、元畅、时朋、时大彬、李茂林、李仲芳、徐友泉、欧正春、邵文金、蒋伯荂，皆万历时人。

陈俊卿，亦时大彬弟子。

周季山。

陈和之。

陈挺生。

承云从。

沈君盛，善仿友泉、君用。以上并天启、崇正[31]间人。

陈辰，字共之，工镌壶款，近人多假手焉。亦陶之中书君也。

周高起曰：自赵盖[32]至陈辰，俱见汪大心《叶语附记》中。大心，字体兹，号古灵，休宁人。镌壶款识，即时大彬初倩能书者落墨，用竹刀画之，或以印记，后竟运刀成字，书法闲雅，在《黄庭》《乐毅》帖间，人不能仿，赏鉴家用以为别。次则李仲芳，亦合书法。若李茂林，朱书号记而已。仲芳亦时代大彬刻款，手法自逊。案赵盖至陈辰，《茗壶系》入别派。

徐令音，未详其字，见《宜兴县志》，岂即世所称小徐者耶？

项不损，名真，槜李人[33]，襄毅公之裔也，以诸生贡入国子监。

吴骞曰：不损故非陶人也。尝见吾友陈君仲鱼藏茗壶一，底有“砚北斋”三字，旁署“项不损”款，此殆文人偶尔寄兴所在。然壶制朴而雅，字法晋唐，虽时、李诸家，何多让焉。不损诗文深为李檀园、闻子将所赏，颇以门才自豪，人目为狂，后入修门[34]，坐事死于狱。《静志居诗话》载其题闲人梳奁铭云：“人之有发，旦旦思理。有身有心，奚不如是。”此铭虽出于前人，然不损亦非一于狂者[35]。或云“人之有发”云云，乃唐卢仝镜奁铭。

沈子澈，崇正朝人。

吴骞曰：仁和魏叔子禹新为余购得菱花壶一，底有铭云云，后署“子澈为密先兄制”。又桐乡金云庄比部旧藏一壶，摹其式寄余，底有铭云“崇正癸未沈子澈制”。二壶款制极古雅浑朴，盖子澈实明季一名手也。

陈子畦，仿徐最佳，为时所珍，或云即鸣远父。

陈鸣远，名远，号鹤峰，亦号壶隐[36]。详见《宜兴县志》。

吴骞曰：鸣远一技之能，间世特出，自百余年来，诸家传器日少，故其名尤噪。足迹所至，文入学士争相延揽。常至海盐，馆张氏之涉园[37]，桐乡则汪柯庭[38]家，海宁则陈氏、曹氏、马氏多有其手作[39]。而与杨中允晚研[40]交尤厚。予尝得鸣远天鸡壶一，细砂作紫棠色，上锓庚子山[41]诗。为曹廉让先生手书，制作精雅，真可与三代古器并列，窃谓就使与大彬诸子周旋，恐未甘退就邾莒之列耳[42]。

徐次京、惠孟臣、葭轩、郑宁侯，皆不详何时人，并善摹仿古器，书法亦工。

张燕昌曰：王沩山长子翼之燕书斋一壶，底有八分书“雪庵珍赏”四字，又楷书“徐氏次京”四字，在盖之外口[43]，启盖方见，笔法古雅，惟盖之合口处，揔不若大彬之元妙也[44]。余不及见供春手制，见大彬壶叹观止矣，宜周高起有“明代良陶让一时”之论耳。又余少年得一壶，底有真书“文杏馆孟臣制”六字，笔法亦不俗，而制作远不逮[45]大彬，等之自桧以下可也[46]。

吴骞曰：海宁安国寺每岁六月廿九日香市最盛，俗称齐丰宿山，于时百货骈集。余得一壶，底有唐诗“云入西津一片明”句，旁署“孟臣制”，十字皆行书。制浑朴，而笔法绝类褚河南[47]，知孟臣亦大彬后一名手也。葭轩工作瓷章，详“谈丛”[48]。又闻湖父质库[49]中有一壶，款署“郑宁侯制”，式极精雅，惜未寓目。

《阳羡名陶录》卷上终

《阳羡名陶录》卷下

谈丛

蜀山黄黑二土皆可陶[50]，陶者穴火，负山而居，累累如兔窟[51]。

以黄土为胚，黑土传之[52]，作沽瓴、药垆、釜鬲、盘盂、敦缶之属，粥[53]于四方，利最博。近复出一种似均州者[54]，获直稍高，故土价踊贵，亩逾三十千[55]，高原峻坂，半凿为陂，可种鱼[56]，山木皆童然矣。陶者甬东人，非土著也[57]。王稚登《荆溪疏》[58]。

往时龚春茶壶，近日时大彬所制，大为时人宝惜，盖皆以粗砂制之，正取砂无土气耳。许次纾《茶疏[59]》。

茶壶陶器为上，锡次之。冯可宾《茶笺[60]》。

茶壶以小为贵，每一客壶一把，任其自斟自饮，方为得趣。何也？壶小，则香不涣散，味不耽阁[61]。同上。

茶壶以砂者为上，盖既不夺香，又无熟汤气[62]。供春最贵，第形不雅，亦无差小者。时大彬所制又太小。若得受水半升[63]，而形制古洁者，取以注茶，更为适用。其提梁、卧瓜、双桃、扇面、八棱、细花夹锡茶替、青花白地诸俗式者，俱不可用。文震亨《长物志》[64]。

宜兴罐以龚春为上，时大彬次之，陈用卿又次之。锡注以黄元吉[65]为上，归懋德次之。夫砂罐砂也，锡注锡也，器方脱手[66]，而一罐一注价五六金[67]，则是砂与锡之价，其轻重正相等焉，岂非怪事。然一砂罐一锡注，直跻之商彝周鼎之列而毫无惭色，则是其品地也。张岱《梦忆》[68]。

茗注莫妙于砂，壶之精者又莫过于阳羡，是人而知之矣。然宝之过情，使与金玉比值，毋乃仲尼不为已甚乎！置物但取其适，何必幽渺其说，必至殚精竭虑而后止哉！凡制砂壶，其嘴务直，购者亦然，一曲便可忧，再曲是称弃物矣！盖贮茶之物与贮酒不同，酒无渣滓，一斟即出，其嘴之曲直可以不论，茶则有体之物也，星星之叶，入水即成大片，斟泻时，纤毫入嘴，则塞而不流。啜茗快事，斟之不出，大觉闷人，直则保无是患矣。[69]李渔《杂说》。

时壶名远甚，即遐陬绝域[70]犹知之。其制，始于供春，壶式古朴风雅，茗具中得幽野之趣者。后则如陈壶、徐壶，皆不能仿佛大彬万一矣。一云供春之后四家，董翰、赵良、袁锡疑即元畅，其一即大彬父时鹏也。彬弟子李仲芳，芳父小圆壶李四老官，号养心，在大彬之上，为供春劲敌，今罕有见者[71]。或沧鼠菌，或重鸡彝[72]。壶亦有幸与不幸哉！陈贞慧《秋园杂佩》[73]。

宜兴时大彬，制砂壶名手也。尝挟其术以游公卿之门。其子后补诸生，或为四书文以献嘲，破题云："时子之入学，以一贯得之。"盖俗称壶为罐也[74]。《先进录》。

均州窑器，凡猪肝色、火里红，青绿错杂若垂涎皆上，三色之烧不足者，非别有此样。此窑惟种菖蒲盆底佳，其他坐墩、墩垆、合方瓶、罐子俱黄砂泥坯，故器质不足[75]。近年新烧皆宜兴砂土为骨，釉水微似，制有佳者，但不耐用。《博物要览》[76]。

宜兴砂壶，创于吴氏之仆曰供春，及久而有名，人称龚春。其弟子所制更工，声闻益广。京口谈长益为之作传。《五石瓠》[77]。

近日一技之长，如雕竹则濮仲谦，螺甸则姜千里，嘉兴铜器则张鸣岐，宜兴茶壶则时大彬，浮梁流霞盏则昊十九，皆知名海内。王士正《池北偶谈》[78]。

供春制茶壶款式不一，虽属瓷器，海内珍之，用以盛茶不失元味，故名公巨卿、高人墨士恒不惜重价购之。继如时大彬，益加精巧，价愈腾。若徐友泉、陈用卿、沈君用、徐令音皆制壶之名手也。徐喈凤《宜兴县志》[79]。

陈远，工制壶、杯、瓶、盒，手法在徐、沈之间，而所制款识书法雅健，胜于徐、沈。故其年虽未老，而特为表之。同上。

毗陵器用之属，如笔、笺、扇、箸、梳、枕及竹木器皿之类，皆与他郡无异，惟灯则武进有料丝灯[80]，壶则宜兴有茶壶，澄泥为之，始于供春，而时大彬、陈仲美、陈用卿、徐友泉辈，踵事增华，并制为花樽、菊合、香盘、十锦杯之等物，精美绝伦，四方皆争购之。于琨重修《常州府志》[81]。

明时宜兴有欧姓者，造瓷器曰“欧窑”[82]，有仿哥窑纹片者，有仿官均窑色者，采色甚多，皆花盆、奁架诸器者，颇佳。朱炎《陶说》[83]。

供春壶式，茗具中逸品。其后复有四家，董翰、赵良、袁锡，其一则时鹏，大彬父也。大彬益擅长，其后有彭君实、龚春[84]、陈用卿、徐氏壶，皆不及大彬。彬弟子李仲芳，小圆壶制精绝，又在大彬之右，今不可得。近时宜兴沙壶，复加饶州之鎏，光彩射人，却失本来面目[85]”。陈其年诗云：“宜兴作者称供春，同时高手时大彬。碧山银槎濮谦竹，世间一艺皆通神。”高江村诗云：“规制古朴复细腻，轻便可入筠笼携。山家雅供称第一，清泉好瀹三春荑。”昔杜茶村称澄江周伯高著茶茗二系，表渊源支派甚悉。阮葵生《茶馀客话》[86]。

台湾郡人，茗皆自煮，必先以手嗅其香[87]。最重供春小壶。供春者，吴颐山婢名，制宜兴茶壶者。或作龚春者，误。一具用之数十年，则值金一笏[88]。周澍《台阳百咏》注[89]。

昔在松陵王汋山楠话雨楼，出示宜兴蒋伯荂手制壶，相传项墨林[90]所定式，呼为“天籁阁壶”。墨林以贵介公子，不乐仕进，肆其力于法书名画及一切文房雅玩，所见流传器具无不精美，如张鸣岐之交梅手炉、閤望云[91]之香几及小盒等，制皆有“墨林”字，则一名物之赖天籁以传，莫非子京精意所萃也。张燕昌《阳羡陶说》[92]。

先府君性嗜茶，所购茶具皆极精。尝得时大彬小壶如菱花八角，侧有款字。府君云："壶制之妙，即一盖可验试。随手合上，举之能吸起全壶[93]，所见黄元吉、沈鹭雍锡壶亦如是。陈鸣远便不能到此。"既以赠一方外[94]，事在小子未生以前，迄今五十余年，犹珍藏无恙也。余以先人手泽所存，每欲绘图勒石纪其事，未果也。同上。

往梧桐乡汪次迁安曾赠余陈鸣远所制研屏一，高六寸弱，阔四寸一分强，一面临米元章[95]《垂虹亭》诗，一面柯庭双钩兰，惜乎久作碎玉声矣！柯庭名文柏，次迁之曾大父，鸣远曾主其家。同上。

汪小海[96]淮藏宜兴瓷花尊一，若莲子而平底，上作数孔，周束以铜，如提梁卣。质朴浑，气尤静雅。余每见必询及。无款，不知为谁氏作，然非供春、少山后作者所能措手也。同上。

余于禾中骨董肆得一瓷印，盘螭钮，文曰"太平之世多长寿人"，白文，切玉法，侧有款曰"葭轩制"。葭轩不知何许人，此必百年来精于刻印。昔时少山陈共之工镌款字特真书耳，若刻印则有篆法刀法，摹印之学非有数十年功者，不能到也。吴兔床著《阳羡名陶录》，鉴别精审，遂以为赠。时丙午夏日[97]。同上。

陈鸣远手制茶具雅玩，余所见不下数十种，如梅根笔架之类，亦不免纤巧。然余独赏其款字，有晋唐风格。盖鸣远游踪所至，多主名公巨族，在吾乡与杨晚研太史最契。尝于吾师樊桐山房见一壶，款题"丁卯上元为耑木先生制"，书法似晚研，殆太史为之捉刀耳[98]。又于王芍山[99]家见一壶，底有铭曰："汲甘泉，瀹芳茗，孔颜之乐在瓢饮。"阅此，则鸣远吐属亦不俗，岂隐于壶者与。同上。

吾友沙上九人龙藏时大彬一壶，款题“甲辰秋八月时大彬手制”。近于王芍山季子斋头见一壶，冷金紫[100]，制朴而小，所谓游娄东见弇州诸公后作也。底有楷书款，云“时大彬制”，内有一纹线，殆未曾陶铸以前所裂[101]，然不足为此壶病。同上。

余少年得一壶，失其盖，色紫而形扁，底有真书“友泉”二字，殆徐友泉也。笔法类大彬，虽小道，洵有师承矣。同上。

客耕武原，见茗壶一于倪氏六十四研斋，底有铭曰：“一杯清茗，可沁诗脾。大彬。”凡十字。其制朴而雅，砂质温润，色如猪肝，其盖虽不能翕起全壶，然以手拨之则不能动，始知名下无虚士也。既手摹其图，复系以诗云。[102]陈鳣《松研斋随笔》

文翰

记

宜兴瓷壶记 周容[103]

今吴中较茶者，壶必言宜兴瓷，云始万历间大朝山寺僧当作金沙寺僧传供春。供春者，吴氏小史也。至时大彬，以寺僧始，止削竹如刃，刳山土为之[104]。供春更斫木为模[105]，时悟其法则又弃模[106]，而所谓削竹如刃者，器类增至今日，不啻数十事[107]。用木重首作椎，椎唯炼土[108]，作掌，厚一薄一，分听土力[109]。土稚不耐指，用木作月阜，其背虚缘易运代土，左右是意与终始[110]。用鐍，长视笔，阔视薤，次减者二[111]，廉首齐尾[112]，廉用割、用薤、用剔[113]，齐用抑、用趁、用抚、用推[114]，凡接文深浅，位置高下，齐廉并用，壶事此独勤[115]。用角，阔寸，长倍五，或圭或笏，俱前薄后劲，可以服我屈伸为轻重[116]。用竹木如贝，窍其中，纳柄，凡转而藏暗者藉是[117]。至于中丰两杀者，则有木如肾，补规万所困[118]。外用竹若钗之股，用石如碓，为荔核形，用金作蝎尾，意至器生，因穷得变，不能为名[119]。土色五，腻密不招客土，招则火知之[120]。时乃故入以砂，炼土克谐[121]。审其燥湿展之，名曰“土毡”[122]。割而登诸月，有序，先腹，两端相见，廉用媒土，土湿曰“媒”[123]。次面与足。足面先后，以制之丰约定，足约则先面，足丰则先足[124]。初浑然虚含，为壶先天[125]。次开颈，次冒，次耳，次嘴。嘴后著，戒也[126]。体成，于是侵者薙之，骄者抑之，顺者抚之，限者趁之，避者剔之，闇者推之，肥者割之，内外等[127]。时后起数家，有徐友泉、李茂林，有沈君用。甲午春，余寓阳羡，主人致工于园，见且悉[128]。工曰：“僧草创，供春得华于土，发声光尚已。时为人敦雅古穆，壶如之，波澜安闲，令人喜敬。其下俱因瑕就瑜矣。今器用日烦，巧不自耻[129]。”嗟乎！似亦感运升降焉。二旬，成壶凡十，聚就窑火[130]。予构文祝窑，文略曰：“器为水而成火，先明德功，繇土以立，木亦见材。”又曰：“气必足夫阴阳，候乃持夫昼夜，欲全体以致用，庶含光以守时。”[131]云云。是日主人出时壶二，一提梁卣，一汉觯，俱不失工所言[132]。卫懒仙云：“良工虽巧，不能徒手而就，必先器具修而后制度精。瓷壶以大彬传，几使旅人折指。”此则详言本末，曲尽物情，文更峭健，可补《考工》之逸篇[133]。

铭

茗壶铭 沈子澈

石根泉，蒙顶叶，漱齿鲜，涤尘热[134]。

陶砚铭 朱彝尊

陶之始，浑浑尔。

茶壶铭 汪森

茶山之英，含土之精，饮其德者，心恬神宁。

酌中泠[135]，汲蒙顶。谁其贮之，古彝鼎。资之汲古得修绠[136]。

赞

陈远天鸡酒壶赞 吴骞

娲兮炼色，春也审敀。宛尔和风，弄是天鸡。月明花开，左挈右提。浮生杯酒，函谷丸泥[137]。

赋

阳羡茗壶赋并序 吴梅鼎

六尊有壶[138]，或方或圆，或大或小，方者腹圆，圆者腹方，范金琢玉，弥甚其侈。独阳羡以陶为之，有虞之遗意[139]也。然粗而不精与窳等。余从祖拳石公[140]，读书南山，携一童子名供春，见土人以泥为缶，即澄其泥以为壶，极古秀可爱，世所称供春壶是也。嗣是时子大彬师之，曲尽厥妙。数十年中，仲美、仲芳之伦，用卿、君用之属，接踵骋伎，而友泉徐子集大成焉。一瓷罂耳，价埒[141]金玉，不几异乎！顾其壶为四方好事者收藏殆尽。先子以蕃公嗜之，[142]所藏颇夥，乃以甲乙兵燹[143]，尽归瓦砾。精者不坚，良足叹也。有客过阳羡，询壶之所自来，因溯其源流，状其体制，胪[144]其名目，并使后之为之者考而师之。是为赋。

惟宏陶之肇造，实运巧于姚虞，爰前民以利用，能制器而无窳。在汉秦而为甂[145]，宝厥美曰“康瓠”。类瓦缶之太朴，肖鼎鬲[146]。以成区。杂瓷瓯与瓿甊[147]，同锻炼以无殊。然而艺匪匠心，制不师古，聊抱瓮以团砂，欲挈瓶而范土。形每侪乎欹器[148]，用岂侔乎周簠[149]。名山未凿，陶瓦？[150]无五采之文；巧匠不生，镂画昧百工之谱。爰有供春，侍我从祖，在髫龄[151]而颖异，寓目成能借小伎以娱闲，因心挈矩[152]。过土人之陶穴，变瓦甎[153]以为壶；信异僧而琢山，斫阴凝以求土。时有异僧绕白砀、青龙、黄龙诸山，指示土人曰：“卖富贵土。”人异之凿山得五色土，因以为壶。于是砠白砀，凿黄龙[154]。宛掘井兮千寻，攻岩有骨；若入渊兮百仞，采玉成峰：春风花浪之滨，地有画溪花浪之胜。分畦茹滤[155]；秋月玉潭之上，地近玉女潭。并杵椎舂[156]。合以丹青之色，图尊规矩之宗。停椅梓之槌，酌剪裁于成片[157]。握文犀之刮，施刡掠以为容[158]。稽三代以博古，考秦汉以程功。圆者如丸，体稍纵为龙蛋；壶名龙蛋。方兮若印，壶名印方，皆供春式。角偶刻以秦琮。又有刻角印方[159]。脱手则光能照面[160]，出冶则资比凝铜。彼新奇兮万变，师造化兮元功。信陶壶之鼻祖，亦天下之良工。过此，则有大彬之典重，时大彬。价拟璆琳；仲美之雕瑰，陈仲美。巧穷毫发。仲芳骨胜，而秀出刀镌；李仲芳。正春肉好，而工疑刻画。欧正春。求其美丽，争称君用离奇；沈君用。尚彼浑成，佥曰用卿醇饬[161]。陈用卿。若夫综古今而合度，极变化以从心，技而进乎道者，其友泉徐子乎！缅稽先子，与彼同时。爰开尊而设馆，令效技以呈奇[162]。每穷年而累月，期竭智以殚思，润果符乎球璧，巧实媲乎班倕[163]。盈什百以韫椟[164]，时阅玩以遐思。若夫燃彼竹垆，汲夫春潮，浥此茗碗，烂于琼瑶。对炜煌而意駴，瞻诡厉以魂销。

方匪一名，圜不一相[165]，文岂传形，赋难为状。尔其为制也，象云罍兮作鼎，壶名云罍。陈螭觯兮扬杯。螭觯名。仿汉室之瓶，汉瓶。则丹砂沁采；刻桑门之帽，僧帽。则莲叶擎台。卣号提梁，提梁卣。腻于雕漆。君名苦节，苦节君。盖已霞堆。裁扇面之形，扇面方。觚棱峭厉。卷席方之角，芦席方。宛转潆洄。诰宝临函，诰宝。恍紫庭之宝现；圆珠在掌，圆珠。如合浦之珠回。至于摹形象体，殚精毕异，韵敌美人，美人肩，格高西子。西施乳。腰洵约素，照青镜之菱花；束腰菱花。肩果削成，采金塘之莲蒂。平肩莲子。菊入手而疑芳，合菊。荷无心而出水。荷花。芝兰之秀，芝兰。秀色可餐；竹节之清，竹节清贞莫比。锐榄核兮幽芳，橄榄六方。实瓜瓠兮浑丽。冬瓜丽。或盈尺兮丰隆，或径寸而平砥。或分蕉而蝉翼，或柄云而索耳。或番象与鲨皮，或天鸡与篆珥。分蕉蝉翼、柄云索耳、番象鼻、鲨鱼皮、天鸡、篆珥皆壶款式。匪先朝之法物，皆刀尺所不拟[166]。若夫泥色之变，乍阴乍阳。忽葡萄而绀紫，倏橘柚而苍黄。摇嫩绿于新桐，晓滴琅玕之翠；积流黄于葵露，暗飘金粟之香。或黄白堆沙，结哀梨兮可啖；或青坚在骨，涂髹汁兮生光。彼瑰琦之窑变，匪一色之可名[167]。如铁如石，胡玉胡金。备五文于一器，具百美于三停。远而望之，黝若钟鼎陈明廷；追而察之，灿若琬琰浮精英。岂随珠之与赵璧，可比异而称珍者哉！乃有广厥器类，出乎新裁。花蕊婀娜，雕作海棠之盒；沈君用海棠香盒。翎毛璀璨，镂为鹦鹉之杯。陈仲美制鹦鹉杯。捧香奁而刻凤，沈君用香奁。翻茶洗以倾葵。徐友泉葵花茶洗。瓶织回文之锦，陈六如仿古花尊。炉横古干之梅。沈君用梅花炉。卮分十锦，陈六如十锦杯。菊合三台。沈君用菊合。凡皆用写生之笔墨，工切琢于刀圭。倘季伦[168]见之，必且珊瑚粉碎；使棠溪[169]观此，定教白玉尘灰。用濡毫而染翰，志所见而徘徊。

诗

坐怀苏亭，焚北铸炉，以陈壶徐壶烹洞山岕片歌

熊飞

显皇垂拱升平季，文盛兵销遍恬喜，是时朝士多韵人，竞仿吴侬作清事。书斋蕴藉快沈燎，汤社精微重茶器。景陵铜鼎半百沽，荆溪瓦注十千余。宣工衣钵有施叟[170]，时大后劲模陈徐，凝神昵古得古意，宁与秦汉官哥殊。余生有癖赏涎觊，窃恐尤物难兼图。昔年挟策上公车，长安米价贵如珠，辍食典衣酬夙好，铸得大小两施炉。今年阳羡理蓿驾，怀苏亭畔乐名壶，苏公癖王予梓里，此地买田贻手书[171]。焉知我癖非公癖，臭味岂必分贤愚闲，闲煮惠泉烧柏子，梧风习习引轻裾。吁嗟洞山岕片[172]不多得，任教茗战难相克。亭中长日三摩挲，犹如瓣香茶话随公侧。顾智跋：偶检残编得熊公怀苏亭歌词，想见往时风流暇逸，今亭既湮没，故附梓于志，以志学宫昔有此亭，亦见阳羡名壶固甲天下也。骞按：飞又作飛，四川人，崇正中官宜兴教谕。

陶宝肖象歌为冯本卿金吾作 林古度茂之[173]

昔贤制器巧含朴，规仿尊壶从古博。我明供春时大彬，量齐水火持埴作。作者已往嗟滥觞，不循月令仲冬良。荆溪陶正司陶复，泥砂贵重如珩璜。世间茶具称为首，玩赏楷模在人手，粉锡型模莫与争[174]，素瓷斟酌长相偶。义取炎凉无变更，能使茶汤气永清[175]，动则禁持慎捧执，久且色泽生光明[176]，近闻复有友泉子，雅式精工仍继美，常教春茗注山泉，不比瓶罍罄时耻。以兹

珍赏向东吴，胜却方平众玉壶。癖好收藏阮光禄，割爱举赠冯金吾。金吾得之喜绝倒，写图锡名曰陶宝，一时咏赞如勒铭，直似千年鼎彝好。

赠冯本卿都护陶宝肖像歌　俞彦仲茅[177]

何人霾向陶家侧，千年化作土赭色。捄来捣冶水火齐去声，义兴好手夸埏埴。春涛沸后春旗濡，彭亨豕腹正所须[178]。吴儿宝若金服匿，賫缘先入步兵厨[179]。于今东海小冯君，清赏风流天下闻。主人会意却投赠，媵以长句缥缃文。陈君雅欲酣茗战，得此摩挲日千遍。尺幅鹅溪缀剡藤，更教摩诘开生面[180]。图为王宏卿所写。一时佳话倾播玙，堪备他年班管书[181]。月笋冯园名即今书画舫，研山同伴玉蟾蜍。

过吴迪美朱萼堂看壶歌兼呈贰公　周高起伯高

新夏新晴新绿焕，茶室初开花信乱。羁愁共语赖吴郎，曲巷通人每相唤。伊余真气合寄襄，闲中今古资评断[182]。荆南土俗雅尚陶，茗壶奔走天下半。吴郎鉴器有渊心，曾听壶工能事判[183]。源流裁别字字矜，收贮将同彝鼎玩。再三请出豁双眸，今朝乃许花前看。

高槃捧列朱萼堂，匣未开时先置赞。卷袖摩挲笑向人，次第标题陈几案。每壶署以古茶星，科使前贤参静观。指摇盖作金石声，款式称堪法书按。某为壶祖某云礽，形制敦庞古光灿。长桥陶肆纷新奇，心眼欷歔多暗换。寂寞无言意共深，人知俗手真风散。

始信黄金瓦价高，作者展也天工窟。技道曾何彼此分，空堂日晚滋三叹[184]。

供春大彬诸名壶，价高不易办，予但别其真而旁搜残缺于好事家，用自怡悦，诗以解嘲

阳羡名壶集，周郎不弃瑕。尚陶延古意，排闷仰真茶。燕市曾酬骏，齐师亦载车[185]。也知无用用，携对欲残花。吴迪美曰：用涓人买骏骨[186]、孙膑刖足事以喻残壶之好，伯高乃真赏鉴家，风雅又不必言矣。

赠高侍读澹人以宜壶二器并系以诗　陈维崧其年[187]

宜壶作者推龚春，同时高手时大彬。碧山银槎濮谦竹，世间一艺俱通神[188]。彬也沉郁并老健，沙粗质古肌理匀[189]。有如香奁乍脱藓，其上刻画蜼皃蹲。又如北宋没骨画，幅幅硬作麻皮皴。百余年来迭兵燹，万宝告竭珠犀贫。皇天劫运有波及，此物亦复遭荆榛。清狂录事偶弃得，一具尚值三千缗[190]。后来往者或间出，巉削怪巧徒纷纶[191]。腊茶褐色好规制，软媚讵入山斋珍。我家旧住国山[192]下，谷雨已过芽茶新。一壶满贮碧山岕，摩挲便觉胜饮醇。迩来都下鲜好事，碗嵌玛瑙车渠银。时壶市纵有人卖，往往赝物非其真[193]。高家供奉最淡宕，羊腔讵屑膏吾唇。每年官焙打急递，第一分赐书堂臣。头纲八饼[194]那足道，葵花玉銙宁等伦。定烦雅器瀹精茗，忍使茅屋埋佳人。家山此种不难致，卓荦[195]只怕车辚辚。未经处仲口已缺，岂亦龙性愁难驯。昨搜败簏剩二器，函走长鬣逾城闉。是其姿首仅中驷，敢冀拂拭充綦巾。

家书已发定续致，会见荔子冲埃尘。

宜壶歌答陈其年检讨　高士奇澹人[196]

荆南山下罨画溪[197]，溪光潋滟澄沙泥。土人取沙作茶器，大彬名与龚春齐。规制古朴复细腻，轻便堪入筠笼[198]携。山家雅供第一称，清泉好瀹三春荑。未经谷雨焙嫩绿，养花天气黄莺啼。旗枪初试泻蟹眼，年年韵事宜幽栖。柴瓷[199]汉玉价高贵，商彝周鼎难考稽。长安人家尚奢靡，镂鎪工巧矜象犀。词曹[200]官冷性淡泊，叨恩赐住蓬池西。朝朝儤直[201]趋殿陛，夜冲街鼓晨听鸡。日间幼子面不见，糟妻守分甘咸齑[202]。纵有小轩列图史，那能退食闲品题。近向渔阳历边徼，春夏时扈八骏蹄[203]。秋来独坐北窗下，玉川兴发思山溪。致札元龙乞佳器，遂烦持赠走小奚[204]。两壶圆方各异状，隔城郑重裹锦绨。长篇更题数百字，叙述历落同远赍。拂拭经时不释手，童心爱玩仍孩提。湘帘夜卷银汉直，竹床醉卧寒蟾低。纸窗木几本精粲，翻憎玛瑙兼玻璃。瓦瓶插花香爇缶[205]，小物自可同琰圭。龙井新茶虎跑水，惠泉庙岕争鼓鼙。他年扬帆得恩请，我将携之归故畦。

以陈鸣远旧制莲蕊水盛、梅根笔格为借山和尚七十寿口占二绝句。

查慎行悔馀

梅根已老发孤芳，莲蕊中含滴水香。合作案头清供具，不归田舍归禅房。

偶然小技亦成名，何物非从假合成。道是抟沙沙不散，与翻新句祝长生。

希文以时少山砂壶易吾方氏核桃墨　马思赞仲韩

汉武袖中核，去今三千年。其半为酒池，半化为墨船。磨休剒骨髓，流出成元铅。曾落盆池中，数岁膏愈坚。质胜大还丹，舐者能升天。赠我良友生，如与我周旋。岂敢计施报，报亦非戋戋。譬彼十五城，难易赵璧然[206]。有明时山人，搦砂成方圆。彼视祖李辈，意欲相后先。我谓韩齐王，羞与哙等肩[207]。青娥易羸马，文枕换玉鞭。投赠古有之，何必论媸妍。以多量取寡，差觉胜前贤。

陶器行赠陈鸣远　汪文柏季青[208]

荆溪陶器古所无，问谁作者时与徐。时大彬，徐友泉。泥沙入手经抟埴，光色便与寻常殊。后来多众工，摹仿皆雷同。陈生一出发巧思，远与二子相争雄。茶具方圆新制作，石泉槐火鏖松风。我初不识生，阿髯尺素来相通。谓陈君其年也。赠我双卮颇殊状，宛似红梅岭头放。平生嗜酒兼好奇，以此饮之神益王。倾银注玉徒纷纷，断木岂意青黄文。厂盒宣炉留款识，香奁药碗生氤氲[209]。数物悉见工巧。吁嗟乎，人间珠玉安足取，岂如阳羡溪头一丸土。君不见轮扁当年老斫轮，又不见梓庆削鐻如有神[210]。古来技巧能几人，陈生陈生今绝伦。

蜀冈瓦暖砚歌，胡天游 雅威

苍青截铁坚不阿，球珞敲玉铿而瑳。太一之船却斤斧，帝鸿之纽掀穴窠。贝堂伏卵抱沂鄂，瓠肉削泽无瘢瘥。露清绀浅叶幽漉，日冷赭淡冈兜岮。琅琅一片抗历落，佗佗四面平倾颇。莹陈天智比珍谷，巧斫山骨殊砮磻。祝融相土刑德合，方轸员盖经营多。炎烹烬化出抟造，域分宇立开婆娑。东有日山西有月，包之郛郭环之涯。水轮无风自然举，气母袭地归于和。乾坤大腹吞乐浪，荆吴悬胃藏蠡鄱。陂谣鸿隙两黄鹄，敌树角国双元蜗。静如辰枢执魁柄，动如牡钥张机牙。线连罗浮走复折，气通艮兑无壅讹。严冬牛目畏积雪，终旬狸骨僵偃波。封翰菀毳失毚鹿，冻琫作噩衔刀戈。一丸未脱手旋磨，寸裂快逐纹生靴。似同天池败蚩雾，比困秦法遭斯苛。分明落纸困倚马，绊拘行步偕孱骡。尔看利器喜人用，初如得宝良可歌。火山有军宠围燎，热坂近我胜嘘呵。涫汤初顾五熟釜，灌垒等拔千囊沙。剑门一道塞井络，春候三月暄江沱。其工虽怒霸无所，温洛自润扬其华。东宫香胶铭绛客，湘妄紫鲤浮晴涡。沉沉鸦色晕余渲，霭霭雨族披圆罗。咸池勃张浴黑帝，神鳌研掣随皇娲。山驰岳走事俄顷，霆翻电薄酣滂沱。虹窗焰流玉抱肚，月岫水转金虾蟆。时时正见黝镜底，北斗熛燿垂天河。蜀冈工良近莫过，捣泥滤水相挠挼。为罂为皿为饮榼，壶如婴武杯如嬴。千窑万埴列门户，堆器不尽十马驮。智搜技彻更复尔，谁与作者黠则那。温姿劲骨夺端歙，轻肤细理欺杪椤。马肝或谤瓜削面，风味兼状鹭食荷。燔烧颜色出美好，端正不待切与磋。华元皤然抱坦揊，周颐空洞非婞娿，早从仲将试点漆，峡樯悬溜骏注坡。我初见此贪不觉，众中奇畜拟橐驼。诗篇送似因赚得，若彼取鸟致以罔。温泉火井佐沐邑，华阳黑水环梁嶓。豹囊干煤吐柏麝，古玉笏笏徐研摩。青霜倒开漾海色，乌虬尾掉重云拖。端州太守轻万石，宫凌秦羽矾羞鼋。比于中国岂无士，今者只悦哀台佗。时烦拭濯安且固，捧盈恒恐遭跌蹉。装书未取押玳瑁，格笔迟斫珊蝴柯。画蟠螭凤围一尺，锦官为汝城初蓑。启之刀剑快出匣，止为熊虎严蛰窝。萧行孔草虽懒擅，须记甲乙亲吟哦。国风好色陈姣嫽，离骚荒忽追沅罗。凝铺潭影滑幽璞，秋生龙尾凉侵霞。夜遥灯语风撼碧，萦者为蚓簇者蛾。行斜次杂其绻蜿，手无停度剧弄梭。宏农客卿座上客，雄鸣借扫幺与么。欲铭功德向四壁，顾此坚窠谁能劘。砚乎与汝好相结，分等石友亦已加。阑干垂手鲜琢玉，棒侍未许宫钗娥。他年涂窜尧典字，伴我作籀书归禾。

台阳百咏　周澍静澜

寒榕垂荫日初晴，自泻供春蟹眠生。疑是闭门风雨候，竹梢露重瓦沟鸣[211]。

论瓷绝句　吴省钦冲之

宜兴妙手数龚春，后辈还推时大彬。一种粗砂无土气，竹炉谗煞斗茶人。

周梅圃送宜壶

春彬好手嗟难见，质古砂粗法尚传。携个竹炉萧寺[212]底，红囊[213]须瀹惠山泉。

观六十四研斋所藏时壶，率成一绝　陈鳣仲鱼

陶家虽欲数供春，能事终推时大彬。安得携来偕砚北[214]，注将勺水活波臣。子尝自号东海波臣。

无锡买宜兴茶具二首　冯念祖尔修

陶出玲珑碗，供春旧擅长。团圆双日月，刻划五文章。直并抟砂妙，还夸肖物良。清闲供茗事，珍重比流黄[215]。

敢云一器小，利用仰前贤。陶正由三古，茶经第二泉。却听鱼眼沸，移就竹炉边。妙制思良手，官哥应并传[216]。

陶山明府仿古制茗壶以诒好事五首　吴骞槎客

洞灵岩口庀[217]精材，百遍临模倚钓台[218]。传出河滨千古意，大家低首莫惊猜。

金沙泉畔金沙寺，白足禅僧[219]去不还。此日蜀冈千万穴[220]，别传薪火祀眉山[221]。

百和丹砂百炼陶，印床深锁篆烟消。奇觚不数宣和谱[222]，石鼎联吟任尉缭[223]。明府尝梦见“尉缭了事”四字，因以自号茗壶并署之。

翛翛[224]琴鹤志清虚，金注何能瓦注如。玉鉴[225]亭前人吏散，一瓯春露一牀书。

陶泓已拜竹鸿胪[226]，玉女钗头日未晡。多谢东坡老居士，如今调水要新符[227]。东坡调水符事在凰翔玉女洞，旧《宜兴县志》移于玉女潭。辨详《桃溪客语》。

芑堂明经以尊甫瓜圃翁旧藏时少山茗壶见视，制作醇雅，形类僧帽，为赋诗而返之

蜀冈陶窦苏祠邻，天生时大神通神。千奇万状信手出，巧夺坡诗百态新。清河视我千金宝，云有当年手泽好。想见硐砂百炼精，传衣[228]夜半金沙老[229]，一行铭字昆吾刻，岁纪丙申明万历。弹指流光二百秋，真人久化莲台锡。吴梅鼎[230]《茗壶赋》云：刻桑门之帽，则莲叶擎台。昨暂留之三归亭，箧中常作笙磬声。跋然起视了无睹，惟见竹炉汤沸海月松风清。乃知神物多灵闪，不独君家双宝剑。愿今且作合浦归[231]，免使龙光斗牛占[232]。噫嘻公子慎勿嗟，世间万事犹抟沙，他日来寻丙舍帖[233]，春风还啜赵州茶[234]。

阳羡名陶续录

家溯

明时江南常州府宜兴县欧姓者造瓷器曰“欧窑”[236]，有仿哥窑纹片者，有仿官均窑色者，采色甚多，皆花盘奁架诸器，旧者颇佳。朱炎《陶说》。

吴骞曰：“欧窑”疑即欧正春，今丁蜀二山尚多规之者，器作淡绿色，如苹婆果，然精巧远不逮矣。

槜李文后山鼎，工诗善画，收藏名迹古器甚多，有宜瓷茗壶三具，皆极精雅，其署款曰“壬戌秋日陈正明制”，曰“龙文”，曰“山中一杯水，可清天地心，亮彩”。三人名皆未见于前载，亦未详何地人。陈敬境《餐霞轩杂录》。

本　艺

香雪居在十三房，所粥皆宜兴土产砂壶。茶壶始于碧山冶金，吕爱冶银[237]，泉驶茗腻，非扃以金银必破器染味。砂壶创于金砂寺僧，团紫砂泥作壶具，以指罗纹为标识[238]。有吴学使者，读书寺中，侍童供春见之，遂习其技成名工，以无指罗纹为标识。宋尚书时彦裔孙名大彬，得供春之传，毁甓以杵舂之，使还为土，范为壶[239]。燂以熠火，审候以出，雅自矜重。遇不惬意碎之，至碎十留一，皆不惬意，即一弗留[240]。彬技指，以柄上拇痕为标识[241]。大彬之后，有陈仲美、李仲芳、徐友泉、沈君用、陈用卿、蒋志雯诸人。友泉有云罍、蝉觯、汉瓶、僧帽、提梁卣、苦节君、扇面、美人肩、西施乳、束腰菱花、平肩莲子、合菊、荷花、竹节、橄榄六方、冬瓜段[242]、分蕉蝉翼、柄云索耳、番象鼻、沙鱼皮、天鸡、篆耳诸式。仲美另制鹦鹉杯，吴天篆《瓷壶赋》云“翎毛璀璨，镂为婴武之杯”，谓此。后吴人赵璧变彬之所为而易以锡，近时则归复所制锡壶为贵。李斗《扬州画舫录》。

吴骞曰：长洲陆贯夫绍曾，博古士也，尝为予言：大彬壶有分四旁、底、盖为一壶者，合之注茶渗屑无漏，名“六合一家壶”，离之仍为六。其艺之神妙如是，然此壶予实未见，姑识于此，以广异闻。

谈　丛

前卷言一艺之工足以成名，而叹士人有不能及，偶观《袁中郎集》“时尚”一篇，与予说略同，并录之。云：“古来薄技小器皆可成名，铸铜如王吉、姜娘子，琢琴如雷文、张越，瓷器如哥窑、董窑，漆器如张成、杨茂、彭君宝。士大夫宝玩欣赏，与诗疑作“书”画并重。当时文人墨士名公巨卿，不知湮没多少，而诸匠之名顾得不朽。所谓五谷不熟不如稊稗者[243]也。近日小技著名者尤多，皆吴人瓦壶如龚春时大彬，价至二三千钱，铜炉称胡四，扇面称何得之，锡器称赵良璧。好事家争购之。然其器实精良，非他工所及，其得名不虚也。”云云，予又曾见《顾东江集》宏正间旧京制扇骨最贵；李昭《七修类稿》称天顺间，有杨埙妙于倭漆，其漂霞山水人物，神气飞动，图画不如。常上疏明李贤袁彬者也。[244]王士正《居易录》。

韩奕，字仙李，扬州人。买园湖上，名曰“韩园”。工诗，善鼓板，蓄砂壶，为徐氏客。《扬州画舫录》。

间得板桥道人小帧梅花一枝，旁列时壶一器，题云：“峒山秋片茶，烹以惠泉，贮沙壶中，色香乃胜。光福梅花盛开，折得一枝归。啜数杯，便觉眼耳鼻舌身意直入清凉世界，非烟火人所能梦见也。”系一绝云：“因寻陆羽幽栖处，倾倒山中烟雨春。幸有梅花同点缀，一枝和露带清芬。”此帧诗画皆有清致，要不在元章、文长[245]之亚。魏鉽蜩《奇生随笔》。

艺　文

铭

张季勤藏石林中人茗壶，属铭以锓之匣　吴骞

浑浑者，陶之始；舍则藏，吾与尔。石林人传季勤得，子孙宝之永无忒[246]。

乐府

少山壶　任安上李唐

洞山茶，少山壶[247]，玉骨冰肤，虽欲不传，其可得乎。壶一把，千金价。我笔我墨空有神，谁来投我以一缗。袁枚曰：可慨亦复可恨，然自古如斯，何见之晚也。[248]

诗

荆溪杂曲　王叔承承父

蜀山山下火开窑，青竹生烟翠石销。笑问山娃烧酒勺，沙坏可得似椰瓢。诗见《明诗综》。

双溪竹枝词　陈维崧

蜀山旧有东坡院，一带居民浅濑边。白甀家家哀玉响，青窑

处处画溪烟。

苇村以时大彬所制梅花沙壶见赠，漫赋兹篇志谢雅贶　汪士慎近人

阳羡茶壶紫云色，浑然制作梅花式。寒沙出冶百年余，妙手时郎谁得如。感君持赠白头客，知我平生清苦癖。清爱梅花苦爱茶，好逢花候贮灵芽。他年倘得南帆[249]便，随我名山佐茶燕。

味谏壶　陈梦星伍乔

天门唐南轩馆丈斋中，多砂壶。有形如橄榄者，或憎其拙，予独谓“拙乃近古”。遂枉赠焉。名曰“味谏”。[250]

义兴夸名手，巧制妙圆整。兹壶独臃肿，赘若木之瘿。吕甫公有木瘿壶诗。一盏回余甘，清味托山茗。

得时少山方壶于隐泉王氏，乃国初进士幼扶先生旧物，率赋四律　张廷济汝霖

添得萧斋一茗壶，少山佳制果精殊。从来器朴原团土，且喜形方未破觚。生面别开宜入画，兄子又超为绘图。诗肠借润漫愁枯。金沙僧寂供春杳，此是荆南旧范模。

削竹镌留廿字铭，居然楷法本黄庭。周高起曰：大彬款用竹刀，书法逼真《换鹅经》。云痕断处笔三折，雪点披来砂几星。便道千金输瓦注，从教七碗补茶经。延陵著录征君说，好寄邮筒问大宁。海

宁吴丈兔床著《阳羡名陶录》，海盐家文渔兄撰《阳羡陶说》。二君皆博稽，此壶大宁堂款必有考也。

琅琊[251]世族溯蝉联，老物传来二百年。过眼风灯增旧感，丁巳岁孟中观携是壶留余斋旬日，未久孟化去。知心胶桼话新缘。王心耕为予作缘得此壶。未妨会饮过诗屋，西邻葛见嵒辟溪阳诗屋，藏有陈用卿壶。大好重携品隐泉。隐泉在北市刘家浜，李元龙先生御旧居于此。闻说休文曾有句，可能载笔赋新篇。姊婿沈竹岑广文尝赋此壶贻王君安期。

活火新泉逸兴赊，年年爱斗雨前茶。从钦法物齐三代，张岱谓龚、时瓦罐，直跻商彝周鼎之列而无愧。予家藏三代彝鼎十数种，殿以此壶，弥增古泽。便载都篮总一家。吾弟季勤藏石林中人壶，兄子又超藏陈雀峰壶。竹里水清云起液。祇园轩古雪飞花。居东太平禅院旧有沸雪轩，详旧《嘉兴县志》。与君到处堪煎啜，珍重寒窗伴岁华。

时大彬方壶，瀓母家王氏藏之百数十年矣。辛酉秋日，过隐泉访安期表弟，出此瀹茗，并示沈竹岑诗，即席次韵

葛瀓见嵒

隐泉故事话高人，况有名陶旧绝伦。酒渴肯辞甘草癖[252]，诗清底买玉壶春。宾朋聚散空多感，书卷飘零此重珍。王氏旧富藏书。记取年年来一呷，未妨桑苎目茶神。

叔未解元得时大彬方壶于隐泉王氏，赋四诗见示，即叠辛酉旧作韵

移向墙东旧主人，竹田位置更超伦。瓦全果胜千金注，时好

平分满座春。石乳石林真继美，石乳、石林，叔未弟季勤所藏二壶铭。宝尊宝敦合同珍。叔未藏商尊、周敦皆精品。从今声价应逾重，试诵新诗句有神。

观叔未时大彬壶　徐熊飞渭扬

少山方茗壶，其实强半升[253]。名陶出天秀，止水涵春冰。良工举手见圭角[254]，那能便学苏摸棱。凛然若对端正士，性情温克神坚凝。风尘沦落复见此，真书廿字铭厥底。削竹契刻妙入神，不信芦刀能刻髓。王濛故物藤篋封，岁久竟归张长公。八砖精舍水云静，我来正值梅花风。携壶对客不释手，形模大似提梁卣。春雷行空蜀冈破，乱点硇砂灿星斗[255]。几经兵火完不缺，临危应有神灵守。薄技真堪一代师，姓名独冠陶人首。吾闻美壶如美人，气韵幽洁肌理匀。珍珠结网得西子，便应扫却蛾眉群。又闻相壶如相马，风骨权奇势矜雅。孙扬一顾获龙媒[256]，十万骊黄[257]皆在下。多君好古鉴别精，搜罗彝器陈纵横。纸窗啜茗志金石，烟篁绕舍泉清泠。东南风急片帆直，我今遥指防风国。他日重携顾渚茶，提壶相对同煎吃。

叔未叔出示时壶命作图并赋　张上林又超

曾阅沧桑二百年，一时千载姓名镌。从今位置清仪阁，活火新泉话夙缘。吴兔床作隶题图册首曰：“千载一时。”

时壶歌为叔未解元赋　沈铭彝竹岑

少山作器器不窳，罨画溪边劚轻土。后来作者十数辈，逊此形模更奇古。此壶本自瑯琊藏，郁林[258]之石青浦装。情亲童稚摩挲惯，赋诗共酌春茗香。艺林胜事洵非偶，一朝恰落茂先手。清仪阁下槜李亭，幂历[259]茶烟浮竹牖。庐陵妙句清通神，壶底镘“黄金碾畔绿尘飞，碧玉瓯中素涛起”，二句欧公诗也。细书深刻藏颜筋。我今对之感旧雨，君方得以张新军。商周吉金案头列，殿以瓦注光璘彬。壶兮壶兮为君贺，曲终正要雅乐佐。

和叔未时壶原韵　周汝珍东杠

入室芝兰臭味联，松风竹火自年年。寻盟研北虚前诺，得宝墙东忆昔贤。斗处元知茗是玉，倾来不数酒如泉。徐陵雪庐孝廉沈约竹岑学博俱名士，写遍张为主客篇。

叔未解元得时大彬汉方壶，诗来属和　吴骞

春雷蜀山尖，飞栋煤烟绿。烛龙绕蜂穴，日夜鏖百谷。开荒藉瞿昙[260]，炼石补天角。中流抱千金，孰若一壶逐。继美邦美孙，李斗谓大彬[261]乃宋尚书时彦之裔。智灯递相续。两仪[262]始胚胎，万象供搏掬。视以火齐良，宁弃薜与暴。名贵走公卿，价重埒金玉。商周宝尊彝，秦汉古卮盉。丹碧固焜耀，好尚殊华朴[263]。迄今二百祀，瞥若鸟过目。遗器君有之，喜甚获郢璞。折柬招朋侪，剖符规玉局。松风一以泻，素涛翻雪瀑。恍疑大宁堂，移置八砖屋。

摹形更流咏，笺册装金粟。顾谓牛马走，名陶盍补录。嗟君负奇嗜，探索穷崖隩。求壶不求官，干水甚干禄。三时我未餍，一夔君已足。予藏大彬壶三，皆不刻铭。君虽一壶，底有欧公诗二句，为光胜。譬如壶九华，气可吞五岳。何当载乌篷，其泛罨溪渌。庙前之庙后，遍听茶娘曲。勇唤邵文金，渠师在吾握。大彬汉方惟邵文金能仿之，见《茗壶系》[264]。

补遗

家溯

刘基字伯温，青田人，元时往来宜兴张渚山中，追金陵王气所在。一日至川埠见舆人徐某足白履，知父丧未葬，询何不谋安土，曰我葬亲极难，须得千年不朽者。基笑曰前山便吉也。遂为定穴。后生友泉父子，工制茗壶，号大徐小徐，今赵庄徐氏是也，事载徐氏墓碑。任安上 潘飞熊宜兴县志补遗。

谈丛

曾见金陵吴氏有一小缸，高八九寸，径一尺二三寸，质与宜兴所出民间通用者相似，色微带青，中储清水，以两手略湿，于缸口上擦之，初有声甚微，缸中水亦微有纹，擦之渐久，其声响如笙簧，其水渐如波涌，珠跳喷沫，高至一二尺，缸口擦处分四面，初擦处如无声，旋即移手，略过之有声处为准，乃闻见所未及，族兄其清素博物亦不能辨，记之以俟知者。陆廷灿南村随笔。

阳羡名陶续录终

注释：

［1］陶匏：用黏土原料制成的陶器皿。《礼·郊特牲》：“器用陶匏，以象天地之牲也。”

［2］苦窳（gǔ yǔ）：粗劣、不坚实。《韩非子·难一》：“东夷之陶者，器苦窳，舜往陶焉，期年而器牢。”

［3］髻垦薜暴：形体歪斜。《周礼·考工记·旊人》：“凡陶旊之事，髻垦薜暴不入市。”

［4］重瞳：目有两瞳子。《史记·项羽纪赞》：“吾闻之周公曰‘舜目盖重瞳子’，又闻项羽亦重瞳子。”此指舜。

［5］陶正：周代官名，掌管制陶之事。《左传·襄二五年》：“昔虞阏父为陶正，以服事我先王。”

［6］寝穴：寝（fù），地上覆土成室。在此指陶窑。

［7］瓴甋罂缶：缸、盆、瓮、罐类日用粗陶。作者在此指出，陶器一脉的发展，虽然遍处陶窑，但产品粗劣，与原始初创时期差距不远，因此发出“陶之道益微”的感叹。作者珍视宜兴紫砂陶的振兴，认为是虞舜古陶之道的继承。

［8］义兴：即宜兴。西晋时，晋怀帝为表彰当地人周玘三兴义兵，将秦以来阳羡地名改置义兴郡，沿用至宋，为避宋太宗赵光义讳，才改为宜兴。

［9］胜国：被灭亡的国家，在此指明朝。

［10］诸名流：指紫砂陶艺领域出现的名工名匠及各流派。

［11］朅来：朅（音 qiè），来去，来到。

［12］荆南：宜兴在周代称荆邑，明代中晚期后紫砂陶业集中于宜兴南部鼎蜀一带，因此称荆南。

［13］乾隆丙午春仲月吉兔床吴骞书于桃溪墨阳楼：乾隆丙午年，即公元 1786 年。这篇自序中，作者说明撰写的情况，是以周高起《阳羡茗壶系》为基础，又利用乾嘉之世许多名艺人涌现之际，作者往来宜兴，实地考察调查，积数十年之功，对《阳羡茗壶系》进行完善与补充。这篇序言就写作于宜兴。

［14］《七录》：是继《七略》《七志》以后的一部图书，南朝梁阮孝绪撰写。

［15］波律膏：香料名，即龙脑香。

［16］歠（shǐ）：出自《茶经》，“香美曰歠”。

［17］三大一时：三大，即当时陶肆民谣称时大彬、李仲芳、徐友泉，“壶家妙手称三大”。一时，出于吴骞赞时大彬“明代良陶让一时”。

［18］季疵：唐代茶圣陆羽，字鸿渐，一名疾，字季疵。

［19］玉川：唐代诗人卢仝，号玉川子，一生爱茶如命，他的《茶歌》颂茶七碗，有“七碗吃不得也，惟觉两腋习习清风生”名句，至今为人传诵。

［20］讹：错误。

［21］周春：周春（1729—1815），字芚兮，号松霭，晚号黍谷居士，又号内乐村叟，浙江海宁人。乾隆十九年进士，有《海昌揽胜》《松霭吟稿》《阅红楼随笔》等著作。

［22］陆希声：字鸿磐，自号君阳遁叟，一称君阳道人，唐代苏州吴县人氏。博学善文。唐昭宗（888—904），召为给事中，历同中书门下平章事、太子少师，位同宰相。有《颐山录》《山居二十七咏》《阳羡杂咏十九首》等。退隐后居宜兴湖父颐山，筑有别墅，称陆相山房。相传陆希声的读书山房后来改为禅院，即金沙寺，故后人有陆相读书金沙寺之说。

［23］东坡书院：蜀山山下有东坡书院，遗址至今尚在，曾为一小学校。

［24］宋牧仲：宋荦（1634—1713），字牧仲，号漫堂，西陂，绵津山人，晚号西陂老人，西陂放鸭翁。归德今河南商丘人。清代诗人，画家。清顺治四年，以大臣子列侍卫，康熙年间历任黄州通判，江苏布政使，江西巡抚，江苏巡抚，吏部尚书等官职。为官正直，笃学博文，能诗文，工书画，精鉴赏，与朱彝尊、施润章等同称为康熙年间十大才子。著有《西陂类稿》《漫堂说诗》等。

［25］石乳下垂，五色陆离，陶家作釉悉于是采之：宜兴日用粗陶曾经采用张公洞、善卷洞的钟乳石做釉药，称釉水石。

［26］孙觌：字仲益，宋朝晋陵人，大观年间进士，著有《鸿庆集》。

［27］岳武穆：岳飞，字鹏举，谥武穆。

［28］“不”当为“下”之误。

［29］与时英同工：《阳羡茗壶系》为“与时同工”。时，时大彬，疑吴骞误为时英。

［30］“品其所难作”，据《阳羡茗壶系》为：品其所作。

［31］崇正即崇祯，系避清讳改字。

［32］周高起《阳羡茗壶系》中，“赵盖”为“邵盖”。

［33］项不损，名真，槜李人：槜李，浙江嘉兴。项不损，明季诸生，入清官景陵知县，著有《无事编》。

［34］入修门：进入庙中修行。

［35］项不损是一名家世、才学都很好的读书人，偶尔寄兴砂壶。从文中看，有两种可能：项不损自己亲自动手制壶，且制技朴雅；或请艺人做壶，自己刻款、铭文。古代工艺领域常有此类情况，刻款者往往署自己名字而不提制作者。

［36］陈鸣远，名远，号鹤峰，亦号壶隐。

［37］张氏之涉园：涉园在浙江海盐县城南三里乌夜村故址，为望族张氏之别业。张氏昆仲甚众，有张柯、张宗松、张载华等，皆爱好藏金石古籍文玩。此处应为张柯，字晋樵，又字东谷，藏书印有“涉园主人宝鉴藏”“古盐张氏小白珍藏”“古盐涉园张氏守白斋珍藏”。

［38］桐乡则汪柯庭：浙江桐乡汪文柏（1660—1730），当清康熙之世，字季青、柯庭，汪森弟。学问渊博，工诗善画，尤擅墨兰，雅秀绝俗，海内名流，皆相结纳。筑有拥玉楼、摛藻堂、屐砚斋、古香楼等，收藏法书名画。藏书印有“屐砚斋藏书印”“休宁汪季青家藏书籍”。暇则焚香啜茗，摩挲不厌。陈鸣远尝为制砂壶，客于汪氏，汪氏有《陶器行赠陈鸣远》诗。

［39］海宁则陈氏、曹氏、马氏多有其手作：陈氏或为陈亦禧。曹氏即曹廉让（约1662—1735），当清康熙之世。号廉斋，字希文，康熙三十八年举人。有《廉让堂诗集》《廉让唱和集》。马氏，马思赞（约1662—1722），当康熙之世。字仲安，号迂铁老人、

南楼、渔村、衎斋、寒中，又号素邨。尝筑皆山堂、道古楼、红药山房，所藏多宋元善本及金石秘玩缃素真迹，不减倪氏清秘阁。著有《历代钟鼎款识》。陈鸣远尝为其制壶。

[40]杨中允晚研：杨中讷（约1662—1722），当清康熙之世。浙江海宁人，字耑木，号晚研。康熙辛未进士，官至右中允。罢官后筑拙宜园，与许汝霖、查慎行、陈勋等唱酬吟咏。著有《丛桂集》。

[41]庾子山：庾信（513—581），字子山，北周文学家，有《哀江南赋》等名篇。

[42]窃谓就使与大彬诸子周旋，恐未甘退就邾莒之列耳：邾莒，小国的泛指。吴骞盛赞陈鸣远技艺高超，是一位间世特出的人才，可与时大彬等大家相提并论。

[43]在盖之外口：在壶盖子口的朝外一面（壶盖子口，有人亦称盖唇）。

[44]惟盖之合口处，揔不若大彬之元妙也：揔，楚方言，击也，推、搏之意。大彬壶口盖严密，不苟丝发，而此处“徐氏次京”款壶，口盖却能摇动，不甚严密。

[45]不逮：不及。

[46]等之自桧以下可也：桧，古列国名，也作郐，在今河南密县东北。这里将惠孟臣技艺与时大彬相比较，认为惠孟臣虽称得上名手，却远不及时大彬，区别与差距好似小国与大国之比。

[47]褚河南：褚遂良（596—658），字登善，河南阳翟人。唐太宗时任起居郎，累官至中书令。博涉文史，工隶楷，少学虞世南，

后祖述王羲之，太宗购羲之故帖，皆由其鉴定真伪。

[48] 葭轩工作瓷章，详“谈丛”：葭轩其人擅长制作陶质印章，详见“谈丛”篇。

[49] 湖父质库：湖汝，宜兴与浙江长兴交界的市镇，位于鼎山南面。质库，当铺。

[50] 蜀山黄黑二土皆可陶：蜀山出产的黄土、黑土皆可制陶，这种说法是错误的。黄土，嫩泥。黑土，夹泥。嫩泥出自西山，夹泥出自黄龙山。蜀山虽有嫩泥，但鼎蜀地区制陶用泥基本采用西山、黄龙山泥。

[51] 陶者穴火，负山而居，累累如兔窟：陶者建陶窑，依山而居，好似兔窑。宜兴地区所建窑一般是龙窑，依山而建，龙窑上有一排投柴孔，称鳞眼洞，好似兔窑，与住所无关。

[52] 以黄土为胚，黑土傅之：用黄土做坯体，黑土覆盖装饰。这也是不了解宜兴陶瓷做法的说法。实际上，宜兴日用陶，要黄土、黑土掺和炼制后才能制作罐、盆等粗陶。

[53] 粥：同鬻，卖。

[54] 近复出一种似均州者：近来又生产一种模仿钧州窑的产品，一种上釉陶器，色泽、造型以宋代钧窑为标本，并形成自己的面貌，成为宜兴地区紫砂外又一名陶，今称宜均。

[55] 亩逾三十千：每亩地价超过三十千。

[56] 高原峻坂，半凿为陂，可种鱼：陂，池塘。谓原来的高原峻坂被不断开凿，几成池塘，可以养鱼。

［57］陶者甬东人，非土著也：做日用陶器的人来自宁波，并非当地人。这一说法也非完全正确。宜兴当地做大缸的工人有一部分来自浙江，而大部分仍是当地人。

［58］王稚登：王稚登（1535—1612），字伯谷，号松坛道人。苏州长洲人(今江苏江阴)，明朝后期文学家书法家，著有《吴社编》《弈史》《吴郡丹青志》等。

［59］许次纾：许次纾（1549—1604），字然明，号南华，钱塘人。明代茶人何学者。有《茶疏》传世。

［60］冯可宾：字祯卿，山东益都人，明天启壬戌进士（1622），官湖州司理，给事中，入清后隐居不仕。曾编刊《广百川学海》。《岕茶笺》为其中之一。

［61］茶壶以小为贵……味不耽阁：此种品饮法属茶艺的一种。小壶容量小，自斟自饮，称“独啜”。明清文人对品饮很有讲究，“独啜曰神，二客曰胜，三四曰趣，五六曰泛，七八曰施”（张源《茶录》）。张源，字伯渊，号樵海山人，包山人（今苏州西山），“隐于山谷间，无所事事，日习诵子百家言。每博览之暇，汲泉煮茗，以自愉悦……”“顾大典《茶录·且引》。

［62］熟汤气：《阳羡茗壶系》中，提及茶香前后共数刻钟，今天看来 40 分钟左右，而每种茶叶从投茶、注水到斟茶，其间的时间长短也因茶而异，关键在于泡茶者的经验。茶香仅在一时，太过太迟，则会压抑茶香，出现所谓熟汤气。

［63］半升：约 300 毫升容量。

［64］文震亨：文震亨（1585—1645），字启美。明代作家，画家，园林设计师，生于常周（今江苏苏州），文徵明曾孙，代表

作《长物志》。1645年清军推行剃发令，自投于河，被家人救起后，绝食六天而亡。

［65］黄元吉，张岱《陶庵梦忆》作“王元吉”。

［66］器方脱手：器物刚刚制作完成。

［67］五六金：银一两为一金，五六两白银。

［68］张岱：张岱（1597—1689），一名维城，字宗子，又字石公，号陶谙，陶庵老人等，晚年号六休居士。浙江山阴人（今浙江绍兴），明清之际史学家，文学家。著有《陶庵梦忆》《石匮书》等，史学上，与谈迁、万斯同、查继佐并称为浙东四大史家。

［69］李渔此段文字是从实用、适用角度出发来评论砂壶造型。技艺无止境，任何一门艺术，要深入堂奥，没有殚精竭虑的过程谈何容易；紫砂壶的制作，能者众多，而真正留名青史的工艺大师又有几人？因此并非是“幽渺其说”。而李渔关于壶嘴曲直之论值得商榷。明清期间，砂壶大多为独孔嘴，茶叶有时会堵塞，今天砂壶用多孔、球孔，已没有堵塞的忧虑；而直嘴如果制作不当，也会产生注水不爽、涎水的弊病，三曲、二曲壶嘴若由能工巧匠制作，也能注水若油，水柱圆直且毫不涎水。大概李渔购二弯、三弯壶嘴砂壶并非佳作，才有“斟之不出，大觉闷人”的经历。

［70］遐陬绝域：陬（音 zōu），角落之意。远及边疆绝域，遍及全国各处。

［71］今罕有见者：笔者陈贞慧未见过李仲芳父亲李四老官的作品。

［72］或沦鼠菌，或重鸡彝：鸡彝，古祭祀所用之酒尊。《周礼·春

官·尊彝》：“春祠夏禴，祼用鸡彝、鸟彝，皆有舟。”此句乃作者对砂壶倾注真情，发出感叹，同是名作佳品，有的沦落肮脏角落，不知所终，有的却尊同鸡彝，备受宝爱，命运多么不同。

[73]陈贞慧：陈贞慧（1604—1656），明末清初作家，字定生，江苏宜兴人。陈贞慧是复社成员，与冒辟疆、侯方域、方以智，合称“明末四公子”。南明弘光朝，受阮大铖迫害，一度入狱。入清不仕，隐居家乡。著有《雪岑集》《皇明语林》《山阳录》《秋园杂佩》等。子陈维崧。

[74]《先进录》记载了时大彬的一件家事。大彬儿子补诸生，现在看来是很平常的一件事，而在明代后期，手工艺人虽然已摆脱了元代“匠户”的奴隶身份，获得较大的自由，社会地位仍然低下。时大彬壶技出众，挟技游于公卿之门，已经非同寻常，儿子入学更是直接与士人子弟相平等，这在当时是受士人排斥的，因此有人嘲讽时大彬以砂壶贿赂。事实如何，已无从考查，倒使后人看到了明代中后期社会中工艺匠师的社会地位和处境。

[75]均州窑器……故器质不足：均州窑，即钧窑，宋初禹州所造。胎质坚细，厚实，釉色有红、青、紫三色，各色相错如垂涎状，是三色没有烧到一定火候的结果，并非所盲目推崇的窑变。

[76]《博物要览》：明谷应泰撰写，天启间刊行。其书论列古器物，字画，织绣，印宝等艺术品。

[77]《五石瓠》：清刘銮编写，杂记明末见闻，多及崇祯兵乱，三藩事等。

[78]王士正《池北偶谈》提到明末知名工艺匠师有：刻竹名手濮仲谦、嵌螺钿名手姜千里（又称江千里，故宫藏江千里款嵌螺

钿金银片长方盒）、嘉兴铜器名手张鸣岐、宜兴砂壶名手时大彬。景德镇瓷器则有昊十九，以流霞盏闻名于世（明末景德镇有名窑壶公窑，产流霞盏、卵幕杯。流霞盏莹白可爱，一杯仅重半两，四方求购。亦仿制宜兴砂壶，底有款“壶隐老人”，有人称即昊十九）。反映了明末工艺匠师地位的提高，市民文化的繁荣以及艺术市场经济的活跃。王士正即王士祯（1634—1711），系避清讳改字。字子真，一字贻上，号阮亭，又号渔洋山人。世称王渔洋，谥文简。清初诗人，文学家。创神韵说，与朱彝尊并称“南朱北王”。著有《渔洋山人精华录》《居易录》《池北偶谈》等多部著作。

[79] 徐喈凤《宜兴县志》：徐喈凤，约公元1673年前后，生卒年不详，宜兴人，字鸣岐，号竹逸，是清初阳羡词派中比较重要的一位词人，有《荫绿轩词》《愿息斋诗集》等著作，曾经总纂《宜兴县志》。

[80] 料丝灯：彩灯名。用玛瑙、紫石英等做原料，抽丝制成。料丝灯式样典雅，透光明亮，实用、欣赏俱佳。

[81] 于琨：于琨（1636—1706），清顺天大兴人，字胜斯，号瑶圃，康熙间升任知常州府事，修康熙间《常州府志》。

[82] 明时宜兴有欧姓者，造瓷器曰“欧窑”：欧窑，明代欧子明所创，形式大多仿宋官钧器，是一种上釉陶器，釉色有青蓝、深紫、云豆、茄皮等。清代唐英曾于景德镇仿制欧窑，却无欧窑浑朴。

[83] 朱炎：朱炎，浙江海盐人，初名琰，字桐川，号笠亭，又号樊桐山人。乾隆进士，官富平知县，曾考察景德镇瓷窑，著有《陶

说》六卷，为中国陶瓷发展史重要文献。

[84]龚春：此名放在大彬之后，显然作者并非指砂壶鼻祖供春。或误，或另有龚春其人，待考。

[85]近时宜兴沙壶，复加饶州之鎏，光彩射人，却失本来面目：饶州，江西上饶。鎏，釉。宜兴紫砂壶也有上釉壶。此处作者对上釉砂壶持否定态度，认为失去朴雅、含蓄的特质。

[86]阮葵生《茶余客话》：阮葵生，字宝成，号吾山，山阴人（今江苏淮安），此编为作者二十余年茶余闲谈，编成笔记小说三十卷，约成书于乾隆三十六年（1771），有一定学术价值。

[87]台湾郡人，茗皆自煮，必先以手嗅其香：此处周澍记载的正是台湾乌龙茶饮法，要小壶、沸水，茶叶要放至半壶以上，品饮时先闻香，再品饮。

[88]一笏：银五十两为一笏，即一锭银子。

[89]周澍《台阳百咏》：周澍，清康熙二十三年生，卒年不详。浙江杭州钱塘人，字雨甘，号西坪。清雍正八年状元，历任翰林院修撰等职。参加过《康熙字典》校勘，掌修国史。乾隆中，为台湾海东书院山长，精于书法，诗词。

[90]项墨林：项元汴，字子京，号墨林居士，又号香岩居士。明代嘉兴人。家富收藏，有天籁阁藏书。擅山水兰竹，画史有其名。曾以“天籁阁”印定制砂壶。

[91]阁望云，昭代本作“阎望云”。

[92]张燕昌：张燕昌（1738—1814），字文鱼，号芑堂，又号金粟山人，浙江海盐人。擅篆隶、飞白、行、楷书，精书画以

及竹木雕刻，精鉴别，为浙派丁敬高足。与吴骞、鲍廷博友善。著有《芑堂印存》《金粟笺说》《飞白书》等。

[93]壶制之妙，即一盖可验试。随手合上，举之能吸起全壶：这种验壶法没有什么道理，更不是验壶之优劣的唯一标准（有时口、盖之间没有完全吻合，不够圆，反而会出现盖子与壶体紧锁揭不开的现象，当地称“锁盖”，是一种工艺缺陷）。

[94]方外：和尚。

[95]米元章：宋代书画家米芾，字元章。

[96]汪小海：汪淮，字小海。清乾、嘉间人，擅诗书，书法临黄山谷一派。

[97]“家溯”篇提到“葭轩工作瓷章”，即从此处张燕昌文中摘录。这枚陶章特征为：盘螭钮，白文，用古代切玉法镌刻，篆刻老到精练。至今不详葭轩生平事迹。但从这一段可以了解陶瓷领域文人参与制作文玩并且另辟蹊径，创造陶章这一种类的情形。

[98]殆太史为之捉刀耳：张燕昌从“丁卯上元为耑木先生制”铭文的书法绝像杨中讷本人（号耑木）得出“捉刀”的结论。紫砂行业内请文人镌刻铭文是常有之事。而陈鸣远本人书法亦不俗，因此后文作者见到另一件鸣远壶的铭文，称赞陈鸣远是隐于壶的士人。

[99]王芍山即王汋山。后文多处出现王芍山、王勺山，一并指出。

[100]冷金紫：团泥制成，呈现淡黄色。

[101]内有纹一线，殆未曾陶铸以前所裂：壶内有一细小裂纹，大概是烧成前生坯时就开裂。

［102］此段文字是陈鳣随笔所记录，其中有张燕昌父亲以一盖验壶优劣之论的影响，认为此壶盖不能吸起全壶。但作者拨动壶盖，却毫不动摇，确实是紫砂壶名作特有的严谨规整。文中又提到“一杯清茗，可沁诗脾”铭文，读者可排列对比大彬壶特征，自作判断。武原，今浙江海盐。

［103］周容（1619—1679），字鄮山，一字茂三，一作茂山，号躄堂。鄞（今浙江宁波）人。明诸生。明亡为僧，后以母在返俗。踪迹遍天下，所交皆明遗民。工书画，负才使气，人以徐渭仿之。初受知于戴殿臣御史，戴为海寇所掠，以身为质，代受刑梏，足为之跛。书法欧、褚，画枯木竹石，自率胸臆，萧然远俗。康熙十八年（1679）以词科荐，辞不就。著有《春涵堂诗文集》《宜兴瓷壶记》。

［104］以寺僧始，止削竹如刃，刳山土为之：金沙寺僧代表了紫砂初创时期。早期的制壶工具是削竹而成，仅是一些竹片、竹刀之类，用来修削壶形。这句文字虽语焉不详，但交待了笔者所了解到的早期紫砂行业工具简陋这一情况，应当是符合实情的。

［105］供春更斫木为模：供春是紫砂陶从粗陶中开始分蘖时期的代表人物。“斫木为模”是宜兴粗陶做缸瓮所用的成型法，使用内模，成品有时会在器皿腹中间留下镶接的痕迹。这里至少说明早期紫砂器成型法模仿了当地粗陶工艺，紫砂陶发展处在汲取传统的养分，酝酿新的蜕变的阶段。

［106］时悟其法则又弃模：时大彬悟到供春做壶的成型法则，就弃去模具，开始全手工成型法。寥寥八个字，蕴涵了紫砂工艺上极大的创新。弃模后怎样成型？那就是提取粗陶成型的拍打法，舍弃粗陶中使用内模、两截成型的方法，全凭双手拍打时的协调

以及对于转盘转动惯性的驾驭，来塑造预想中的形体。这关键的一步，使紫砂从日用粗陶的简陋、局限中脱离出来，使创作者在造型的追求、推敲上，有了更广阔的空间，而这一改革也带来泥料的新要求、新变化。时大彬这“悟其法”的一“悟”，从此使宜兴紫砂脱胎换骨。

[107] 而所谓削竹如刃者，器类增至今日，不啻数十事：类似当初竹制工具的那些制壶工具，发展到笔者所处的时代（明末清初）已有几十种之多。

[108] 用木重首作椎，椎唯炼土：木椎，木榔头一类，即搭子。

[109] 作掌，厚一薄一，分听土力：掌形工具即拍子，有大小、厚薄、形制的区别，用于不同的工艺流程中。

[110] 土稚不耐指，用木作月阜，其背虚缘易运代土，左右是意与终始：泥坯在刚成型时或还是泥条时，都非常软、烂、黏，不能用手指去捏，即“稚”，便用木材车制一种工具——木转盘。木转盘半月形，背部边缘虚空，将泥坯放置其上，可以自由随意地转动。

[111] 用镭，长视笔，阔视薤，次减者二：又有一种铁制工具，长如同毛笔，阔如薤叶，而长、阔略减者，又有两件。这实际是紫砂工艺中所用的刀具类，如铁尖刀等。

[112] 廉首齐尾：这种刀类工具一头是锋利、有棱角的，如割刀，一头是平整的（这类工具有多种造型，笔者所述应是鳑鲏刀）。

[113] 廉用割、用薙、用剔：锋利的工具尾端可用作割、削、剔等用途。

［114］齐用抑、用趁、用抚、用推：圆头的平整的工具一端可用来压削、添加泥并使之平整（多用于制壶嘴、壶把的雕塑中）。

［115］凡接文深浅，位置高下，齐廉并用，壶事此独勤：凡是镶接（附件）的吻合，造型上（附件）的高低形态等，都要用到这种刀类工具，制壶工具中数它最常用。

［116］用角，阔寸，长倍五，或圭或笏，俱前薄后劲，可以服我屈伸为轻重：即明针，用牛角制成，形似圭笏，都是前端薄，后端厚，可以弯曲成所需弧度，由艺人掌握轻重，用来研光壶体表面。

［117］用竹木如贝，窍其中，纳柄，凡转而藏暗者藉是：贝形，中部虚空是诀窍，或有柄的竹木工具，凡是转角或藏于暗处的地方都靠它们。

［118］至于中丰两杀者，则有木如肾，补规万所困：一种规整圆形的工具，又称“木鸡子”，形如鸡蛋。

［119］外用竹若钗之股，用石如碓，为荔核形，用金作蝎尾，意至器生，因穷得变，不能为名：紫砂壶制作工序中要用到各种工具，艺人根据需要自己动手制作。此处用竹若钗之股应是独果、用石如碓，为荔核形即完底石、用金作蝎尾即剜嘴刀等工具。需要产生创造，工具多到说不出名称。

［120］土色五，腻密不招客土，招则火知之：土有五色，细腻致密，不容互相沾染。指制作时有时会有“花泥”现象，即不小心碰上别种颜色的泥，烧成后就会非常明显地暴露出来。

［121］时乃故入以砂，炼土克谐：时大彬鉴于各类原料之间的性能，采用调配之法来练制泥料，用生矿粗砂调和进泥料，加以

炼制。

［122］审其燥湿展之，名曰“土毡”：等到练过的泥料干湿适于制壶时，可以打泥条、泥片了，这些泥条称“土毡”。

［123］割而登诸月，有序，先腹，两端相见，廉用媒土，土湿曰“媒”：将泥条按需要划好，切割后可以放到木转盘上开始制作。壶体制作也有次序先后，先要制壶腹（壶体），泥条两端相向围成圆柱状，用刀蘸取湿泥粘接。湿泥即“媒”，俗称“脂泥”（这种工艺做法也因人而异，大致与这一工序相类。

［124］足面先后，以制之丰约定，足约则先面，足丰则先足：拍打好壶腹，继而制作口面与底足，实则工艺中称为“上满片（口）”“上底片”。至于先后顺序，也并非作者所说的那么一成不变，而是因人而异，因器而异。

［125］初浑然虚含，为壶先天：即“身筒”（壶体），壶的初形。（图 14）。

［126］次开颈，次冒，次耳，次嘴。嘴后著，戒也：继而依次制作壶颈、壶盖、壶把或壶钮，再做壶嘴。壶嘴要后做，是一个规则。

［127］于是侵者薙之，骄者抑之，顺者抚之，限者趁之，避者剔之，暗者推之，肥者割之，内外等：于是修整表面，琢塑嘴、把，修整口、盖等工艺过程依次完成。多余的部分要去掉，有些要多研光，缺少的要加泥，不好的要剔除，趁势理好，暗藏的部位也要推压，凸出的部位去除，里外都要做好。（此处是制壶过程中动作、工艺的描述）。

［128］致工于园，见且悉：周容客寓阳羡，在主人家中亲眼见

到了艺人的制作过程。

[129] 僧草创……巧不自耻：周容引用紫砂艺人的叙述，将紫砂工艺的初创（金沙寺僧）、发扬（供春）到兴盛的历史概括到三个时代、三位人物身上。尤推时大彬作品艺境朴雅，感叹世风日下，太过琐细纤巧。

[130] 二旬，成壶凡十，聚就窑火：二十天做好了十个砂壶，一起放入窑中烧成。

[131] 予构文祝窑……庶含光以守时：这段文字是周容祝窑之文，却说到了陶器艺术乃水、火、木、土及阴阳的调和配合，今天看来仍能给人以启发。

[132] 俱不失工所言：（时大彬的两件作品）确如艺人所述，古雅敦厚。

[133] 这段小注是吴骞对周容的赞评。“工欲善其事，必先利其器”，紫砂工艺的发展历程正是工具不断完善的过程，也是历代艺人承前启后、各创新法改进工艺的过程。周容在“万般皆下品，唯有读书高”的时代能够记录下这篇文字，实属难得，为今天研究紫砂工艺的发展留下了宝贵史料。但是也应看到，《宜兴瓷壶记》中有些是作者的臆测，或不完全了解制作工艺的记录，应以甄别。攦：折断：（庄子·胠箧》：“攦工倕之指。”

[134] 石根泉，蒙顶叶，漱齿鲜，涤尘热：咏赞好水佳茗是砂壶题铭中最常见的内容。蒙顶叶，蒙顶茶，产于四川蒙山。据称四川蒙山最高峰上清峰，峰顶有茶树七株，产茶稀少且珍贵。

[135] 中泠：泉名，即“天下第一泉”中泠泉，位于江苏镇江金山。

［136］修绠：修，长。绠（音 geng），汲水用的绳子。

［137］陈鸣远款天鸡酒壶，今天津市艺术博物馆藏有一具。春，在此指供春。陂（音 pī），器破也。函谷丸泥，用“泥封函谷”之典。《东观汉记，隗嚣载记》载，王元对隗嚣说，他用一丸泥便可为隗嚣封住函谷关。后遂有“一丸封”“一丸泥”“丸泥”等词语。清嘉庆十二年刻本《愚谷文存》，吴骞又将此赞作了改动：“春也审陂”改为“童春审陂”，最后两句“浮生杯酒，函谷丸泥”改为“印须红友，其乐如泥”。

［138］六尊有壶：尊，古代酒器。六尊是献尊、象尊、壶尊、著尊、大尊、山尊，每一种都有各式造型。

［139］有虞之遗意：相传有虞氏制陶，因此称阳羡紫砂陶为有虞之遗意。

［140］拳石公：即吴颐山。

［141］埒（音 liè）：等同之意。

［142］以蕃公：即吴洪化，字以蕃，号贰公，又号分霞居士，明代崇祯丙子举人。

［143］甲乙兵燹：燹（音 xiǎn），火，战乱兵火。这里指清兵入关后进入江南的这场战乱。

［144］胪：列，陈述排列。

［145］瓶（音 qì）：瓦器，即下文“康瓠”。

［146］鼎鼒（音 zī）：一种小口的鼎。

［147］杂瓷瓵与瓴甋：瓵（音 yí），瓯瓴谓之瓵，亦即瓴甋。

［148］攲器：攲（音 qī），倾斜易覆之器。《荀子·宥坐》：“孔子观于周恒公之庙，有攲器焉……此盖为宥坐之器（“宥”同“右”，攲器是放置于人君座右的器皿，起到警示公正、公平的作用）。

［149］周簠：簠（音 fǔ），古代祭祀时用于盛稻粱的器皿。形状长方，口向外侈，有四短足。

［150］瓦（音 wǔ）：瓦制酒器。

［151］髫龄：髫（音 tiǎo），童子下垂之发。髫龄，即幼童时。

［152］因心挈矩：凭悟性而创立紫砂陶业法则。

［153］武瓦甗：即瓶。

［154］砠白砀，凿黄龙：白砀、黄龙，出矿地名，均在宜兴鼎蜀镇范围。“砠”为“钼”（锄）之误，《古今图书集成》作“锄”。

［155］分畦茹滤：即“摊泥场”，一种宜兴紫砂原料从矿土到可用黏土的加工过程。因为泥池相邻，如似田畦，吴梅鼎称之为“分畦茹滤”。

［156］并杵椎舂：杵、椎、舂并用。指澄洗好的泥料要捶练加工，又称“做泥场”。

［157］停椅梓之槌，酌剪裁于成片：描述用硬木做成的槌子（木榔头，俗称“搭子”）打泥片，然后再画划出所需的泥片、泥条。

［158］握文犀之刮，施刡掠以为容：刡（音 mǐn），削。拿牛角制成的明针来作表面修饰、研光。

［159］角偶刻以秦琮，又有刻角印方：刻角印方与印方的区别，是四角呈玉琮式角，棱角没有印方那么分明。“偶”为“隅”之误。

[160] 脱手则光能照面：泥坯完成后，表面就光亮如镜。

[161] 过此，则有大彬之典重……佥曰用卿醇饬：这段文字概括了供春以后，自大彬开始各家各派的风格，言简意赅，恰到好处。璆（音 qiú）琳，美玉。

[162] 爰开尊而设馆，令效技以呈奇：从此句中可知，吴梅鼎父亲曾招请徐友泉至家中制作砂壶、文玩等。

[163] 班倕：指公输班、倕，皆古代名工巧匠。

[164] 韫椟：藏在柜子中。

[165] 方匪一名，圜不一相：这句话由吴梅鼎提出后广被延用，又演化为“方匪一式，圆不一相”，用来形容紫砂器在造型形式上的丰富多彩。

[166] 尔其为制也……皆刀尺所不拟：此段文字总结徐友泉作品的造型、品名，共有26种之多，或方或圆，或光素或筋纹或仿真，或仿古或出新。可见徐友泉确是一位技艺超人、竭智殚思钻研壶艺的多面手。

[167] 若夫泥色之变……匪一色之可名：这段文字描述紫砂泥色之丰富。“忽葡萄而绀紫”，葡萄紫。“倏橘柚而苍黄”，深黄色，团泥的一种色相。“摇嫩绿于新桐，晓滴琅玕之翠”，翠绿色（实际上紫砂泥绿一般呈墨绿色）。“积流黄于葵露，暗飘金粟之香”，桂花黄，团泥较浅、较鲜的呈色。“或黄白堆砂，结哀梨兮可啖”，调砂，呈现梨皮效果。“或青坚在骨，涂髹汁兮生光”，紫泥作胎，外施化妆土。“彼瑰琦之窑变”，还有神奇的窑变效果。匪一色之可名，不能归纳于一种色调来命名。

[168] 季伦：石崇，字季伦，西晋人。曾与王恺、羊瑗等以豪侈相竞。

[169] 棠溪：又作“堂溪”，古地名，春秋时属楚，战国时属韩，为著名的兵器产地，所铸剑戟甚精利。

[170] 宣工衣钵有施叟：宣工，明宣德间，曾诏仿秦汉以来炉鼎彝器古式，质料、锻炼、形制都非常精美，后称“宣德炉”。施叟，明末清初仿制宣德炉的名艺人，施家北铸炉一度非常有名。

[171] 苏公癖王予梓里，此地买田贻手书：指东坡买田阳羡一事。今大连市旅顺博物馆珍藏有东坡先生买田阳羡帖（纸本）。王：往，去。梓里：乡里。

[172] 洞山岕片：即罗岕茶，又名岕茶，产于宜兴、长兴山区，与顾渚紫笋同名，为明代名茶。

[173] 林古度：即林茂之。

[174] 粉锡型模莫与争：粉锡，在此当指瓷器、锡器。粉，江西景德镇仿定瓷，称“粉定”。

[175] 义取炎凉无变更，能使茶汤气永清：此句咏赞砂壶能发茶之真香，较少受寒暑变化的影响。

[176] 动则禁持慎捧执，久且色泽生光明：主人珍爱陶宝（徐友泉壶），摩挲用久，砂壶泛出自然光泽。

[177] 俞彦：（1572—？），本姓李，名时彦，字容自，又字仲茅，回族，上元人（今江苏南京），万历二十九年进士，官光禄寺少卿。

[178] 春涛沸后春旗濡，彭亨豕腹正所须：春旗，春茶，有旗、

枪之形。彭亨，骄满之貌，指砂壶圆腹饱满。

［179］吴儿宝若金服匿，夤缘先入步兵厨：服匿，古代盛酒的器具，亦作“服席”。步兵厨，三国魏阮籍寄情诗酒，遗弃世事，时步兵校尉厨中有酒数百斛，因求为步兵校尉。后称存放美酒的地方为步兵厨。

［180］尺幅鹅溪缀剡藤，更教摩诘开生面：鹅溪，地名，在四川盐亭县西北，以产绢著名。剡藤，剡溪出产的古藤，可以造纸，负有盛名，也称剡纸。苏东坡有诗：“苍鼠奋髯饮松腴，剡滕玉版开雪肤。”

［181］一时佳话倾璠玙，堪备他年班管书：璠玙，鲁之美玉。班管，即班氏之史笔。班彪、班固、班昭作《汉书》。

［182］伊余真气合寄褢，闲中今古资评断：褢，当作怀。他与我（伯高）气味相投，说古论今评赏名壶。

［183］曾听壶工能事判：谓吴迪美曾经听壶工讲述砂壶源流。

［184］技道曾何彼此分，空堂日晚滋三叹：周伯高见名壶，有“技进乎道”的感叹。

［185］燕市曾酬骏，齐师亦载车：如吴迪美所言，周高起用涓人买骏骨、孙膑刖足之事比喻真品名壶残片，表现出癖恋名壶到痴迷的境地。

［186］涓人买骏骨：《战国策·燕策一》：燕昭王求贤，郭隗说：“古之君人，有以千金求千里马者，三年不能得。涓人（内侍）言于君曰：‘请求之’。君遣之，三月得千里马。马已死，买其骨五百金，反以报君。君大怒曰：‘所求者生马，安事死马？而

捐五百金？’涓人对曰：‘死马且买之五百金，况生马乎？天下必以王为能市马，马今至矣！’于是不能期年，千里马至者三。”

［187］陈维崧：陈维崧（1626—1682），字其年，宜兴人，康熙十八年特试博学鸿词，授翰林院检讨，纂修明史，阳羡词派领袖，有《湖海楼集》等著作。

［188］碧山银槎濮谦竹，世间一艺俱通神：碧山银槎，朱碧山冶银槎杯：朱碧山，元代铸银工艺名匠，又名华玉，浙江嘉兴魏塘人，一作苏州木渎人。今故宫博物院藏有碧山银槎杯。濮谦竹，濮仲谦雕竹。濮仲谦，一名濮澄，字仲谦。明末清初竹刻名家，为明代竹刻金陵派创始人。

［189］彬也沉郁并老健，沙粗质古肌理匀：赞时大彬壶稳重朴雅，肌理匀和而粗砂隐现，古意盎然。

［190］缗：一千文为一缗。

［191］后来往者或间出，鑱削怪巧徒纷纶：陈其年在此指出的是紫砂工艺在明万历后时大彬及其弟子所创造的古雅、朴拙艺境，及至清代，虽有名家名工，却沾染上偏于纤巧、猎奇的浮躁风气。

［192］国山：山名，在宜兴县西南，本名离里山，山有九峰相连。也名九斗山，又名升山。吴孙皓封禅于此，更名国山。

［193］时壶市纵有人卖，往往赝物非其真：此处说明当时已有赝品充斥、真迹难寻的现象。

［194］头纲八饼：指代供奉皇家的御用茗茶。头纲，首批运往京都的春茶。八饼，北宋初年的大龙、凤团茶，八饼为一斤。

［195］卓荦：卓越出众。

[196]高士其：高士其（1645—1703），字澹人，号江村，余姚人。康熙八年入太学，得以初觐康熙，受到康熙青睐。后记名翰林院供奉，谥文恪。

[197]罨画溪：宜兴鼎蜀镇汤渡有罨画溪，景色曾为阳羡十景之一。

[198]筠笼：即竹篮，可放置竹具。早在唐代，陆羽《茶经》中就有“都篮”，可盛放全部茶具，用宽、细竹篾交错编成。

[199]柴瓷：柴窑瓷器。柴窑，相传为五代后周世宗柴荣指定建造，所出品“青如天，明如镜，薄如纸，声如磬”。有雨过天青色瓷，为古代青瓷上品。此处泛指名贵的古窑瓷器。

[200]词曹：翰林之通称。

[201]儤直：意指官吏连日值宿。

[202]咸齑（音jī）：腌菜，咸菜：

[203]春夏时扈八骏蹄：扈，一种农桑候鸟，古称九扈，春扈、夏扈、棘扈、桑扈等，凡九种。八骏，相传为周穆王的八匹良马。此句诗意为惜光阴流逝，春去秋来。

[204]小奚：僮仆。

[205]爇（音ruò）：点燃之意。

[206]譬彼十五城，难易赵璧然：以完璧归赵典故，谓时大彬壶之珍贵。

[207]我谓韩齐王，羞与哙等肩：韩齐王，韩信。哙，樊哙。事见《史记》。

［208］汪文柏赠陈鸣远这首诗，赞美陈鸣远技艺之出众，可与时大彬、徐友泉争雄。在陈鸣远手中，阳羡溪头一丸土可化作神奇珍宝，人间珠玉皆相形失色。从此“人间珠玉安足取，岂如阳羡溪头一丸土”成为人们盛赞紫砂工艺的佳句名言。另外，从汪文柏诗中，还可得知陈鸣远所制为梅花酒杯。

［209］厂盒宣炉留款识，香奁药碗生氤氲：厂盒宣炉，指名贵精美的工艺品。漆器有明代果园厂漆盒等，宣德炉见前注释。

［210］君不见轮扁当年老斫轮，又不见梓庆削鐻如有神：轮扁，古代斫轮的名匠，名扁。《庄子·天道》：“桓公读书于堂上，轮扁斫轮于堂下。”轮扁常用作名匠高手的代称，今指富有经验的工匠为“老斫轮”“斫轮老手”。梓庆削鐻《庄子·达生》：“梓庆削木为鐻，鐻成，见者惊犹鬼神。”鐻，乐器名，有言似虎形，刻木为之。此句将陈鸣远比作轮扁、梓庆，身怀鬼斧神工般绝技。

［211］竹梢露重瓦沟鸣：煮茶水沸，声如风雨，又如露重，水滴瓦上，发出滴水声。

［212］萧寺：梁武帝萧衍好佛，建寺造浮屠，因此常用萧寺来借代佛寺。此处又指幽静之所。

［213］红囊：装茶的丝袋，借指茶叶。

［214］砚北：放在砚之北，指供茶。

［215］流黄：贵重之丝，黄茧之丝。

［216］官哥应并传：紫砂陶茶具可与官窑、哥窑宋瓷一样流传后世。

［217］庀（音 pǐ）：具有。

［218］钓台：宜兴十景之一，在西氿边，传为任昉钓鱼台。

［219］白足禅僧：南朝梁惠皎《高僧传十·释昙始》："义熙初，复往关中，开导三辅。始足白于面，虽跣涉泥水，未尝沾湿，天下皆称白足和尚。"这里指学陶人制陶的金沙寺僧。

［220］千万穴：千万个陶窑。

［221］眉山：苏东坡。

［222］宣和谱：宋徽宗赵佶时的画谱、博古图谱等，指宜兴紫砂陶的珍贵、精美，可媲美古物。

［223］尉缭：战国时人，著兵书《尉僚子》。

［224］翛翛：翛（音 xiāo），无拘无束的样子。《庄子·大宗师》："翛然而往，翛然而来。"

［225］玉鉴：月亮。

［226］陶泓已拜竹鸿胪：陶泓，指砚。竹鸿胪，宋代审安老人《茶具图赞》中，将当时饮团饼茶所用之物共 12 件冠以职称，赐以名号，其中有韦鸿胪，为竹炉，供于砚北。

［227］如今调水要新符：东坡调水符事。

［228］传衣：继承师业，传衣钵。

［229］金沙老：金沙寺僧。

［230］吴梅鼎：吴梅鼎（1631—1700），名雯，字天篆，号浮月，著有《醉墨山房赋稿词稿》。

［231］合浦归：合浦珠还。《后汉书·孟尝传》载：东汉合浦

郡沿海产珠宝，宰守多贪，使人无限度采摘，使珠宝渐徙别处。孟尝任太守后，革易前弊，去珠复还。后用以比喻失而复得。

[232]龙光斗牛占：宝剑的光芒直冲云汉。唐王勃《滕王阁诗序》："物华天宝，龙光射牛斗之墟；人杰地灵，徐孺下陈蕃之榻。"

[233]丙舍帖：三国魏锺繇有《墓田丙舍帖》。此处借代时大彬僧帽壶。

[234]赵州茶：赵州（？—898），本姓郝，曹州人，法名从谂。南泉普愿弟子，传扬佛教，不遗余力，时谓"赵州门风"。有著名偈语"吃茶去"。

[235]陈维崧这首《满庭芳》勾勒出一幅蜀山民间风情的画卷。山脚下，陶窑生烟，陶家正忙于劳作；溪流清澈，映照着乡间柴扉；春笋、鲈鱼正当市，石桥上市贩熙熙攘攘，而市贩所售，大多是日用陶罐器皿，堆垒如小山丘。春茶正入市，我最喜爱的茗器温栗朴雅，正可派上用场。

[236]欧窑：据民国许之衡《饮流斋说瓷》称，欧窑乃明时欧子明所创。吴骞在注中所提欧窑疑即欧正春，是没有根据的猜测，而绿色如苹果的釉陶器是宜兴土釉陶器（铅灰绿釉陶），生产品种多为瓮、盆等实用器皿。

[237]碧山冶金，吕爱治银：碧山，见前注。吕爱，亦为冶金银名匠。治银，《阳羡砂壶图考》为"冶银"。

[238]砂壶创于金沙寺僧……以无指罗纹为标识：金沙寺僧、供春所制砂壶以有无指罗纹为标识，这种说法似乎是一种市坊间的传说。从宜兴紫砂的发展看（见前文制作工艺），指罗纹不应是鉴定传器的标准。

［239］宋尚书时彦裔孙名大彬，得供春之传，毁甓以杵舂之，使还为土，范为壶：时大彬得供春制壶之法，加以变革，前文注释中已阐明。此处所谓“毁甓以杵舂之，使还为土，范为壶”应是指时大彬调配壶土的过程，但并不确切。制壶用泥通过精选、调砂、配比等手法得来，制壶可采用手工拍打成型等方法，因此不存在“毁甓”取土，用“范”制壶。

［240］遇不惬意碎之，至碎十留一，皆不惬意，即一弗留：这段文字给人以深刻的印象：时大彬制壶，若稍有不满意，就将壶击碎，毁弃，甚至到了“碎十留一”或“一弗留”的地步。时大彬的自尊自爱、对艺术的执着态度可见一斑。

［241］彬技指，以柄上拇痕为标识：“技”为“枝”之误。时大彬是不是枝指，今天已无从得知。但从传器、出土器物看，时大彬没有以“拇指痕为标识”的作品。

［242］原文为“段”，误，后文又有误为“蝦”，一并改之。

［243］所谓五谷不熟不如稊稗者：袁中郎将读书人比作“五谷”，艺人比作“稊稗”，是从“万物皆下品，唯有读书高”的封建等级观念出发考虑问题，但又不得不承认“薄技”“小技”确实精湛，因此流芳百世，得名不虚。王士正与袁中郎的感叹也反映了明代以来中国社会形态的种种变相，手工艺人经济、文化地位正逐步提高，并以技艺赢得尊敬和推崇。

［244］此段文字提及众多手工艺名家：王吉、姜娘子、雷文、张越、张成、杨茂、彭君宝、龚春、时大彬、胡四、何得之、赵良璧、杨埙等，涉及铸铜、锡艺、琢琴、陶瓷、漆艺等多种工艺行业。

［245］文长：徐渭（1521—1593），字文长，号青藤老人，天

池山人等，绍兴人，著名书画家

［246］忒（音 tè）：着错、出错之意。

［247］《少山壶》作者所发感叹与袁枚“五谷不熟，不若稊稗”同调。

［248］缗：本意为古代穿铜钱用的绳子或钓鱼绳，也指一串铜钱。

［249］帆，原作“楓”，据昭代本改。

［250］味谏：陈梦星获赠砂壶，形似橄榄，古拙朴实，命名为“味谏壶”，取其形似橄榄，贮清茗回甘之味亦如橄榄之意。

［251］琅琊世族：南北朝时琅琊王姓士族。张叔未的时大彬方壶得之王姓士人，称为琅琊世族。

［252］甘草癖：对好茶成癖者的雅称。

［253］其实强半升：容量半升有余。

［254］良工举手见圭角：圭角，圭的棱角，犹言锋芒。这里既言时大彬技艺出众，又可见张叔未所藏大彬壶为方形，棱角分明。

［255］乱点硇砂灿星斗：时大彬方壶泥质可能为铺砂或调砂，才会出现灿若星斗般的肌理效果。

［256］龙媒：骏马曰龙媒。

［257］骊黄：一般的马。《诗·鲁颂·駉》：“有骊有黄，以车彭彭。”

［258］郁林：桂林的古地名。

［259］幂历：覆盖分布。

［260］瞿昙：梵语音译，也作乔达摩，佛教创始人释迦牟尼，本迦毗罗城净饭王子，姓瞿昙，名悉达多。

［261］“彬”字底本缺，据昭代本补。

［262］两仪：天地。《易》：“是故易有太极，是生两仪。”

［263］好尚殊华朴：吴骞在此指出“华”“朴”的两种不同风尚，赞紫砂壶“朴”胜于“华”。

［264］大彬汉方惟邵文金能仿之，见《茗壶系》：指出张叔未所得方壶即汉方壶造型。

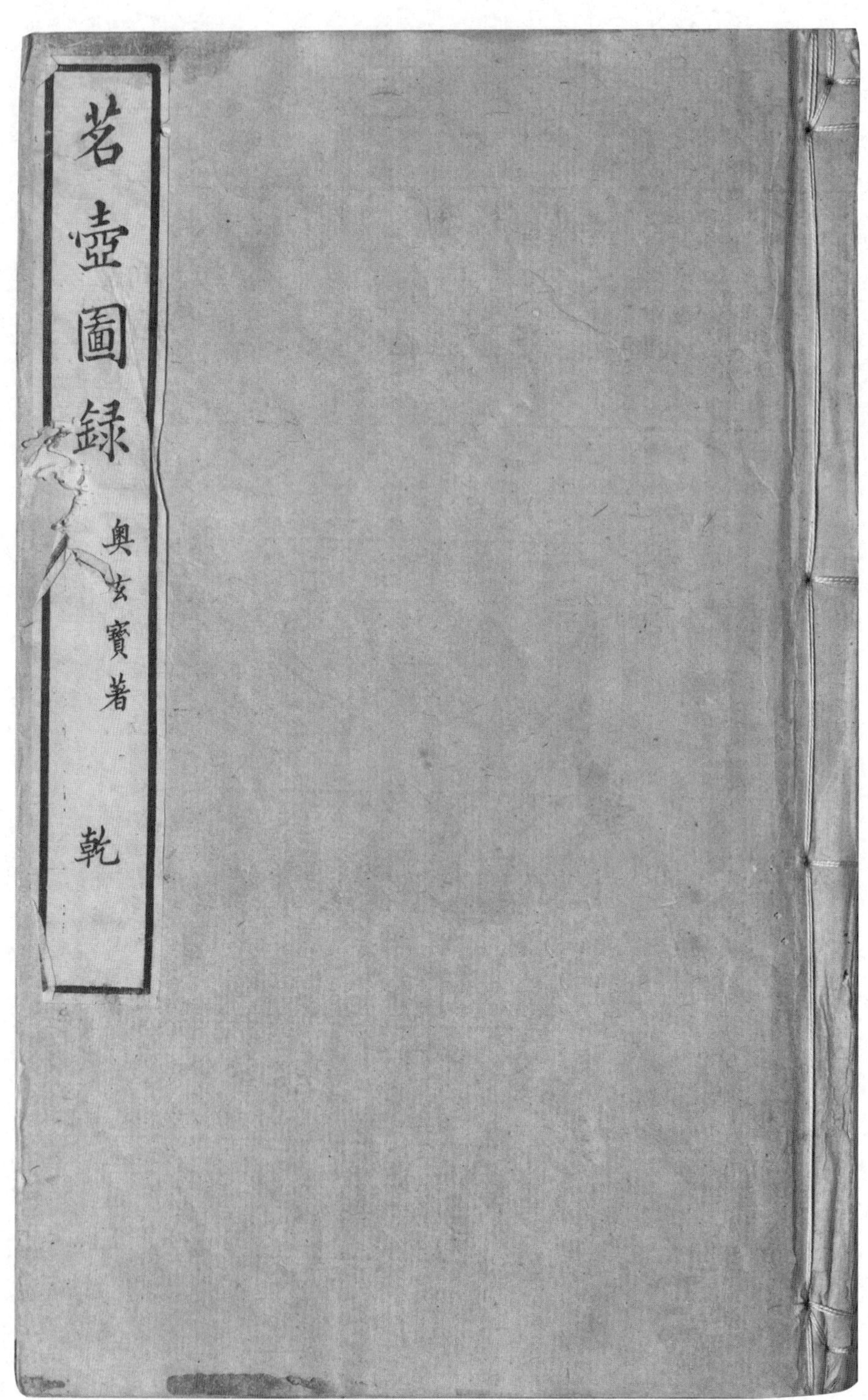
茗壺圖録
奥玄寶著
乾

茗壶图录

奥玄寶著

茗壺圖錄

注春居藏梓

注春居梓

自序

人非聖賢能無癖王濟有馬癖和嶠有錢癖杜元愷有左傳癖老杜之從來性癖耽佳句白樂

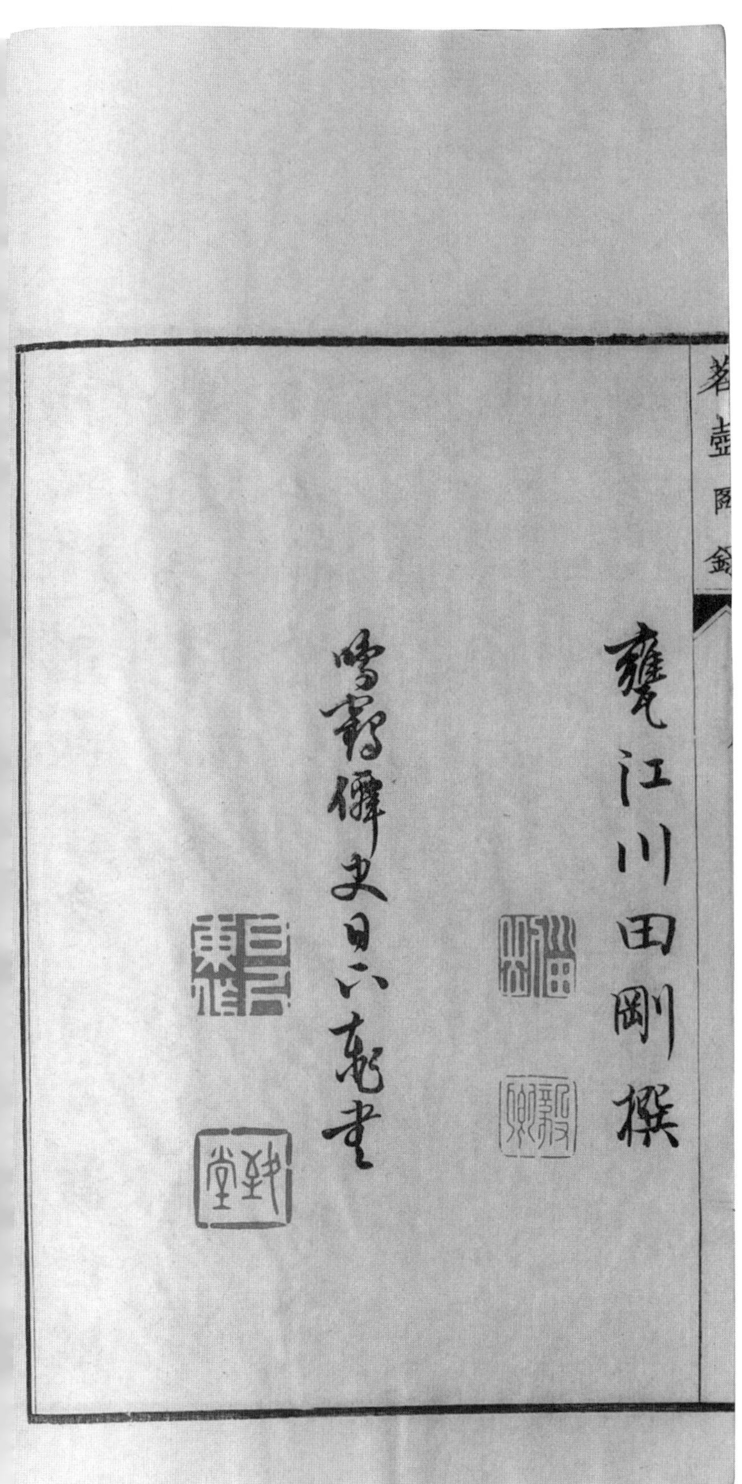

甕江川田剛撰

鳴鶴僊史日下東書

叔之於蓮和靖之於梅者
白鴻漸之於酒與茶同
不免為癖也然而天下
後世因其癖而足以高
其人是癖也者未必可

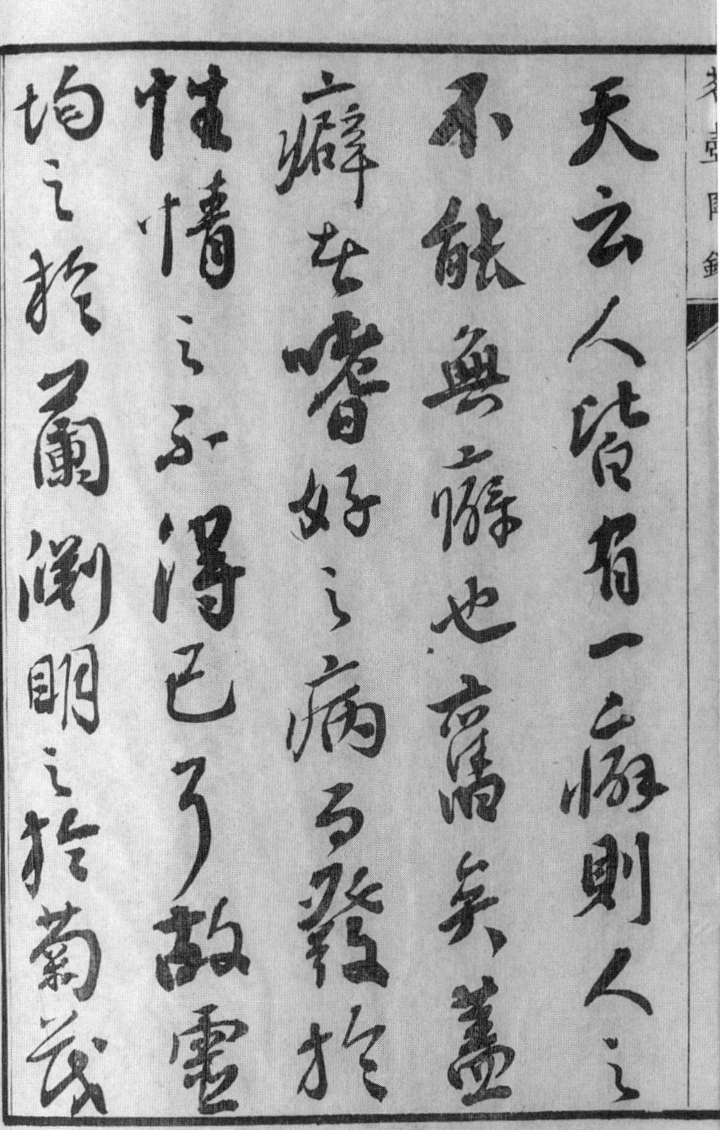
天云人皆有一癖則人之不能無癖也審矣蓋癖者嗜好之病而發於性情之不得已者故靈均之於蘭淵明之於菊茂

輒購爲藏爲把翫不置
而虞其或毀壞雖係
欲以圖記以垂于後而
未果今茲夏秋之交
病於淫春居既而少癒

棄也予於茗壺嗜好成
癖焉不論狀之大小不
問流之曲直不云態之
古今不說泥之精粗款
之有無苟有適于意者

在體也豈不癖之甚乎嘻予寄跡城市未能脫世累比諸歷陶園林李陸雅俗仙凡雖不可同日語而其所以癖

神悟身閒息焉興懷學今乞之筆先錄家所有併及諸友所藏鑒為二小冊子命曰茗壺圖錄功將竣頓忘病之

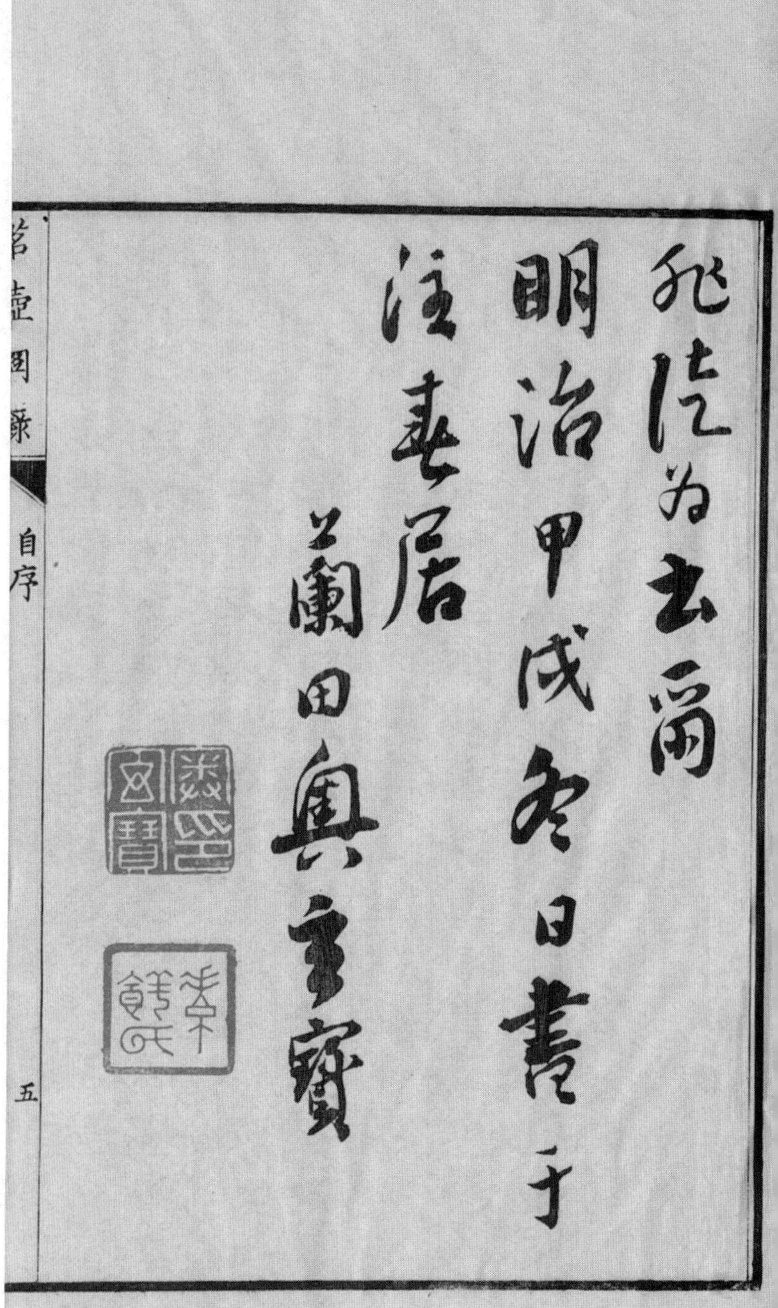

[illegible]汔為云爾
明治甲戌冬日書于
注春居
蘭田奥玄寶

茗壺圖錄 自序 五

异同矣世間好事者流知予嗜好發於性情之不得已則茗壺或與蘭菊蓮梅梧樣同傳君于千載之後而予癖亦

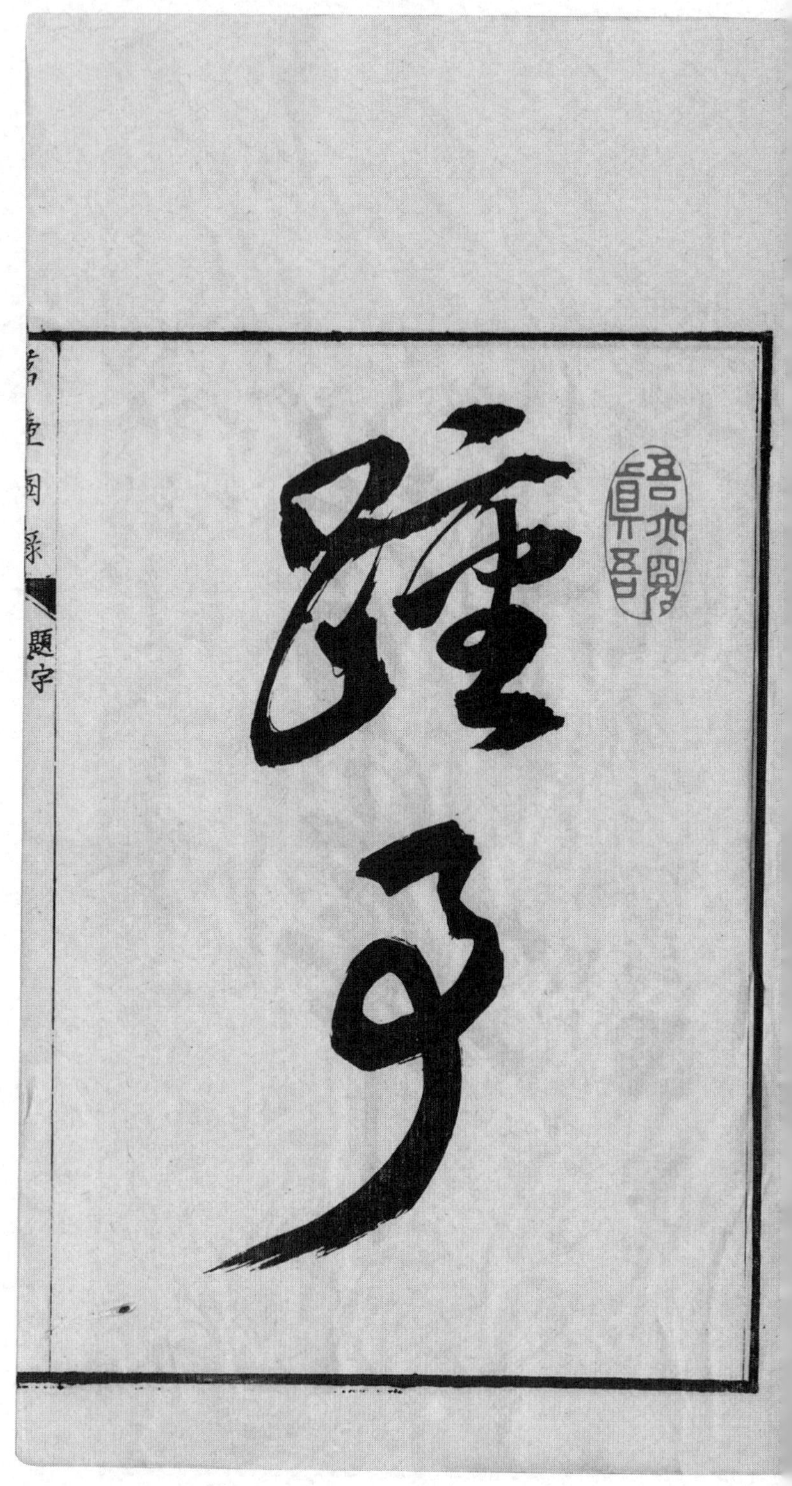
題字

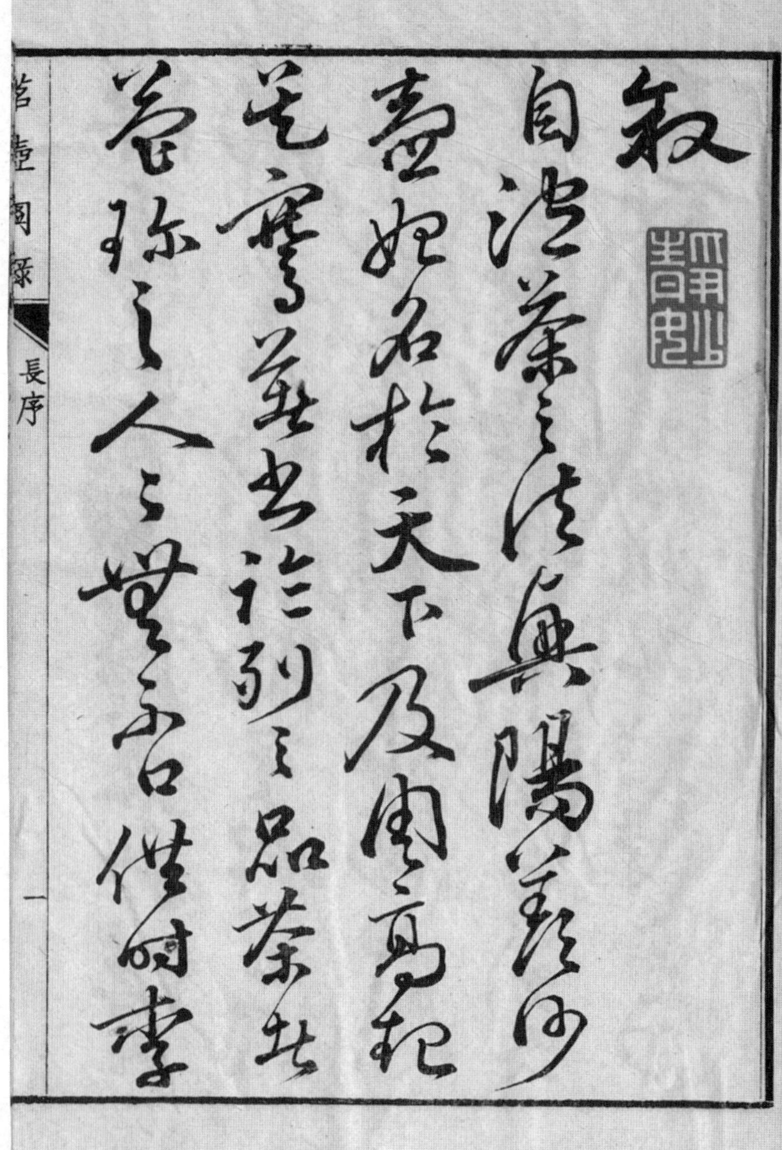

敘

茗壺圖錄 長序 一

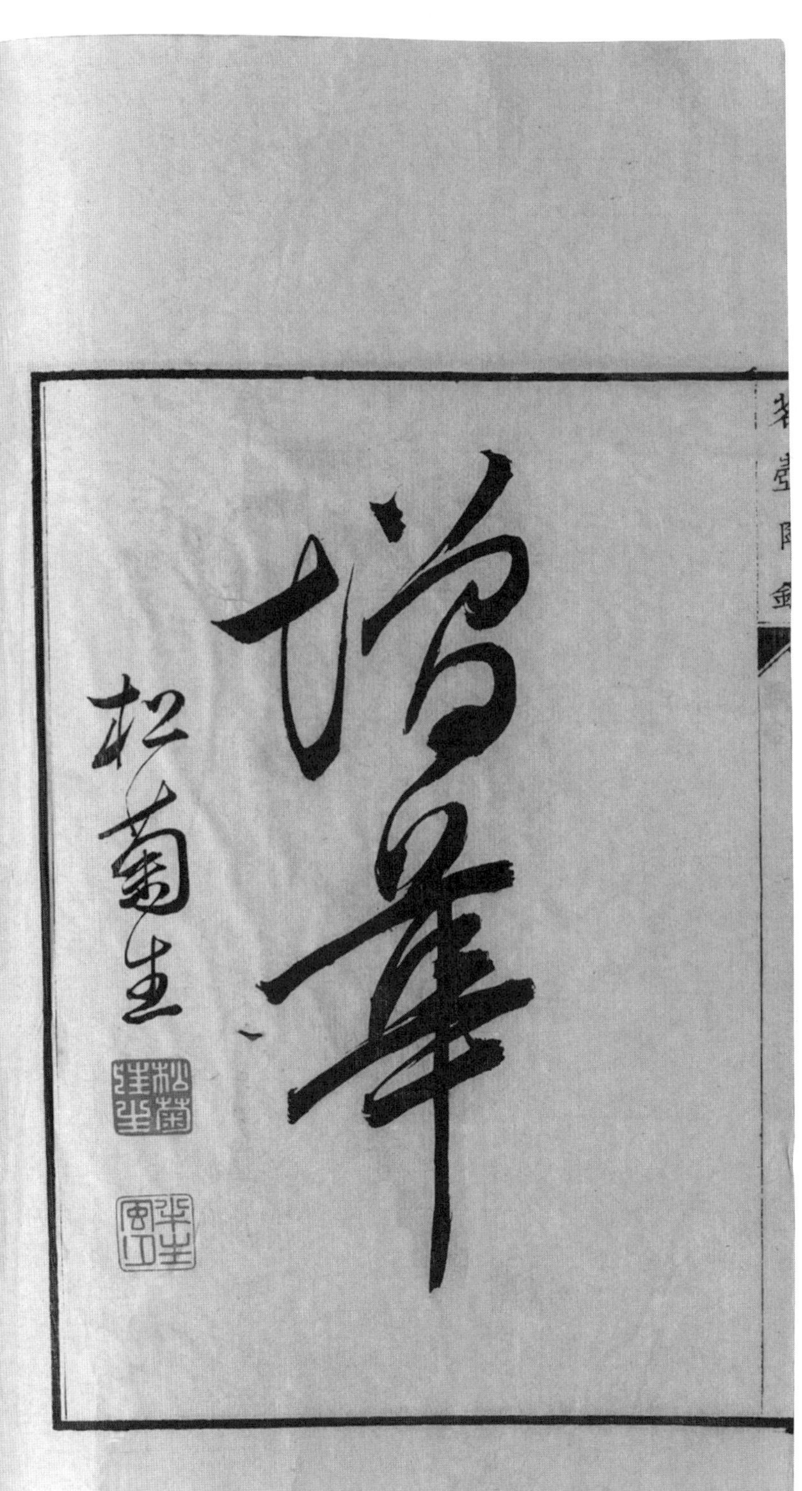
增华
松菊生

以品茶世頗誇美之昔者
東山將軍好茶儀之六
作之至精太閤時有千家
點茶法大閤用以籠絡
天下之士夫議將天下競入

徐老近日見一種九龍珠壺稱爲明代物至於一二好事家得捧之而海內每往往唯慮僅數百金買得其爭購以爲此九龍珠亦否

點茶之器比之瓷壺其雅俗何啻絕殊而論茶之與點茶韻致亦不可同語見矣人之於九雅珠何性重寶競耶往所謂九輪珠紫壺

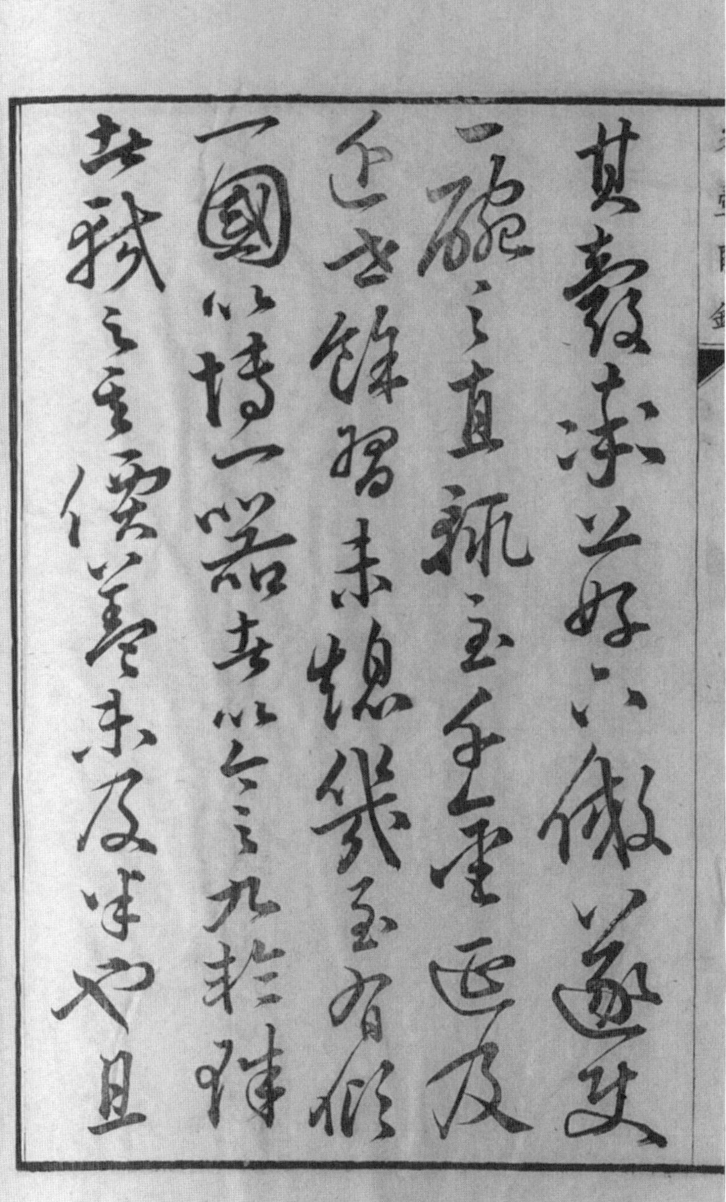

非也真也龍紋壺乃可庶幾其
之精或取風雅之所以文
宜陸羽為茶神清風高
韻千古如新而未聞其徽
號者無以買一器命之茶人矣

之尤粗樸者而見在世間其數等為百枚商手儈投機貪利遂鼓之使價騰貴是固不足怪也然惜乎世覽者而獲之之士亦往往為識者所嗤

為茗壺史以寄好事之癖
可謂入骨顧其書博故不稱
僅之鑑精故不窺說圖矣
世之欄欄論茶者之所為而又能以
文雅助其韻致以養生好壺

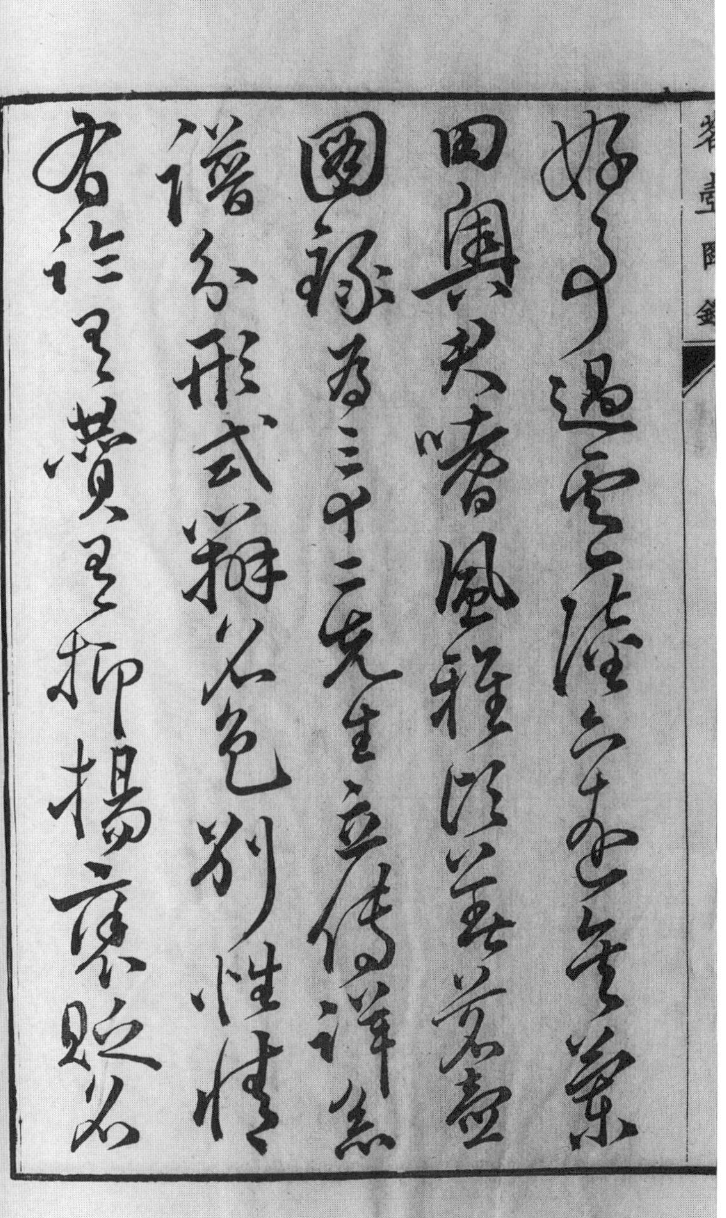

茗壺圖錄序

畫雙圜以示人〻不能辨其孰日孰月題兩角四蹄一句以問人〻不能辨其為牛為羊然則有圖無解有解無圖皆不可以盡物形〻之不盡安能辨其

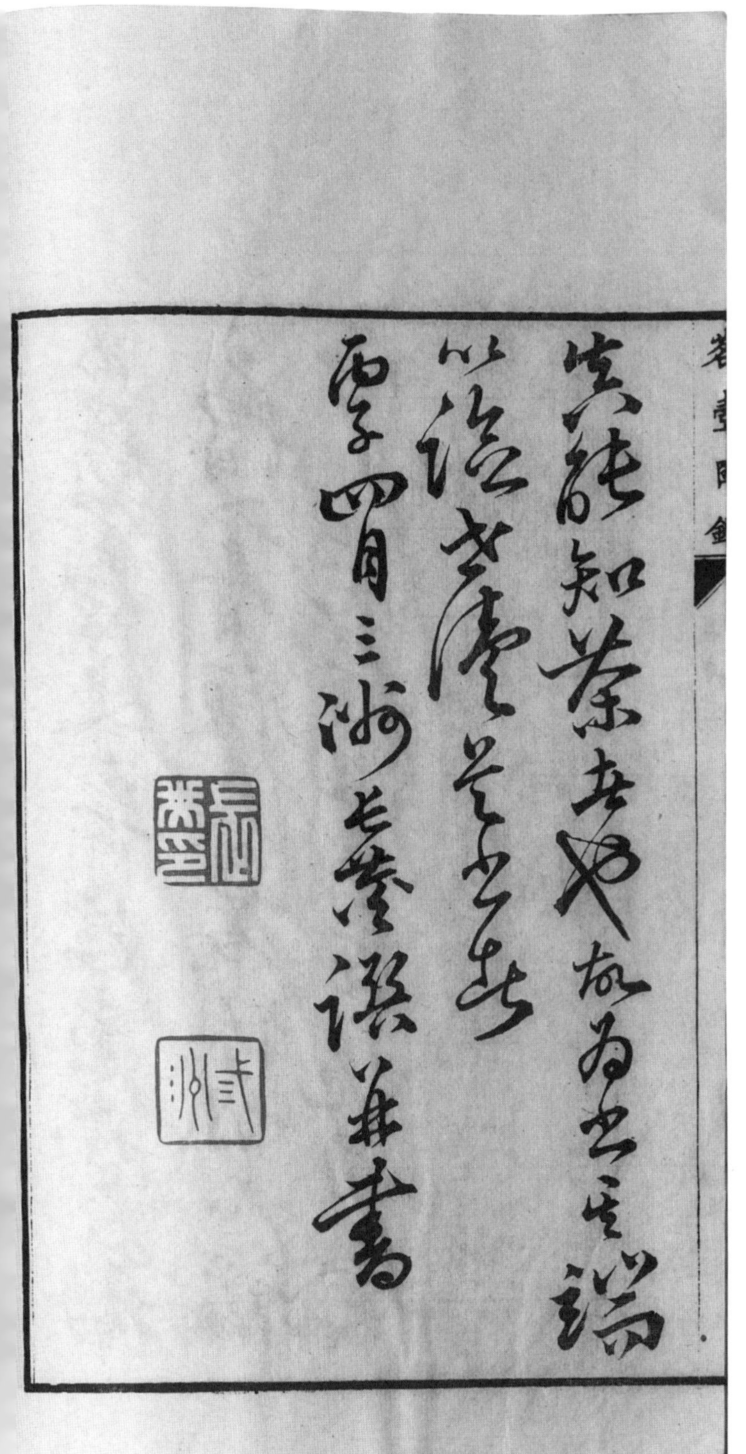

好所藏以著斯書前輩十四品目後列卅二模圖形質異同各設名號自嘴柄口腹以迄彫文款識之微大小長短方圓肥瘠詳寫其狀毫釐無遺蓋吳騫名陶錄周高起茗壺系記載雖

真贋乎近者煎茶盛行人爭
購古器相高以雅致卽如注春
亡點銀錫專用泥沙明製一壺
值抵中人一家產而供陶時窯
徒尚其名往往為黠商所瞞於
是蘭田奥君錄其家藏及同

謂之道形而下者謂之器六經載道尚有所考於器況雜器物真贋尤不可以不識其形式尺度好事者讀之其於鑒賞也思過半矣

明治九年丙子孟春月

备并无图画此补其阙洵为有见为郑康成曰易诗书礼乐春秋策皆尺二寸论语八寸策者三分居一服虔传春秋云古文篆书一简八字而三礼考工记尔雅释宫昔儒皆有笛解夫形而上者

茗壺圖錄

凡例

一斯書耳目所及、隨圖隨錄、然不可無體裁、以宣和博古圖錄為模範、不可無典故、以周高起茗壺系、吳騫名陶錄為粉本、

一曰茗壺、（間情偶寄）曰注春、（遵生八牋）曰茶瓶、（會典）曰茗瓶、（資暇錄）曰茶注、（茶疏）曰茶壺、（文房肆攷、真齋清事錄、）曰泥壺、（池北偶談）曰砂壺、（茶餘客話）名號不一、今倣茗壺系、名陶錄、以茗壺為名、

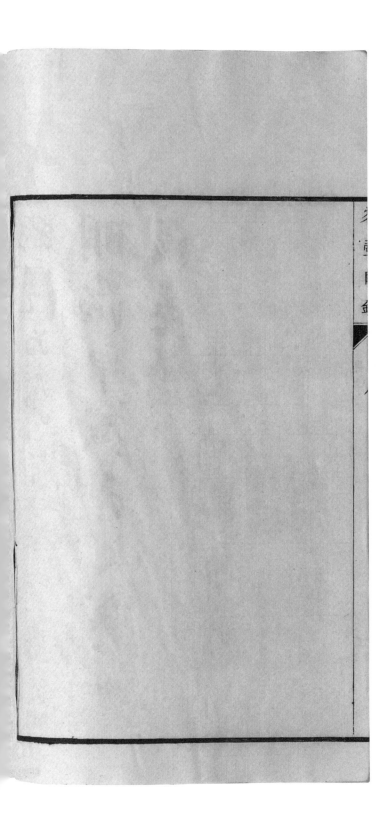

一度量衡、與唐土異法、不可遽從博古圖錄、度則用見行曲尺、量則用俗所謂京升者、衡則用等子、故不言斤兩、而言幾拾幾錢、錢俗作匁使讀者易辨耳、

一所圖茗壺三十二品、非選而輯也、故器無大小古今、製無精粗巧拙、混淆臚列焉、好事家品于眼、評于心而可、

一壺狀可圖可錄、泥色可錄不可圖、所謂甘瓜苦蔕、固無完物也、竇之於壺、心醉如泥、

一姓名字號、做茶具圖讚、文房圖讚、而二書所載、品品物物、異形殊性、而抉奇搜怪、易以命名、如茗壺形異性同、最難形容、且寶也才短識淺、其所比擬不免失當、與所謂力士把針、耕夫握管者何異、

一每壺、品評說論黜陟褒貶、率出臆見、不免穿鑿附會顛倒支離、況文拙筆澁、隔靴搔痒不啻、博雅君子、幸見補其闕遺、則不獨益于寶、而益于天下同癖、

茗壺圖録目次

而泥亦不易論、則質之諸友、校讐討論、而其說始精確焉、乃開示泥色於圖側、庶同癖者開卷了然、

一先錄家藏、次及他家之藏、其品次序、皆隨圖成之先後、非敢判優劣也、

一古人茗壺詩文、或談藪、悉載見于吳騫名陶錄、故不贅于此、

奥玄寶識

茗壺圖録卷上

東京 奥 玄寶著

源流

陶之由來邈矣、見于周禮考工記、禮記、春秋史記、韓非子諸書、而李唐以來有陶窯之設、至明清尤盛矣、然元末明初、未見所謂茗壺者、及讀周高起陽羨茗壺系、始知其製濫觴于明金沙寺僧、僧傳之供春、供春之後有董翰、趙梁、元錫、時朋、李茂林數子、皆爲名工、而時

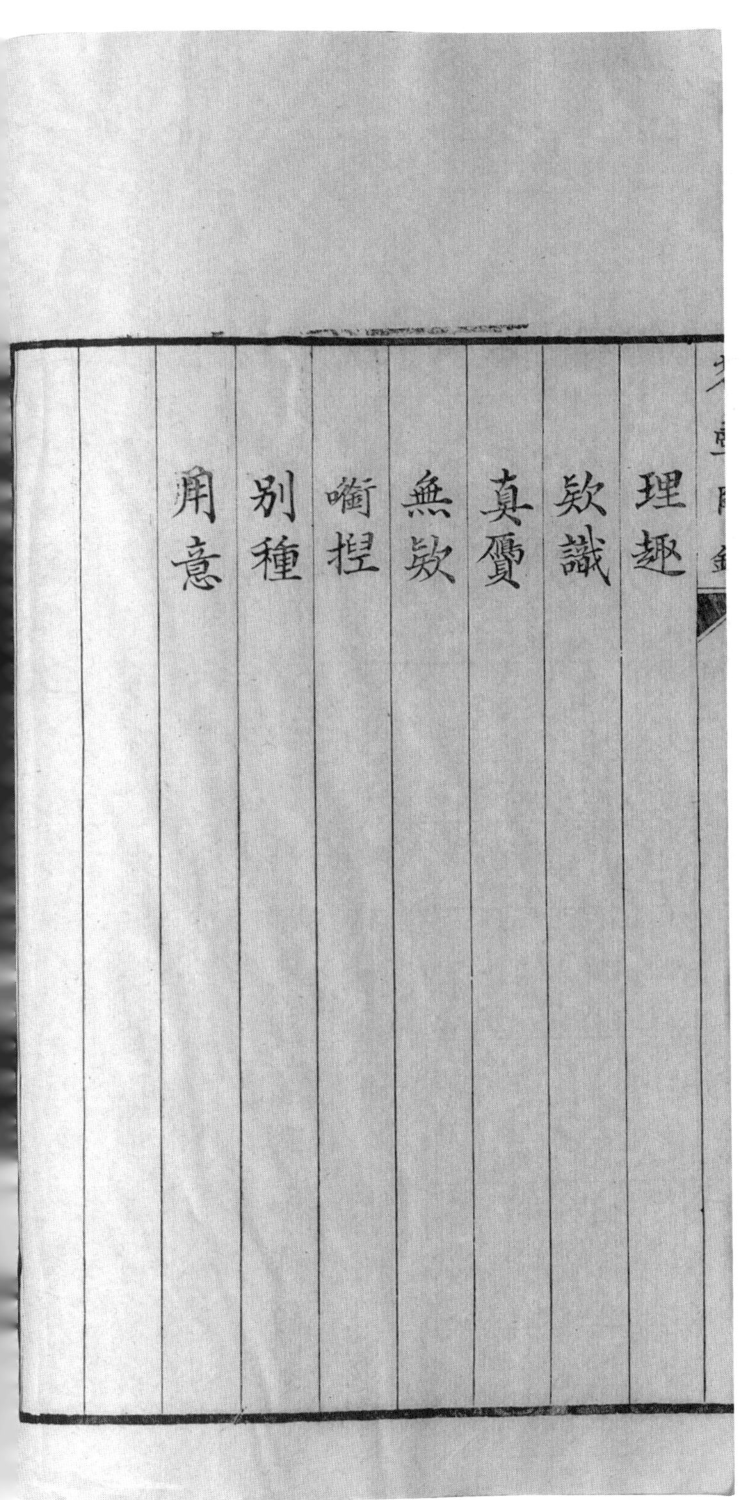

理趣
欵識
真贋
無欵
嗡捏
别種
用意

周後谿、邵二孫、並、萬曆間人、周季山、陳和之陳挺生、承雲從、沈君盛、並天啓崇禎間人、以上八人皆一時之名手、陳辰、巧鐫款識、徐令音、項不孫、沈子澈、亦明季人、陳子畦、陳鳴遠徐次京、惠孟臣、葭軒、鄭寧侯、年代並不可考、而鳴遠孟臣名尤顯、至清則許龍文、工于花卉象生、又有以姑蘇留佩四字為款識者、未詳為誰、陳曼生、瞿子冶、共風流好奇人、而製作甚雅、又有彭年、逸公、符生、樹生諸子、未詳大彬者傑出、能彷供春、得于心應于手、文房肆攷曰、有時大賓、以紫泥燒茶壺（大賓蓋大彬）是也、大彬傳之李仲芳、徐友泉、歐正春、邵文金、邵文銀、蔣伯荂、陳俊卿、而李徐尤獲其髓、名不讓于大彬、蓋出藍之才也、陶肆謠云、壺家妙手稱三大是也、又有陳用卿者、負力尚氣、自成一家、蔣志雯亦有名、陳信卿、專學時李、閔魯生、博彷諸家、共得其妙、陳光甫、彷供時而為入室、陳仲美、沈君用、各造物象諸玩、邵蓋、襠索耳、美人肩、西施乳、蓮方、垂蓮、大頂蓮、平肩蓮子、一回角、六子、六方、扇面、僧帽、合菊、竹節、橄欖、冬瓜段、分蕉、蟬翼、柄雲索耳、番象鼻、沙魚皮、天鷄、篆耳之類、皆變體也、今所輯有合此者、則圖様之、其他略之、

形狀

形狀不一、或圓、或方、或稜、或匾、或平、或直、或崇、或卑、或大、或小、而如蛋者不得不圓、如斗者不得不方、如瓠者不得不稜、如鼓者不得不

孰先孰後、其他有專門戲工、不暇校舉、今所錄、從明至清凡三百年間、而四十許人、皆此技之高手、可謂奪造化之工矣、周郎曰、壺于茶具、用處一耳、而瑞草名泉、性情攸寄、實仙子之洞天福地、梵王之香海蓮邦、此語實非誣也、

式樣

式有數樣、曰小圓、曰菱花、曰水仙、曰束腰、曰花鼓、曰鵝蛋、他如漢方扁觶、小雲雷、提梁卣、分

周盃商匜圖後所載流鋬者、與嘴柄其狀相似、其用亦相類、故代嘴以流、代柄以鋬、亦不妨也、且流有曲直長短洪纖、其一曲再曲者謂之灣、蓋取于水灣之意也、鋬有聳起者、有橫出者、有偃俯者、其他異同不可悉記、賞鑑者宜就其物、察古人用意之不苟也、

泥色

泥色之辨洵難矣、每壺各異、譬猶天文之燦然、不可得而名狀也、請言概略、有朱泥、有紫泥、

匾、如砥者不得不平、如箭者不得不直、試品隲之、温潤如君子者有之、豪邁如丈夫者有之、風流如詞客、麗嫺如佳人、葆光如隱士、瀟洒如少年、短小如侏儒、樸訥如仁人、飄逸如仙子、廉潔如高士、脱塵如衲子者有之、賞鑑好事家、深愛篤好、然後始可與言斯趣也已、

流鋬

曰嘴、曰柄、古人之通語、而予獨曰流鋬者、無他、蓋壺有口有嘴、二者或相混也、按博古圖錄、

品彙

茗注不獨砂壺，古用金銀錫磁，近時又或用玉，然皆不及于砂壺，蓋玉與金銀，雖可貴，雅韻不足，如錫則不佟不麗，古人或稱之，而今人竟不取焉，是今人意度乃過古人處也，如磁莫善於白磁，茗壺系曰，品茶用甌白甆爲良，所謂素磁傳靜夜，芳氣滿閑軒者，足以為証，

小大

徃時邦人喫茗者，大概用大壺以相誇稱，間雖

而朱紫二色、則壺之本色也、或謂紅曰朱砂、黑曰紫砂、而朱有濃淡、紫又有淺深、或有白泥、烏泥、黃泥、或有梨皮泥、松花泥、或有鐵色、栗色、淡墨色、猪肝色、黯肝色、又有金銀沙閃點者、皺緬周身者、其他如海棠紅、硃砂紫、定窑白、冷金黃、沉香、水碧、榴皮、葵黃諸名、皆取譬以名狀、而予未得悉覩其物、倘想像妄說則毫釐千里、故不敢臆決焉、姑記以俟識者之燃犀耳、主實用言之、然壺本玩具也、玩具之可愛在趣而不在理、故以理則小直而可、以趣則大曲亦可、知理而不知趣者、獨取小與直、而不取大與曲、知理又知趣者、不論大小曲直、擇其善者皆取之、知理而不知趣、是為下乘、知理知趣是為上乘、此語蓋壺癖家項門之一鍼也、

款識

款識或以詩句、或以古語、或以姓名、或以別號

有小壺可觀者、不相顧、近日則不然、賤大如奴隸、愛小似妻妾、亦時好之變耳、屠隆考槃餘事曰、凡瓶要小者、易候湯、馮可賓茶俴曰、茶壺以小為貴、茗壺系曰、壺宜小不宜大、則今人之愛小者、蓋據于此歟、

理趣

近時壺癖家、言體必推小、言流必推直、強以為解事、予未以為然、蓋推小者、其理出于點茗之便、推直者、其理出于注茶之快、便與快則

風引碧雲用卿、予以為真物、既而溪庵歿、再觀於松井鈞古宅、始知非其真、蓋初之為真、予之着眼未高故也、近又觀清客所齋孟臣雷佩、及子冶、曼生茗壺非無一二可賞者、大抵似真而非真、猶玉之與燕石耳、抑真贗難辨不獨茗壺、格古要論云、唐蕭誠偽為古帖示李邕、曰此右軍真跡也、邕忻然曰是真物、誠以實告、邕復視曰細看亦未能辨古人且然況今人乎、然具眼者能辨之、若伯樂之於或以堂亭齋館諸號、或印或否、書體不一、大柢用真行草、間有用篆隸者、印文有朱白肥瘦諸體、其鐫印所在、或腹、或底、或流下、或鋬下、或蓋背、或蓋之外口、無一定位置、各隨作家心匠而為之耳、

真贗

壺有真贗、猶書畫之有真贋、不可以不辨焉、予嚮觀友人鏑木溪庵所藏紫砂大壺、底有篆書印曰、許伯侯製、腹刻草書九字曰、習習清

啣捏

相傳壺有啣捏二製、而啣製舊矣、捏製肇於道光間陳曼生之徒喜製之、先造其體而後更傳流鋬、謂之啣製、先把一塊泥凝團、竹刀削刪體與流鋬、一齊造成、謂之捏製、啣者易造、捏者難製、予之所藏十又四五品而大概屬啣製、惟臥龍先生獨為捏製、蓋啣字、篇海曰、同銜、正字通曰、凡口含物曰啣、則目以啣製、其義恐不當、捏字、正字通曰、俗揑字、正韻曰、

馬、卞和之於璞是也、賞鑑家苟善用意、則何必認贋為真乎、

無款

壺或有無款而優於有款者、然無款而良者不及有款而良者、迯人往々愛無款者、無他慮有款之真僞難辨也、予謂愛無款者、譬猶聘美人而不知其姓名、雖姿色可見、而不知何等人種、何等血脉、頗有不慊者存焉、故無款者不及有款者昭々矣、

非一人一手之所能製、蓋良工不苟作、若王氏之善畫、十日一水、五日一石、妙品所以不多也、茲壺予所傳聞、殆將四十品、而目擊者過半、但有大同小異耳、其豈悉成於良工之一手者耶、或有久匿于巾箱中、而清人新製不容疑者、或有經手澤揩摩、而彷彿明人所造者、似難辨而不難辨、故概論之、恐非明人之製、若彼不降崇禎之言、崇獎過當、而不昇乾隆之說、雖不當亦不遠矣、而其為器、樸而

魚列切、音孼、捻聚也、俗作揑、意或通、

別種

近時有一種奇品、邦俗呼曰具輪珠、所謂小圓式、鵝蛋式之類也、形有大小、製有精粗、泥色有朱、有紫、有梨皮、小而精者、曰獨茶銚、粗而小者、曰丁稚、而大槪無欵識、故不詳為何人手作、或云不降崇禎、或云不昇乾隆、議論紛紜、未有確乎析衆訴者、予竊謂粉本蓋權輿于明代良工、而清人轉傳臨摹、更逞奇巧、必

之堅牢耐久、苟誤觸物、則忽焉毀壞、土塊不啻、則雖有名品、或難傳于後世、好事家不可不鄭重愛護也、密、樸而雅、流直而快於注湯、大小適宜有韻致、是所以盛行于世也、頃者京坂好事家渴望心醉、一覩茲壺、津々流涎、爭購競求、不惜百金二百金、必獲而後已、至曰非獲具輪珠者、難與言茗事、於是狡賈乘機射利、價比拱璧、甚有售僞物以欺人者、嗚呼好事之弊一至于此、玩物喪志、言非誣也、

用意

壺質成于泥砂、動輒有札差之患、大異于鼎彝

注春師傳

注春師名抱告其先曰伯盃高祖匜之後也事周穆王王寵姬病求飲使伯盃給太便捷王寵之封于遄曰遙子子孫因氏焉當戰國七雄之時失其地分散或在陽山或在荆山或在臨賀自秦漢以至宋元未有顯者明萬曆中在武都者曰邇妻盧氏禱陽羨之神生注春師生而長喙矮軀頂上肉隆起金沙寺有高僧一見異之請

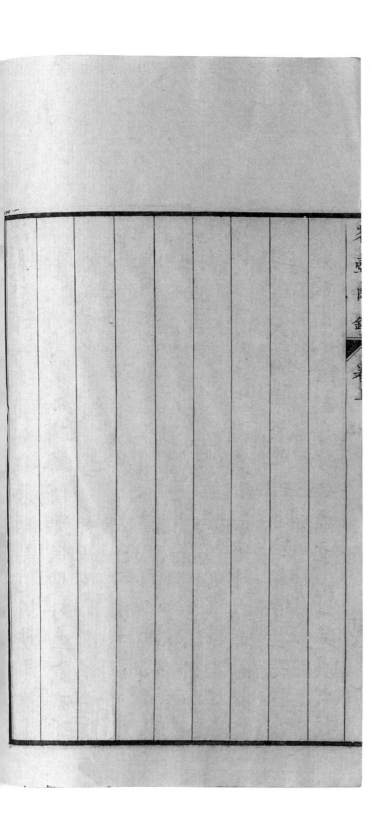

師游江湖間不擇緇與素招即往然示相無常隨時而變能小能大能方能圓忽而黃袍忽而緇衲忽而白衣忽而茶褐世不能物色云清乾隆年間齡百有餘歲面如凍梨而身尚健人識其為注春師問以前朝之事則啞然開口曰喫茶去喫茶去師特愛中泠水屢到金山寺寺僧曰請留師曰吾本願在濟十方群迷到處豈乏水倘身為中泠所繫是自迷也遂去不知所終弟

為弟子薰陶數年果成法器胷中空洞無物唯其所存清淨真理一受其教導者滌煩悶致中和益意思時神宗溺酒色閹臣申瑤泉憂之薦師於上召問法稱旨上贊賞嘖嘖不釋口制曰真理於五常仁也於四時春也爾啓厥德以沃注朕心田用之無竭服之無斁賜爾號注香大師自是不復名望必授几案遇待有加妖姬奸璫不悅交譖上前遂見疏斥崇禎甲申之變脫京

與蘭田著茗壺圖録請余一言受而閱之諸子序跋既備余又何贅戲仿注春師傳以還之維旹丙子穀雨後三日也

毅堂山長宣光撰

子某某獨龔春傳衣鉢其流派甚盛遍於海之內外贊曰

陽羨之山維石璘璘孕秀鍾靈篤誕異人冲虛容物吉死不利有需于泥葛致沒至水火不射迭為其用叙師之功維鼎伯仲醉鄭所化同質異歸實繁有徒衆德懋儀獨師醒悟託跡清流一飲德者頗欝頓瘳門閉甘露志在弘濟猗師心性風光月霽

注春三十二先生姓名字號

上卷

壺　壽　昌齡　梁園遺老

方　德　至靜　蕭山市隱

白　羽　之白　鶴氅神人

睦　和　偕老　漁童

孫　香　蘓蘭　樵青

孫　璣　子圓　獨樂園丁

沈　雲　士濳　卧龍先生

獨孤　錫　不涤　出離頭陀

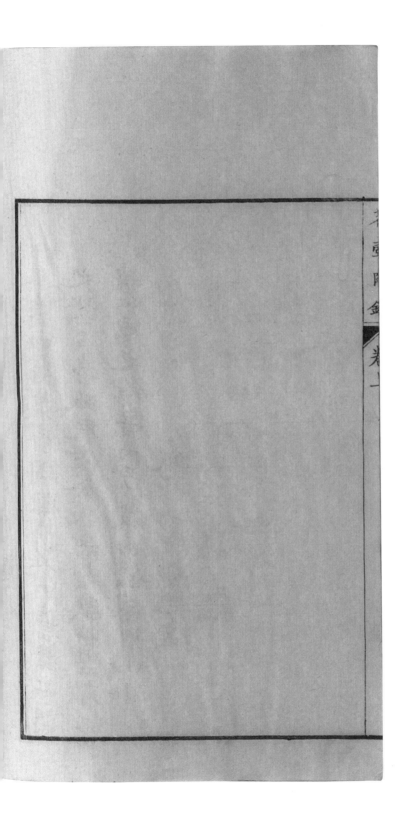

温　良　子恭　儒雅宗伯

強　介　捅堅　鐵石丈夫

喬　皓　清秀　銀臺醉客

武　富　威重　繡衣御史

黄　鶴　自安　一枝栖隱

柯　全　大年　老樗散人

朱　之醇　子美　浴後妃子

車　短　無能　卧輪禪師

殷　妍　倩兮　紅顔少年

下卷

向 陽 葵生 傾心佳侶

魯 玄 默脩 趺坐逃禪

蔡 胤 壽卿 藏六居士

葉 脩 維清 婆波仙子

區 端 元正 方山逸士

彭 澤 壽伯 陶家佳友

姚 馥 梅兄 儷蘭女史

高 昌 千歲 帝鄉仙馭

温　良　子恭　儒雅宗伯

強　介　彌堅　鐵石丈夫

喬　皓　清秀　銀臺醉客

武　富　威重　繡衣御史

黃　鶴　自安　一枝栖隱

柯　全　大年　老樗散人

朱　之醇　子美　浴後妃子

車　短　無能　卧輪禪師

殷　妍　倩兮　紅顏少年

下卷

向　陽　葵生　傾心·佳侶

魯　玄　默脩　趺坐逃禪

蔡　胤　壽卿　藏六居士

葉　脩　維清　凌波仙子

區　端　元正　方山逸士

彭　澤　壽伯　陶家佳友

姚　馥　梅兄　儷蘭女史

高　昌　千歲　帝鄉仙馭

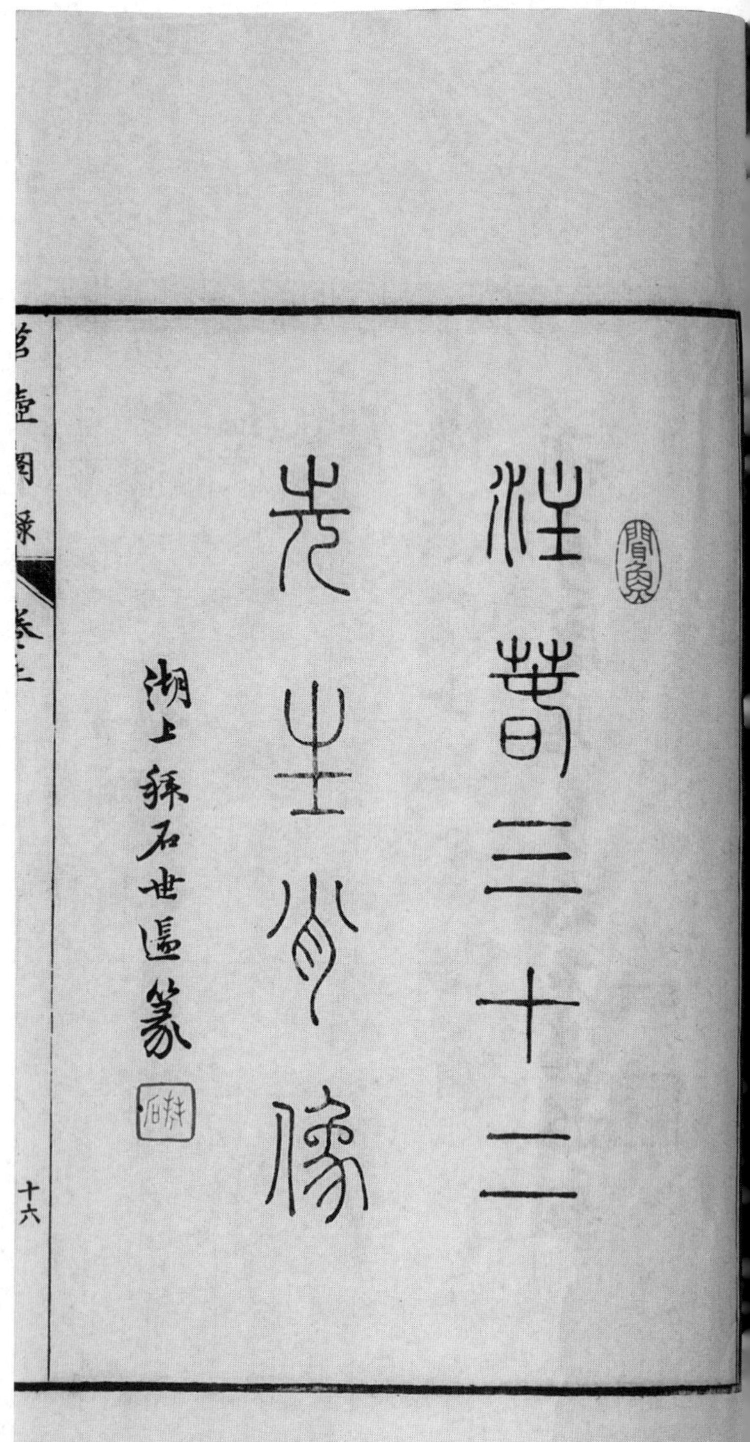
茗壺圖錄
卷上
十六
汪菁三十二
老生像
湖上孫石世逵篆

歸 隱 蒓光 采薇山樵

時 之寶 如璧 連城封侯

王 寵 占春 壽陽公主

時 道 存吾 用拙迂生

侯 貴 文采 風流宰相

朱 逸 蕭然 逍遥公子

鮮于 錦 秋盤 斷腸少婦

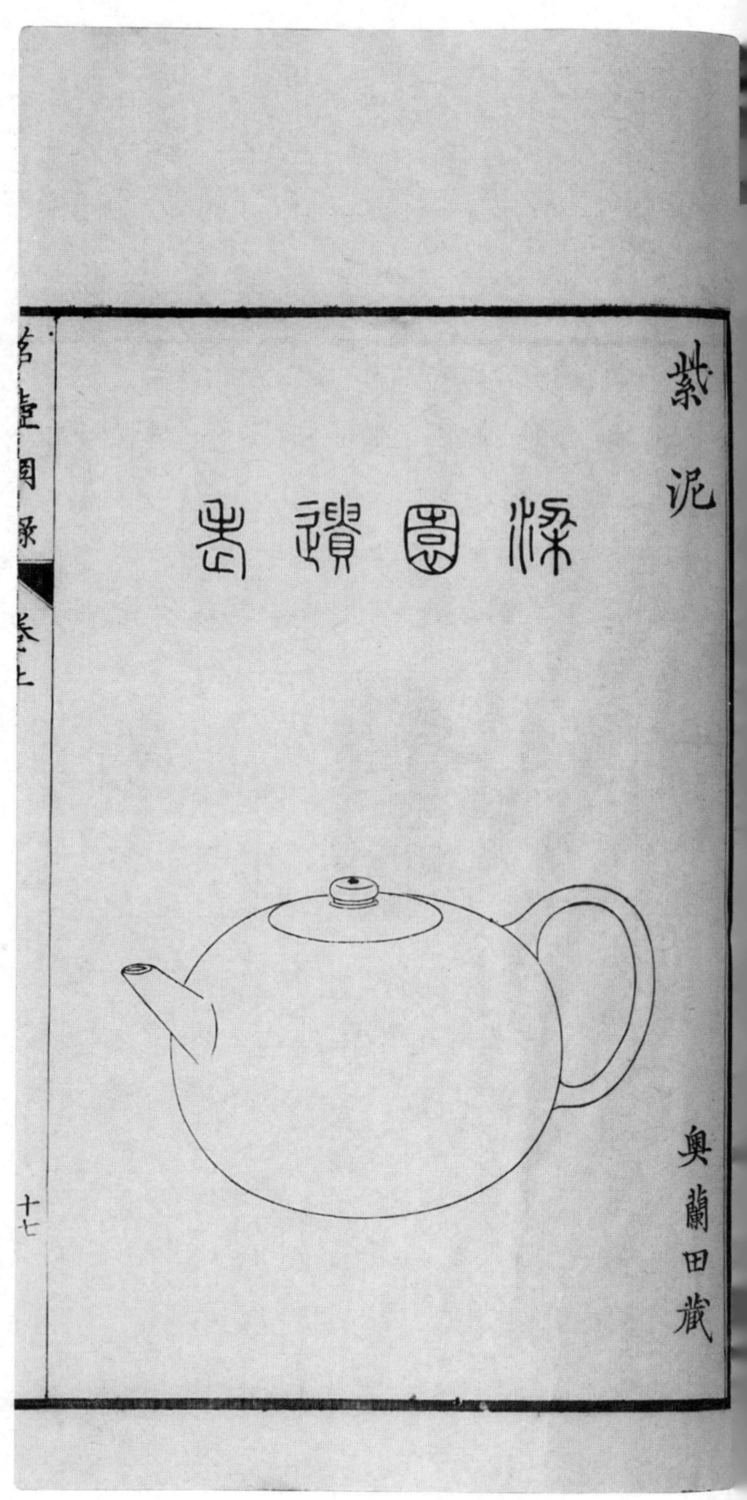

紫泥
漛園遺壺
奧蘭田藏
茗壺圖錄
卷上
十七

一編新著述好事今無匹茗
壺圖愛人卷舒親 小杜揚州
夢後落花春落花春一
縷茶烟正氣書味真
調寄感恩多存石遙拜題

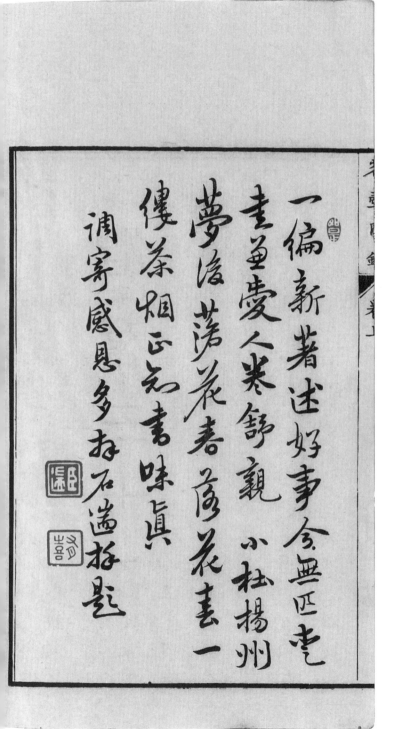

右通蓋高二寸五厘、口徑一寸五分七厘、腹徑二寸八分二厘、深一寸六分、重四拾貳錢弱、容一合強、流直而仰、鋬環而纖、腹圜而豊、底着博古圖錄有著尊、謂底著地無足、壺又類之者、曰底著、下傚之、而凹、口內設堰圈、蓋之如合符的、成乳形、流下鐫行書三字、曰陳和之、字法具晉唐遺風、泥色濃紫、或曰猪肝色、試以指搖蓋、鏗作金石之聲、滌拭之久、自發闇然之光、非所謂和尚光之比也、通體氣格高古、韻致清絕、令予心醉忘餐、可稱茶寮之珍玩也、

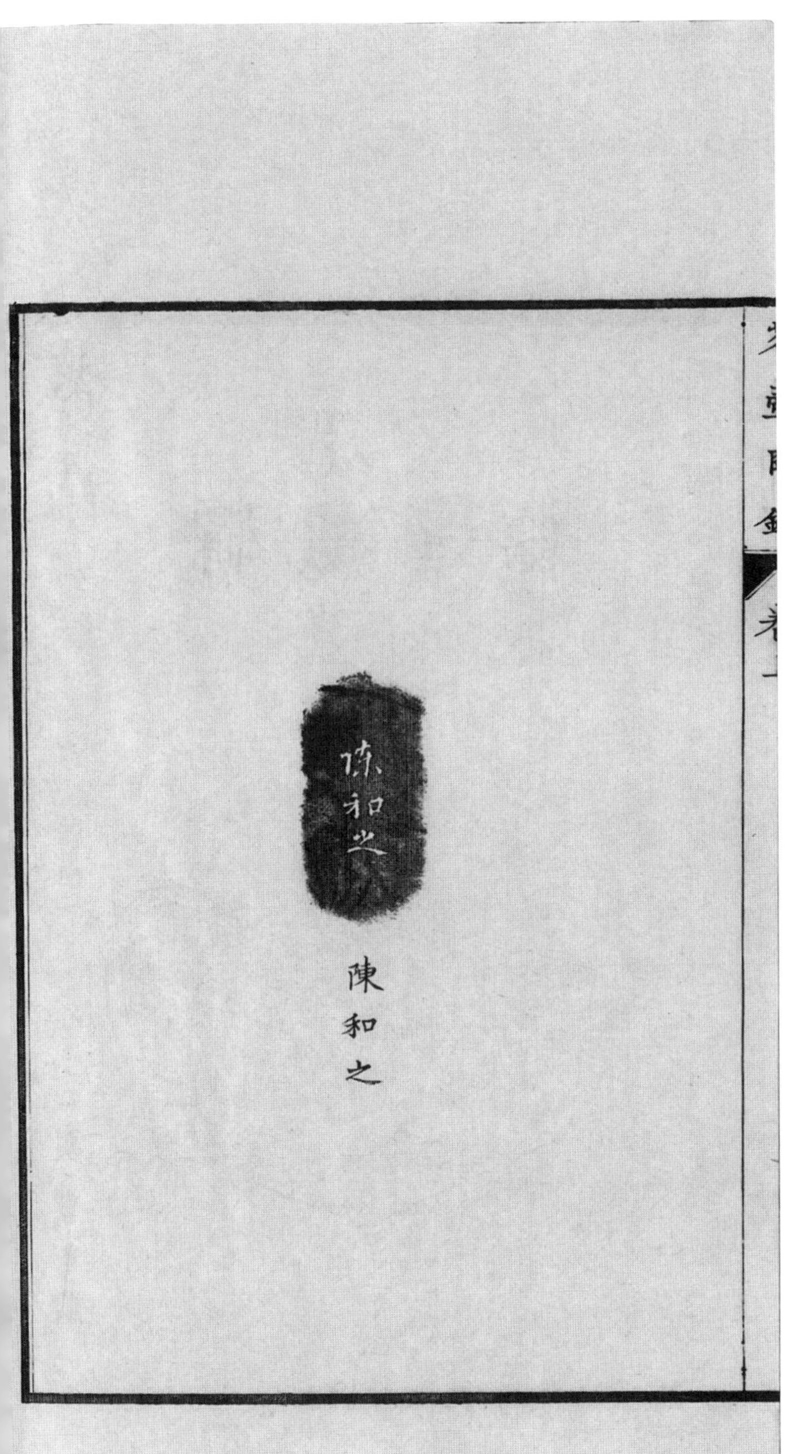

陳和之

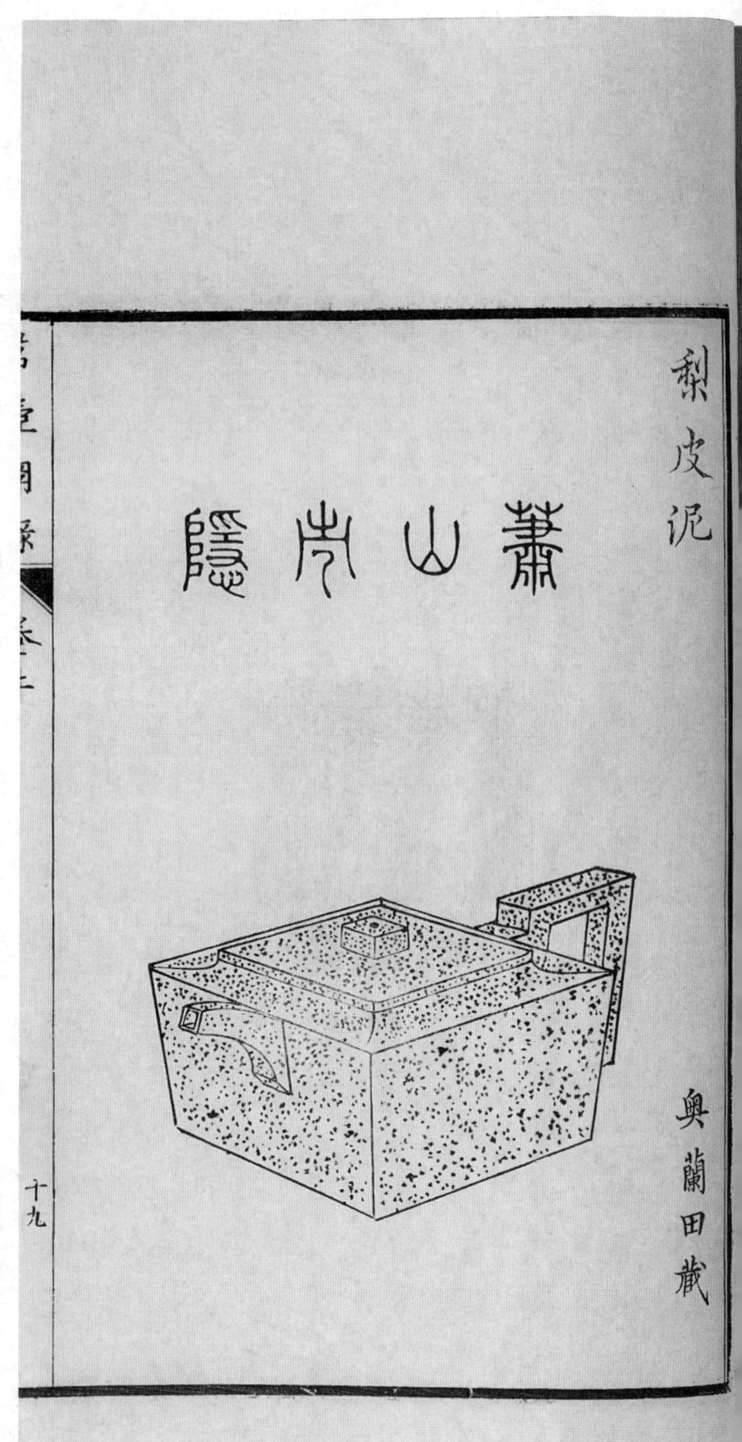

梨皮泥

奧蘭田藏

十九

茗壺系曰、陳和之天啓崇禎間人、距今殆将二百五十季、朱氏不祀久矣、而兹壺壽于今可不貴重耶、故號曰梁園遺老、

儲光義詩曰、楚山有高士、梁園有遺老、

右通蓋高二寸、口徑一寸八分二厘、腹徑二十七分、深一寸七分、重七拾四錢、容一合五勺、流方而徐起、鋬形如半折四字、蓋坦且方、的適之、上豐而下殺、底有印曰、閉門即是深山、篆法奇古可觀、是明人之本色、泥色紫而梨皮、通體清雅溫厚、頗有隱者風度、故號曰蕭山市隱、

明劉基市隱齋記曰、貫君性之、居越之蕭山、築室一區、在闤闠中、集古今圖書、以為燕遊接賓客之所、不高其垣而不覿車馬之塵、不深其宮而不聞閭閻之聲、以其徑路宛轉戶達、清謐、而不與鄙俗者接也、王君子充過而命之、曰市隱、

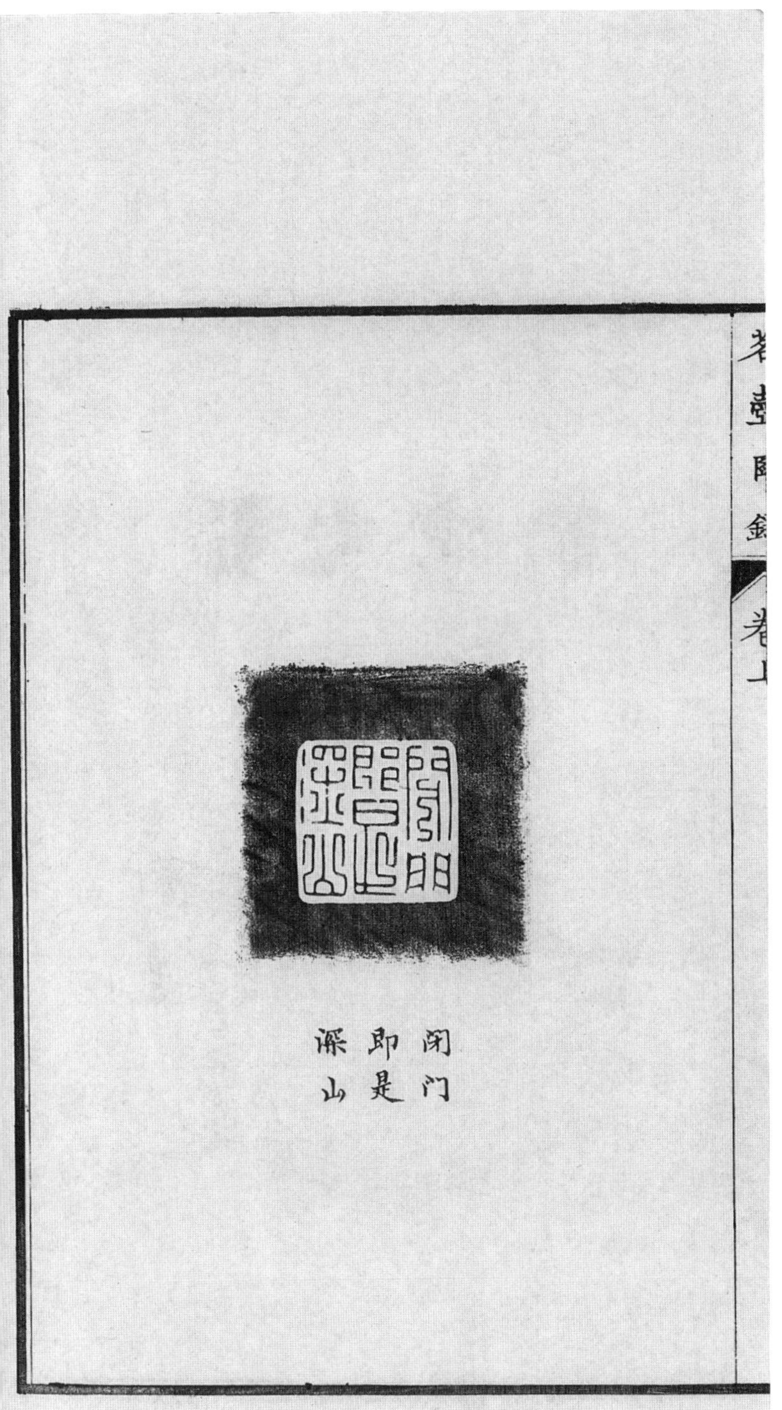
闲门即是深山

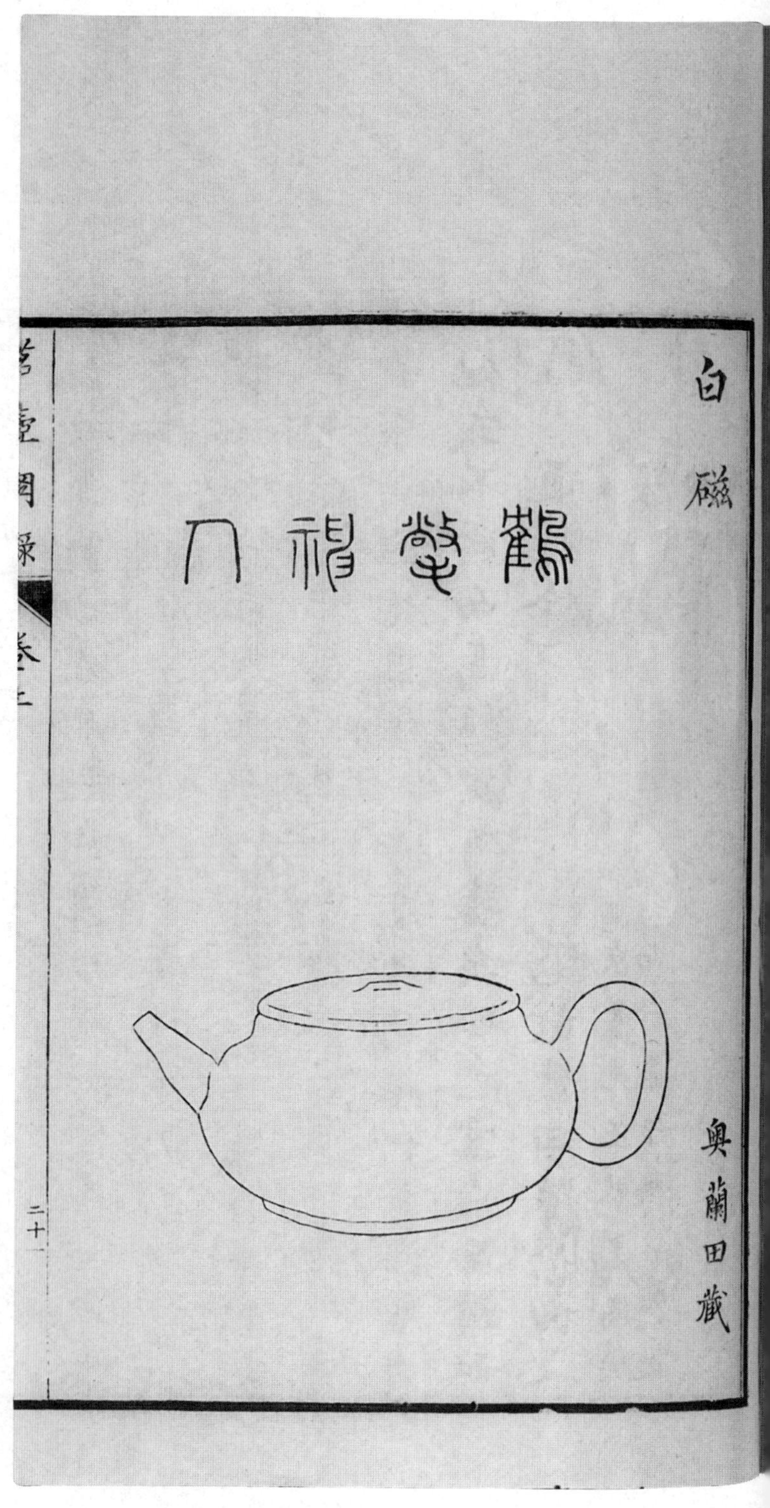
白磁
奥蘭田藏
二十一

朱泥
漁童樵青
奥蘭田藏
茗壺圖錄 卷上
二十三

右通蓋高一寸七分四厘、口徑一寸五分六厘、腹徑二寸七分、深一寸四分五厘、重三拾五錢、容八勺、流直而如嘴、鋬環而似耳、腹匾而圜、蓋坦而無的、只留一點痕耳、點茗之時以拇人兩指可把、圈足、底印一合字、未鮮為何故、形製與他式不同、而高雅更可喜矣、磁色雪白而滑如堆脂、通體恰如神仙著鶴氅、故號曰鶴氅神人、晉書、孟昶未達時在京、嘗見王恭乘高輿披鶴氅裘、時天微雪而行、昶于籬間窺之歎曰、此真神仙中人也、

一通蓋高二寸三分五厘、口徑一寸五分三厘、腹徑二寸一分八厘、深一寸六分八厘、重三十二錢六分、容七勺強、

一通蓋高二寸二分二厘、口徑一寸四分七厘、腹徑二寸一分七厘、深一寸六分五厘、重三十二錢二分、容七勺、

流仰而不曲不直、鋬鉤而如環、蓋盎而的成乳形、蓋口底共帶輪緣、形狀橢而似筩、底有款曰、吟花咏月品竹評茶、泥色淡朱、製作朴而實、古

吟花咏月
品竹評茶

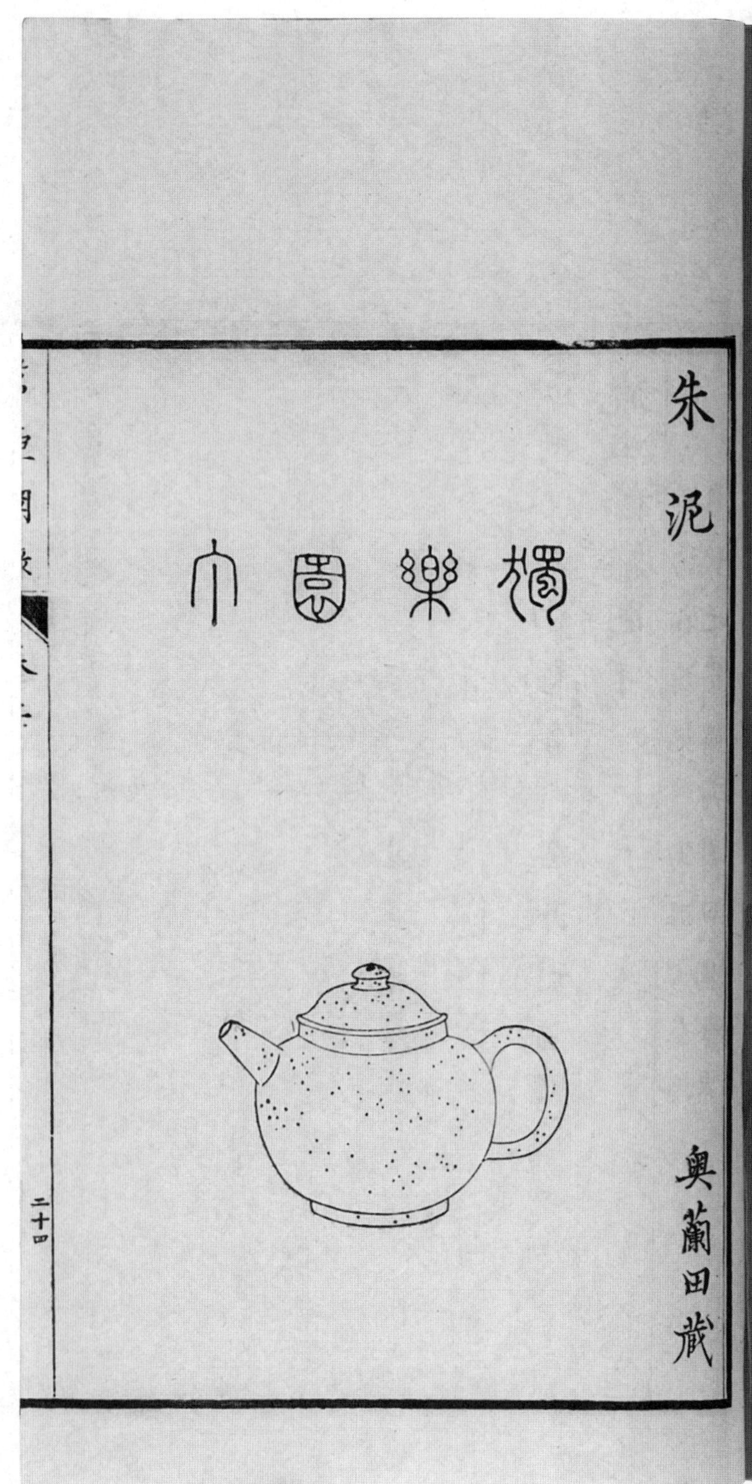
朱泥
奥蘭田藏
二十四

雅最可愛、予嘗評曰、匹夫匹婦合歡偕老、宛似張志和、配奴婢為夫婦者、故號曰漁童樵青、

唐書、肅宗嘗賜元眞子張志和、奴婢二人、名奴曰漁童、婢曰樵青、人問其故、荅曰、漁童、使捧釣收綸、蘆中鼓枻、樵青、使蘇蘭薪桂、竹裏煎茶、

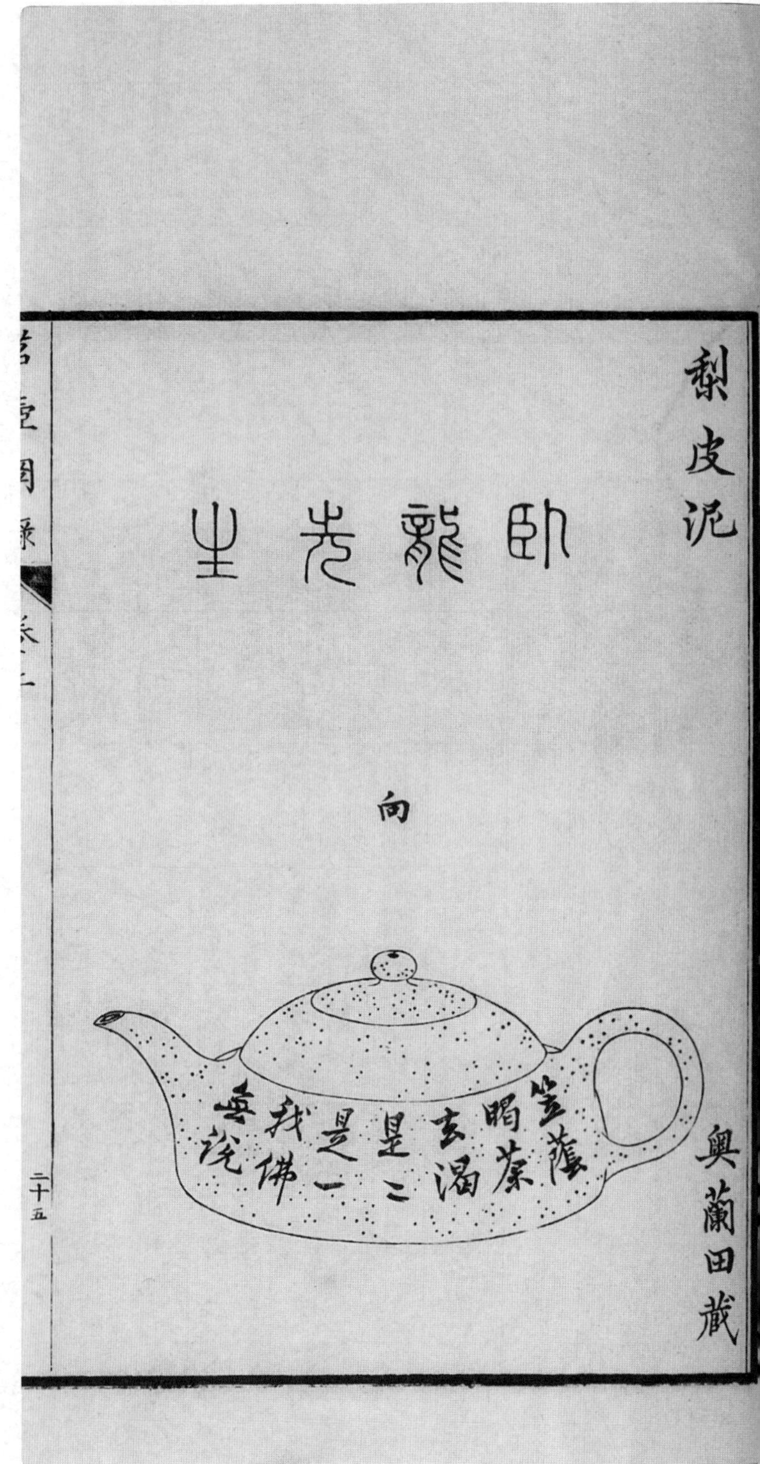
梨皮泥
卧龙先生
向
笠蔭暍茶湯二是一是佛我無說
奥蘭田藏
二十五

右通蓋高一寸六分二厘強、口徑八分五厘、腹徑一寸八分、深一寸一分二厘、重拾四錢強、容二勺強、流直鋬環、蓋盎、而的作小爵柱、圈足、無銘、形製極小、而妍樸具足、茗壺系曰、李茂林製小圓式、妍在樸緻中、允屬名玩、殆此壺之謂歟、泥色淡朱、而满身銀沙隱閃、是具輪珠之裔孫、而時俗呼曰獨茶銚、蓋取于獨喫之義而已、故號曰獨樂園丁、

洛陽名園記、司馬温公在洛陽、自號迂叟、謂其園曰獨樂園、

笠蔭暍
茶去渴
是二是一
我佛無說
戊寅秋七月
銘
二十六

背
戊寅秋七月叉奚銘

也、泥色梨皮、通體深沈而雄偉如坐如卧如潛如蟄、有呼欲起之意、故號曰卧龍先生、

三國志曰、徐庶謂先主曰、諸葛孔明卧龍也、將軍宜枉駕顧之、

右通蓋、高二寸五分、口徑一寸五分強、腹徑三寸八分四厘、深一寸四分強、重六拾二錢弱、容一合二勺強、流不曲不直、鋬環、口弇腹胖、口内設堰圈而容蓋唇、自口下至肩腹上、漸下漸豐、腹上鋟為一畫界、底如截毬、平圓純素、腹之前後鐫行書二十二字、曰笠蔭暍茶去渴、是二是一我佛無説、戊寅秋七月爻幾銘、刀法遒勁有精神、妙優於毛中書、按茲壺製作工夫一變、更極精巧、的與流鋬、裏面、削刪痕存、所謂捏製者

古錫
奥蘭田藏
二十八

貴此或二子之作、近日世間好事者、壺皆貴泥砂、此壺不趨世所趨而獨自異、亦有出離解脫之意、故號曰出離頭陀、

無量壽經上卷曰、皆蒙解脫、[解脫出離互諸也]釋曰出離之緣、[出到菩薩欲離生死]增一阿含經曰、此頭陀行在世者、我法亦當久在於世、

右通蓋高一寸八分一釐、口徑一寸五分腹徑二寸四分三釐、深一寸四分、重六拾二錢、容七勺、流直鋬環、古籐絡鋬、蓋防湯熱也、的真鍮作之為籩豆樣、肩微稜而腹下漸殺、底着、無欵、通體純錫、經年之久、鏽花赤斑、紛然點出、古色可掬、形製不侈不麗、敦朴有雅致、自是篋中寶玩、西京秦藏六、頗工于冶錫、嘗觀此寶愛不置、審定其為明製、按李斗楊州畫舫錄云、吳人趙璧、變彬之所為易以錫、近時則歸復所製錫壺為

梨皮泥
奥蘭田藏

右通蓋高一寸六分六厘、口徑一寸五分四厘、腹徑三寸二分、深一寸一分弱、重四拾二錢強、容八勺、流直鋬環、通體以秋葵花為式、千瓣參差、向背分明、如笑如語、其嬌冶柔媚之態、覺妃子倦粧不異、瓣在腹者最大、在底者次之、在蓋者又次之、的與流鋬、亦各施工、流下有小印二、曰荆溪、龍文、泥色紫而梨皮許氏巧手、每壺無一不竭智力、而茲壺精製尤窮神妙、非他工之可擬倫也、秋葵花與蜀葵相類、故號曰傾心佳

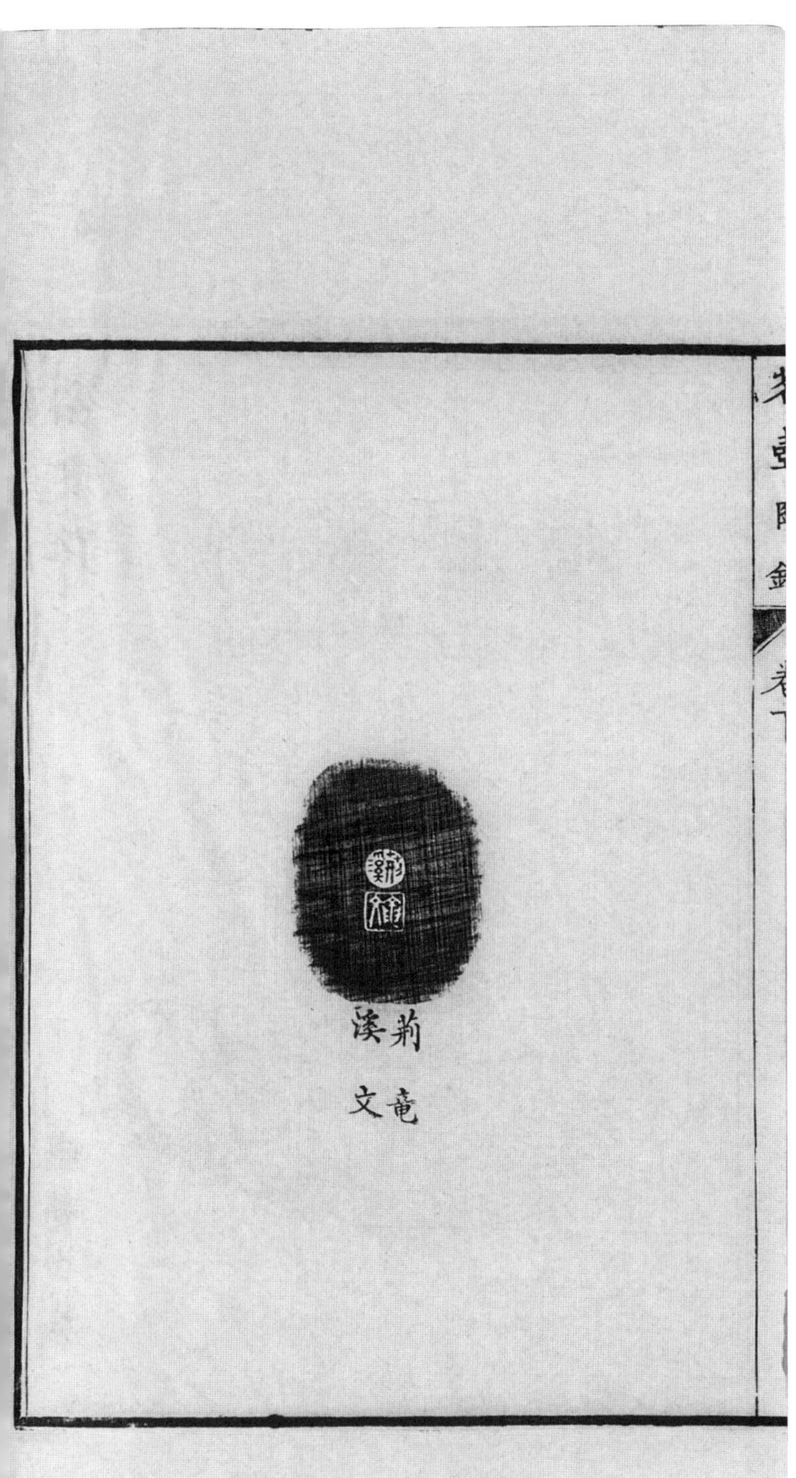
荆溪
竜文

梨皮泥
奧蘭田藏

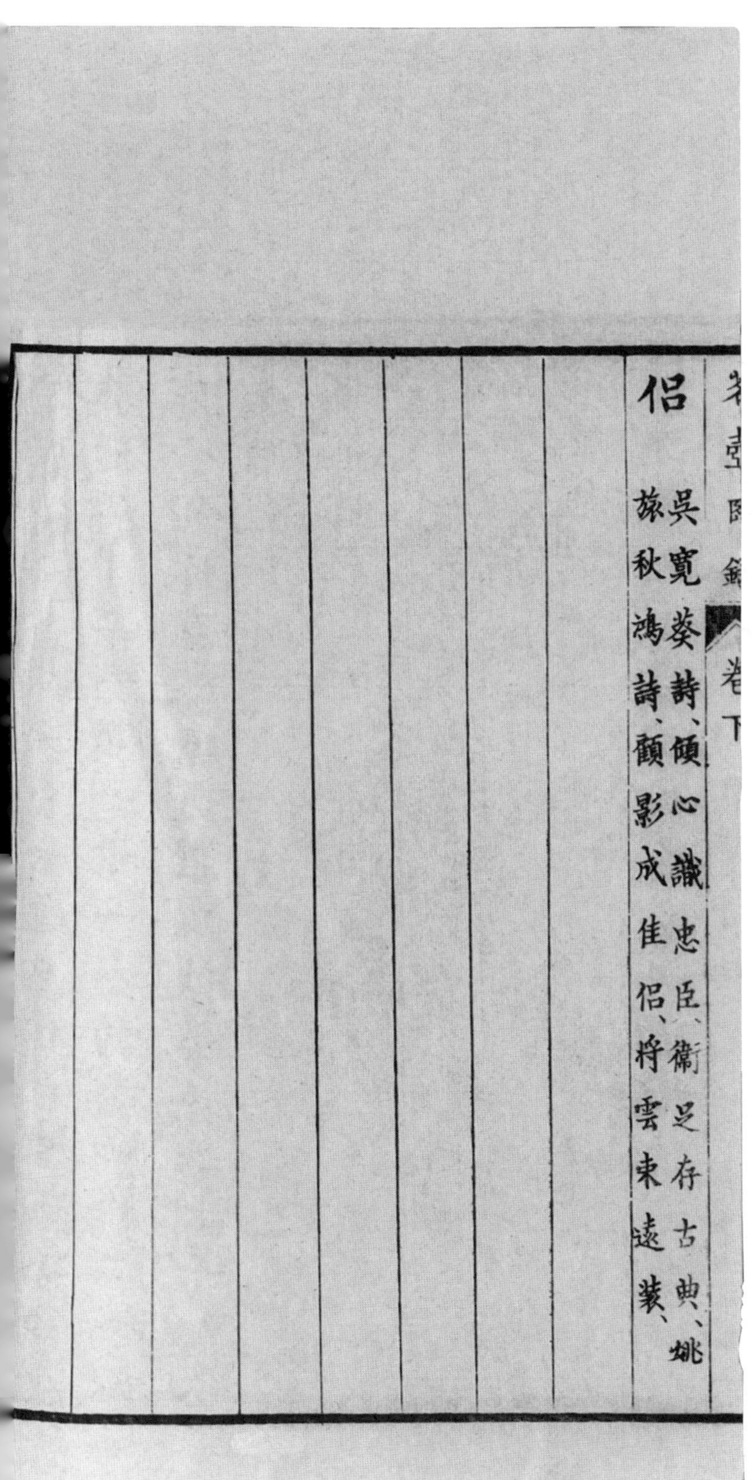

茗壶图录 卷下

侣 吴宽葵诗、倾心识忠臣、卫足存古典、姚旅秋鸿诗、颤影成佳侣、将云东远装、

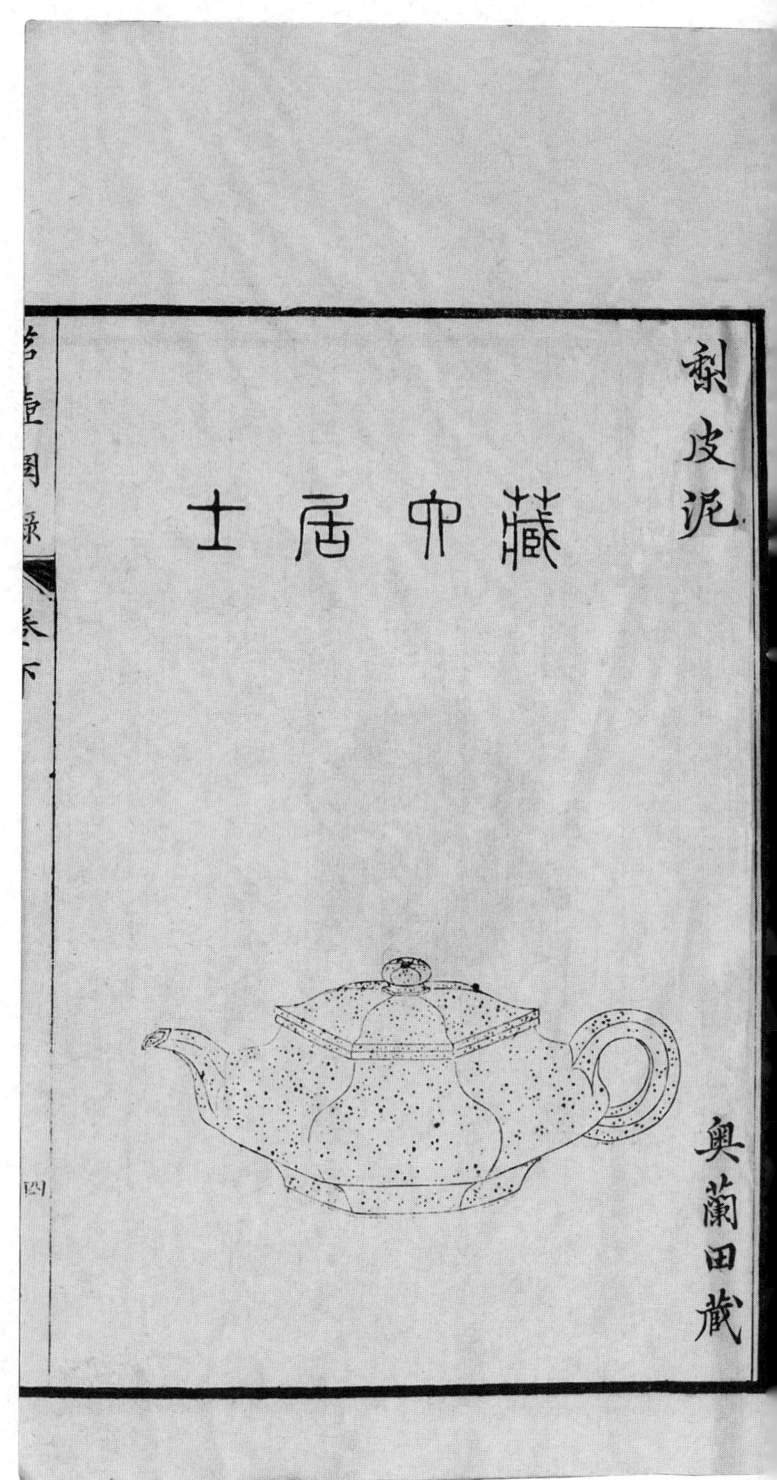
梨皮泥
藏中居士
奥蘭田蔵
茗壺図録　巻下
四

右通蓋高一寸四分三厘、口徑二寸八厘、腹徑三寸六分四厘、深一寸一分、重四拾四錢強、容一合、流灣而短、鋬環而整、腹匾而大、胎淺而虛、寂宜注瀹、茗壺系曰、宜淺不宜深是也、但惜形失于大耳、底有小印二、曰荆溪、龍文、同上泥色紫而梨皮、大率與藏六居士同質、通體或如跍跏趺坐、宛然有物外之貌、故號曰趺坐逃禪、

王維詩、嫩草承趺坐、杜甫詩、醉中往往愛逃禪、

右通蓋高一寸五分七厘、口徑一寸七分五厘、腹徑三寸三分三厘、深一寸一分強、重三拾八錢強、容八勺強、流灣而帯稜、鋬環應之、蓋腹底皆共六稜、的成乳形、底鎸真書三字、曰惜餘銘、亦有小印二、曰荆溪、龍文、泥色紫而梨皮、較傾心佳侶稍淡、通體似亀形、而流鋬有昂首曳尾之態、如動如止、故號曰蔵六居士、

蘇軾詩曰、失若亀蔵六

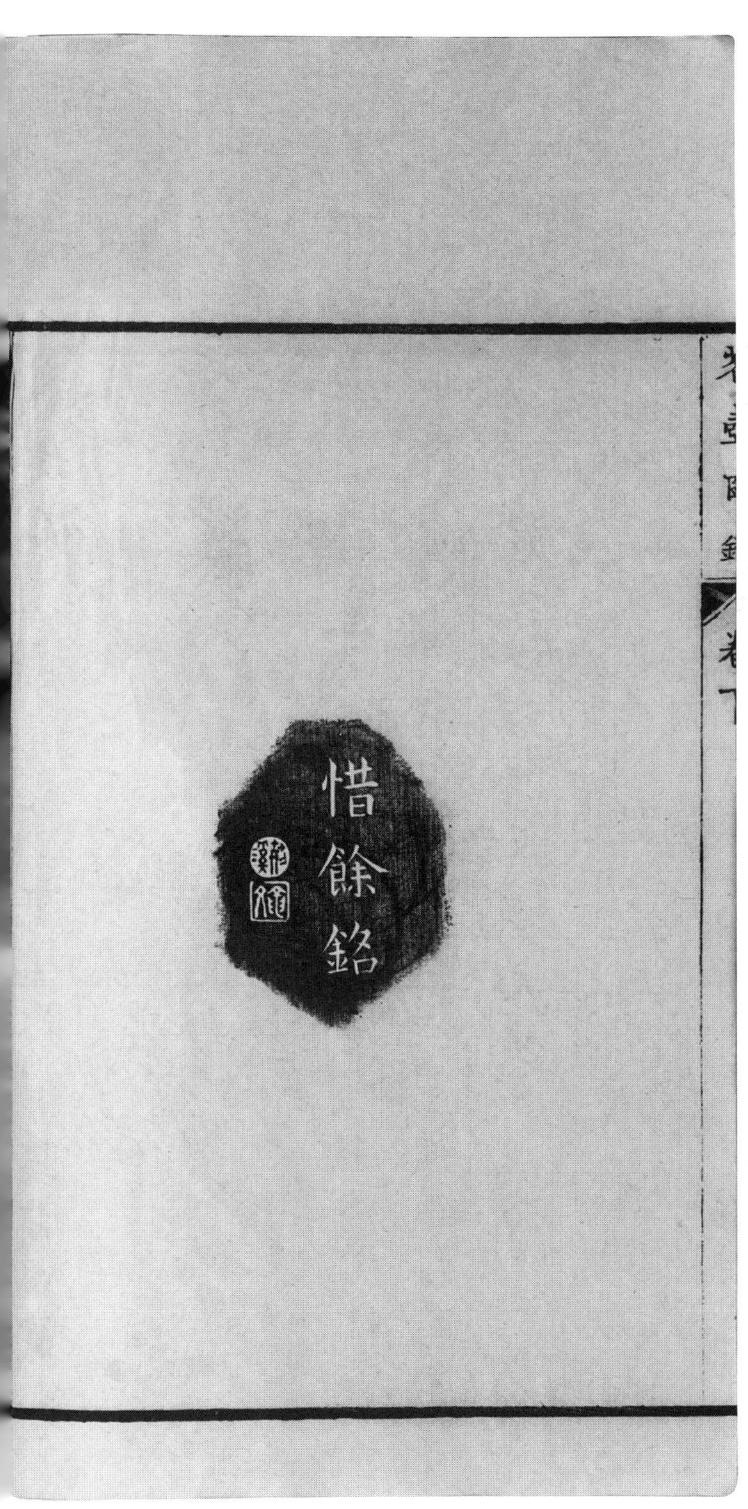
惜餘銘

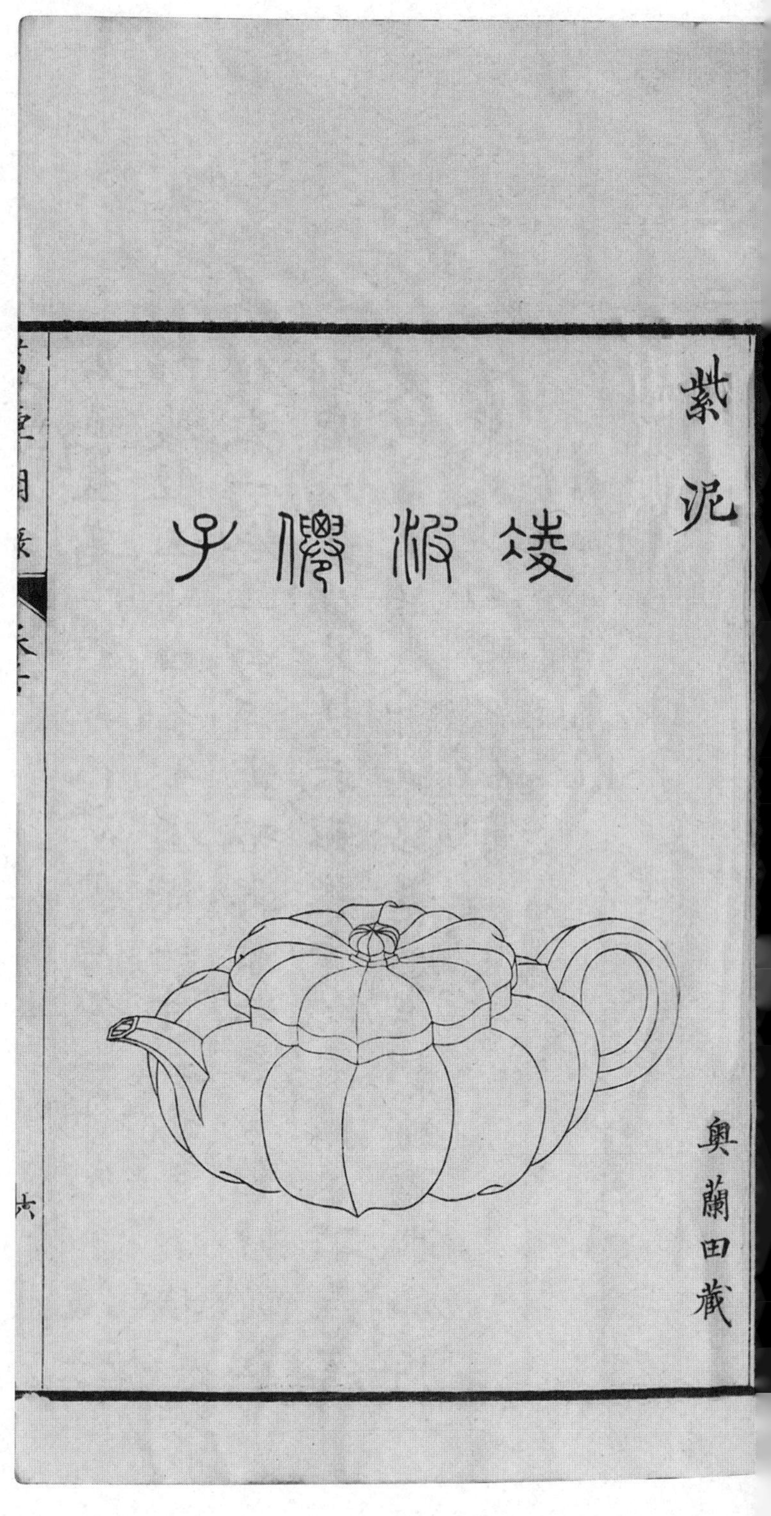
紫泥
陵波仙子
奥蘭田藏

茗壶图录
卷下

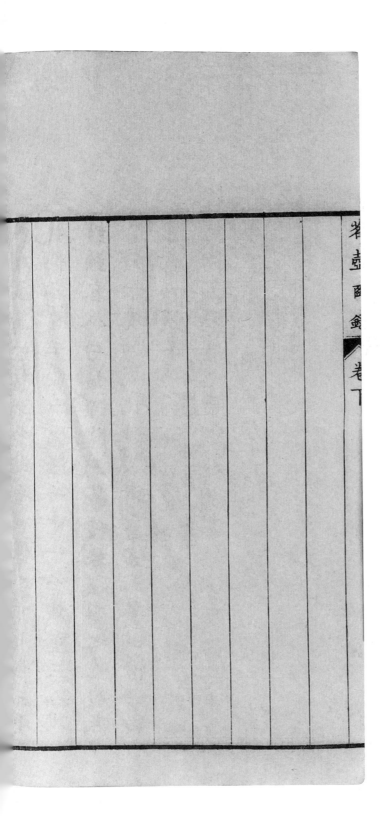

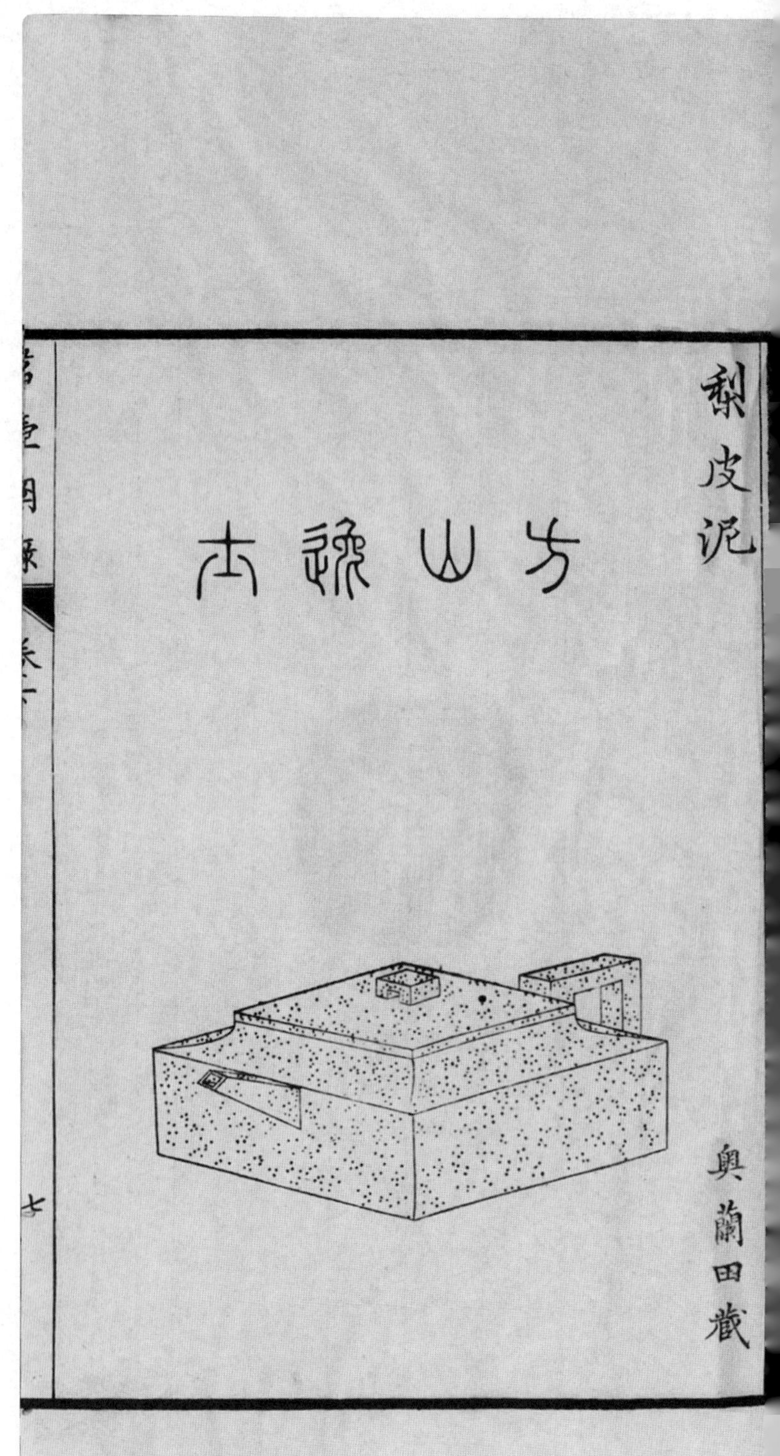
梨皮泥
方山讀本
奥蘭田藏
七

右通蓋高一寸七分五厘、口徑一寸九分、尖二寸三厘腹徑三寸四分七厘、深一寸三分、重五拾三錢、容一合二勺、流鋬略與藏六居士相類、從蓋到底成水仙花樣、六瓣胞合之處、攝整不差毫髮、以蕾為的、底著無銘、泥色淺紫、通體水仙花為式、故號曰凌波仙子、

黃庭堅詩曰、凌波仙子生塵襪、

右通蓋高一寸四分八厘、口徑一寸四分七厘、腹徑二寸七分五厘、深一寸二分、重六拾錢強、容一合強、流直而方、鍪矩而成口字樣、蓋平坦如棋枰的似覆斗鈕、底有印·曰、許龍文製、泥色紫而梨皮、形製四面端正、類方山、故號曰方山逸士、丹陽記曰、山形方如印、故曰方山、亦名天印山、

許龍文製

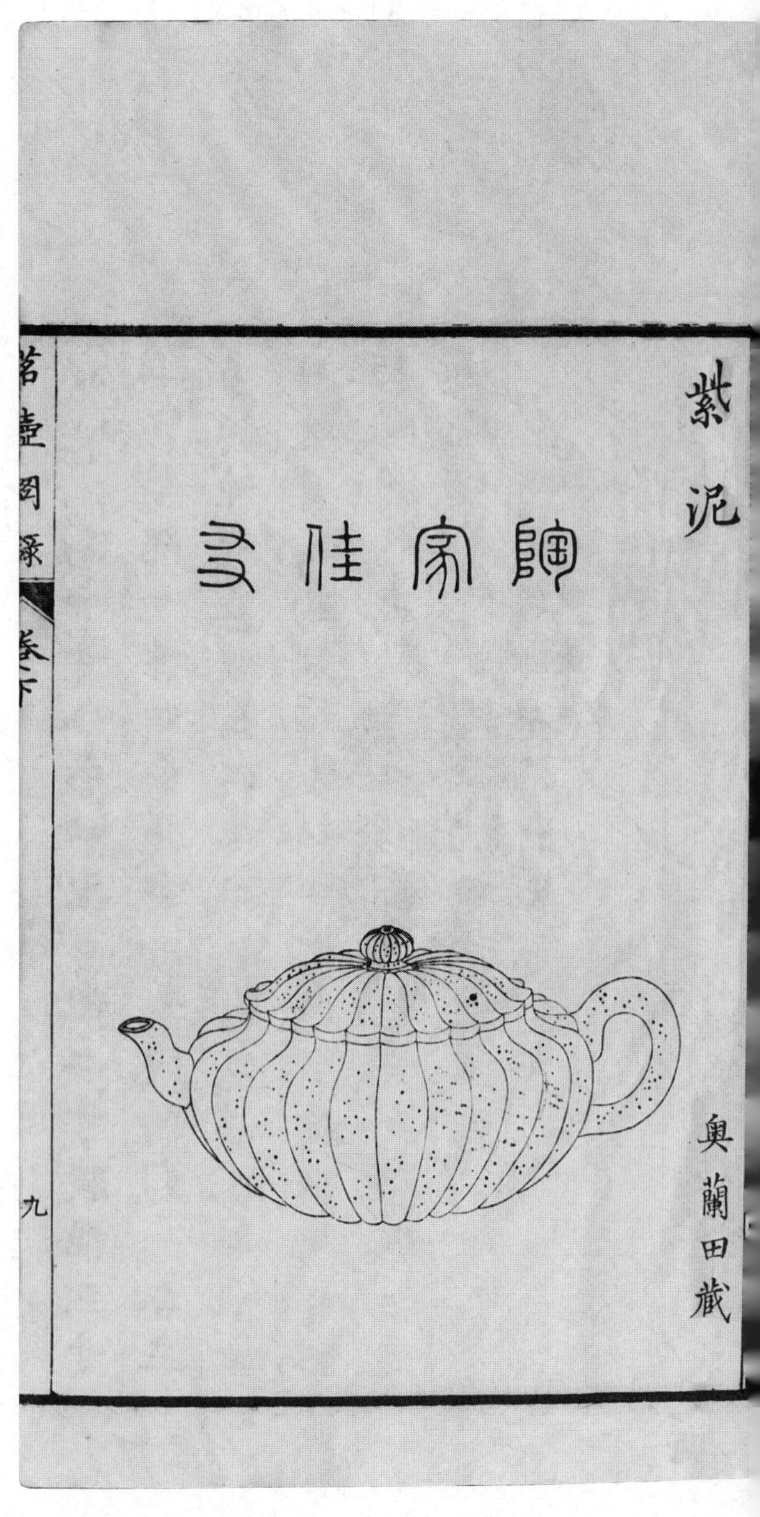
紫泥
陶家佳文
奥蘭田藏
茗壺圖錄
卷下
九

梨皮泥
儷蘭之走
十
奥蘭田藏

右通蓋高一寸八分四厘、口徑二寸、腹徑三寸二分強、深一寸四分弱、重卌九錢弱、容一合三勺弱、流灣鋬環、蓋與器共為菊花樣、各二十四瓣、以蕾為的、試搖蓋、合口之處、密縫不間、可謂巧緻、但惜底純素無款識、泥色紫而粟粒隱見、通體以菊花為式、故號曰陶家佳交、

陶家、謂陶淵明也、曾端伯、以菊為佳友、

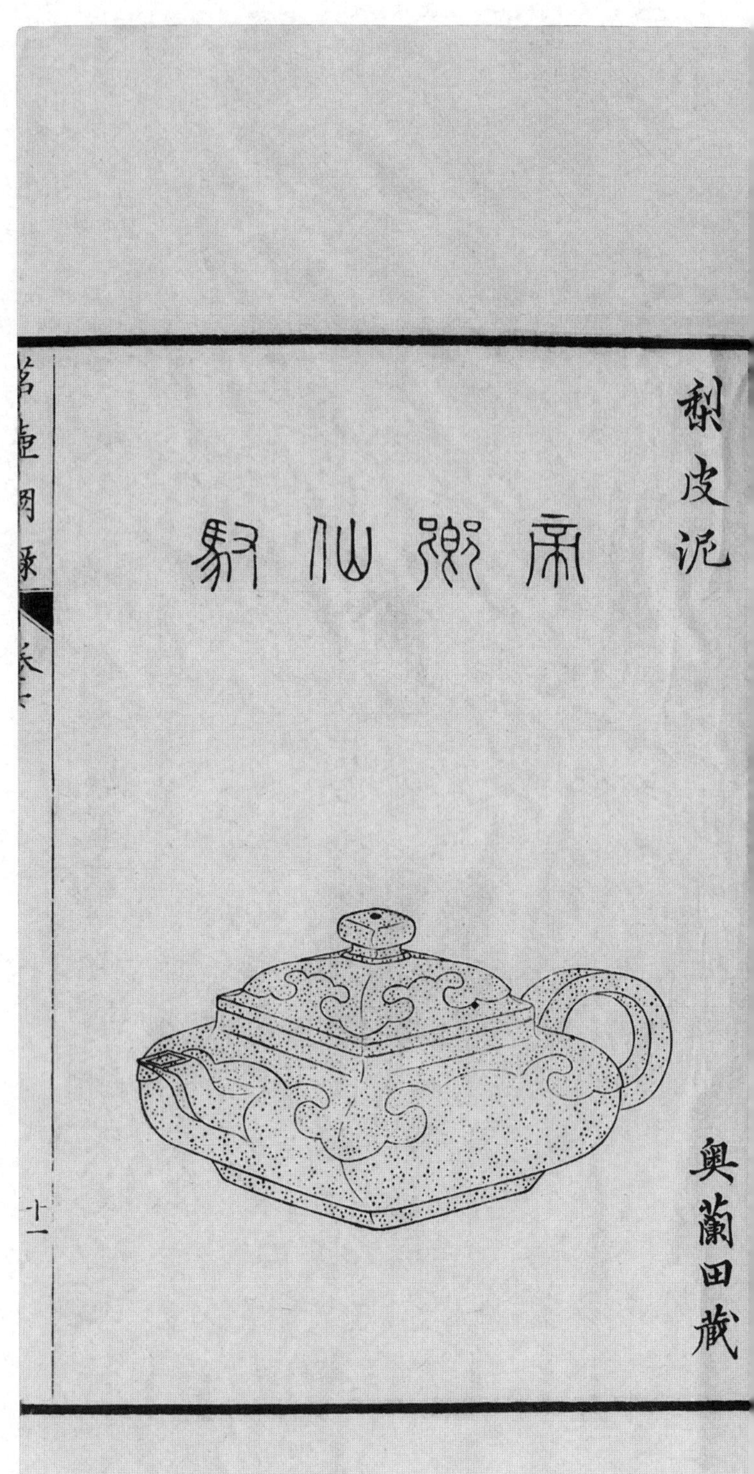
梨皮泥
帝卿仙骨
奥蘭田藏
十一

右通蓋高一寸七分六厘、口徑一寸八分四厘、尖二寸一分六厘、腹徑三寸四分強、深一寸二分五厘、重五拾五錢、容一合一勺強、流灣鋬環、腹蓋共摸造水仙花、各六瓣、以蕾為的、腹半又縈雙鈎線為束帶樣、底單鈎輪廓成六瓣、純素而無銘、蓋陰有小印難辨、泥色紫而梨皮是亦水仙式、而形體不同、故號曰儷蘭女史、

廣群芳譜、曰水仙一名儷蘭、又名女史花、

右通蓋高一寸九分、口徑一寸六分四厘、腹徑三寸、深一寸二分五厘、重五拾七錢、容一合二勺強、流灣而方、鋬環而如屈鐵、的稱之蓋與器共被以雲紋、蓋之子口、有印、曰國瑞、底有印曰、王蟾琢箴、泥色紫而梨皮與傾心佳侶異形同質、通體方圓具足、温厚而不脆、以其有雲紋故號曰帝鄉仙馭、莊子曰、乘彼白雲至於帝鄉、

以上八壺、嘗購獲於西京鳩居堂、寶愛久矣、併妝于一筥中、常遇奇客至則任意抽取、以

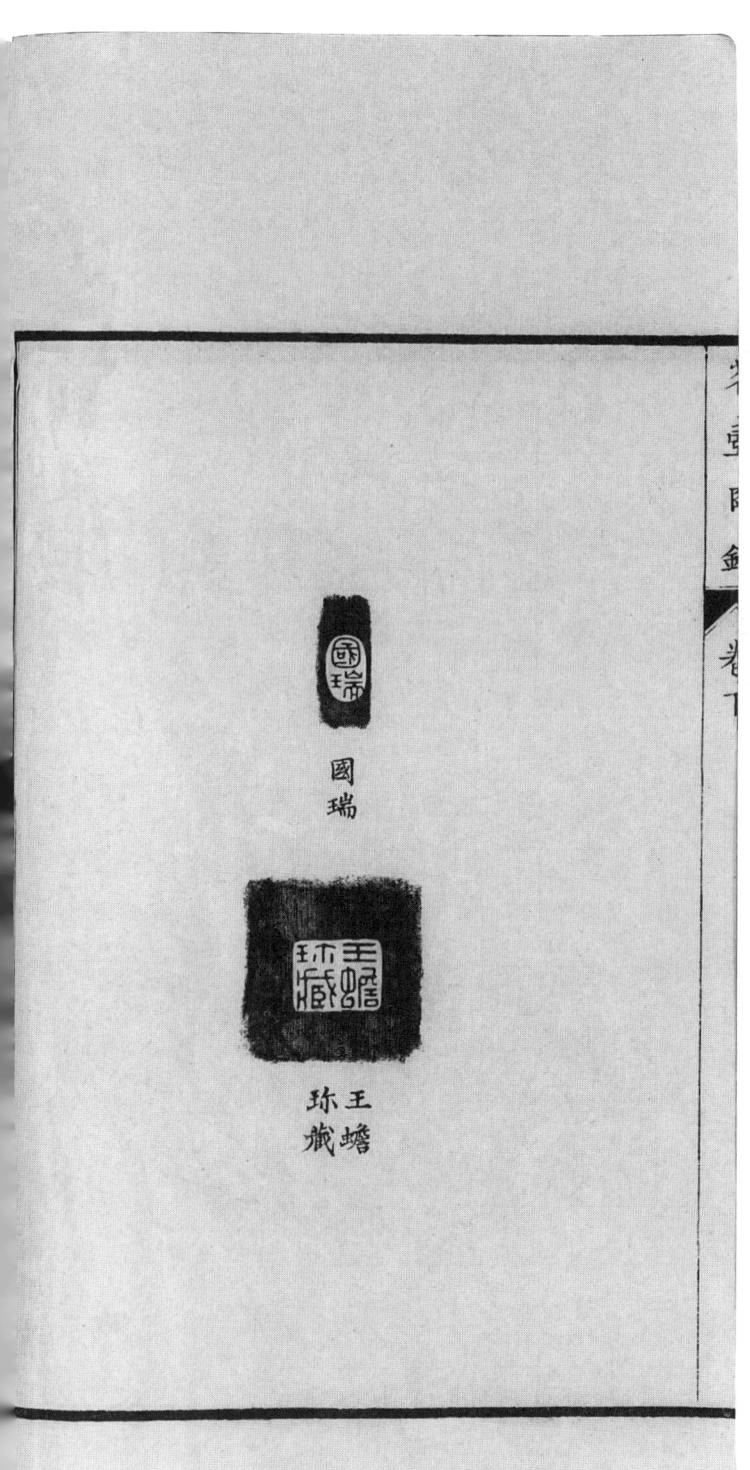

國瑞
王蟾珎藏

梨皮泥
儒雅宗伯
内田寒泉藏
茗壺圖錄
卷上
十三

點苦茗、稱曰荊溪八仙、按前七壺、不問無款有款、大率如出許龍文一手、呂帝鄉仙馭、獨異款識爲別手無疑矣、蓋王蟾與國瑞自是別人、而王蟾使國瑞造之者耳、顧二人未攷爲何人、姑記以俟識者審定、右通蓋高一寸七分二厘、口徑二寸、腹徑三寸五厘、深一寸四分五厘、重三拾五錢、容一合亠勺強、流徐起而灣、鋬環而的應之、腹圓、底着、口内設堰圈而受蓋、蓋之子口有缺處、底鐫真書十八字、曰萬曆戊午秋日九月望日為葉龕先生製仲芳、刀法遒勁、但日字重複為恨耳、按仲芳者、大彬之高弟、擅名于當時乃陶肆謡所謂三大之一也、泥色醇梨皮、通體醞藉、有儒雅之氣象、故號曰儒雅宗伯、

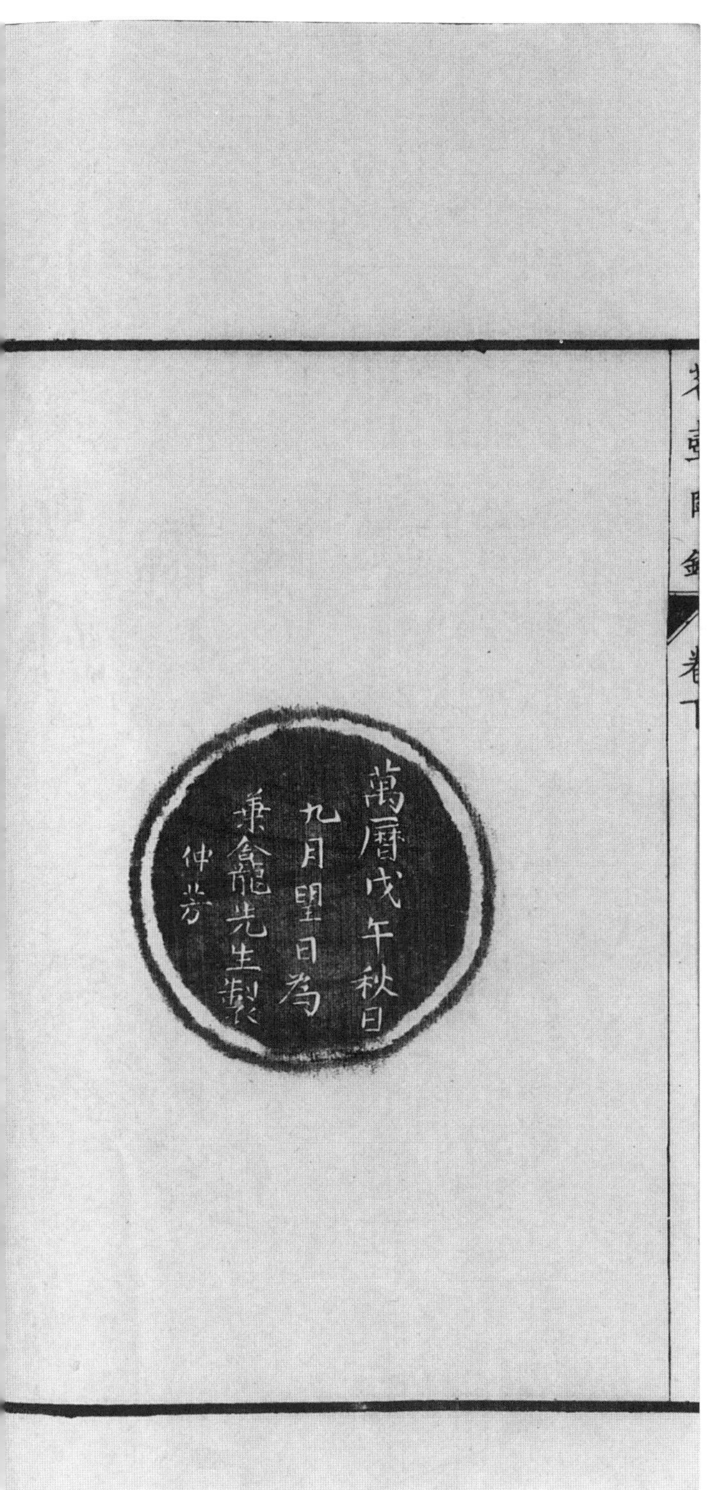
萬曆戊午秋日
九月望日為
兼倉龍先生製
仲芳

紫泥
內田寒泉藏
茗壺圖錄
卷下
十五

漢書、公孫弘傳贊、儒雅則公孫弘、董仲舒、兒寬、大戴禮、宗伯之官以成仁、右通蓋高二寸七分五厘、口徑二寸一分、腹徑三寸二分四厘、深二寸二分五厘、重一百錢弱、容一合六勺強、流肥短而不直、鋬相應而為環、口唇及而外嚮、全容蓋唇、的如葡萄子、圈足、底鐫三字、曰醉華齋、不詳其為何人、篆法奇古可喜、泥色濃紫、或云黯肝色、敲之作金石之聲、蓋明製之醇者、通體渾厚、而堅如鐵、介似石、故號曰鐵石丈夫、魏志武帝紀注、魏武故事載令曰、領長史王必、是吾披荊棘時吏也、忠能勤事、心如鐵石、國之良吏也、

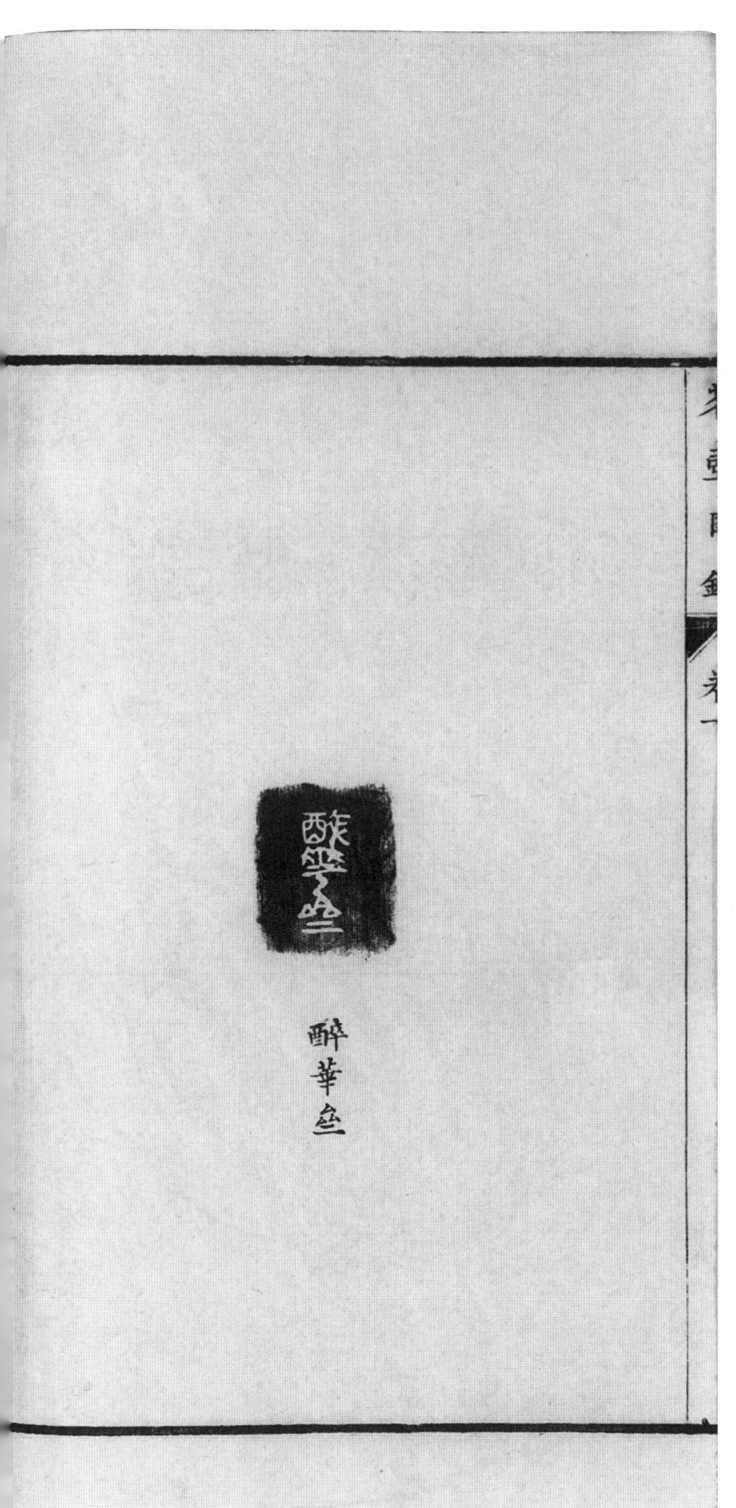
醉華盦

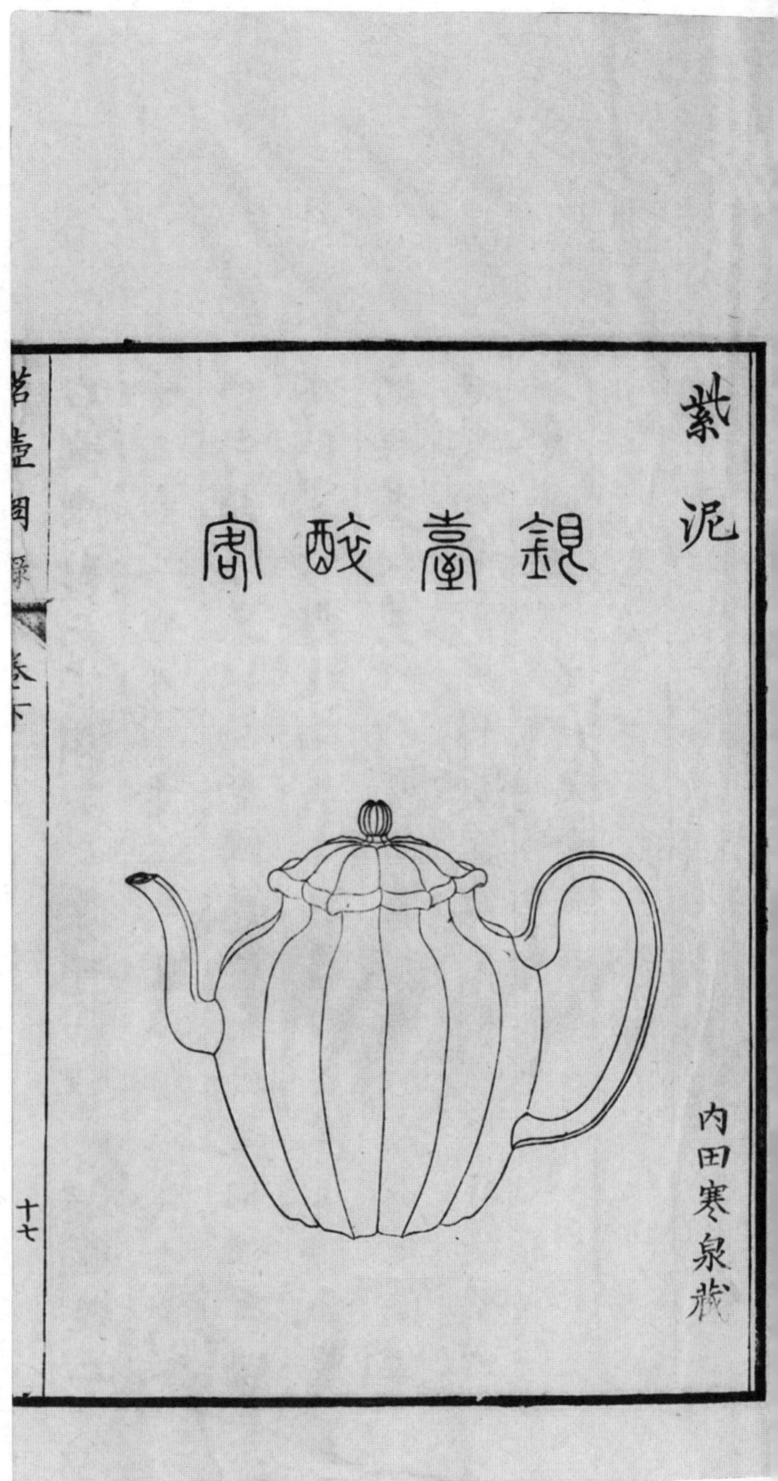
紫泥
內田寒泉藏
茗壺圖錄 卷下
十七

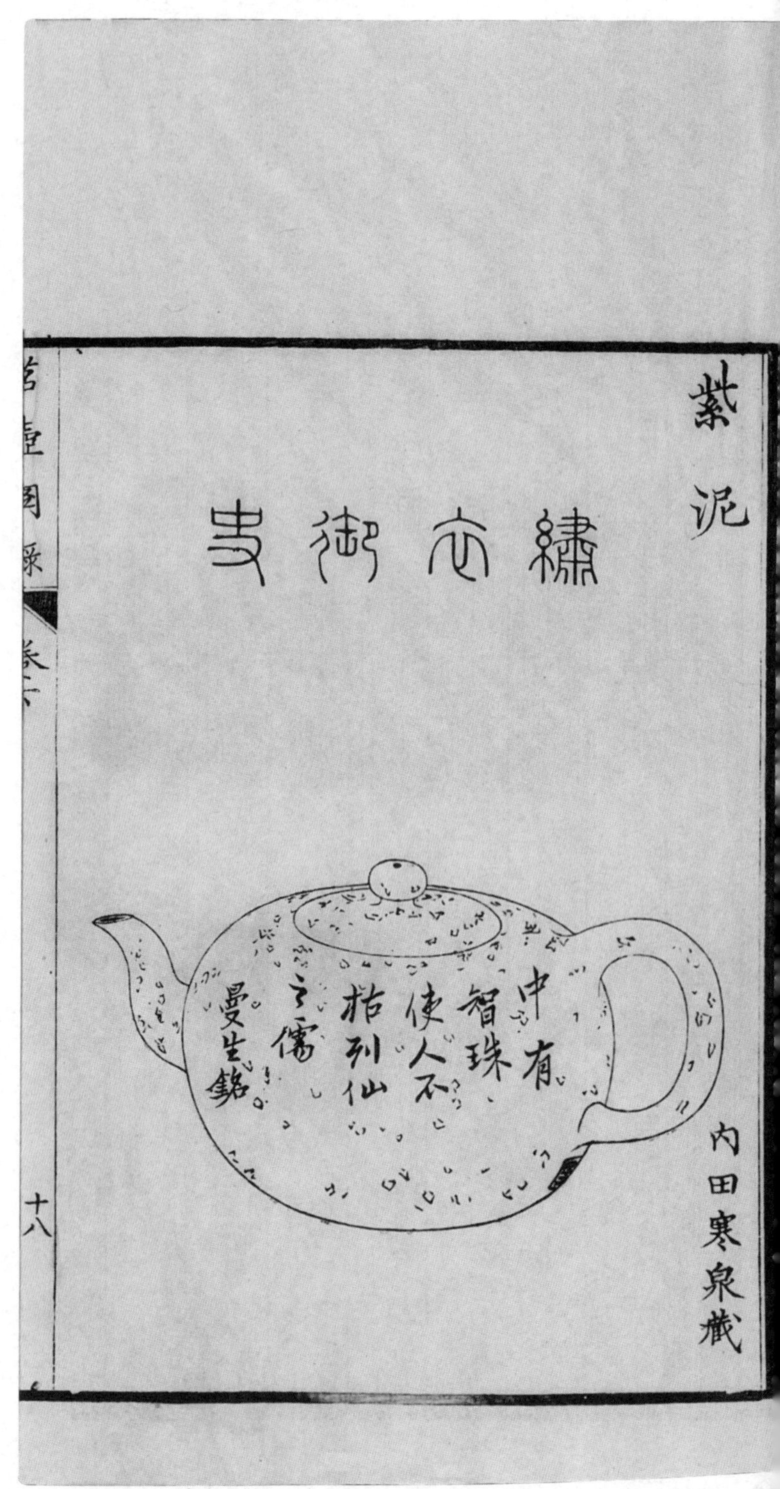

紫泥
中有智珠使人不枯列仙之儒
曼生銘
内田寒泉藏
茗壺圖錄
十八

右通蓋高二寸六分六厘、口徑一寸五分、腹徑二寸三分二厘、深二寸三分、重三拾八錢四分、容八勺弱、涨聳起而漸灣、鏊環而與之相稱、通體水仙式、六瓣收縮成口、口唇旁出承蓋、胎合緊密、無差紙髮精巧可知矣、蓄為的、底着、無欵、泥色紫而帶紅、光澤如玉、以其做水仙花、故號曰銀臺醉客、

山堂肆考曰、世以水仙、為金盞銀臺、

右通蓋高二寸一分六厘、口徑一寸五分六厘、腹徑三寸一分五厘、深一寸九分五厘、重六拾五錢、容一合四勺、流灣、鍪環、皮肉豐阜、腹圜、口弇、底着、口内設壇圈承蓋、通體氣骨富贍雄偉、自是廊廟之材、腹鐫行書十五字曰、中有智珠使人不枯、列仙之儒、曼生銘、書體清健可觀、底有印曰、曼生、鍪下又有印曰彭年、盖曼生使彭年造而自銘者歟、泥色紫砂之一種、而滿面斑點、如繡黄花落蘂、砂壺中未嘗覩斯異紋者、故

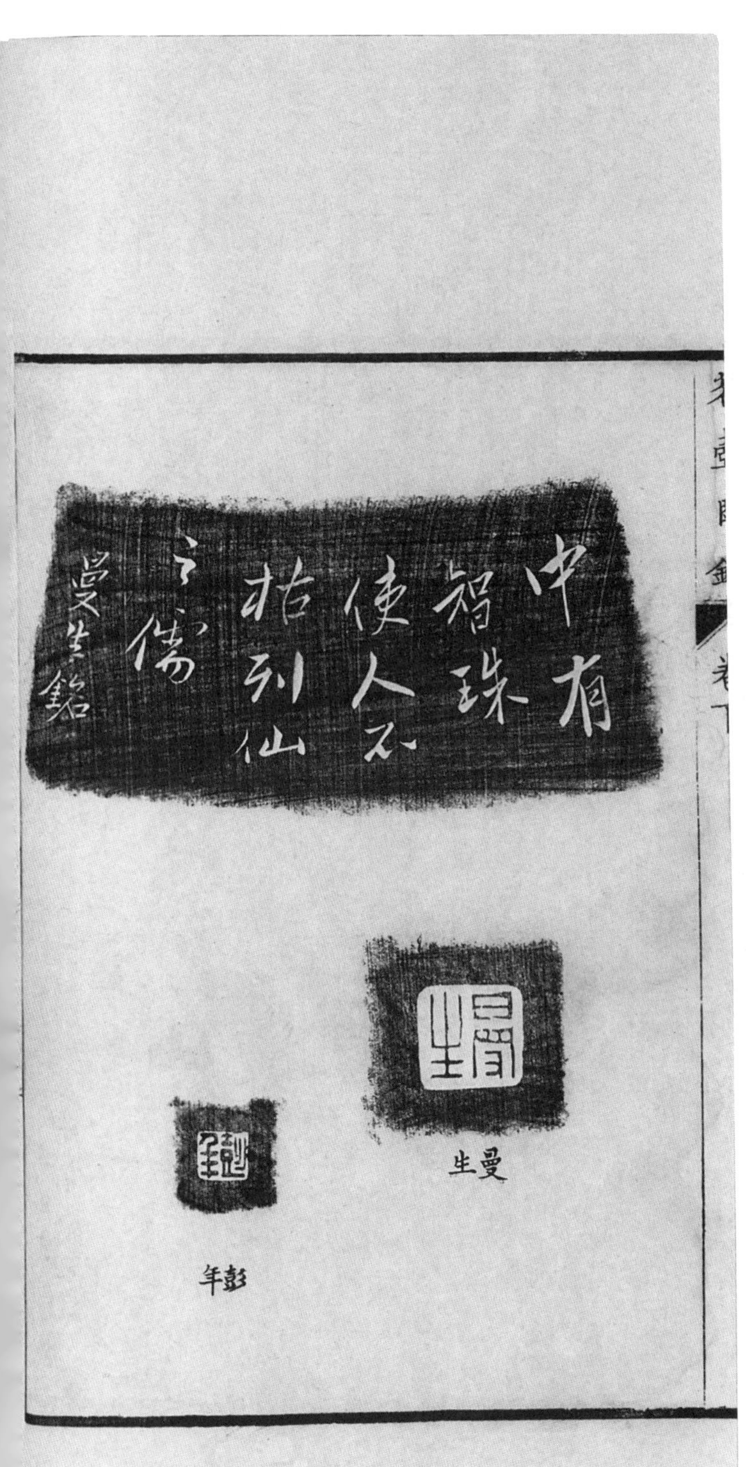

曼生

彭年

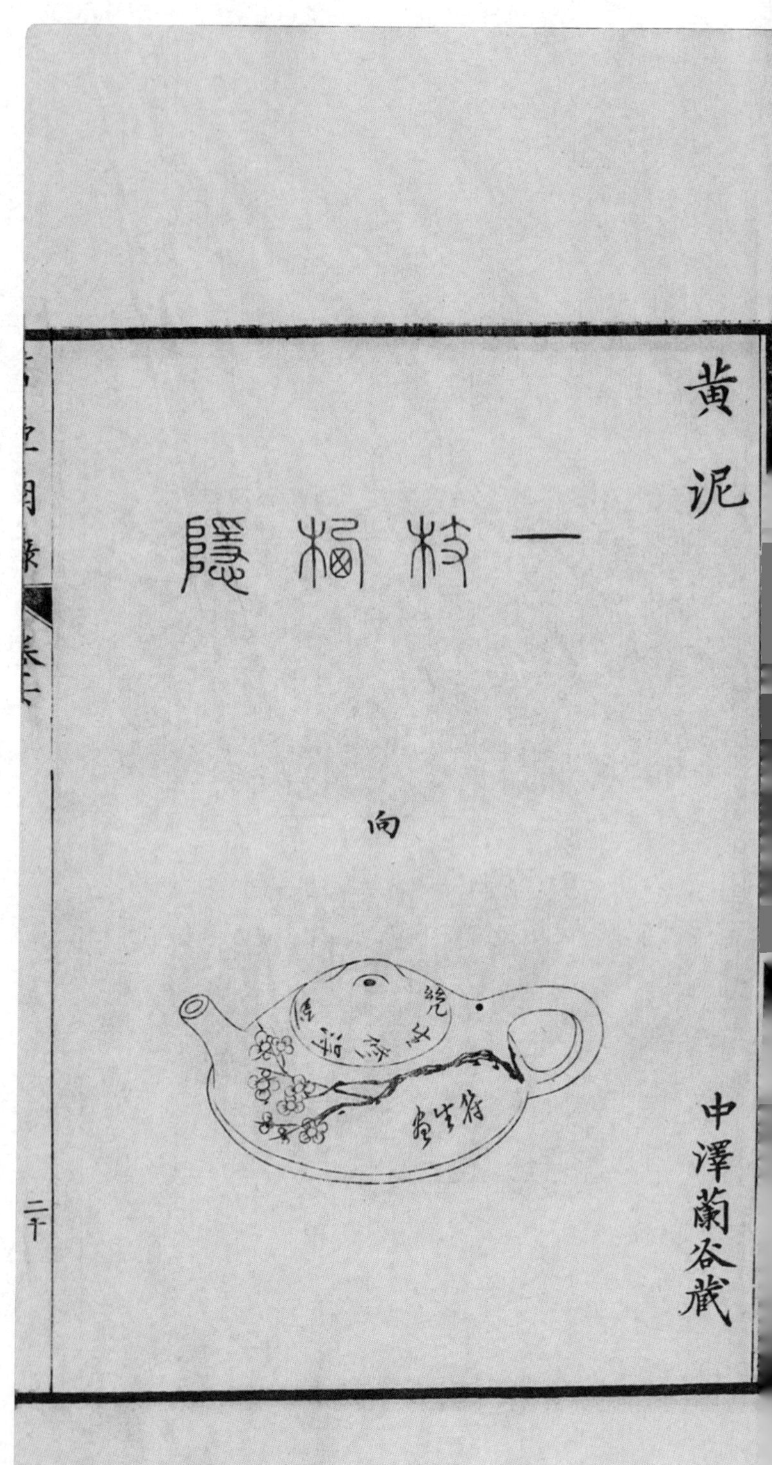
黄泥
一枝梅隱
向
中澤蘭谷藏
二十

號曰繡衣御史、漢書、御史有綉衣、直指出、討姦猾、治大獄、武帝所制、不常置、註、衣以綉者、尊寵之也、

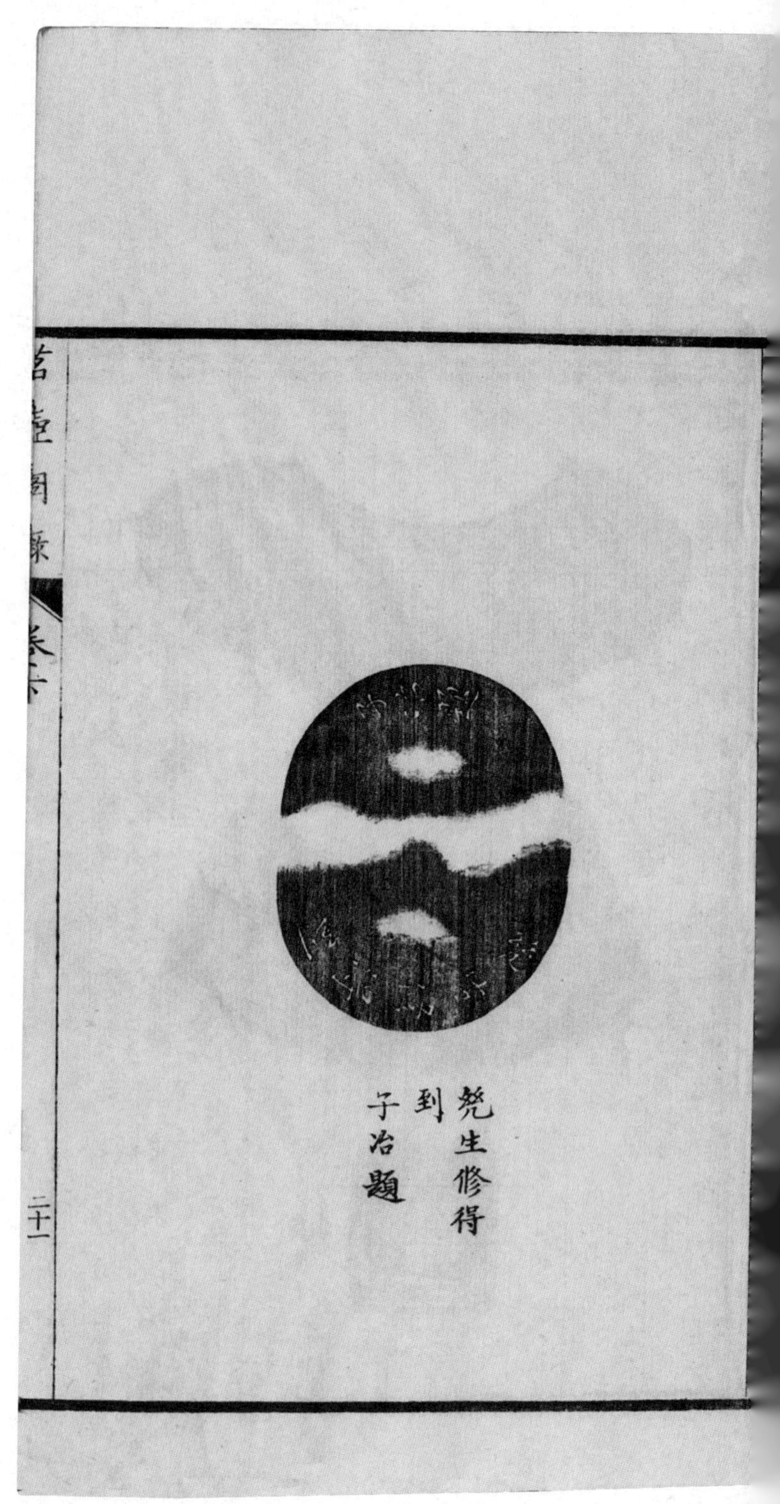
茗壺圖錄 卷下
幾生修得
到
子冶題
二十一

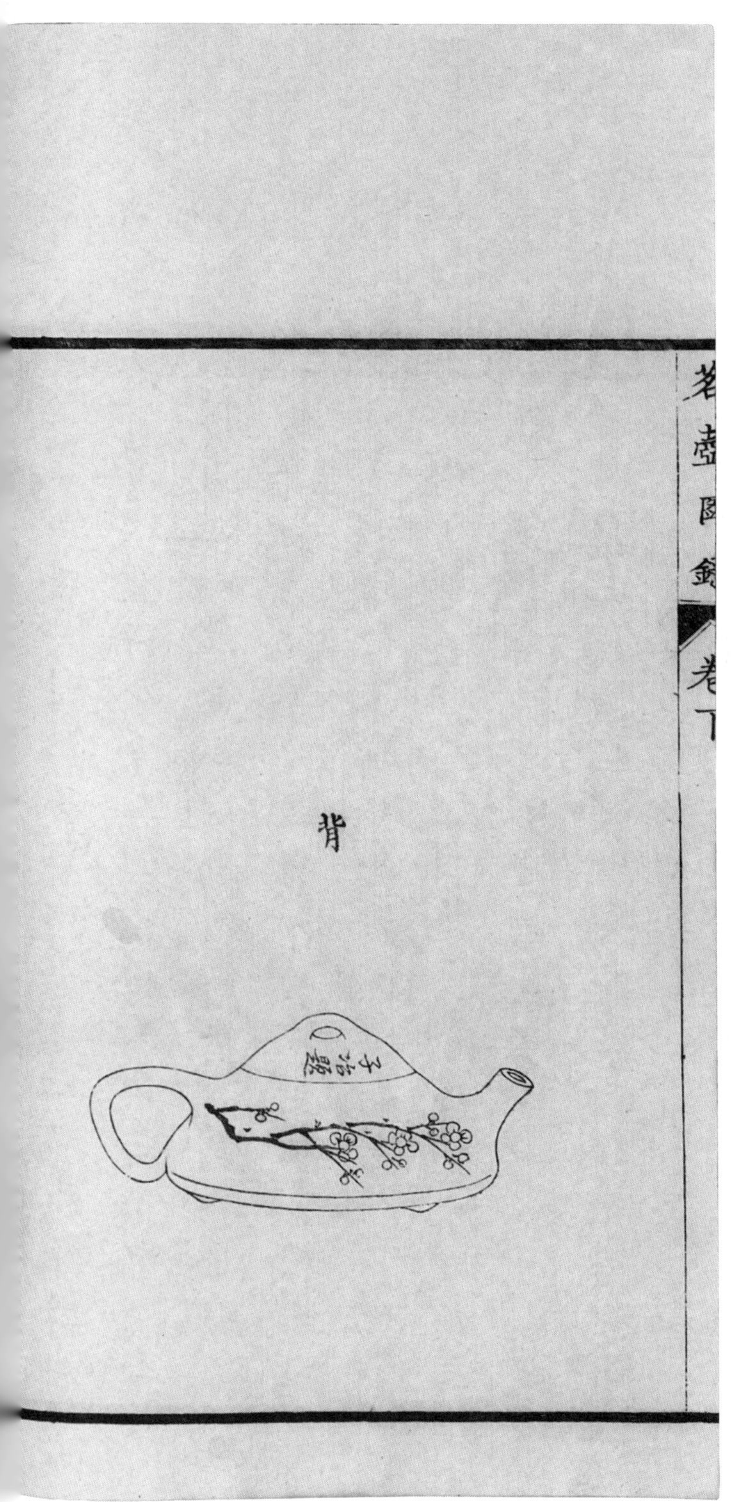
茗壶图录
卷下
背
子冶题

右通蓋高一寸二分、口徑一寸二厘、腹徑二寸一分七厘、深八分五厘、重拾六錢三分、容三勺、流直、末斬然而止、如斷竹筒、鏊欵倒不全環、蓋傅鼻鈕、底貼三蹄、又有印曰符生摹古、形製短小可握、腹之向背各彫梅花一枝、題曰符生畫、刀勢生動、蓋鐫八字、曰羗生修得到子冶題、書體清麗可愛、泥色淺黄、茲壺宜几上水滴、兼用于茗事亦無妨、唯可供獨喫及對飲之用、通體似小鳥形、故號曰一枝栖隱、

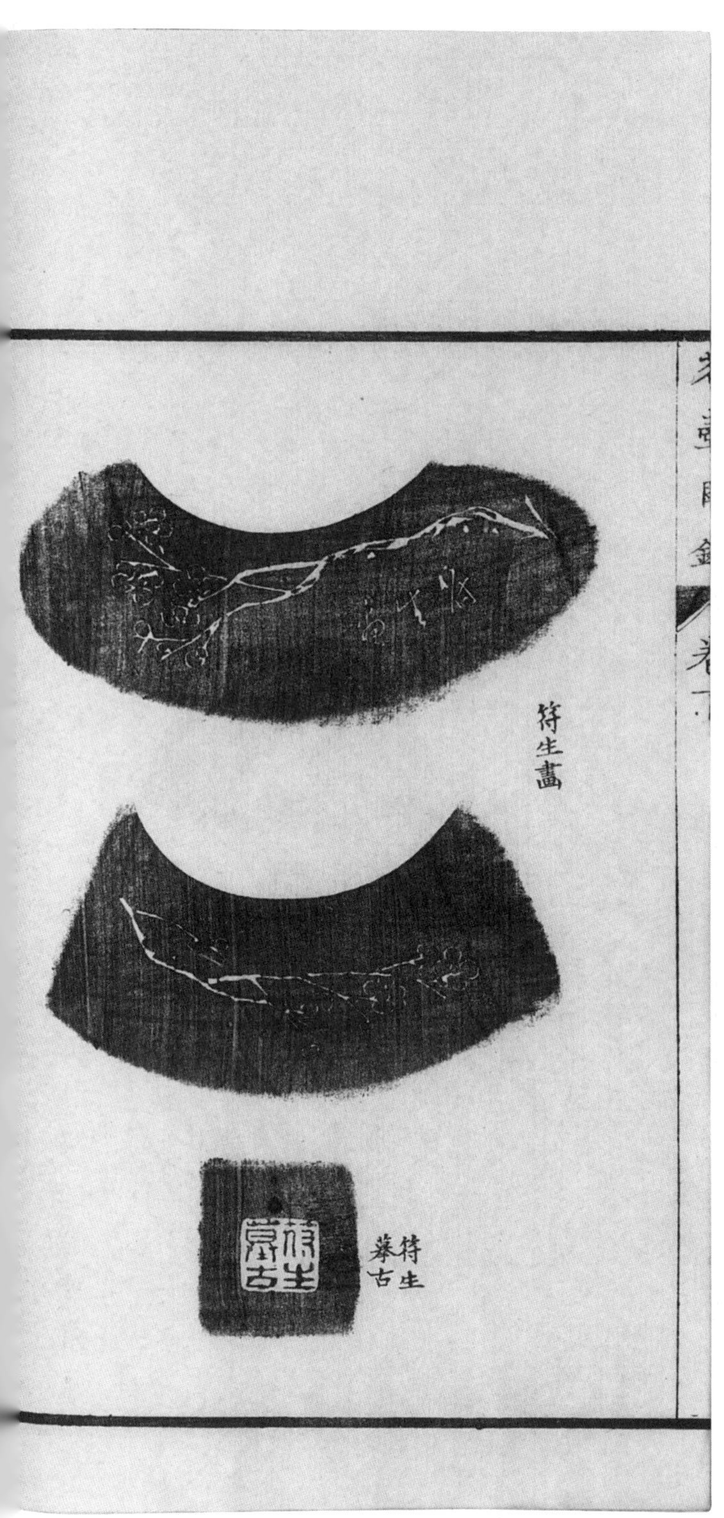
符生畫
符生摹古

紫泥
太田蘭畹藏
二十三

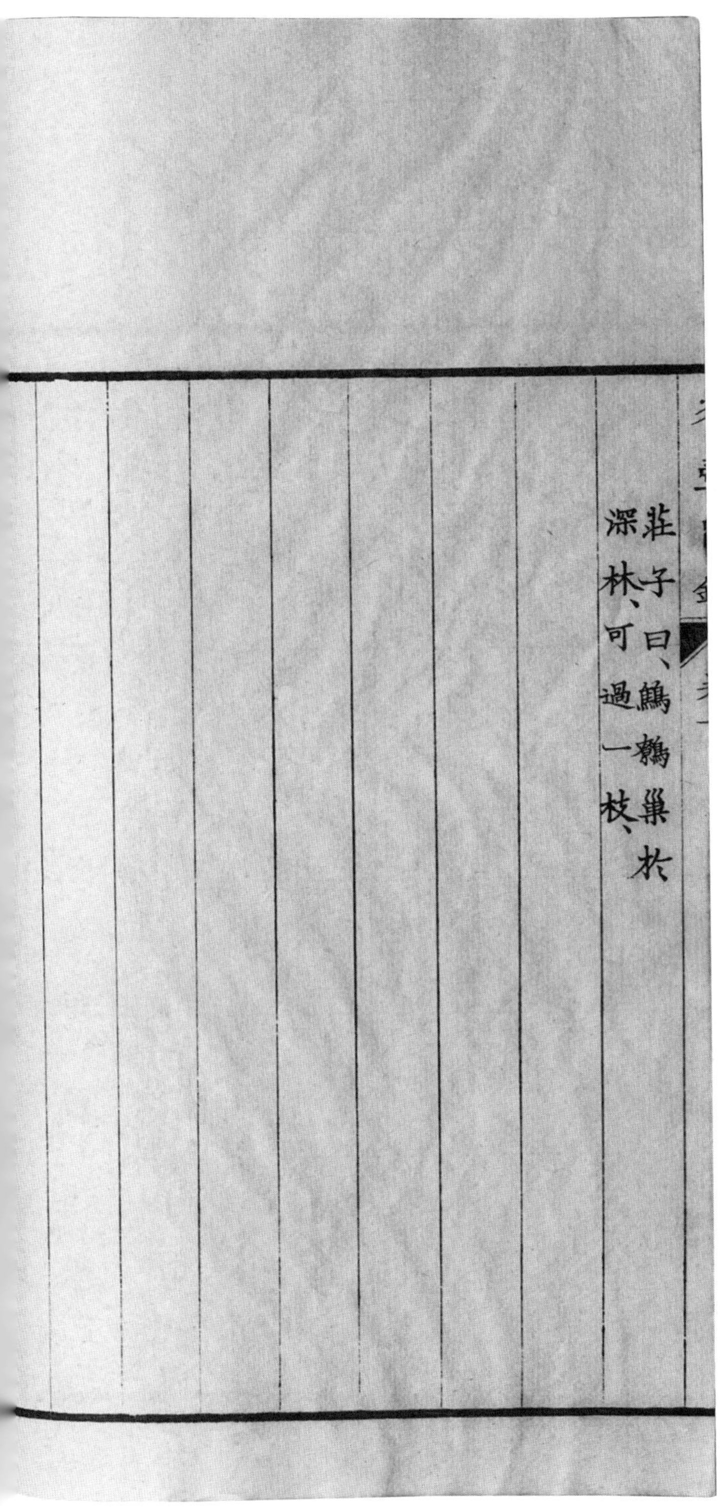

莊子曰、鷦鷯巢於
深林、可過一枝、

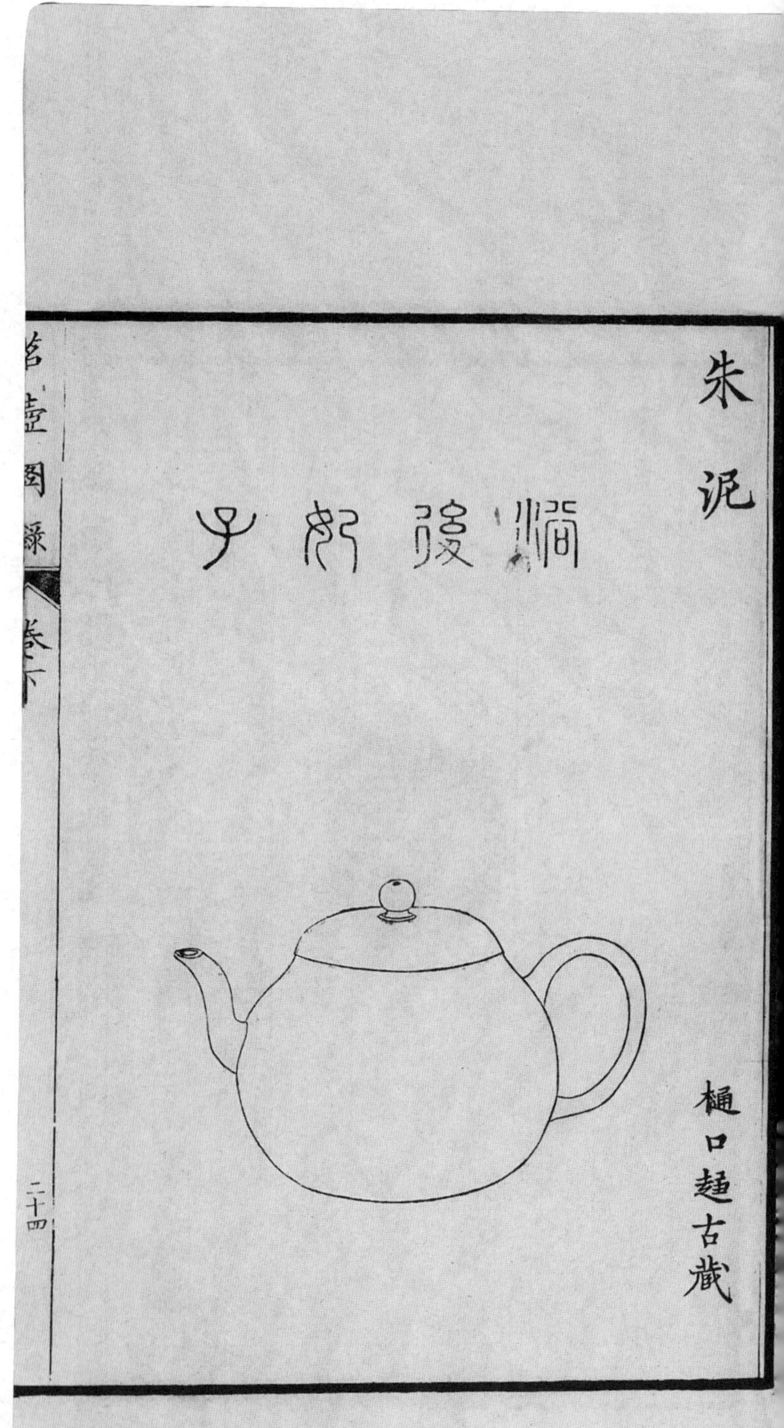
朱泥
孟臣
茗壺圖錄 卷下
二十四
樋口趯古藏

右通蓋高二寸八分八厘、口徑一寸六分八厘、腹徑二寸七分四厘、深二寸一分五厘、重五拾錢強、容一合二勺五才、流直而昂、鍪環而低下、蓋盎而腹圓、底著、有印難辨、泥色黝而間有銀沙隱見、聞西京大橋某者、嘗獲於大坂心齋橋骨董舖、寶愛不啻、故一名心齋壺、星霜之久、時好變移、壺皆貴小、此壺最大、人不甚顧、乃得以全其天年、莊子所謂樗櫪之比乎、故號曰老樗散人、右通蓋高一寸九分六厘、口徑一寸四分四厘、腹徑二寸三分強、深一寸五分五厘、重廿二錢七分、容七勺弱、流灣而仰、鋬環而纖、蓋的應之、腹侈而肩削成、底着、製作精緻光潤自露、薄如紙片、輕似鴻毛、底鐫真書八字、曰丁未杏月鳴遠倣古、有小印二、曰鳴遠、泥色純朱、按鳴遠一時之巧手、務要清癯、用意丁寧、工夫百煉、調泥不苟、有惜墨如金之意、通體柔情綽態、嬋娟如妃子浴華清池中、故號曰浴後妃子、

丁未杏月
鳴遠倣古
鳴遠

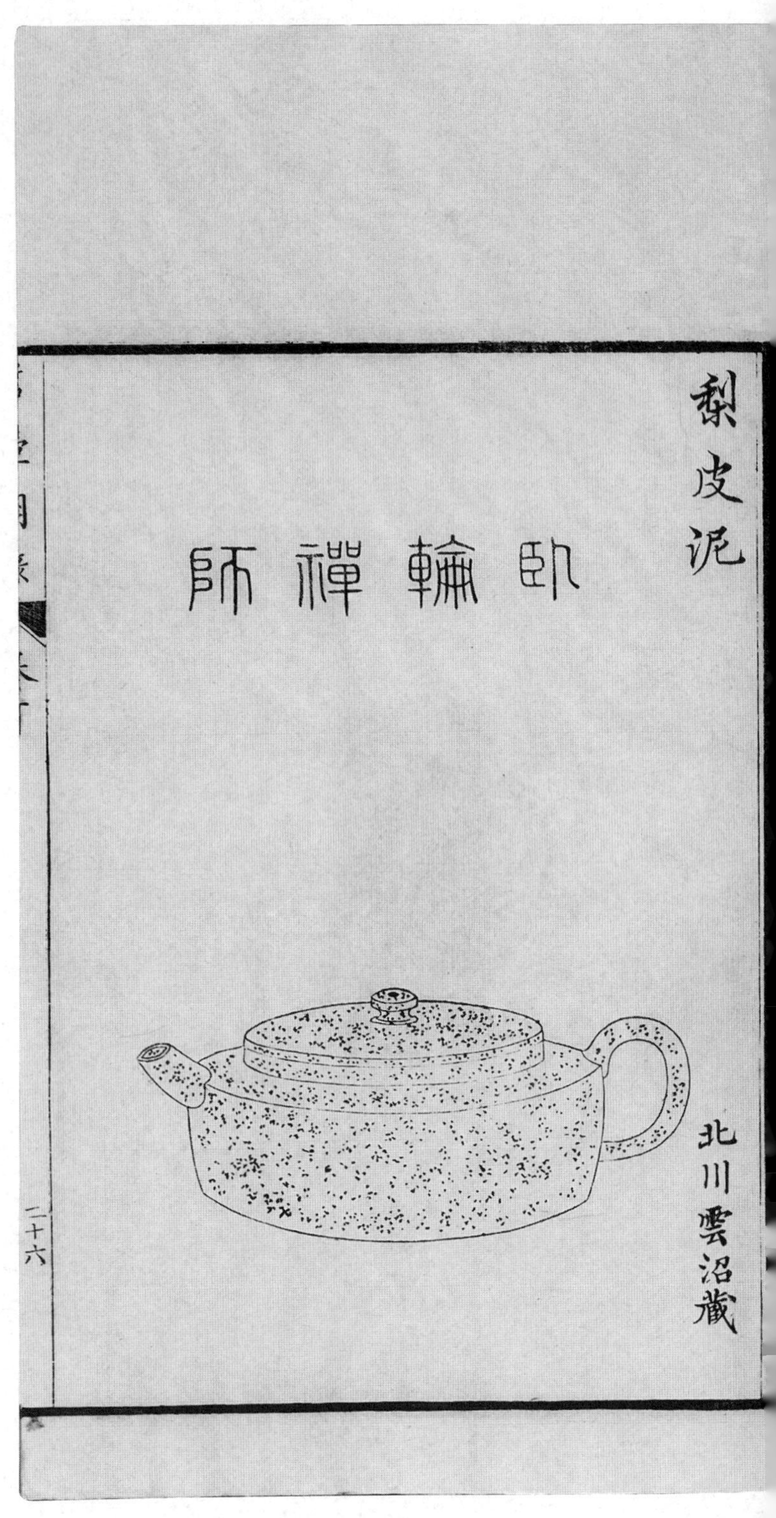
梨皮泥
卧輪禪師
北川雲沼藏
二十六

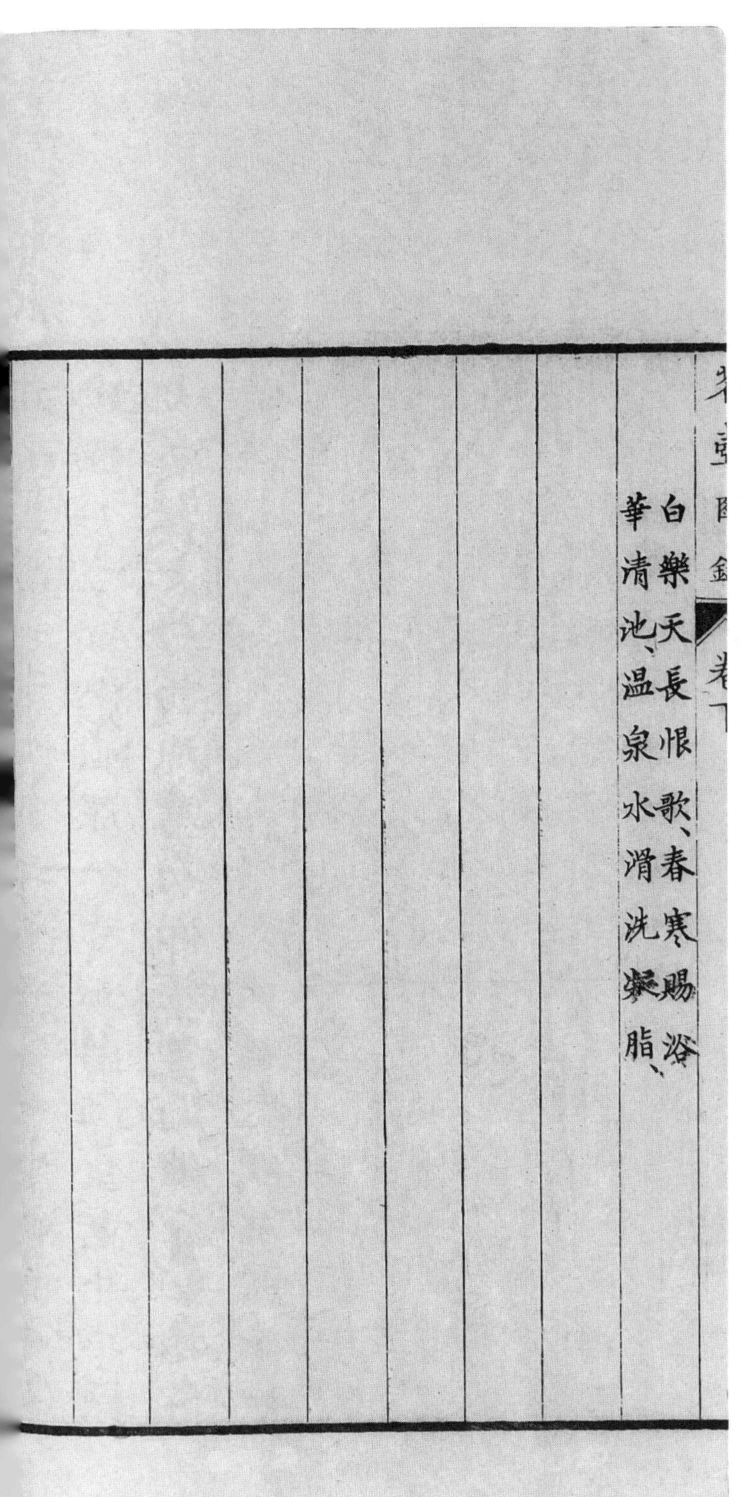

茗壺圖錄　卷下

白樂天長恨歌、春寒賜浴華清池、温泉水滑洗凝脂、右通蓋高一寸四分二厘、口徑二寸三分弱、腹徑三寸六厘、深一寸二分、重卅四錢二分、容九勺、流直而短、鋬環而纖、身短矮而腹胖、蓋與的偕做之、蓋之子口有小缺處、底着、鐫行書三字曰毓秀堂、書體有法、聞瞿子冶有毓秀堂號、蓋瞿氏之所製、或藏者、泥色紫而梨皮茲壺較他式最異、通體如車輪之卧地、故號曰卧輪禪師、

卧輪禪師偈曰、卧輪有伎倆、能斷百思想、

茗
壺
圖
錄
卷
下

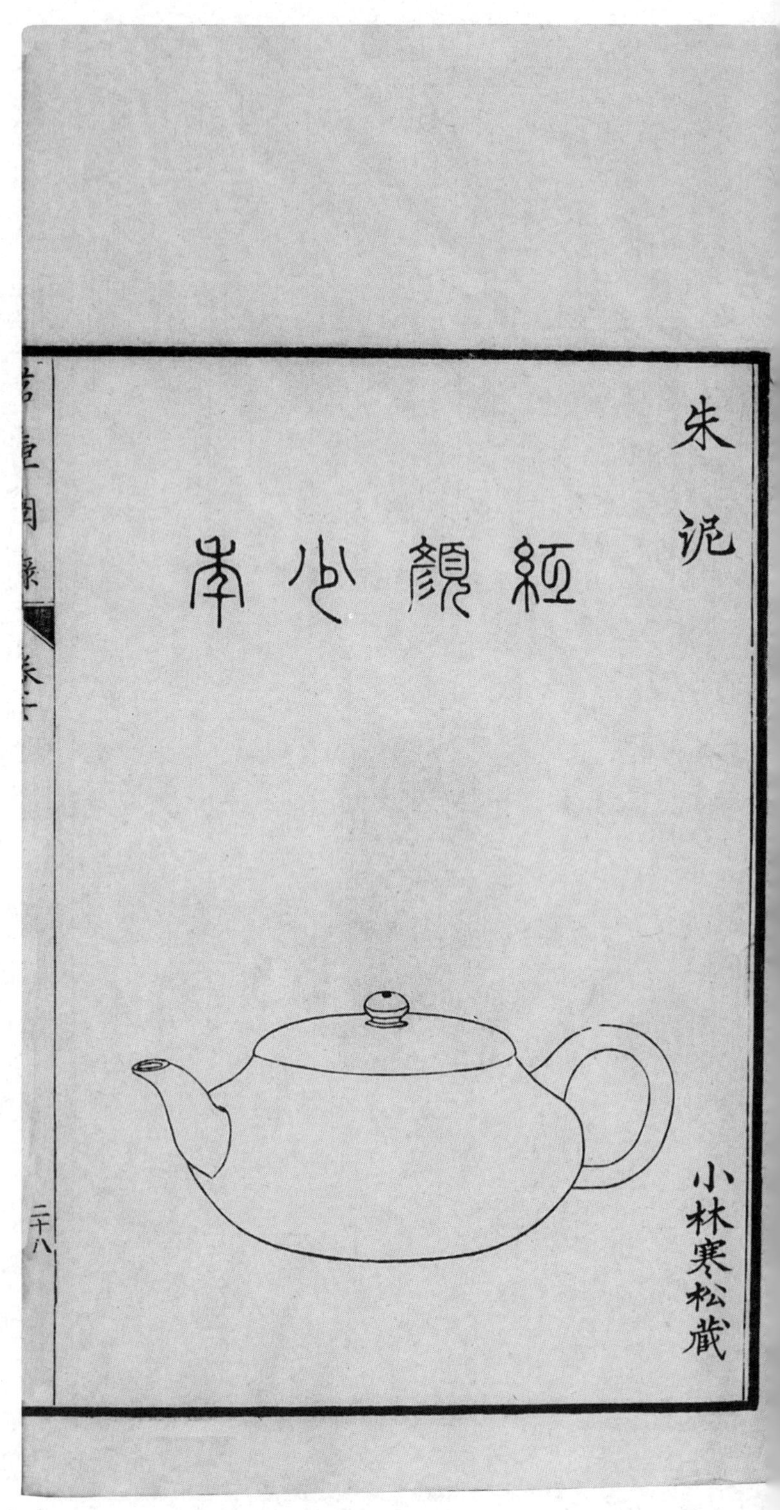

朱泥

小林寒松藏

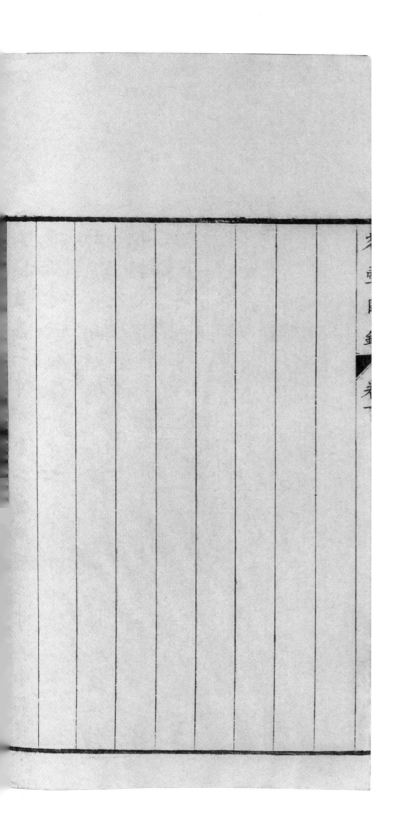

右通蓋高一寸五分五厘、口徑一寸七分三厘、腹徑二寸六分八厘、深一寸一分五厘、重廿九錢五分、容七勺強、流灣鋬環、蓋的稱之、肩削成、腹圜、底着、鎸行書三字、曰玉川珍、泥色如朱砂之加采、脂潤染人、通體瀟洒流麗、如美少年、故號曰紅顏少年、劉廷芝詩、此翁白頭真可憐、伊昔紅顏美少年、

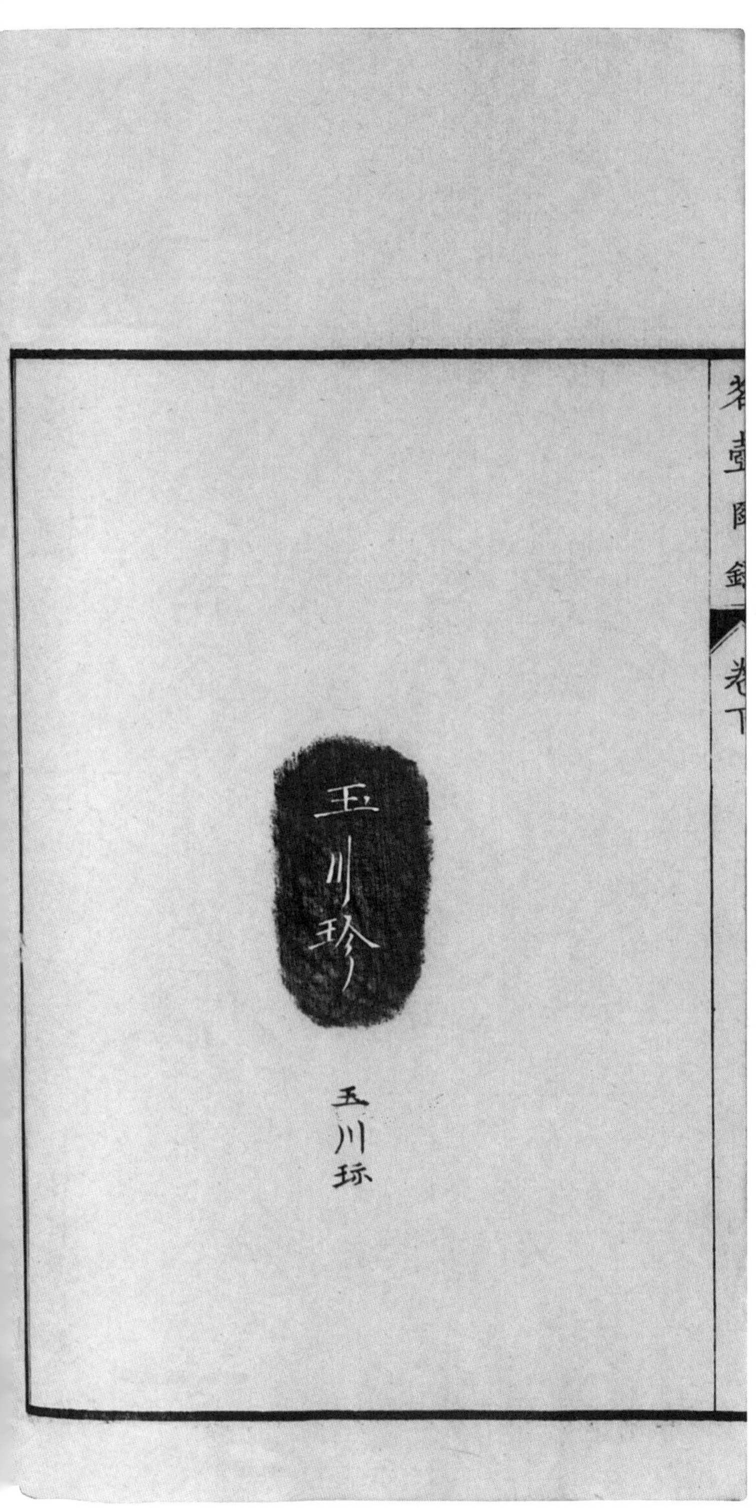
茗壶图录 卷下
玉川珍
玉川珍

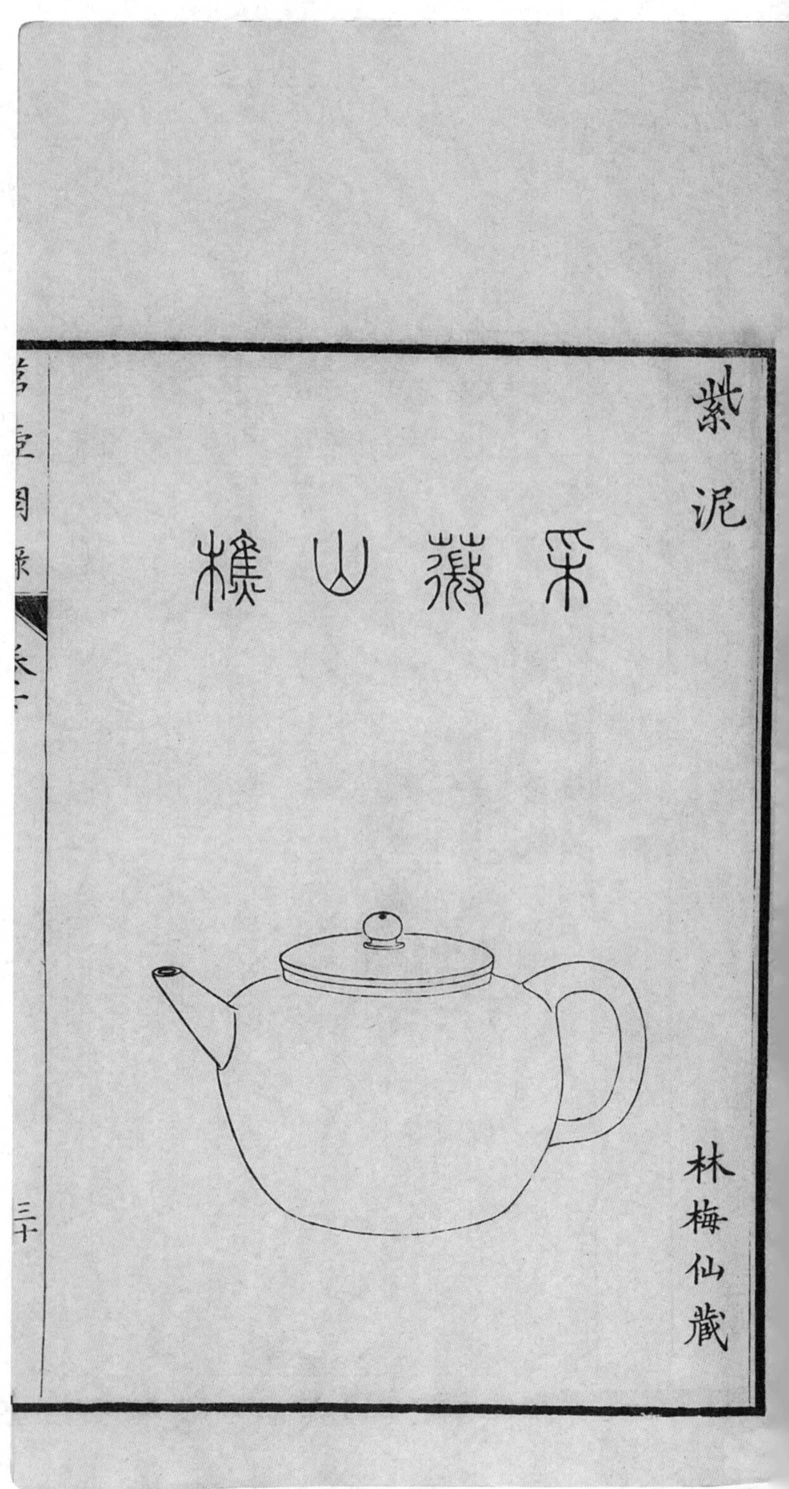
紫泥
采薇山樵
林梅仙藏
茗壶图录
三十

紫泥
連城封侯
青木碧處藏
茗壺圖錄 卷下
二十一

右通蓋高一寸九分二厘、口徑一寸四分四厘、腹徑二寸四分弱、深一寸六分、重廿九錢、容七勺強、流直而昂、鋬稱之、皆洪纖得中、蓋平坦而如砥、的為乳形、底着純素無欵、敲蓋作擊磬之聲、泥色紫砂之一種、光采不甚露、而古氣清溢、通體有仙子不火食者風標、故號曰采薇山樵、

史記、伯夷傳、登彼西山兮采其薇矣、

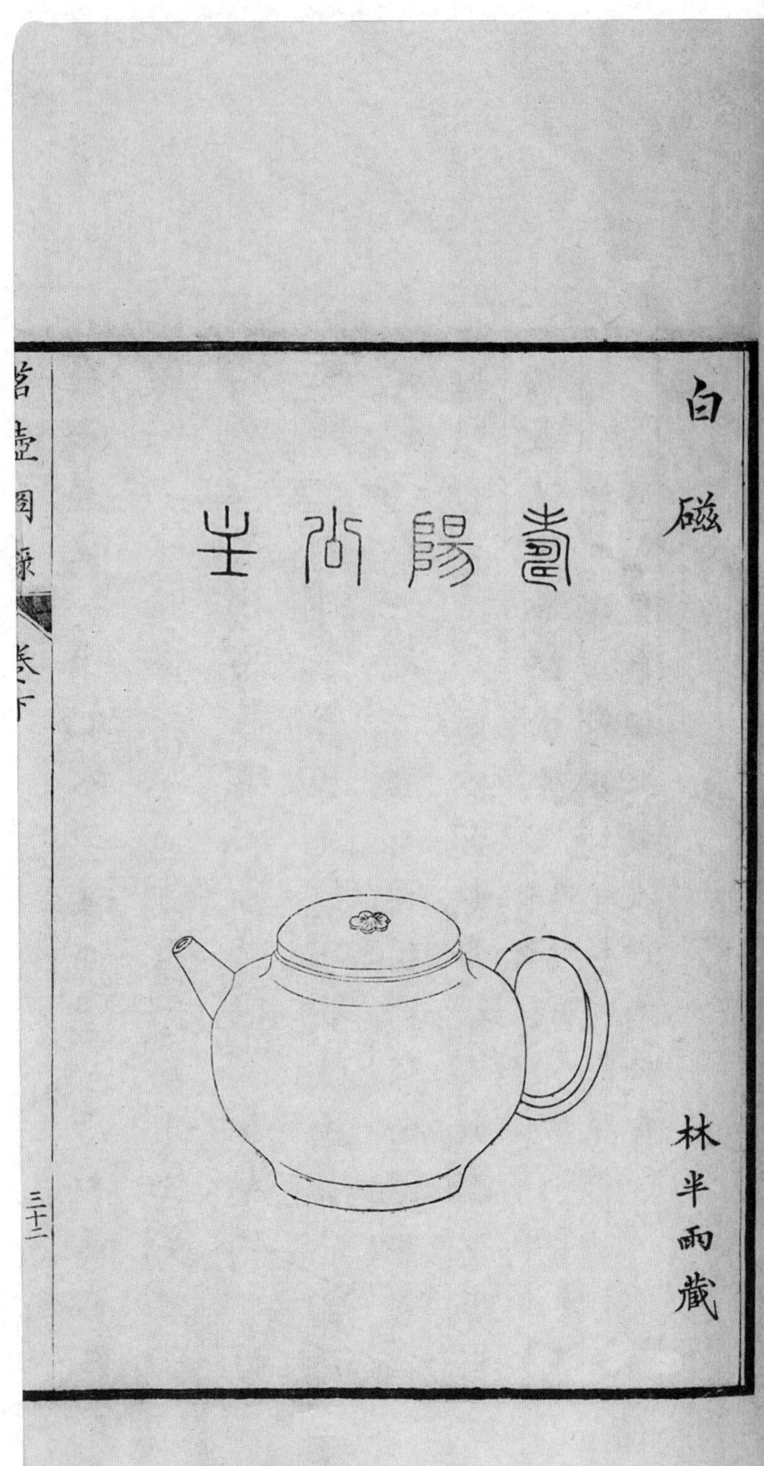
白磁
壺陽尚生
林半雨藏
茗壺圖錄　卷下
三十二

右通蓋高二寸八厘、口徑一寸一分、腹徑二寸、四厘、深一寸四分二厘、重廿三錢六分、容四勺強、流直而仰、鋬環而得度、蓋盎腹圜、圈足、底純素無欵、泥色紫而銀沙閃點、製作不事彫琢、貴在于醇雅、時俗所謂具輪珠者是也、近世好事者、寶愛誇張聲價日貴、至比連城、故號曰連城封侯

揚烱詩曰、趙氏連城璧、由来天下傳、

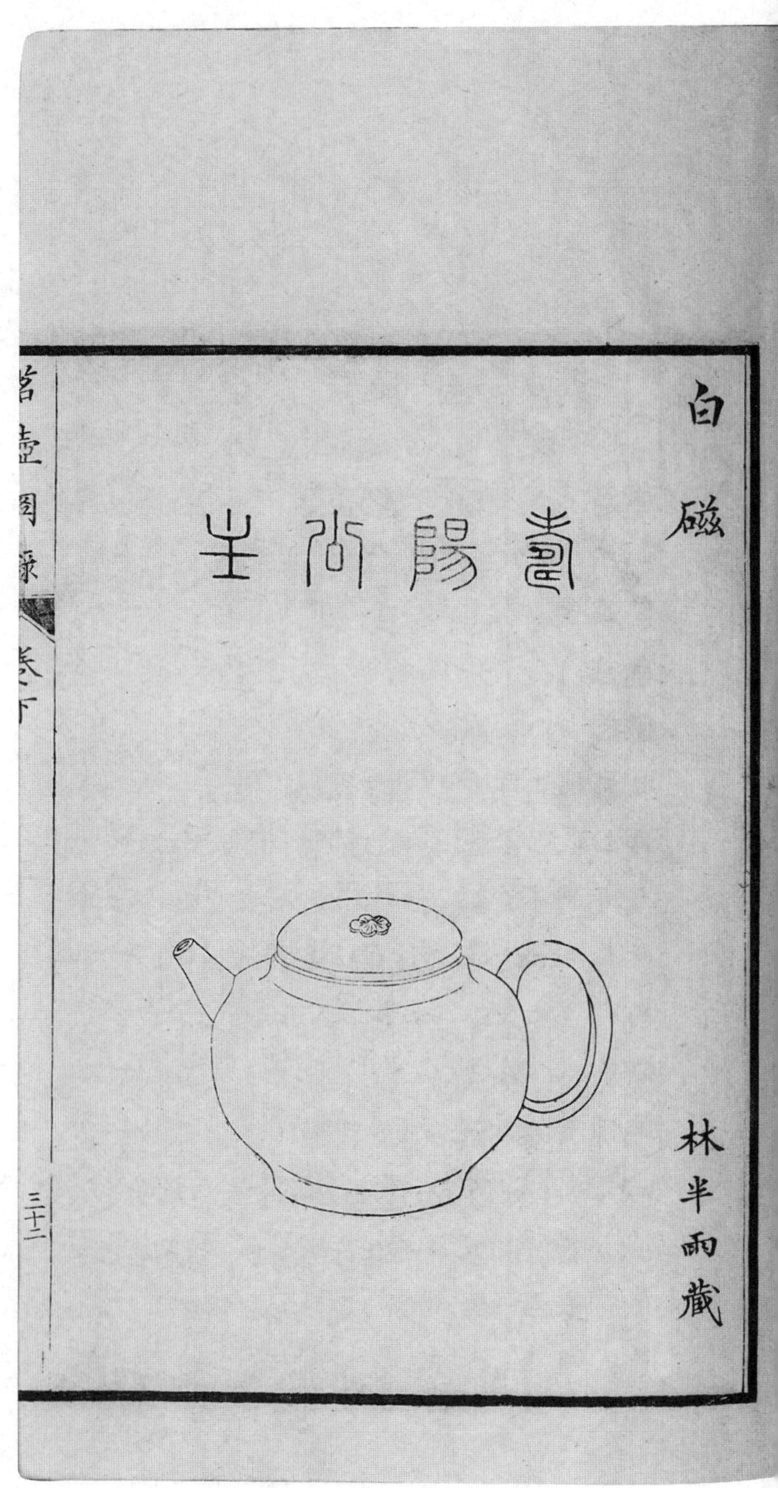
白磁
壺陽㕜生
林半雨藏
茗壺圖錄 卷下
三十二

右通蓋高二寸八厘、口徑一寸一分、腹徑二寸四厘、深一寸四分二厘、重廿三錢六分、容四勺強、流直而仰、鋬環而得度、蓋盎腹圓、圈足、底純素無款、泥色紫而銀沙閃點、製作不事彫琢、貴在于醇雅、時俗所謂具輪珠者是也、近世好事者、寶愛誇張聲價日貴、至比連城、故號曰連城封侯（揚炯詩曰、趙氏連城璧、由来天下傳、）

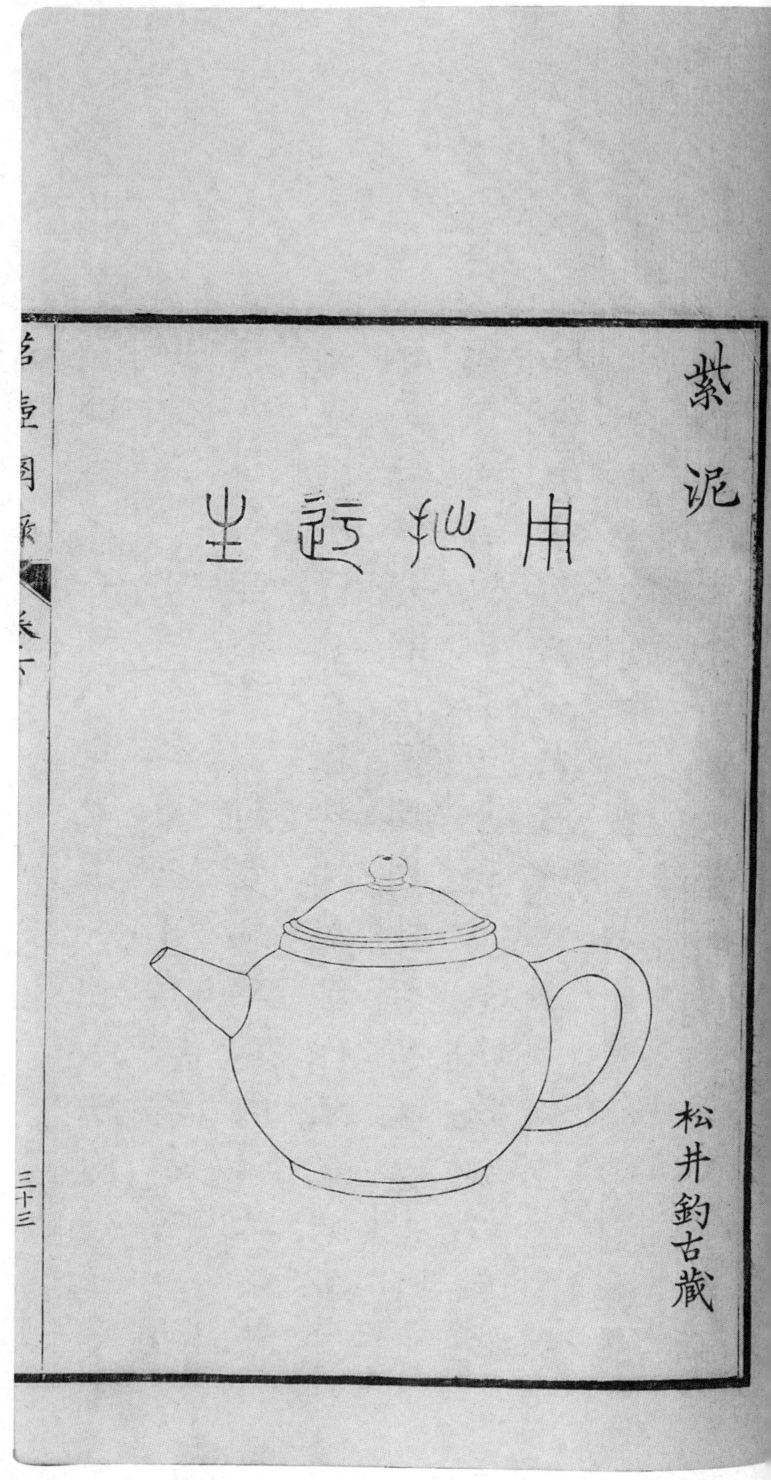
紫泥
松井鈞古藏
三十三

右通蓋高一寸六分六厘、口徑一寸一分三厘、腹徑二寸六厘、深一寸四分強、重拾八錢六分、容四勺、流直鋬環、蓋坦如砥、換的以梅花一蕚、圈足、底純素無款、肌膚如凝脂、磁質略與鶴氅神人相類、蓋亦具輪珠之裔孫、而以白磁脫胎、姝可稱矣、手姿粹然、韻致卓絕、有傚顰不及之想、故號曰壽陽公主、粧樓記曰、宋武帝女壽陽公主、人日臥含章殿簷下、梅花落額上、成五出花、拂之不去、皇后留之、後人傚為梅花粧、右通蓋、高二寸一分、口徑一寸四分四厘、腹徑二寸四分二厘、深一寸五分強、重卅二錢弱、容七勺、具輪珠之苗裔、而大於連城封侯、泥色熟圈足、底有印曰子上、欠攷據、具輪珠之有印者、唯茲壺耳恨鍪之位置不合、故號曰用拙迂生、

杜甫詩、用拙存吾道、幽居近物情、

上子

紫泥
風流宰相
藤堂詢蕘齋藏
三十五

右通蓋高二寸一分二重、口徑縱一寸八分三重、橫一寸四分三重腹徑二寸九分強、深一寸七分四重、重五拾三錢、容一合三勺強、流方而彎、鋬環而變式蓋盎的方而無稜、口橢而容蓋、肩削成腹胖、底內入如倒凹字、鐫行書十二字、曰從來佳茗似佳人、坡公句鳴遠、骨體秀美存趙董法、有小印曰陳鳴遠製、泥色紫而光潤欲滴、形製橢而四隅微圓、端麗精緻、吳騫名陶錄曰、鳴遠一技之能、間世特出、自百餘年來、諸家傳器日少、故其名

從來佳茗似
佳人 坡公句
鳴遠

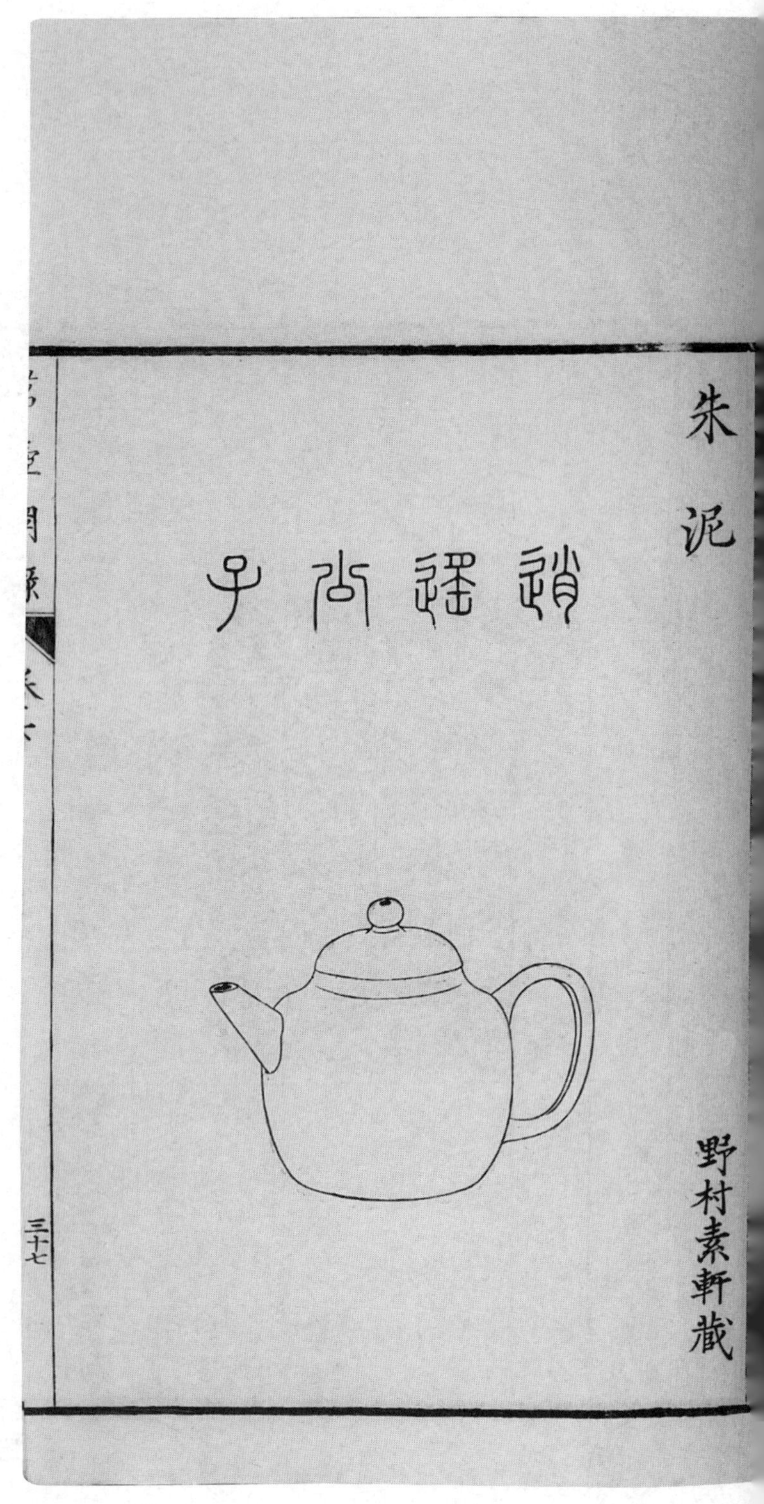
朱泥
野村素軒藏
三十七

尤噪、則此壺不易獲可知也、通體風流高雅、超然出于庸俗、故號曰風流宰相

南史、王儉嘗謂人曰、江左風流宰相、惟有謝安、意以自況也、

紫泥
鄒陽少孫
木戸松菊藏
三十八

右通蓋高二寸強，口徑一寸二分弱，腹徑二寸二匣，深一寸二分四匣弱，重廿三錢四分，容五勺弱，流直鋬環，蓋的瘿之，底着彫八月湖水平孟臣之七字，泥色純朱而光潤如流，容止端雅，有蕭然自得之意，故號曰逍遥公子。

北史，韋夐志尚夷簡，淡於勢利，帝賜號曰逍遥公。

少婦、

群芳譜、秋海棠、舊傳昔有女懷人不至、淚洒地、遂生此花、色如美人面甚媚、名斷腸花、右通蓋高一寸三分八厘強、口徑一寸二分八厘、腹徑三寸四厘強、深一寸一分、重四拾四錢、容七勺弱、流直而肥短、鋬環而應之、蓋圓而坦、上範出六尖帶形、存莖少許換的、口弇腹匾、肩腹閒、對鏤秋海棠花、花莟枝葉、葳蕤分布、腹下刻雙鉤線、陰鐫以奇葩、或如梅花、或如秋葵花、而六瓣成形、蓋未審為何花、底亦作六尖帶形、無款、泥色紫而微潤、古奧可掬、通體婉媚如笑如愁、天然容色、宛似少婦在深閨、故號曰斷腸

跋

甲戌春予初至日本即耳奥蘭田名厥後又數數聞人道其有茗壺癖於今二年未謀半面頃聞以

名壺不必為己有而必辨色分形測深篆款井、鑒、飛沈酒筒中者不能名排人言必、確信不誣也昔壺公棲隱壺中別有天地今

眷荷闻剥啄声知慈水王
惕斋携是册来为奥
君意丐予跋段且述倾慕会
人与孔北海亦知之识欣我
展览顿器不费古人不尽

如此僕擬他日走訪莊嘉居於其語壺中日月又不忘與三十二先生有緣何幸先印圖中默而讀之試卜能暗合否乎

奧君此三十三天乎不知天神棲何處抑猶在三十三天耶閱其珍愛諸器不輕出示每座中客至隨意取一壺以供其雅致

後序

長夏僕甚擺乎梧竹下爐乎鹽石上汲井泉安石銚湯俟未至取蘭田茗壺圖錄而讀之其躰金依傅古畣錄其言引據茗

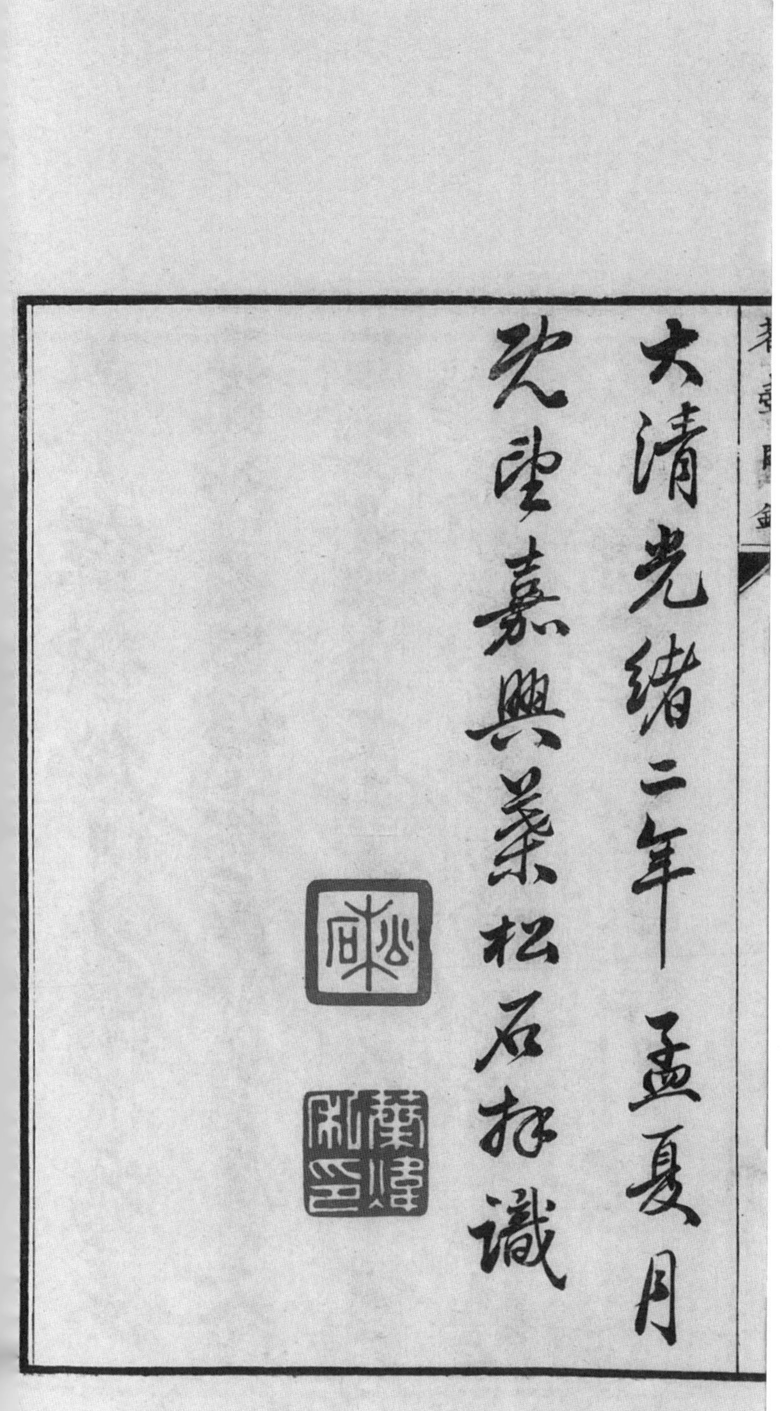

大清光绪二年 孟夏月

[illegible][illegible]嘉興葉松石拜識

不可無子言夫蘭田掃地靜坐炷香煮茗以寓沈湛之思雖寄跡闤闠神姿則超然乎塵表知也又有山林寂寞之士如桑苧其人者在拈乎赤叢

壺系名陶錄茶具文房圖贊
等書搜羅殆覈鑿鑿不遺非
嗜好如色食奚能至于此蘭田溪
余題且告曰將游毛山行裝
中不可無壺叙圖錄中

生余蒐飄然已在巖洞中矣

乙亥夏月書于濠西精舍

小舟漁隱田吉

碧澗間畫錄之言又將之所審
定予亦臭味老矣為傳語以舟子
杖履相追不遠也時趁庭大活
擲帳之色湯繼盡氣把盞碗
一喫全身煩臟消除兩腋風

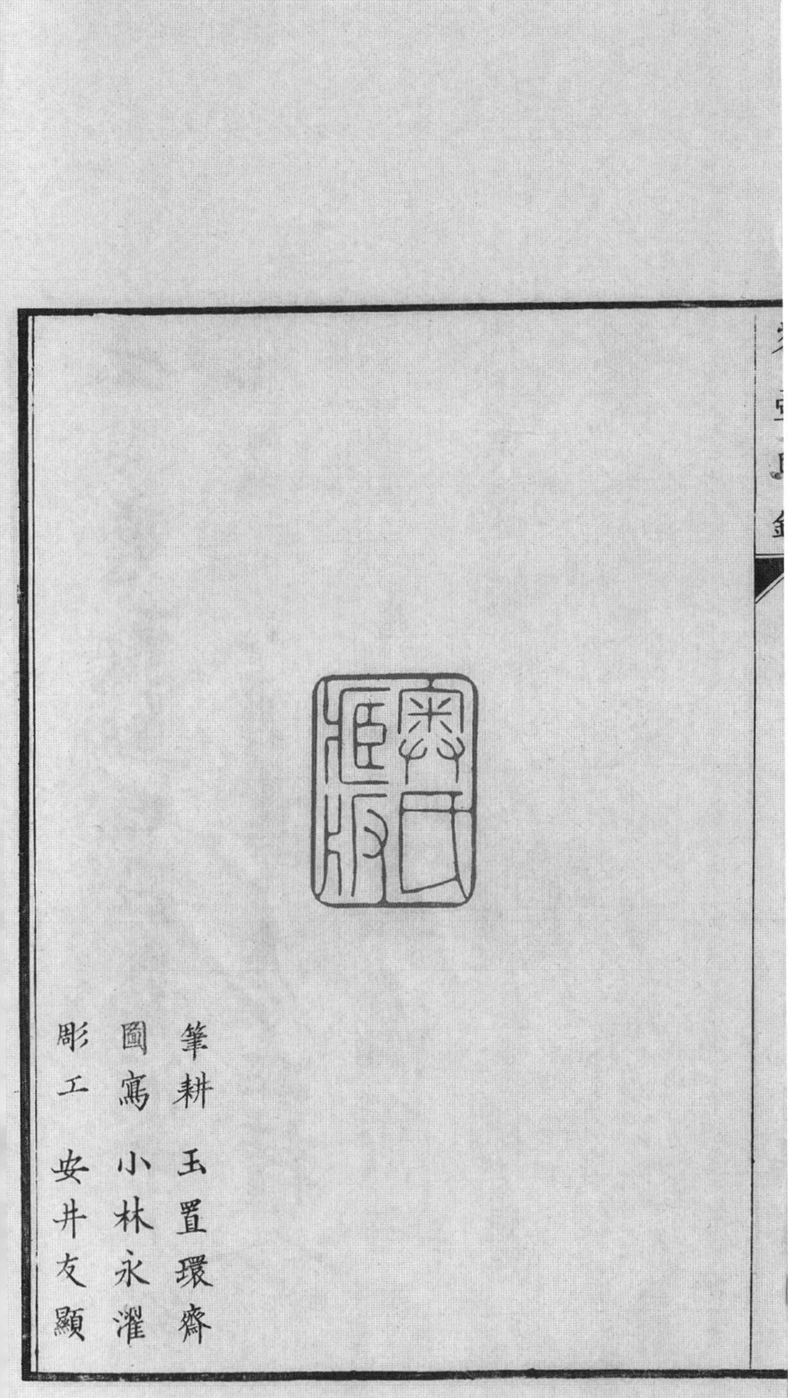
筆耕　玉置環齋
圖寫　小林永濯
彫工　安井友顯

明治九年丙子六月廿日出板届

著述兼出板人　東京第一大區六小區本材木町貳丁目三番地　奥三郎兵衛

發行書房

仝　日本橋西川岸町　畏三堂

仝　中橋大鋸町　楓川亭

仝　芝愛宕下町貳丁目　松林堂

西京寺町通姉小路角　鳩居堂

大坂心齋橋筋唐物町　龍章堂

奥兰田（1836—1897），原名奥三郎兵卫，名玄宝，字素养，号兰田、独飞。日本人。经营和转销大米、干鱼、油类商品，东京商法会所创始人之一，后任东京商业会议所副会长，是当时日本商界很活跃的实业家之一。奥兰田与日本文化界交往甚多，他身边聚集了许多当时著名的汉学家、收藏家、古董商、画家等，如女画家野口小蘋、收藏家千原花溪、静嘉堂第一代文库长、东京帝国大学教授重野成斋。根据宫崎修多氏的记录，由奥兰田主办的明清书画展观记录有三册图录：《熊谷醉香居士追福书画展观录》《追远荐新图录》《墨缘奇赏》，这是奥兰田所藏明清书画及煎茶具的一次大的发表会。

奥兰田在欧美视察旅行中因病猝死，享年 62 岁，他的藏品遂转移给了岩崎弥之助（摘自《静嘉堂录》，日本京都书院出版，此段文字由高振宇译）。

《茗壶图录》出版于明治九年（1876），是继《阳羡茗壶系》《阳羡名陶录》后，由日本砂壶爱好者撰写的详细、完整论述紫砂壶的专门著作。该书在前二书基础上，从一位收藏家、爱好者的角度，记述紫砂的起源、造型、款识、真赝、理趣等各个方面，分成十四个章目。又参照《宣和博古图录》，将自己搜罗及朋友收藏的茶壶以工笔白描图谱罗列成二册，将每件砂壶的命名出典、印章款识、容积等做详细说明。

《茗壶图录》的独特之处：一是图谱于后，直观而详尽；二是用拟人化手法，仿效《茶具图赞》，给每件砂壶题名，赋予人物个性。图文并茂，特色鲜明。

在《茗壶图录》跋文中，赴日嘉兴人叶松石在其中既肯定奥氏热爱中国文化之热情，又对三十二茗壶的真伪鉴定及精劣评判持保留意见，这也应是今天重读《茗壶图录》应有的客观态度。

本书采用谈伟光先生拍卖得到的一版书籍，拍摄原书，使图文以及拓印款识更为清晰。

清光绪二年石印本（原国立中央图书馆藏），黄宾虹、邓实《美术丛书》及《静嘉堂录》等书有全本和零星摄影。

自序

人非圣，孰能无癖。王济有马癖，和峤有钱癖，杜元恺有《左传》癖[1]。老杜云："从来性癖耽佳句。"白乐天云："人皆有一癖。"则人之不能无癖也旧矣！盖癖者，嗜好之病，而发于性情之不得已耳！故灵均之于兰，渊明之于菊，茂叔之于莲，和靖之于梅，太白、鸿渐之于酒与茶[2]，同不免为癖也。然而天下后世，固其癖而足以知其人，则癖者亦未必可弃也。予于茗壶嗜好成癖焉，不论状之大小，不问流之曲直，不言制之古今，不说泥之精粗，款之有无，苟有适于意者，辄购焉藏焉，把玩不置，而虑其或毁灭难保，欲作图记以垂于后而未果。今兹夏秋之交，养病于注春居，既而少愈，神恬身闲，忽焉兴怀，草草走笔。先录我所有，并及诸友所藏，厘为二小册子，命曰《茗壶图录》。功将竣，顿忘病之在体也，岂不癖之甚乎。

噫！予寄迹城市，未能脱世累，比诸屈、陶、周、林、李、陆，雅俗仙凡虽不可同日语，而其所以癖则同矣。世间好事者流，知予嗜好发于性情之不得已，则茗壶或与兰、菊、莲、梅、酒、茶同传名于千载之后，而予癖亦非徒为云尔。

明治甲戌冬日书于注春居

兰田奥玄宝

叙

自泡茶之法兴，阳羡沙壶始名于大下。及周高起、吴骞著书论列之，品茶者益珍之，人人无不口供时、李、徐者。近日，有一种九轮珠者，号为明代物。其始一二好事家倡称之，而海内猖然吠虚，价数百金，有力者争购，以为非九轮珠不可以品茶，世颇骇异之。昔者，东山将军好茶仪，天下化之，至丰太阁时有千家点茶法，太阁用以笼络天下武夫骁将，天下竞入其彀。率上好下效，遂使一碗之直辄至千金，延及近世，余习未熄，几至有倾一国以博一器者。以今之九轮珠者轼之，其价盖未及半也。且点茶之器，比之茗壶，其雅俗巧拙悬殊，而泡茶之与点茶，韵致亦不可同日语。则今人之于九轮珠，何怪其奔竞耶？然所谓九轮珠，茗壶之尤粗朴者，而见在世间其数几盈百，狡商牙侩投机贪利，遽鼓其波而腾其声，是固不足道。其不吝重赀而获之者，亦徒以之为骄夸之具，非真知韵致者。则一时靡然之习，或非风雅之所取。夫卢、陆号为茶神，清风高韵，千古如新，而未闻其掷数百金以买一器。今之茶人其好事过卢、陆亦远矣。兰田奥君嗜风雅，顷著《茗壶图录》，为三十二先生立传，详系谱，分形式，辨名色，别性情，有论有赞，有抑扬褒贬，名为茗壶史亦可，好事之癖可谓入骨。顾其爱博，故不偏隘，其鉴精，故不虚诡，固异世之栩栩骄夸者之所为，而又能以文雅助其韵致，盖真能知壶真能知茶者也。故为书其端，以谂世读是书者。

丙子四月三洲长荃撰并书

茗壶图录序

画双圜以示人，人不能辨其孰日孰月。题两角四蹄一勾以问人，人不能辨其为牛为羊。然则有图无解，有解无图，皆不可以悉物形。物形之不悉，安能辨其真赝乎？近者煎茶[3]盛行，人争购古器，相高以雅致，即如注春，亦黜银锡，专用泥沙。明制一壶，值抵中人一家产，而供陶时窑，徒尚其名，往往为黠商所瞒。于是兰田奥君录其家藏及同好所藏，以著斯书。前举十四品目，后列卅二模图，形质异同，各设名号，自嘴、柄、口、腹，以迄雕文款识之微，大小长短，方圆肥瘠，详写其状，毫厘无遗。盖吴骞《名陶录》、周高起《茗壶系》记载虽备，并无图画，此补其阙，洵为有见焉。郑康成[4]曰："《易》《诗》《书》《礼》《乐》《春秋》，策[5]皆尺二寸，《论语》八寸，策者三分居一。"服虔[6]传《春秋》云：古文篆书，一简八字，而三礼[7]《考工记》、《尔雅·释官》，昔儒皆有图解。夫形而上者谓之道，形而下者谓之器，六经[8]载道尚有所考于图，况辨器物真赝，尤不可以不识其形式尺度。好事者读之，其于鉴赏也思过半矣。

明治九年丙子孟春月

瓮江川田刚撰

凡例

斯书耳目所及，随图随录。然不可无体裁，以《宣和博古图录》[9]为模范；不可无典故，以周高起《茗壶系》、吴骞《名陶录》为粉本。

曰茗壶，《闲情偶寄》。曰注春，《遵生八笺》。曰茶瓶，《会典》。曰茗瓶，《资暇录》。曰茶注，《茶疏》。曰茶壶，《文房肆考》《真斋清事录》。曰泥壶，《池北偶谈》。曰砂壶，《茶余客话》。名号不一。今仿《茗壶系》《名陶录》，以"茗壶"为名。

姓名字号，效《茶具图赞》[10]、《文房图赞》[11]，而二书所载，品品物物，异形殊性。而抉奇搜怪，易以命名，如茗壶形异性同，最难形容，且宝也才短识浅，其所比拟不免失当，与所谓力士把针、耕夫握管者何异。

每壶品评说论、黜陟褒贬，率出臆见，不免穿凿附会，颠倒支离，况文拙笔涩，隔靴搔痒不啻，博雅君子幸见补其阙遗，则不独益于宝，而益于天下同癖。

度量衡，与唐土异法，不可遽从。《博古图录》度则用见行曲尺，量则用俗所谓京升者，衡则用等子，故不言斤两而言几十几钱，钱，俗作匁。使读者易辨耳。

所图茗壶三十二品，非选而辑也，故器无大小古今，制无精粗巧拙，混淆胪列焉。好事家品于眼、评于心而可。

壶状可图可录，泥色可录不可图，所谓甘瓜苦蒂，固无完物也。宝之于壶，心醉如泥，而泥亦不易论，则质之诸友，校雠讨论，而其说始精确焉。乃开示泥色于图侧，庶同癖者开卷了然。

先录家藏，次及他家之藏，其品次序，皆随图成之先后，非敢判优劣也。

古人茗壶诗文或谈丛，悉载见于吴骞《名陶录》，故不赘于此。

奥玄宝识

源流

陶之由来邈矣，见于《周礼·考工记》《礼记》《春秋》《史记》《韩非子》诸书，而李唐以来有陶窑之设，至明清尤盛矣。然元末明初，未见所谓茗壶者，及读周高起《阳羡茗壶系》，始知其制滥觞于明金沙寺僧，僧传之供春，供春之后有董翰、赵梁、元锡、时朋、李茂林数子，皆为名工。而时大彬者杰出，能仿供春，得于心应于手。《文房肆考》曰“有时大宾，以紫泥烧茶壶”大宾盖大彬是也。大彬传之李仲芳、徐友泉、欧正春、邵文金、邵文银、蒋伯荂、陈俊卿，而李、徐尤获其髓，名不让于大彬，盖出蓝之才也。陶肆谣云“壶家妙手称三大”是也。又有陈用卿者，负力尚气，自成一家；蒋志雯亦有名；陈信卿专学时、李；闵鲁生博仿诸家，共得其妙；陈光甫仿供、时而为入室：陈仲美、沈君用各造物象诸玩；邵盖、周后溪、邵二孙，并万历间人；周季山、陈和之、陈挺生、承云从、沈君盛，并天启、崇祯间人。以上八人皆一时之名手。陈辰巧镌款识，徐令音、项不孙、沈子澈，亦明季人。陈子畦、陈鸣远、徐次京、惠孟臣、葭轩、郑宁侯，年代并不可考，而鸣远、孟臣名尤显[12]。至清则许龙文工于花卉象生，又有以“姑苏留佩”四字为款识者，未详为谁。陈曼生、瞿子冶，共风流好奇人，而制作甚雅，又有彭年、逸公、符生、树生诸子，未详孰先孰后。其他有专门戏工，不暇枚举。今所录，从明至清凡三百年间，而四十许人，皆此技之高手，可谓夺造化之工矣。周郎曰：“壶于茶具，用处一耳，而瑞草名泉，性情攸寄，实仙子之洞天福地，梵王之香海莲邦。”此语实非诬也。

式样

式有数样，曰小圆、曰菱花、曰水仙、曰束腰、曰花鼓、曰鹅蛋，他如汉方、扁觯、小云雷、提梁卣、分裆索耳、美人肩、西施乳、莲方、垂莲、大顶莲、平肩莲子、一回角、六子、六方、扇面、僧帽、合菊、竹节、橄榄、冬瓜段、分蕉、蝉翼、柄云索耳、番象鼻、沙鱼皮、天鸡、篆耳之类，皆变体也。今所辑有合此者，则图样之，其他略之。

形状

形状不一，或圆或方，或棱或匾，或平或直，或崇或卑，或大或小。而如蛋者不得不圆，如斗者不得不方，如觚者不得不棱，如鼓者不得不匾，如砥者不得不平，如筒者不得不直，试品骘之。温润如君子者有之，豪迈如丈夫者有之，风流如词客、丽娴如佳人、葆光如隐士、潇洒如少年、短小如侏儒、朴讷如仁人、飘逸如仙子、廉洁如高士、脱尘如衲子者有之。赏鉴好事家深爱笃好，然后始可与言斯趣也已。

流鋬

曰嘴，曰柄，古人之通语，而予独曰流鋬者，无他，虑壶有口有嘴，二者或相混也。按《博古图录》，周盉商匜图后所载流鋬者，与嘴柄其状相似，其用亦相类。故代嘴以流，代柄以鋬，亦不妨也。且流有曲直、长短、洪纤，其一曲再曲者谓之湾，盖取于水湾之意也；鋬有耸起者，有横出者，有偃俯者，其他异同，不可悉记。赏鉴者宜就其物，察古人用意之不苟也。

泥色

泥色之辨，洵难矣。每壶各异，譬犹天文之灿然，不可得而名状也。请言概略。有朱泥，有紫泥，而朱紫二色，则壶之本色也。或谓红曰朱砂，黑曰紫砂，而朱有浓淡，紫又有浅深。或有白泥、乌泥、黄泥，或有梨皮泥、松花泥，或有铁色、栗色、淡墨色、猪肝色、黯肝色，又有金银沙闪点者，縠绉周身者，其他如海棠红、朱砂紫、定窑白、冷金黄、沉香、水碧、榴皮、葵黄诸名，皆取譬以名状。而予未得悉睹其物，倘想象妄说，则毫厘千里，故不敢臆决焉。姑记以俟识者之燃犀耳。

品汇

茗注不独砂壶，古用金银锡瓷，近时又或用玉，然皆不及于砂壶。盖玉与金银虽可贵，雅韵不足。如锡则不侈不丽，古人或称之，而今人竟不取焉，是今人意度乃过古人处也。如瓷莫善于白瓷，《茗壶系》曰“品茶用欧[13]，白瓷为良，所谓‘素瓷传静夜，芳气满闲轩’”者，足以为证。

小大

往时邦人吃茗者，大概用大壶以相夸称，间虽有小壶可观者，不相顾。近日则不然，贱大如奴隶，爱小似妻妾，亦时好之变耳。屠隆《考槃余事》曰：“凡瓶要小者，易候汤。”冯可宾《茶笺》曰：“茶壶以小为贵。”《茗壶系》曰：“壶宜小不宜大。”则今人之爱小者，盖据于此欤[14]。

理趣

近时壶癖家，言体必推小，言流必推直，强以为解事。予未以为然，盖推小者，其理出于点茗之便，推直者，其理出于注茶之快。便与快，则主实用言之。然壶本玩具也，玩具之可爱在趣而不在理，故以理则小直而可，以趣则大曲亦可。知理而不知趣者，独取小与直而不取大与曲，知理又知趣者，不论大小曲直，择其善者皆取之。知理而不知趣，是为下乘，知理知趣，是为上乘。此语盖壶癖家顶门之一针[15]也[16]。

款识

款识或以诗句，或以古语，或以姓名，或以别号，或以堂亭斋馆诸号，或印或否，书体不一，大抵用真、行、草，间有用篆、隶者。印文有朱白肥瘦诸体，其镌印所在，或腹，或底，或流下，或鋬下，或盖背，或盖之外口[17]，无一定位置，各随作家心匠而为之耳[18]。

真赝

壶有真赝，犹书画之有真赝，不可以不辨焉。予向观友人镝木溪庵所藏紫砂大壶，底有篆书印曰“许伯侯制”，腹刻草书九字曰：“习习清风引碧云。用卿。”予以为真物。既而溪庵殁，再观于松井钓古宅，始知非其真，盖初之为真，予之着眼未高故也。近又观清客所赍孟臣、留佩及子治、曼生茗壶，非无一二可赏者，大抵似真而非真，犹玉之与燕石耳。抑真赝难辨，不独茗壶。《格古要论》云："唐萧诚伪为古帖示李邕，曰：'此右军真迹也。'邕忻然曰：'是真物。'诚以实告，邕复视曰：'细看亦未能辨。'"古人且然，况今人乎！然具眼[19]者能辨之，若伯乐之于马，卞和之于璞是也。赏鉴家苟善用意，则何必认赝为真乎[20]。

无款

壶或有无款而优于有款者，然无款而良者不及有款而良者。近人往往爱无款者，无他虑，有款之真伪难辨也。予谓爱无款者，譬犹聘美人而不知其姓名，虽姿色可见，而不知何等人种，何等血脉，颇有不慊者存焉。故无款者不及有款者昭昭矣。[21]

嘀捏

相传壶有嘀捏二制，而嘀制旧矣，捏制肇于道光间，陈曼生之徒喜制之。先造其体，而后更传流鋬，渭之嘀制。先把一块泥凝团，竹刀削删，体与流鋬一齐造成，谓之捏制。嘀者易造，捏者难制。予之所藏十又四五品，而大概属嘀制，惟卧龙先生独为捏制，盖"嘀"字，《篇海》曰同"衔"，《正字通》曰"凡口含物曰嘀"，则目以嘀制，其义恐不当。"捏"字，《正字通》曰"俗捏字"，《正韵》曰"鱼列切，音孽，捻聚也"，俗作"捏"，意或通[22]。

别种

近时有一种奇品，邦俗呼曰“具轮珠”[23]，所谓小圆式、鹅蛋式之类也。形有大小，制有精粗，泥色有朱，有紫，有梨皮，小而精者曰“独茶铫”，粗而小者曰“丁稚”。而大概无款识，故不详为何人手作。或云不降崇祯，或云不升乾隆，议论纷纭，未有确乎析[24]众诉者。予窃谓粉本盖权舆于明代良工，而清人转传临摸，更逞奇巧，必非一人一手之所能制。盖良工不苟作，若王氏之善画，十日一水，五日一石，妙品所以不多也。兹壶予所传闻，殆将四十品，而目击者过半，但有大同小异者耳，其岂悉成于良工之一手者耶？或有久匿于巾箱中，而清人新制不容疑者，或有经手泽揩摩，而仿佛明人所造者，似难辨而不难辨。故概论之，恐非明人之制。若彼不降崇祯之言，崇奖过当，而不升乾隆之说，虽不当亦不远矣。而其为器，拙而密，朴而雅，流直而快于注汤，大小适宜有韵致，是所以盛行于世也。顷者京坂好事家渴望心醉，一睹兹壶，津津流涎，争购竞求，不惜百金二百金，必获而后已。至曰：“非获具轮珠者，难与言茗事。”于是狡贾乘机射利，价比拱璧，甚有售伪物以欺人者。呜呼！好事之弊一至于此，玩物丧志，言非诬也。

用意

壶质成于泥砂，动辄有札差之患，大异于鼎彝之坚牢耐久。苟误触物，则忽焉毁坏，土块不啻，则虽有名品，或难传于后世。好事家不可不郑重爱护也。

注春师传

注春师，名抱苦，其先曰伯盉，商祖匜之后也。事周穆王，王宠姬病，求饮，使伯盉，给太便捷，王器之，封于谌，曰“谌子”，子孙因氏焉。当战国七雄之时，失其地，分散或在阳山，或在荆山，或在临贺。自秦汉以至宋元，未有显者。明万历中，在武都者曰迩，妻卢氏，祷阳羡之神，生注春师。生而长喙，矮躯，顶上肉隆起。金沙寺有高僧一见异之，请为弟子，熏陶数年，果成法器。胸中空洞无物，唯其所存清净真理。一受其教导者，涤烦闷，致中和，益意思。时神宗溺酒色，阁臣申瑶泉忧之，荐师于上。召问法，称旨，上赞赏啧啧不释口。制曰：“真理于五常，仁也，于四时，春也。尔启厥德以沃注朕心田，用之无竭，服之无斁。赐尔号注春大师。”自是不复名坐，必授几案，遇待有加。妖姬奸珰不悦，交谮上前，遂见疏斥。崇祯甲申之变，脱京师，游江湖间，不择缁与素，招即往，然示相无常，随时而变，能小能大，能方能圆。忽而茜袍，忽而缁衲，忽而白衣，忽而茶褐，世不能物色。至清乾隆年间，龄百有余岁，面如冻梨而身尚健。人识其为注春师，问以前朝之事，则哑然，开口曰：“吃茶去，吃茶去。”师特爱中泠水，屡到金山寺，寺僧因请留师，曰：“吾本愿在济十方群迷，到处岂乏水？！倘身为中泠所系，是自迷也。”遂去，不知所终。弟子某某，独龚春传衣钵，其流派甚盛，遍于海之内外。赞曰：

阳羡之山，维石磷磷。孕秀钟灵，笃诞异人。冲虚容物，吉无下利。有需于泥，曷致寇至。水火不射，迭为其用。叙师之功，维鼎伯仲。醉郑所化，同质异归。实繁有徒，丧德愆仪。独师醒悟，托迹清流。一饮德者，烦郁顿瘳。门开甘露，志在弘济。猗师心性，风光月霁。

奥兰田著《茗壶图录》，请余一言，受而阅之，诸子序跋既备，余又何赘？戏作注春师传以还之。维时丙子谷雨后三日也[25]。

毅堂山长宣光撰

一编新著述，好事合无匹，枣圭并爱人，卷舒亲。小杜扬州梦后，落花春，落花春，一缕茶烟，正知书味真。

调寄感恩多拜石遄拜题

注春三十二先生姓名字号

壶	寿	昌龄	梁园遗老
方	德	至静	萧山市隐
白	羽	之白	鹤氅神人
睦	和	偕老	渔童
	香	苏兰	樵青
孙	玑	子园	独乐园丁
沈	云	士潜	卧龙先生
独孤	锡	不染	出离头陀
向	阳	葵生	倾心佳侣
鲁	玄	默修	趺坐逃禅
蔡	胤	寿卿	藏六居士
叶	修	维清	凌波仙子
区	端	元正	方山逸士
彭	泽	寿伯	陶家佳友
姚	馥	梅兄	俪兰女史
高	昌	千岁	帝乡仙驭

温	良	子恭	儒雅宗伯
强	介	弥坚	铁石丈夫
乔	皓	清秀	银台醉客
武	富	威重	绣衣御史
黄	鹤	自安	一枝栖隐
柯	全	大年	老樗散人
朱	之醇	子美	浴后妃子
车	短	无能	卧轮禅师
殷	妍	倩兮	红颜少年
归	隐	葆光	采薇山樵
时	之宝	如璧	连城封侯
王	宠	占春	寿阳公主
时	道	存吾	用拙迂生
侯	贵	文采	风流宰相
朱	逸	萧然	逍遥公子
鲜于	锦	秋艳	断肠少妇

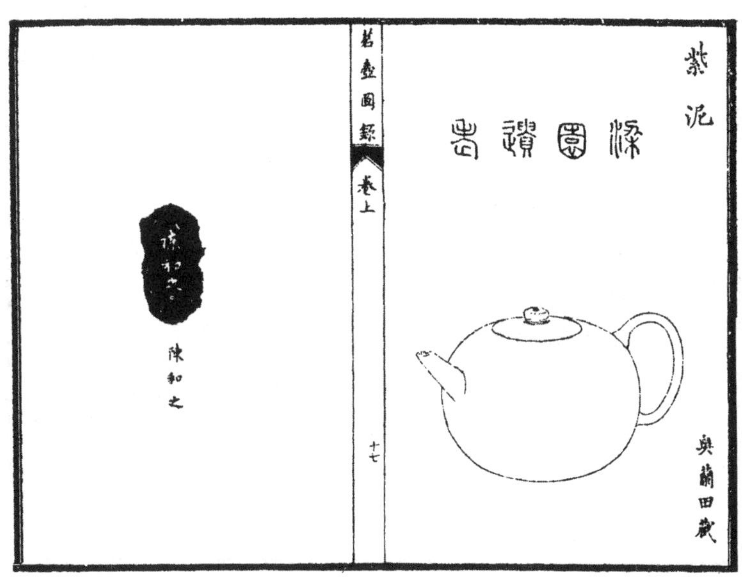

右通盖高二寸五厘，口径一寸五分七厘，腹径二寸八分二厘，深一寸六分，重四十二钱弱，容一合强：流直而仰，鋬环而纤，腹圜而丰，底着《博古图录》有著尊，谓底着地无足，壶又类之者，曰底着，下效之。而凹[26]。口内设堰圈，盖之如合符[27]。的成乳形，流下镌行书三字，曰“陈和之”，字法具晋唐遗风。泥色浓紫，或曰猪肝色。试以指摇盖，铿作金石之声，涤拭之久，自发暗然之光，非所谓和尚光之比也。通体气格高古，韵致清绝，令予心醉忘餐，可称茶寮之珍玩也。《茗壶系》曰：“陈和之，天启、崇祯间人。”距今殆将二百五十年。朱氏不祀久矣[28]，而兹壶寿于今，可不贵重耶？！故号曰“梁园[29]遗老”。

储光羲[30]诗曰：“楚山有高士，梁园有遗老。”

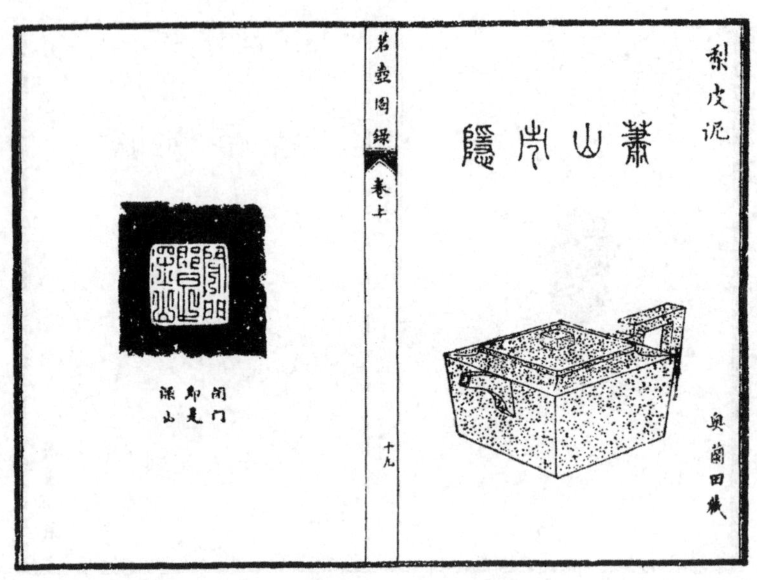

右通盖高二寸，口径一寸八分二厘，腹径二寸七分，深一寸七分，重七十四钱，容一合五勺。流方而徐起[31]，錾形如半折凹字，盖坦且方，的适之，上丰而下杀[32]，底有印曰："闭门即是深山。"篆法奇古可观，是明人之本色。泥色紫而梨皮[33]，通体清雅温厚颇有隐者风度，故号曰"萧山市隐"。

明刘基《市隐斋记》曰：贾君性之，居越之萧山，筑室一区，在阛阓中，集古今图书，以为燕游接宾客之所，不高其垣而不觌车马之尘，不深其宫而不闻闾阎之声，以其径路宛转，户庭清谧，而不与鄙俗者接也。王君子充过而命之曰"市隐"[34]。

右通盖高一寸七分四厘，口径一寸五分六厘，腹径二寸七分，深一寸四分五厘，重三十五钱，容八勺。流直而如嘴，鋬环而似耳，腹匾而圜，盖坦而无的，只留一点痕耳，点茗之时以拇人两指可把。圈足，底印一“合”字，未解为何故。形制与他式不同，而高雅更可喜矣！瓷色雪白，而滑如堆脂，通体恰如神仙着鹤氅，故号曰“鹤氅神人”[35]。

《晋书》：孟昶未达时在京，尝见王恭乘高舆披鹤氅裘，时天微雪而行，昶于篱间窥之，叹曰：“此真神仙中人也。”

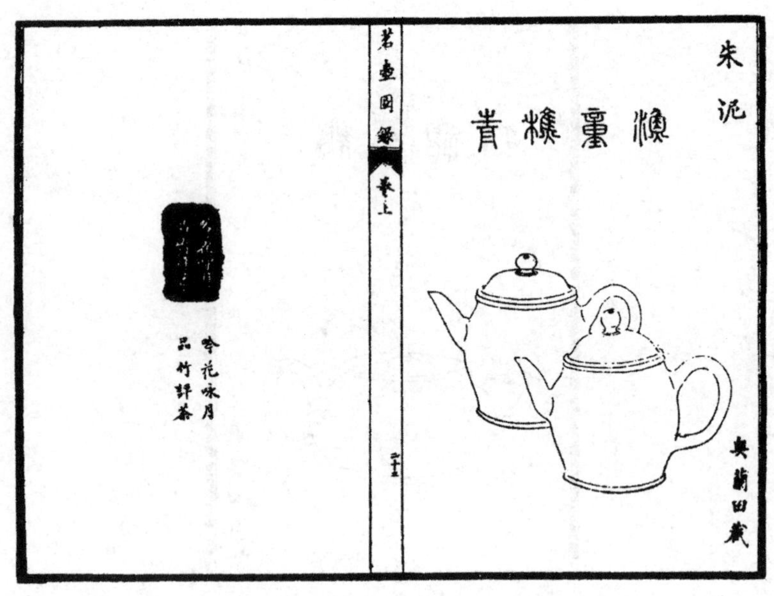

一通盖高二寸三分五厘，口径一寸五分三厘，腹径二寸一分八厘，深一寸六分八厘，重三十二钱六分，容七勺强。

一通盖高二寸二分二厘，口径一寸四分七厘，腹径二寸一分七厘，深一寸六分五厘，重三十二钱二分，容七勺。

流仰而不曲不直[36]，鋬钩而如环，盖盎[37]而的成乳形，盖口、底共带轮缘[38]，形状椭而似筒[39]，底有款曰："吟花咏月，品竹评茶。"泥色淡朱，制作朴而实，古雅最可爱。予尝评曰：匹夫匹妇合欢偕老，宛似张志和配奴婢为夫妇者，故号曰"渔童""樵青"。

《唐书》：肃宗尝赐元真子张子和奴婢二人，名奴曰"渔童"婢曰"樵青"。人问其故，答曰：渔童使捧钓收纶，芦中鼓枻[40]；樵青使苏兰薪桂，竹里煎茶。"

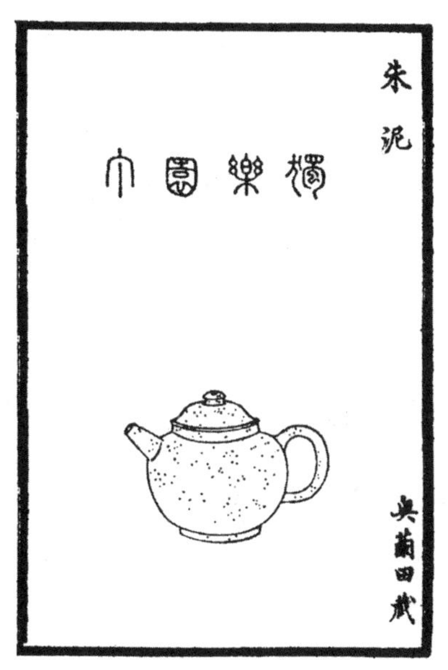

右通盖高一寸六分二厘强，口径八分五厘，腹径一寸八分，深一寸一分二厘，重十四钱强，容二勺强。流直鋬环，盖盎而的作小爵柱，圈足，无铭，形制极小而妍朴具足。《茗壶系》曰：“李茂林制小圆式，妍在朴致中，允属名玩。”殆此壶之谓欤！泥色淡朱，而满身银沙隐闪[41]，是具轮珠之裔孙，而时俗呼曰“独茶铫”，盖取于“独吃”之义而已，故号曰“独乐园丁”。

《洛阳名园记》：司马温公在洛阳，自号迂叟，谓其园曰“独乐园。”

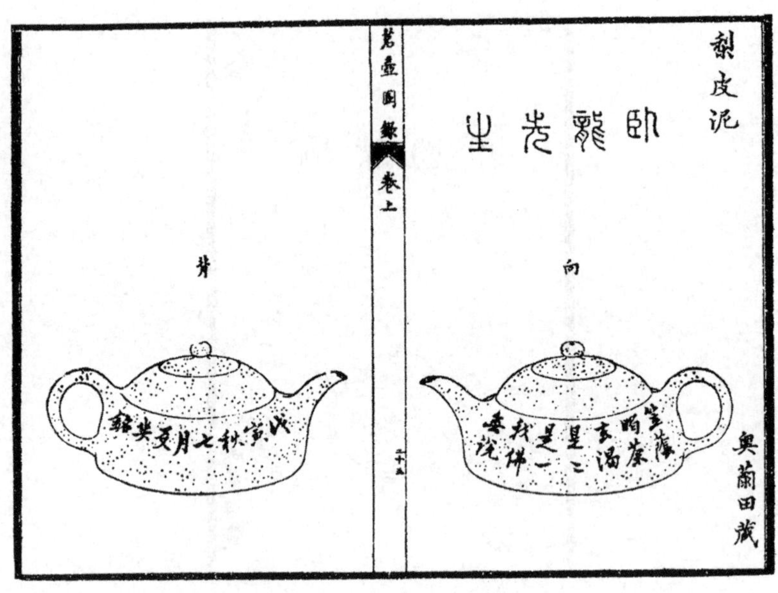

右通盖高二寸五分，口径一寸五分强，腹径三寸八分四厘，深一寸四分强，重六十二钱弱，容一合二勺强。流不曲不直，鋬环，口弇腹胖，口内设堰圈而容盖唇，自口下至肩腹上，渐下渐丰，腹上锓为一画界，底如截球，平圜纯素：腹之前后镌行书二十二字，曰：“笠荫暍，茶去渴，是二是一，我佛无说。戊寅秋七月友几铭。”刀法遒劲有精神，妙优于毛中书。按兹壶制作工夫一变，更极精巧，的与流鋬里面，削删痕存，所谓捏制者也[42]。泥色梨皮，通体深沉而雄伟，如坐如卧，如潜如蛰，有呼欲起之意。故号曰“卧龙先生”[43]。

《三国志》曰：徐庶谓先主曰：“诸葛孔明卧龙也，将军宜枉驾顾之。”

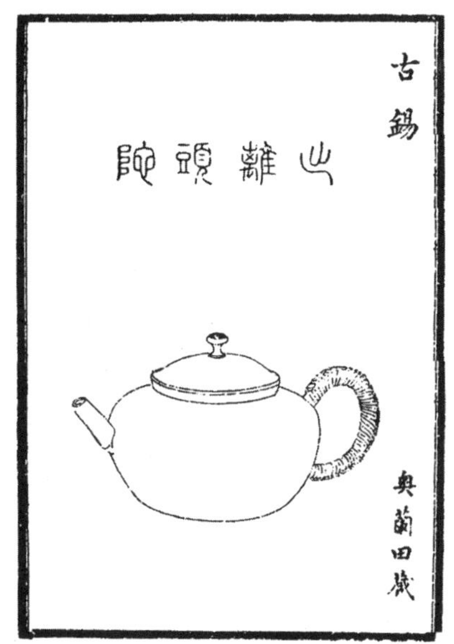

右通盖高一寸八分一厘，口径一寸五分，腹径二寸四分三厘，深一寸四分，重六十二钱，容七勺。流直鋬环，古藤络鋬，盖防汤热也。的真输[44]作之，为笾豆样，肩微棱而腹下渐杀，底着，无款，通体纯锡，经年之久，锈花赤斑，纷然点出，古色可掬。形制不侈不丽，敦朴有雅致，自是箧中宝玩。西京秦藏六，颇工于冶锡，尝观此宝爱不置，审定其为明制。按李斗《扬州画舫录》云：“吴人赵壁，变彬之所为，易以锡，近时则归复所制锡壶为贵。”此或二子之作？近日世间好事者，壶皆贵泥砂，此壶不趋世所趋而独自异，亦有出离解脱之意，故号曰“出离头陀”[45]。

《无量寿经》上卷曰：“皆蒙解脱。”解脱出离互诸也。释曰“出离之缘”，出到菩萨，欲离生死。《增一阿含经》曰：“此头陀行在世者，我法亦当久在于世。”

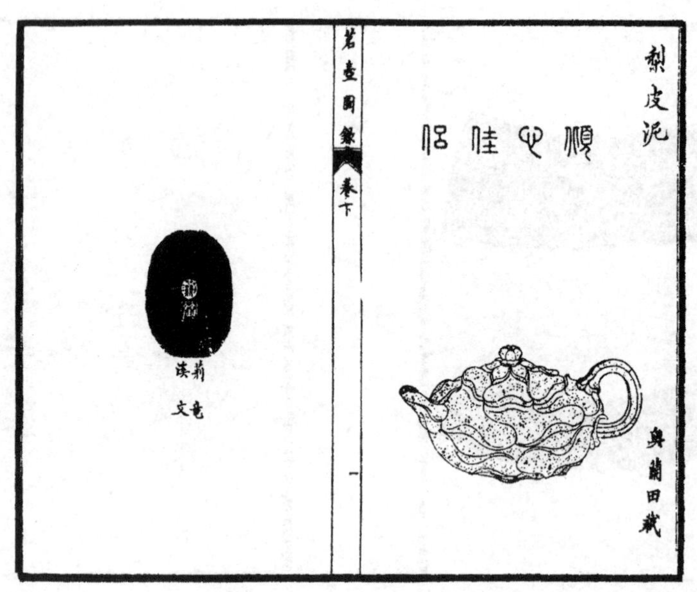

右通盖高一寸六分六厘，口径一寸五分四厘，腹径三寸二分，深一寸一分弱，重四十二钱强，容八勺。流直鋬环，通体以秋葵花为式，千瓣参差，向背分明，如笑如语，其娇冶柔媚之态，觉妃子倦妆不异。瓣在腹者最大，在底者次之，在盖者又次之，的与流鋬，亦各施工。流下有小印二，曰“荆溪”“龙文”[46]。泥色紫而梨皮。许氏巧手，每壶无一不竭智力，而兹壶精制尤穷神妙，非他工之可拟伦也。秋葵花与蜀葵相类，故号曰“倾心佳侣”[47]。

吴宽葵诗：“倾心识忠臣，卫足存古典。”姚旅秋鸿诗：“顾影成佳侣，将云束远装。”

右通盖高一寸四分三厘，口径二寸八厘，腹径三寸六分四厘，深一寸一分，重四十四钱强，容一合。流湾而短，鋬环而整，腹匾而大，胎浅而虚，最宜注瀹。《茗壶系》曰“宜浅不宜深”是也。但惜形失于大耳。底有小印二，曰“荆溪”“龙文”。同上。泥色紫而梨皮，大率与“藏六居士”同质，通体或如跍踋趺坐，宛然有物外之貌，故号曰“趺坐逃禅”[48]。

王维诗：“嫩草承趺坐。”杜甫诗：“醉中往往爱逃禅。”

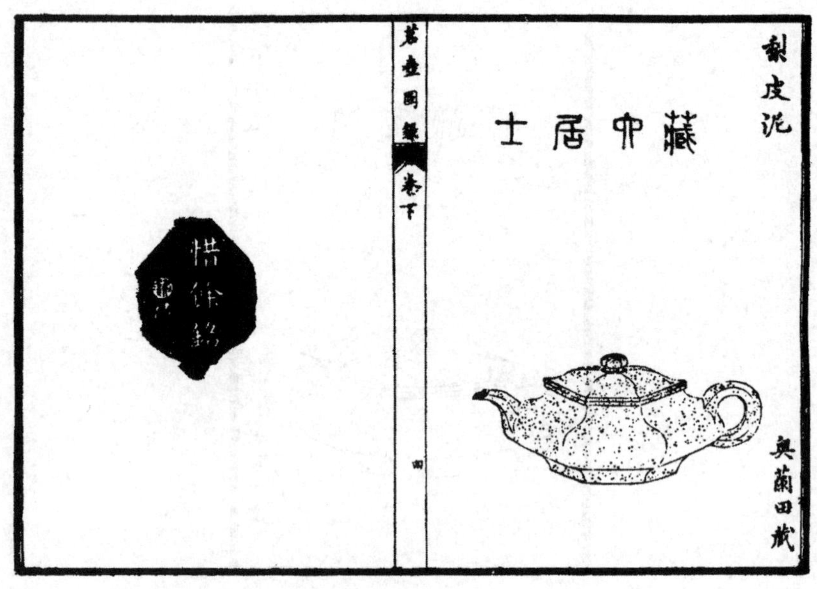

右通盖高一寸五分七厘，口径一寸七分五厘，腹径三十三分三厘，深一寸一分强，重三十八钱强，容八勺强。流湾而带棱，鋬环应之，盖腹底皆共六棱，的成乳形，底镌真书三字，曰：“惜馀铭”，亦有小印二，曰“荆溪”“龙文”。泥色紫而梨皮，较“倾心佳侣”稍淡，通体似龟形，而流鋬有昂首曳尾之态，如动如止，故号曰“藏六居士”[49]。

苏轼诗曰：“失若龟藏六。”

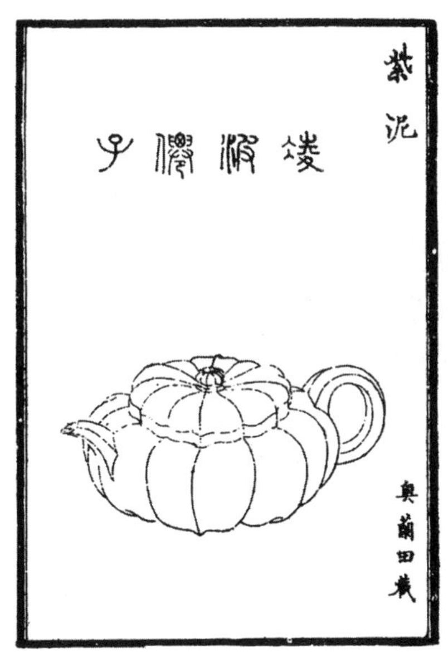

右通盖高一寸七分五厘，口径一寸九分，尖二寸三厘，腹径三寸四分七厘，深一寸三分，重五十三钱，容一合二勺，流鋬略与“藏六居士”相类。从盖到底成水仙花样，六瓣吻合之处，摄整不差毫发，以蕾为的，底着，无铭。泥色浅紫。通体水仙花为式，故号曰“凌波仙子”[50]。

黄庭坚诗曰：“凌波仙子生尘袜。”

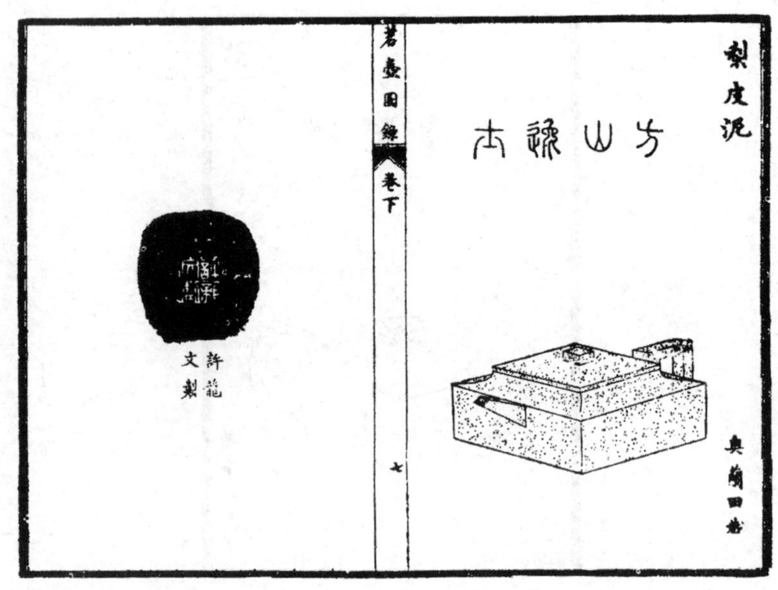

右通盖高一寸四分八厘，口径一寸四分七厘，腹径二寸七分五厘，深一寸二分，重六十钱强，容一合强。流直而方，鋬矩而成口字样，盖平坦如棋枰，的似覆斗钮。底有印曰“许龙文制”。泥色紫而梨皮，形制四面端正，类方山，故号曰“方山逸士”[51]。

《丹阳记》曰：“山形方如印，故曰方山，亦名天印山。”

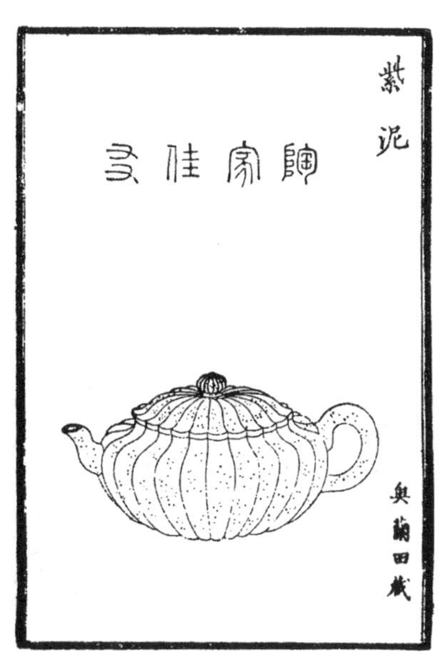

右通盖高一寸八分四厘，口径二寸，腹径三寸二分强，深一寸四分弱，重卅九钱弱，容一合三勺弱。流湾錾环，盖与器共为菊花样，各二十四瓣，以蕾为的，试摇盖，合口之处密缝不间，可谓巧致，但惜底纯素无款识。泥色紫而粟粒隐见，通体以菊花为式，故号曰“陶家佳友”[52]。

陶家，谓陶渊明也。曾端伯以菊为佳友。

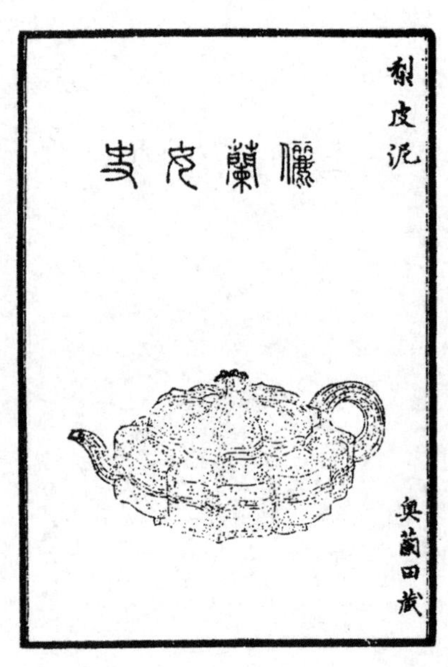

右通盖高一寸七分六厘，口径一寸八分四厘，尖二寸一分六厘。腹径三寸四分强，深一寸二分五厘，重五十五钱，容一合一勺强。流湾鋬环，腹盖共模造水仙花，各六瓣，以蕾为的，腹半又萦双钩线为束带样，底单钩轮廓成六瓣。纯素而无铭，盖阴有小印难辨。泥色紫而梨皮。是亦水仙式，而形体不同，故号曰“俪兰女史”[53]。

《广群芳谱》曰：“水仙一名俪兰，又名女史花。”

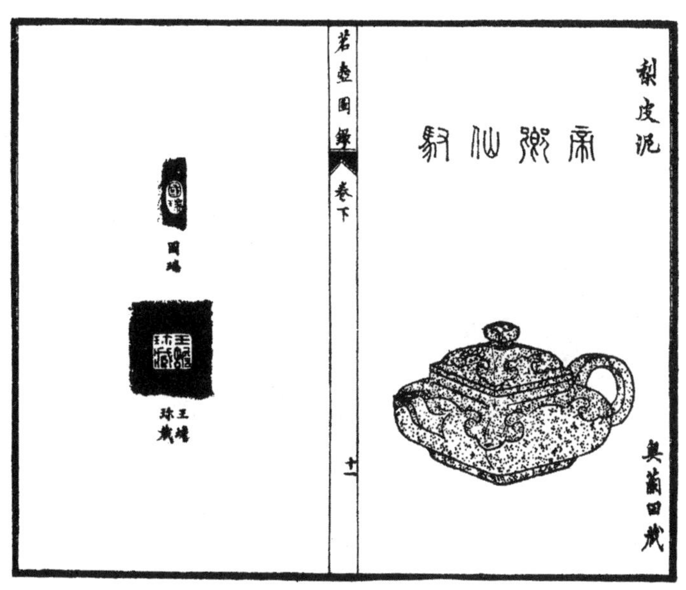

右通盖高一寸九分，口径一寸六分四厘，腹径三寸，深一寸二分五厘，重五十七钱，容一合一勺强。流湾而方，鋬环而如屈铁，的称之。盖与器共被以云纹，盖之子口有印曰“国瑞”，底有印曰“王蟾珍藏”。泥色紫而梨皮，与“倾心佳侣”异形同质。通体方圆具足，温厚而不脆，以其有云纹，故号曰“帝乡仙驭”[54]。

《庄子》曰：“乘彼白云至于帝乡。”

以上八壶，尝购获于西京鸠居堂，宝爱久矣，并收于一管中，常遇奇客至，则任意抽取，以点苦茗，称曰“荆溪八仙”。按前七壶不问无款有款，大率如出许龙文一手，只“帝乡仙驭”独异款识，为别手无疑矣。盖王蟾与国瑞自是别人，而王蟾使国瑞造之者耳。顾二人未考为何人，姑记以俟识者审定。

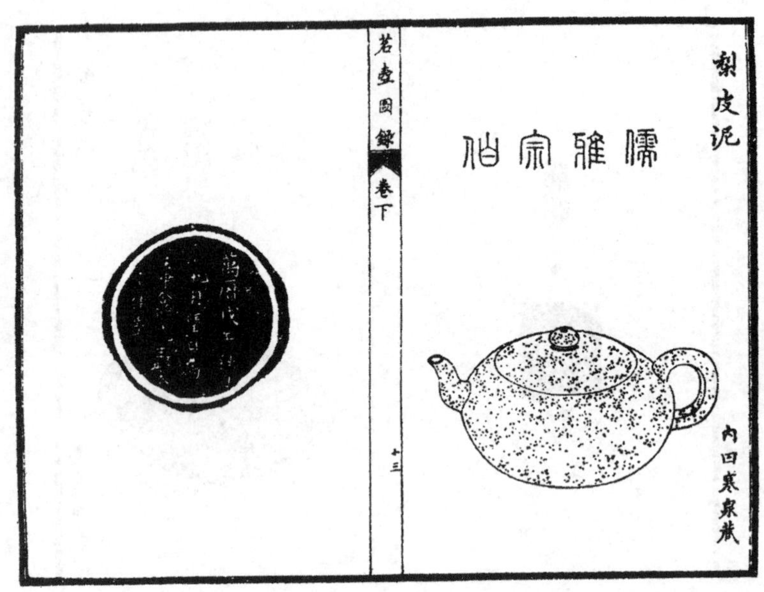

右通盖高一寸七分二厘，口径二寸，腹径三寸五厘，深一寸四分五厘，重三十五钱，容一合一勺强。流徐起而湾，鋬环而的应之，腹圆，底着，口内设堰圈而受盖，盖之子口有缺处，底镌真书十八字，曰“万历戊午秋日九月望日为叶龛先生制。仲芳”。刀法遒劲，但“日”字重复为恨耳。按仲芳者，大彬之高弟，擅名于当时，乃陶肆谣所谓“三大”之一也。泥色醇梨皮，通体蕴藉，有儒雅之气象，故号曰“儒雅宗伯”[55]。

《汉书·公孙弘传赞》：“儒雅则公孙弘、董仲舒、兒宽。”《大戴礼》：“宗伯之官以成仁。”

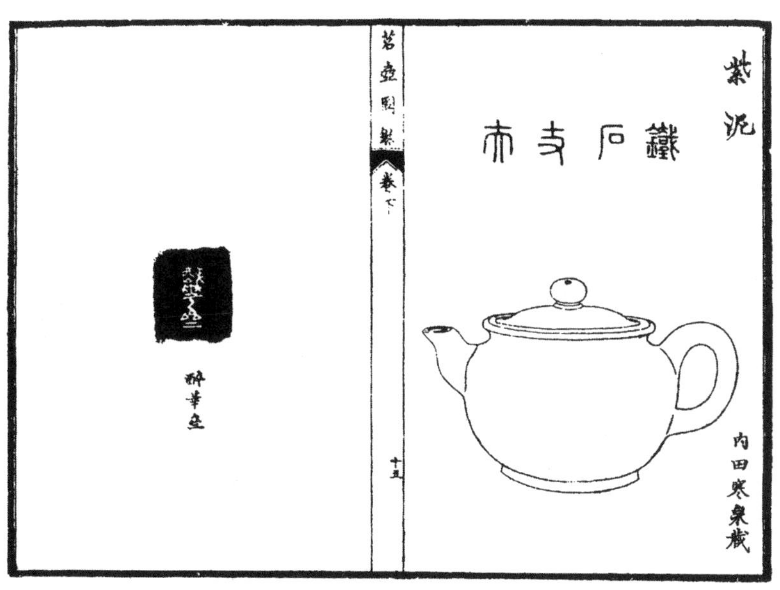

右通盖高二寸七分五厘，口径二寸一分，腹径三寸二分四厘，深二寸二分五厘，重一百钱弱，容一合六勺强。流肥短而不直，鋬相应而为环，口唇反而外向，全容盖唇，的如葡萄子，圈足，底镌三字，曰“醉华斋”，不详其为何人。篆法奇古可喜，泥色浓紫，或云黯肝色，敲之作金石之声，盖明制之醇者。通体浑厚而坚如铁、介似石，故号曰“铁石丈夫”[56]。

《魏志·武帝纪》注：《魏武故事》载令曰：“领长史王必，是吾披荆棘时吏也。忠能勤事，心如铁石，国之良吏也。”

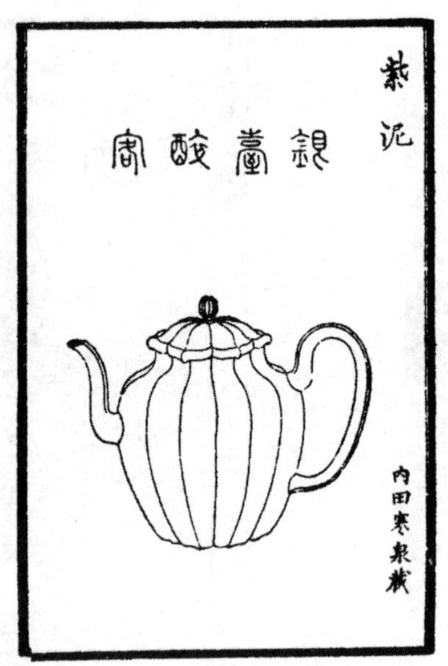

右通盖高二寸六分六厘，口一寸五分，腹径二寸三分二厘，深二寸三分，重三十八钱四分，容八勺弱。流耸起而渐湾，鋬环而与之相称，通体水仙式。六瓣收缩成口，口唇旁出承盖，吻合紧密，无差纸发，精巧可知矣。蕾为的，底着，无款，泥色紫而带红，光泽如玉。以其效水仙花，故号曰“银台醉客”[57]。

《山堂肆考》曰：“世以水仙为金盏银台。”

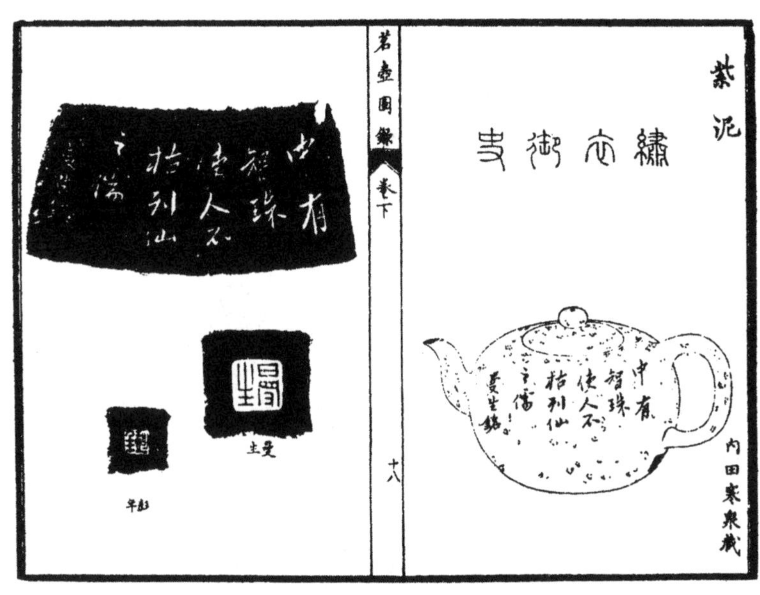

右通盖高二寸一分六厘，口径一寸五分六厘，腹径三寸一分五厘，深一寸九分五厘，重六十五钱，容一合四勺。流湾，鋬环，皮肉丰厚，腹圜，口弇，底着，口内设堰圈承盖。通体气骨富赡雄伟，自是廊庙之材。腹镌行书十五字曰：“中有智珠[58]，使人不枯，列仙之儒。曼生铭。”书体清健可观。底有印曰“曼生”，鋬下又有印曰“彭年”。盖曼生使彭年造而自铭者欤。泥色紫砂之一种，而满面斑点，如绣黄花落叶，砂壶中未尝睹斯异纹者，故号曰“绣衣御史”[59]。

《汉书》：“御史有绣衣，直指出，讨奸猾，治大狱，武帝所制，不常置。”注：衣以绣者，尊冠之也。

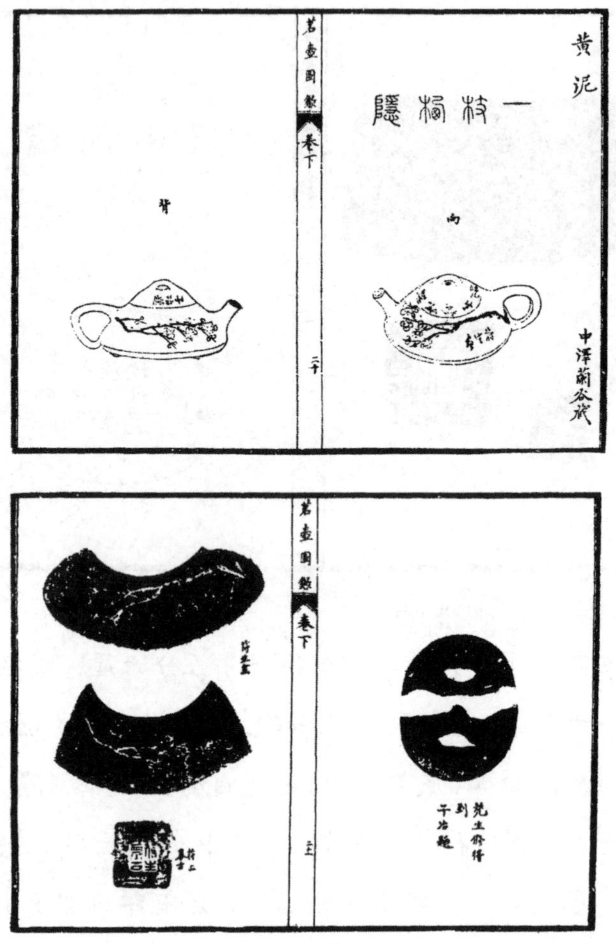

右通盖高一寸二分，口径一寸二厘，腹径二寸一分七厘，深八分五厘，重十六钱三分，容三勺。流直，末斩然而止，如断竹筒，鋬欹倒不全环，盖传鼻钮，底帖三蹄，又有印曰“符生摹古”。形制短小可握，腹之向背各雕梅花一枝，题曰“符生画”，刀势生动。盖镌八字，曰“几生修得到。子冶题”，书体清丽可爱。泥色浅黄。兹壶宜几上水滴，兼用于茗事亦无妨。唯可供独吃及对饮之用，通体似小鸟形，故号曰“一枝栖隐”[60]。

《庄子》曰：“鷦鷯巢于深林，可过一枝。”[61]

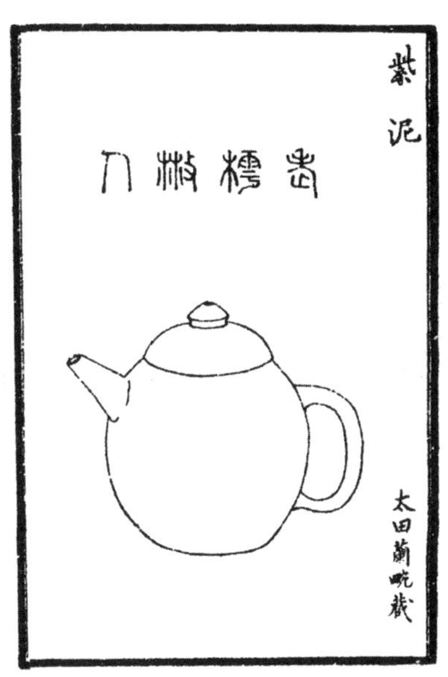

右通盖高二寸八分八厘，口径一寸六分八厘，腹径二寸七分四厘，深二寸一分五厘，重五十钱强。容一合二勺五才，流直而昂，鋬环而低下，盖盘而腹圜，底着，有印难辨。泥色紫而间有银沙隐见。闻西京大槁某者，尝获于大坂心斋桥骨董铺，宝爱不啻，故一名“心斋壶”。星霜之久，时好变移，壶皆贵小，此壶最大，人不甚顾，乃得以全其天年，《庄子》所谓樗枥之比乎！故号曰“老樗散人”[62]。

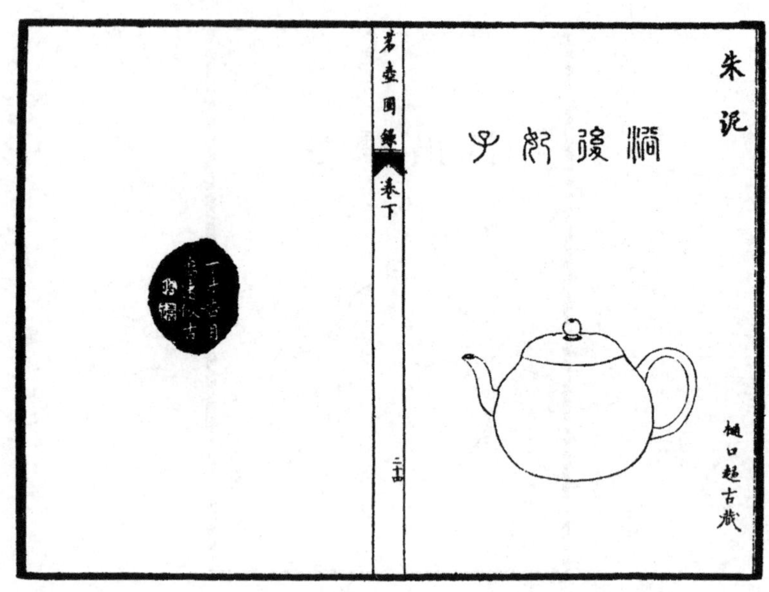

右通盖商一寸九分六厘，口径一寸四分四厘，腹径二寸三分强，深一寸五分五厘，重廿二钱七分，容七勺弱。流湾而仰，鋬环而纤，盖的应之，腹侈而肩削成，底着。制作精致，光润自露，薄如纸片，轻似鸿毛，底镌真书八字，曰“丁未杏月鸣远仿古”。有小印二，曰“鸣”“远”。泥色纯朱。按鸣远一时之巧手，务要清癯，用意丁宁，功夫百炼，调泥不苟，有惜墨如金之意。通体柔情绰态，婵娟如妃子浴华清池中，故号曰“浴后妃子”[63]。

白乐天《长恨歌》：“春寒赐浴华清池，温泉水滑洗凝脂。”

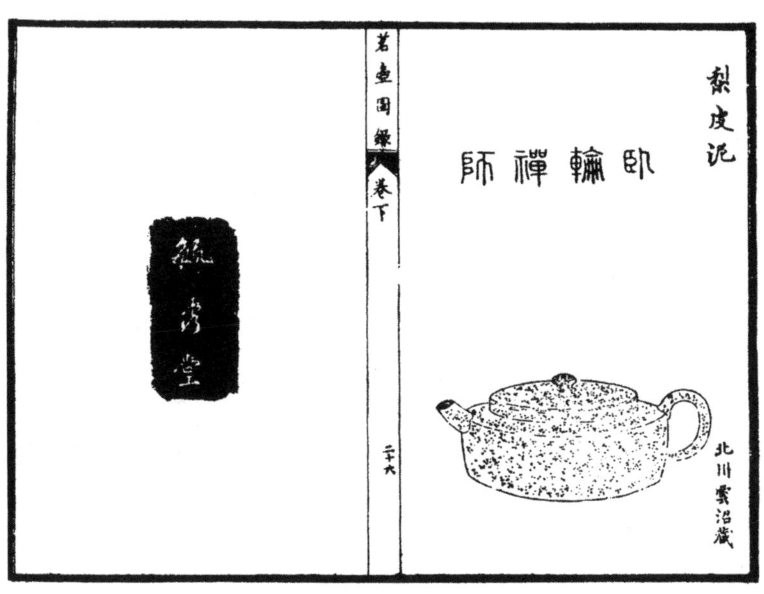

右通盖高一寸四分二厘，口径二寸三分弱，腹径三寸六厘，深一寸二分，重卅四钱二分，容九勺。流直而短，鋬环而纤。身短矮而腹胖，盖与的偕效之。盖之子口有小缺处，底着，镌行书三字，曰“毓秀堂”，书体有法。闻瞿子冶有“毓秀堂”号，盖瞿氏之所制或藏者。泥色紫而梨皮。兹壶较他式最异，通体如车轮之卧地，故号曰“卧轮禅师”[64]。

卧轮禅师偈曰：“卧轮有伎俩，能断百思想。”

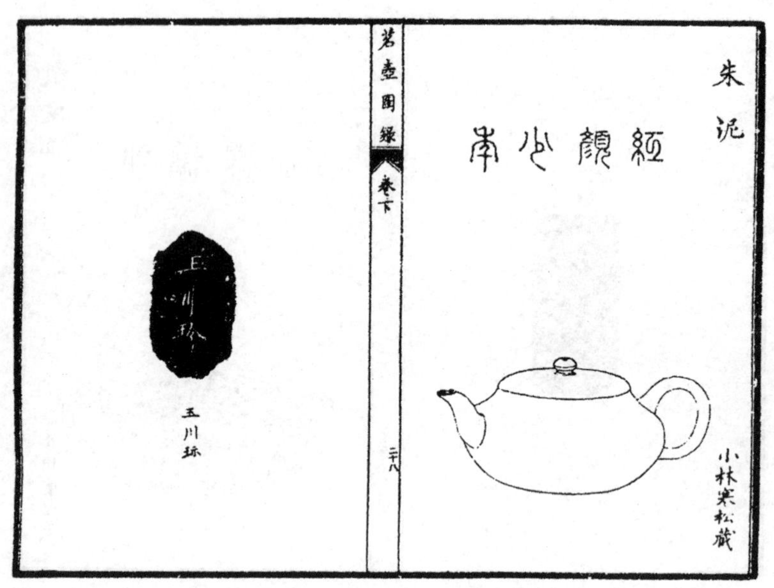

右通盖高一寸九分五厘．口径一寸七分三厘，腹径二寸六分八厘，深一寸六分，重廿九钱五分，容七勺强。流湾鋬环，盖的称之，肩削成，腹圈，底着。镌行书三字，曰“玉川珍”。泥色如朱砂之加采，脂润染人，通体潇洒流丽，如美少年，故号曰“红颜少年”[65]。

刘廷芝诗：“此翁白头真可怜，伊昔红颜美少年。”

右通盖高一寸九分二厘，口径一寸四分四厘，腹径二寸四分弱，深一寸六分，重廿九钱，容七勺强。流直而昂，鋬称之，皆洪纤得中，盖平坦而如砥，的为乳形，底着，纯素无款，敲盖作击磬之声。泥色紫砂之一种，光采不甚露，而古气清溢，通体有仙子不火食者风标。故号曰“采薇山樵”[66]。

《史记·伯夷传》：“登彼西山兮，采其薇矣。”

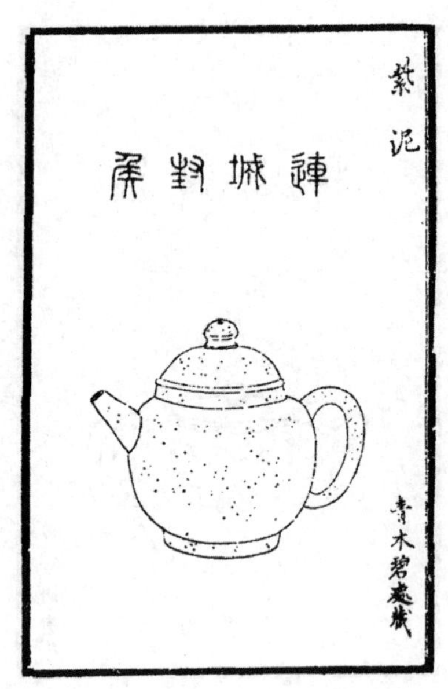

右通盖高二寸八厘，口径一寸一分，腹径二寸四厘，深一寸四分二厘，重廿三钱六分，容四勺强。流直而仰，錾环而得度，盖盎腹圜，圈足，底纯素无款。泥色紫而银沙闪点，制作不事雕琢，贵在于醇雅，时俗所谓具轮珠者是也。近世好事者宝爱夸张，声价日贵，至比连城，故号曰“连城封侯”[67]。

杨炯诗曰：“赵氏连城璧，由来天下传。”

右通盖高一寸六分六厘，口径一寸一分三厘，腹径二寸六厘，深一寸四分强，重十八钱六分，容四勺。流直鋬环，盖坦如砥，换的以梅花一萼，圈足，底纯素无款。肌肤如凝脂，瓷质略与“鹤氅神人”相类，盖亦具轮珠之裔孙，而以白瓷脱胎，殊可称矣。丰姿粹然，韵致卓绝，有效颦不及之想，故号曰“寿阳公主”。

《妆楼记》曰：“宋武帝女寿阳公主，人日卧含章殿檐下，梅花落额上，成五出花，拂之不去，皇后留之。后人效为梅花妆。”

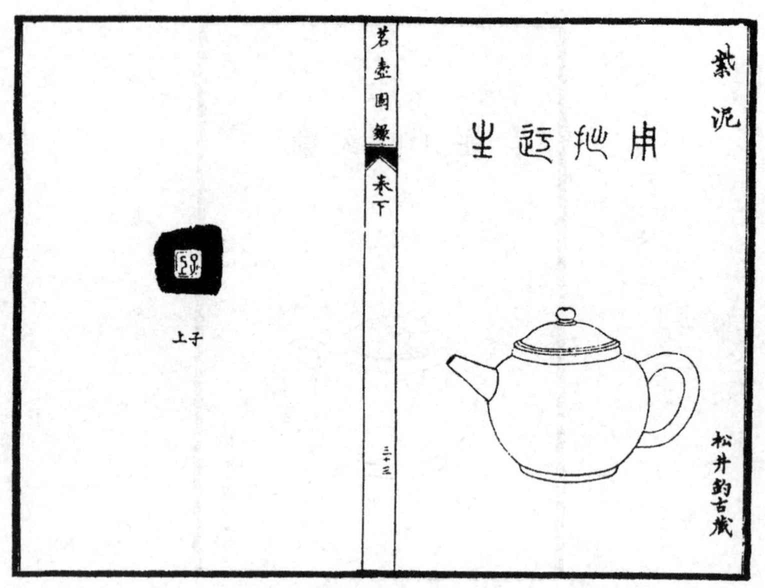
紫泥
茗壺圖錄 卷下
二十三
松井豹吉藏
上子

右通盖高二寸一分，口径一寸四分四厘，腹径二寸四分二厘，深一寸五分强，重卅二钱弱，容七勺。具轮珠之苗裔，而大于“连城封侯”。泥色紫，圈足。底有印，曰“子上”，欠考据。具轮珠之有印者，唯兹壶耳。恨錾之位置不合，故号曰“用拙迁生”[68]。

杜甫诗：“用拙存吾道，幽居近物情。”

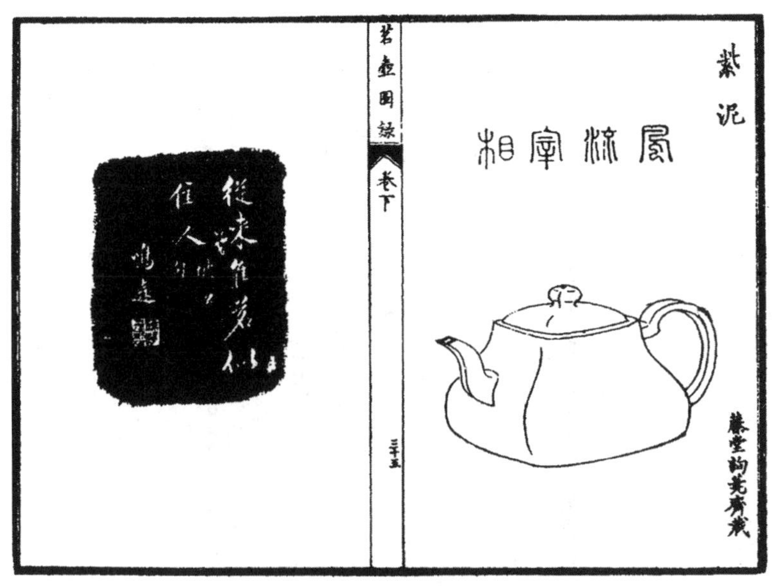

右通盖高二寸一分二厘，口径纵一寸八分三厘，横一寸四分三厘，腹径二寸九分强，深一寸七分四厘，重五十三钱，容一合三勺强。流方而湾，鋬环而变式，盖盎，的方而无棱，口椭而容盖，肩削成，腹胖，底内入如倒凹字。镌行书十二字，曰“从来佳茗似佳人。坡公句。鸣远”，骨体秀美，存赵、董法。有小印，曰“陈鸣远制”。泥色紫而光润欲滴，形制椭而四隅微圆，端丽精致。吴骞《名陶录》曰：“鸣远一技之能，间世特出，自百余年来，诸家传器日少，故其名尤噪。”则此壶不易获可知也。通体风流高雅，超然出于庸俗，故号曰“风流宰相”[69]。

《南史》：“王检尝谓人曰：‘江左风流宰相，惟有谢安。’意以自况也。”

右通盖高二寸强，口径一寸二分弱，腹径二寸二厘，深一寸二分四厘弱，重廿三钱四分，容五勺弱。流直鋬环，盖的应之，底着，雕“八月湖水平。孟臣”之七字。泥色纯朱而光润如流，容止端雅，有萧然自得之意，故号曰“逍遥公子”[70]。

《北史》：“韦夐志尚夷简，淡于势利，帝赐号曰逍遥公。”

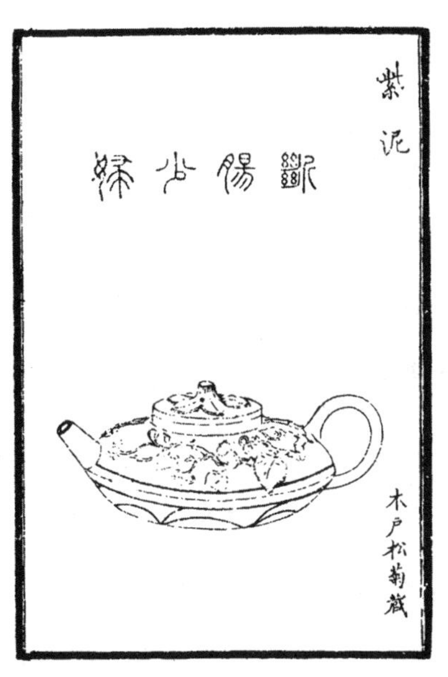

右通盖高一寸三分八厘强，口径一寸二分八厘，腹径三寸四厘强，深一寸一分，重四十四钱，容七勺弱。流直而肥短，鋬环而应之，盖圆而坦，上范出六尖蒂形，存茎少许换的，口弇腹匾，肩腹间对镂秋海棠花，花萼枝叶葳蕤分布，腹下刻双钩线，阴镌以奇葩，或如梅花，或如秋葵花，而六瓣成形，盖未审为何花。底亦作六尖蒂形。无款，泥色紫而微润，古奥可掬，通体婉媚，如笑如愁，天然容色，宛似少妇在深闺，故号曰“断肠少妇”[71]。

《群芳谱》：“秋海棠，旧传昔有女怀人不至，泪洒地，遂生此花，色如美人面甚媚，名断肠花。”

跋

甲戌春，予初至日本，即耳奥兰田名，厥后又数数闻人道其有茗壶癖，于今二年未谋半面。顷闭门养疴，闻剥啄声，则慈水王惕斋挟是册来，为达奥君意，丐予跋后，且述倾慕，令人兴孔北海亦知之感，欣然展览。虽器不尽古，人不尽名，壶不尽为己有，而其辨色分形，测深摹款，井井凿凿，非沉湎个中者不能办。人言其癖，信不诬也。昔壶公栖隐壶中，别有天地[72]，今奥君此三十二天，我不知其神栖何处，抑犹在三十三天耶？闻其珍爱所藏，不轻出示，每佳客至，随意取一壶以供，其雅致如此。仆拟他日走访注春居，相与话壶中日月，又不知与三十二先生其缘何在。先即图中，默而识之，试卜能暗合否乎？

大清光绪二年孟夏月既望嘉兴叶松石拜识

后序

长夏倦甚，榻于梧竹下，炉于磐石上，汲井泉，安石铫，汤候未至，取兰田《茗壶图录》而读之。其体全依《博古图录》，其言引据《茗壶系》《名陶录》《茶具文房图赞》等书，搜罗考核，凿凿不遗。非嗜好如色食[73]奚能至于此！兰田征余题，且告曰："将游毛山，行装中不可无《图录》，《图录》中不可无子言。"夫兰田扫地静坐，炷香煮茗，以寓沈湛之思。虽寄迹阛阓[74]，姿神则超然乎尘表，知此行必有山林寂寞之士如桑苎其人者，相招乎赤岩碧洞间。《图录》之言又将有所审定，予亦臭味者[75]矣。为传语小舟子，杖履相追不远也。

时炉底火活，蟹眼已过，汤候至矣。把茗碗一吃，全身烦腻消除，两腋风生，余魂飘然已在岩洞中矣。

乙亥夏月书于濠西精舍

小舟渔隐田识

注释：

［1］王济有马癖，和峤有钱癖，杜元恺有《左传》癖：王济，晋太原晋阳（今山西太原）人，字武子，累官至侍中。通《易》及《庄》《老》，性豪侈，尝买地为马埒，编钱铺满之，时人讥为“金沟”。和峤，晋汝南西平（今河南西平西）人，字长舆，官至中书令。家豪富而贪婪吝啬，杜预称他有钱癖。杜元恺，即杜预，字元凯，西晋将领，著《春秋左氏经传集解》，为流传至今最早的《左传》注解。

［2］灵均之于兰，渊明之于菊，茂叔之于莲，和靖之于梅，太白、鸿渐之于酒与茶：灵均，屈原字，《离骚》中曾以香草美人喻君子。渊明，东晋诗人陶渊明独爱菊，有“采菊东篱下，悠然见南山”句。茂叔，北宋哲学家周敦颐，字茂叔，有名篇《爱莲说》。和靖，北宋诗人林逋，谥和靖先生，隐居西湖孤山，养鹤植梅，一生不娶不仕，有“梅妻鹤子”之称。太白，唐代著名诗人李白。鸿渐，唐代著名茶人陆羽。

［3］煎茶：日本茶道的一种流派。日本茶道历史大体可以分为三个时期：第一个时期为受中国唐代饼茶煮饮法影响的日本历史上的平安时代；第二个时期是受中国宋朝的末茶冲饮法影响的日本历史上的镰仓、室町、安土、桃山时代；第三个时期是受中国明朝的叶茶泡饮法影响的日本历史上的江户时代。参照明代叶茶泡饮法的形式，套入日本茶道的礼仪做法，兴起了煎茶道。煎茶道中，也仿效明代风尚，崇尚紫砂壶而黜银、锡、瓷壶。

［4］郑康成：郑玄，字康成，东汉经学家。博学多才，曾遍注五经，

今唯存《毛诗笺》《周礼》《仪礼》《礼记》注，其《易》注等皆后人所辑佚书，已残缺不全。

［5］策：中国古代用竹片或木片记事著书，连编诸简谓之策。

［6］服虔：汉河南荥阳人，初名重，又名祇，字子慎。著有《春秋左氏传解谊》。

［7］三礼：儒家经典《周礼》《仪礼》《礼记》的合称。

［8］六经：《诗》《书》《礼》《乐》《易》《春秋》，也称六艺。

［9］《宣和博古图录》：又作《宣和博古图》，宋王黼撰，一说王楚撰，三十卷。内容记载宋徽宗时宣和殿所藏古代铜器，分二十类。每类之前附有总说，器物都摹绘图形、款识，记录容积、重量等，并附考证。

［10］《茶具图赞》：南宋审安老人撰，成书于咸淳五年（1269）。其中记载有十二先生，即备茶和饮茶时用的十二种茶具，如韦鸿胪（烘茶炉）、汤提点（茶壶）等。

［11］《文房图赞》：南宋，林洪撰。仿唐代韩愈《毛颖传》将文房用具十八种拟为十八学士，各予官职、名姓和字号，白描图画并作辞赞之。

［12］“源流”章至此处，均为《阳羡茗壶系》《阳羡名陶录》所载。

［13］欧，本书收入《阳羡茗壶系》已据卢本改为“瓯”。

［14］“大小”章中反映了日本煎茶道中器物文化受中原文化影响的情况。明代好茶人士的“小壶”之论，到奥玄宝所处的时代（同治、光绪年间），已渐渐渗透到日本风尚之中。日本爱茶者也逐

渐开始尚小壶，以至到了“贱大如奴隶，爱小似妻妾”的地步。

[15] 顶门之一针：顶门针，针灸术语，谓自脑门所下之针，喻抓住要害。“顶门”原作“项门”，据黄本改。

[16]“理趣”章中，“理”“趣”之论颇为辩证。在对待壶流之曲直、大小等问题上，都有出于实用的“理”在，是对实用功能的要求。而砂壶的艺术性一面，“趣”则可以超乎“理”之上。理趣结合，更值得玩味欣赏。“理”“趣”之论，已故砂壶泰斗顾景舟先生也曾有过论述，现摘录如下，以供对照：“造型形态完美，装饰纹样适合，内容健康向上，使用功能理想，制作技巧精湛，且意趣盎然，雅俗共赏，使人把玩不厌、怡养性灵的，才能够得上艺术层次的上乘，堪称传世之作；其次是因瑕就瑜，美中不足，有趣失理，有理失趣，不能兼胜者，是为中乘。”（顾景舟《紫砂陶史概论》，载于《宜兴紫砂珍赏》）

[17] 或盖背，或盖口之外口：即壶盖之内或壶盖子口之上，加以刻款、印记。

[18] 款识一章，将款的书体、内容类别、刻款钤印位置做一总结。

[19] 具眼：辨别事物的能力，高明的见识。

[20]“真赝”章，作者以亲历的真伪鉴定问题，提出来供爱好者共鉴，认为欲辨真伪，须多看、细看，练就伯乐相马、卞和识璞的法眼。

[21]“无款”章，纯以个人爱好，认为有款优于无款。

[22]“喻捏”章，恐怕是误听传说。紫砂工艺的发展是演进式的，

参考《阳羡茗壶系》《阳羡名陶录》相关注释。

［23］具轮珠：日本茶界当时推崇一种直流、圆身的光素圆壶，称之为“具轮珠”。精小型的称“独茶铫”，略粗者称之为“丁稚”。实际为一种样式朴素的圆壶，产量较大，至今仍有制作。传入日本，就有商家炒作，传为“不降崇祯”的古董，使收藏者“渴望心醉”“津津流涎”“争购竞求”“非获具轮珠者，难与言茗事”，以致达一二百两白银高价。奥兰田对此认识清楚，认为起始于明代，有许多工匠都曾制作过这种圆壶，且亲眼见过二十多件，精粗不一。只是由于该壶造型“拙而密”“朴而雅”“流直而快于注汤，大小适宜有韵致”，是以盛行。具轮珠的风靡也从一个侧面反映了紫砂茶具在日本受欢迎的程度。

［24］“析”当为“折”之误。

［25］这篇毅堂山长宣光撰写的注春师传，正如作者所言，是“戏作”，将紫砂壶的鼻祖金沙寺僧生平事迹演绎一番，又直接以注春师喻砂壶、喻茶事。砂壶即注春师，注春师即砂壶，抱苦含朴，却烦涤俗。托迹清流，怡养性情，清净无为，不羁尘俗，恰又是茶的写照。供春为弟子，膜拜注春师的精神，弘扬陶、茶的主旨，名正而言顺。因此此文虽为戏作，却专为注春居主人奥兰田而作，有声有色，颇中肯綮。

［26］底着而凹：紫砂壶的壶底足，一般而言有一捺底、加底、鼎足三种。此处“底着而凹”即为一捺底。紫砂壶为无釉陶器，烧成时很少有粘钵的情况，因此用圆润而内凹的一捺底来丰富器形（瓷器中一般不见）。这件“梁园遗老”实则是紫砂传统造型“一粒珠”，一捺底的底足处理是强化珠圆玉润感的重要造型环节。

[27]口内设堰围，盖之如合符：紫砂壶壶盖有三种形制，即嵌盖、克盖（亦称压盖）、截盖。此处“一粒珠”壶盖即为嵌盖，一种虚嵌盖，求得盖与壶体的整体圆球感。

[28]朱氏不祀久矣：明朝朱家天下已失去，清取而代之已很久了。

[29]梁园：又名梁苑、兔园。古代苑囿，汉梁孝王筑，当时名士司马相如、枚乘等皆为座上客。故址在今河南商丘市东。李白有诗“一朝去京国，十载客梁园”（《书情赠蔡舍人雄》）。

[30]储光羲，唐代诗人。“羲”原作“义”，据黄本改。

[31]流方而徐起：壶嘴（流）呈方形，平缓仰起。

[32]上丰而下杀：壶形上大下小。此种方壶造型称“砖方”，有的上下大小一致，呈规整方形，有的呈“上丰下杀”的变化，而流、把也有相适应的变化。

[33]泥色紫而梨皮：紫泥或铺、调砂，呈现梨皮般肌理。

[34]市隐：在闹市中隐居。《晋书·邓粲传》：“夫隐之为道，朝亦可隐，市亦可隐。”

[35]鹤氅神人：这是一件白色茶壶，白釉温润含蓄，“滑如堆脂”，底有一“合”字刻划款。点茶之时，在色调深沉稳重的系列茶具中，白色茶壶确实显得鲜明匀净，且高雅宜人，因此奥兰田用王恭披鹤氅行于微雪天的神姿来形容它。

[36]流仰而不曲不直：紫砂壶壶嘴有一弯嘴、二弯嘴、三弯嘴、直嘴、鸭嘴流等形式，此处应是二弯嘴。

[37]盖盎：壶盖弓起，形式呈虚高弧形。

［38］盖口、底共带轮缘：盖口、壶底足边缘都有一圆线条，这是紫砂工艺中“起线”的常用形式。

［39］形状椭而似筒：筒，竹筒或捕鱼篓子，形状椭圆而较直，类似竹筒状。

［40］鼓枻：摇动船桨。

［41］满身银沙隐闪：朱泥中含云母等质材，呈现银星点点状。

［42］所谓捏制者也：日本人误谓紫砂工艺自曼生、彭年始重捏制，而不了解工艺渐进的原理。

［43］卧龙先生：此壶造型在紫砂传统造型中又称“箬笠壶”。同样形式、同样铭文的箬笠壶有唐云先生藏“彭年”“阿曼陀室”款曼生壶。此处刻铭者为“戊寅秋七月友几铭”。

［44］鍮（音 tōu）：即黄铜。

［45］出离头陀：此壶为锡壶，造型取自紫砂壶形，确实符合李斗所载，可见当时砂壶深人人心，为其他行业所仿效。

［46］龙文：许龙文，明末清早期人。制器精良，既善制光素，又兼擅花卉像生壶，款常用“荆溪”“龙文”一圆一方印章，也有“许龙文制”篆文方印底款。

［47］倾心佳侣：此式名“风卷葵”，有清道光杨氏所作为传世名品。

［48］趺坐逃禅：此式名“虚扁壶”，有清乾隆年间陈鸣远款调砂虚扁名作（现藏宜兴陶瓷陈列馆）。奥兰田称此形“腹匾而大，胎浅而虚”，恰恰抓住虚、扁的两大特征，而从王维诗“嫩草承趺坐”、杜甫诗“醉中往往爱逃禅”中得出“趺坐逃禅”之名，

品物状貌，得其神韵，又紧扣茶、禅之味，颇为贴切。

［49］藏六居士：此件作品实为六方形虚扁壶，壶嘴、壶把、壶身、壶的、壶盖以及壶底足，无一不以六棱为形。由于有“六”，作者才将之比喻为昂首曳尾的龟形。龟，在日本民族心目中是高贵、长寿的象征，因此名之为“藏六居士”。“惜余”未详。

［50］凌波仙子：这是紫砂传统筋纹器的代表作品，撷取自然界花卉、瓜果的筋、脉，融入壶形的创造之中。从描述文字看，此壶工艺尚属精雅，“六瓣吻合之处，摄整不差毫发”，壶盖之六瓣筋纹线条起伏与壶体六瓣筋纹吻合，俨然一整体，可见工艺严整。以水仙花之形，遥想水仙花之神，凌波仙子，冰清玉洁，给人以出尘世之感，这也正是“涤尘热、却烦郁”的茶的精神。

［51］方山逸士：这是紫砂传统壶形，名“砖方壶”。以手工制作砖方壶，工艺要求颇高。泥片镶接过程中，要求泥料干湿恰当，过湿不挺，过干则不易粘接，每片泥片的切面角度要准确，镶接才能吻合。方壶要做到方而不板，挺而不僵，整体于挺拔利落中见精神，方属上乘。方壶可供玩味之处很多，此处作者从“士”的品行中取“智欲圆而行欲方”，其中之“方”，即“方山”之方，取名“方山逸士”，是从此砂壶一板一眼、中规中矩的神态上把握而加以命名的。

［52］陶家佳友：此筋纹壶在紫砂行业传统造型体系中称“圆条菊”式，用圆条形筋纹来表现菊瓣的肥满、花朵的盛开。这件作品，由二十四条菊瓣筋纹勾勒出造型，材质为紫泥调砂（“泥色紫而粟粒隐现”），工艺精巧，口盖严密。持此壶品饮清茗，自然会引发“采菊东篱下，悠然见南山”的逸兴。

[53]俪兰女史：菱花式筋纹束腰壶，造型与前“凌波仙子”相似，泥质似为紫泥调砂，呈现梨皮效果。由于腰腹有双钩线装饰，壶嘴、壶把与此呼应，变六棱为凹凸线的组合。砂壶造型千变万化，却又能不离圭臬，值得品味。

[54]帝乡仙驭：此壶材质为紫泥调砂，壶盖、壶肩腹雕有如意云纹。此种如意云纹有明时大彬壶盖上柿蒂云纹遗韵。造型、工艺应是相当精雅，方中寓圆，圆中寓方，而处处显得丰润、含蓄，所谓“温厚而不脆”。作者，许国瑞，清乾隆时人，作品精良，惜艺事阙如。

[55]儒雅宗伯：此壶仍为“一粒珠”样式，壶底真书“万历戊午秋日九月望日为叶龛先生制。仲芳”。

[56]铁石丈夫：这件作品从“泥色浓紫，或云黯肝色，敲之作金石之声”可以推断，烧成温度高于一般紫砂泥的温度，可能已接近过高温度临界点，才会色深如铁，声如金石。“醉华斋”未详。作者凭其样式的古雅、色调沉着而推断为“明制”，值得商榷。

[57]银台醉客：这件作品亦属菱花式，为紫砂传统筋纹器一种。筋纹有凸起筋纹与凹入筋纹阴阳组合成水仙花瓣的样式，壶口、壶底、壶盖配合筋纹收缩而演变，整体感极强。壶嘴、壶把有中国传统酒壶的形式借鉴，因此作者称为“银台醉客”，取其形似酒壶，而色如醉靥之义。

[58]智珠：指本性的智慧。唐张祜《赠志凝上人》诗：“愿为尘外契，一就智珠明。”

[59]绣衣御史：此壶材质为紫泥铺砂，砂粒大而色黄，俗称“桂花砂”。造型为传统“一粒珠”样式，底为一捺底（“底着”）。

“绣衣御史”典出《史记》，汉武帝时，民间起事者众，御史中丞督捕犹不止，因使光禄大夫范昆诸辅都尉及故九卿张德等衣绣衣，持斧仗节，兴兵镇压，号直指使者，即表明处事公正无所偏私。

[60]一枝栖隐：此壶材质为团泥，样式为“子冶石瓢壶”。子冶、符生即清中期知名金石书家瞿应绍、邓奎，他们是继陈曼生后继续在紫砂艺术领域拓展书画装饰道路的文人艺术家。此处有“符生摹古”印款，子冶题铭、符生画梅的作品较少见，真正制壶艺人为谁，不得而知（因其他符生铭壶，大多有“符生邓奎监造”底印）。瞿应绍，道光时江苏上海人。字子冶，初号月壶，改号瞿甫，又号老冶、陆春。工诗词尺牍、书画、篆刻、鉴古。尝制砂壶，自号壶公，请邓奎至宜兴监造，精者子冶自制铭，或绘梅竹，镘于壶上，时人称为“三绝壶”。至于寻常遗赠之品，则嘱邓奎代镌铭识。书法出入米襄阳、恽草衣，题壶多行书，间作楷书。邓奎，字符生，擅真草隶篆，博雅能文。尝为瞿应绍至宜兴监制茗壶，亦有自行撰铭定制者，铭语工切，篆隶楷书，均饶雅人深致。间刻花卉，款署“符生”，壶底有“符生邓奎监造”篆文方印，或“符生氏造”篆文方印。

[61]可过一枝，《庄子》原文为“可不一枝”。

[62]老樗散人：此壶材质为紫泥，上有银星，样式是倒把梨形大壶。老樗，典出《庄子·逍遥游》，本指像樗木那样被散置的无用之材，比喻不合世用。散人，典出《庄子·人间世》：“且也若与予也皆物也，奈何哉其相物也。而几死之散人，又恶知散木。”指闲散不为世用之人。此壶以形体偏大而不受当时世人宠爱，因“无用”而得以保全，倒真合乎老庄精神。如此命名，风趣而有哲理。

［63］浴后妃子：此壶材质为朱泥，暗底（“底着”），形制精巧，胎壁极薄，手感分量很轻。从外观看，工艺精雅而偏巧（“鸣远一时之巧手，务要清癯”），处处周到细致，没有放松和勉强之处（“用意丁宁，工夫百炼”），泥质润和，色泽明艳动人。

［64］卧轮禅师：此壶材质为紫泥调砂，造型为“扁圆壶”式。“毓秀堂”是否为瞿子冶所定制或购藏，值得商榷。而“卧轮有伎俩，能断百思想”偈语，反映了日本茶人融禅理于茶理的方法。

［65］红颜少年：此壶材质为朱泥（“泥色如朱砂之加采，脂润染人”），形制较小，属朱泥小壶一类。造型特点在肩部，“削成”实际是紫砂壶体成型中一种凹压的做法，生成一段反弧线，以朱泥较疏松乏性质扫凹，难度较大。“玉川珍”不详。红颜少年之青春美态，正是明艳动人的天然朱泥的写照。

［66］采薇山樵：此件作品材质为粗紫砂泥，因而“光采不甚露，而古气清溢”；烧成温度已达烧结，因此“敲盖作击磬之声”，声音清越；造型样式为传统平盖莲子壶形式。形式朴直无华，有出水芙蓉一尘不染的感觉。作者因此用商伯夷、叔夷入首阳山采薇度日，不食周粟的典故来命名。

［67］连城封侯：杨炯诗：“赵氏连城璧，由来天下传。”其中越氏玉璧价值十五城池，因名为连城璧；而“具轮珠”壶，实则上是紫砂传统产品的一种，既无名工，又非名制，却在扶桑国身价百倍，价值连城。以“连城封侯”名之：一来说明紫砂壶在扶桑国的宝爱程度，已到“过情”的地步；二来，一把出自普通工艺匠师之手，工艺不求精到，造型朴拙的砂壶被比拟为连城之壁，确是日本茶道追求朴拙、无造作之美境界的反映。

[68] 用拙迂生：拙，是一种美的境界。老子有“大直若屈，大巧若拙，大辩若讷”之言。奥兰田宝爱茗壶，在他眼中，每件砂壶都各有个性，值得欣赏，巧有巧之美，拙有拙的可爱，甚至连砂壶造型上略有瑕疵，他都一并加以玩味，可见茗壶癖之深。

[69]风流宰相：此壶材质为紫泥，加工工艺的精到，优良的材质，更显光润欲滴。造型为扣方钟形，壶底圈足假底处理为暗过渡形式，“底内入如倒凹字”。底款行书“从来佳茗似佳人（坡公句）。鸣远”，有赵孟頫、董其昌的遗韵。阳文方印，篆书“陈鸣远制”。壶形方形中寓圆弧面、凹凸面的变化，处处曲致动人却又骨架端正，风流儒雅，因此用《南史》中“江南风流宰相，惟有谢安”来命名这件鸣远壶，恰如其分。而“从来佳茗似佳人”在奥兰田眼中，岂不是“从来佳壶似佳人”吗?

[70] 逍遥公子：此为紫砂传统朱泥小壶“孟臣”壶。潮汕地区饮工夫茶，也称“孟臣罐”。壶底镌“八月湖水平。孟臣”。用一句诗来作壶底刻铭，也是孟臣小壶的一个特色。

[71] 断肠少妇：此件作品为紫砂花货砂壶，以海棠花叶构思造型，肖物象形，惟求逼真生动。奥兰田以移情、拟人的审美观看待这件塑器砂壶，就产生了少妇怀人不至，泪滴地上生海棠花的联想。花沾染了这种联想而“通体婉媚，如笑如愁，天然容色，宛似少妇在深闺”，赏壶者沾染了感伤的气息，将壶比作了人。

[72] 昔壶公栖隐壶中，别有天地：传说东汉费长房为市掾，市中有一老翁卖药，悬一壶于座，市罢，跳人壶中。长房于楼上见之，知为非常人，因向学道。李太白有名句“何当脱屣谢时去，壶中别有日月长”。

[73]非嗜好如色食:《论语·子罕》:“吾未见好德如好色者。”《孟子·告子 上》:“食、色，性也。”此处指奥兰田癖茗壶之甚。

[74]阛阓：阛，市垣；阓，市之外门。指街市。

[75]臭味者：臭（音 xiu），同嗅。同类的人，臭味相投。

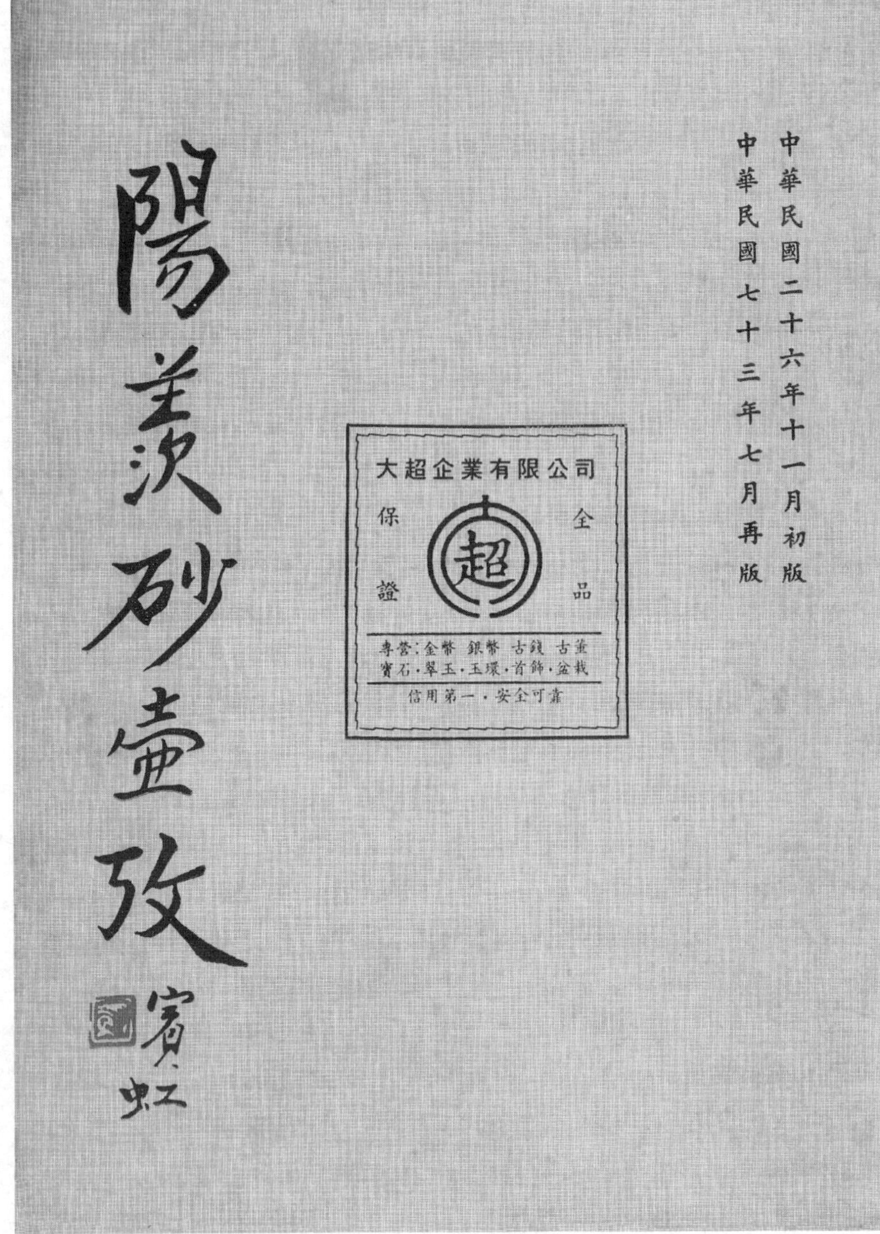
陽羨砂壺攷
賓虹
中華民國二十六年十一月初版
中華民國七十三年七月再版
大超企業有限公司
超
保證
全品
專營：金幣 銀幣 古錢 古董
寶石·翠玉·玉環·首飾·盆栽
信用第一·安全可靠

砂壶图考

吾夙持玩物不喪志之論欲為古今執事家張目蓋若而人者殫其天工人巧以前民用其極至於贊澤為止非必如古之所謂淫巧也抑世人疲精竭力縱欲以敗度殺人放火之具方層見迭出吾不知其有益人羣爲何乃論者似方揚此而抑彼誠哉一孔之見雖語於通方之識也吾國歷代所稱聲明文物之盛如周如漢唐如宋明如清皆賴實物以證明且承學者往往緣此而得悉當時政教風俗之情狀故考古之學實操歷史之鈐鍵非夫游閒之士僅

刱：创

但求制器者之難，求知之而能述之者亦正不易。文化之消沈，士風之頹敝，其所由来者漸矣。日者李君鳳坡、張君谷雛合編《陽羨砂壺圖考》，先以序例見寄，屬識其端。觀其斷制謹嚴，敘次朗晰，已足徵其不苟。夫砂壺一微物耳，而制作良窳實与文化升沈具有關係。故刱于正德，盛於嘉靖、乾隆，而衰於道咸以後。其體製則由樸而工，而巧而率且俗。今雖稍稍振起，而欲求復古，尚未易言也。吾國好推尊古人，論者以為以賞鑒觀玩為已足也惜歷來士夫于格物致知之道憒然不講一切委之匠役間有一二豪傑崛起有所制作又不為世所重且恒易代而失其傳復無人為之紀述以致聲沈響絕尚何改進之可言此其婾惰中于人心空疏形為士習固無惟出與世界相見萬事之相形見絀也曩者黄賓虹先生有美術叢書之輯關于一藝之著作如裝印刻竹陶瓷刺繡紙筆墨諸類網羅甚備然始終條理有系統之著作極為罕覯蓋時至今日不

陽羨砂壺圖攷序

陽羨砂壺肇造於明代正德間、士夫賞其樸雅、嘉其制作、故自供春大彬以還、即見重藝林、視同珍玩、壺藝著述代有其人、蓋前賢精神所寄、即國粹攸關、良有以也、推原其故、約有數端、茗壺爲日用必需之品、陽羨砂製端宜瀹茗、無銅錫之敗味、無金銀之奢靡、而善蘊茗香、適於實用、一也、名工代出、探古搜奇、或倣商周、或摹漢魏、旁及花果、偶肖動物、咸匠心獨運、韻緻怡人、几案陳之、令人意遠、二也、歷代文人、或撰壺銘、或書欵識、或鐫以花卉、或鋟以印章、託物寓意、每見巧思、書法不群、別饒韻格、雖景德名瓷、價逾鉅萬、然每出匠工之手、鮮文翰可觀、乏斯雅趣、三也、備斯三者、則士夫之激賞、豈徒然哉、輓近泰西酷嗜吾國藝術、書畫瓷銅、國粹所託、而重價蒐羅、精華垂盡、已堪惋惜、僅陽羨砂壺、探討未深、復爲扶桑人士網羅以去、關懷國粹者、不禁慨然憂之、予與張子谷雛、抱陸羽盧仝之癖、興伯高槎客之思、深惜朱堅而後、壺藝著述、百載無聞、典亡求野、已爲昔賢所慨、矧朱氏壺史、復渺然不易得耶、因而搜集前賢著錄、旁諮博採、圖說兼收、合編是書、聊繼前軌、自金沙僧以迄端午橋、編爲壺藝列傳、附以攷證、使其條分縷析統系釐然、麗以叢談題詠、都爲上卷、凡兩家庋藏、暨朋儕名玩、益以載籍刊圖、悉爲愼選攝影、都爲下卷、雖區區壺藝之微、無關大雅、然我秉人取、不免惟土物愛之思、斯編者之微意也、若謂附驥前代、士夫自矜博雅、則吾豈敢、

建國廿三年正月下浣　　李景康叙於香海百壺山館

一

萬事不進之徵，其實因果倒置，蓋惟令人之隳廢，乃益見古人之不可及。且加以物質關係，已不復能令吾人閉戶覃求，不計糜財失日，尚名而務達所嚮，向故極深研幾之事，不可復見，斯亦絕藝難繼之一因也。吾因砂壺一事而感及其他，略書所懷如此，期與好學深思者共證焉。度李張二君之必相視而笑也。時

中華民國二十三年四月番禺葉恭綽序

《阳羡砂壶图考》是继《阳羡茗壶系》《阳羡名陶录》后又一部详细系统载述宜兴紫砂艺术的著作，由香港百壶山馆出版。明清时期周高起、吴骞写紫砂艺术史，限于时代，仅止于他们生活所及时期砂艺发展状况。虽有朱坚《壶史》可补前两位之不及，可惜已散失不现。而紫砂艺术的发展，虽然历来有兴于明，盛于清嘉靖、乾隆，而衰于道光、咸丰的说法，并有“体制由朴而工而巧而率且俗”（叶恭绰序其中清嘉靖为笔误，应为清康熙雍正乾隆时期）的滑坡现象，但整个紫砂工艺的发展从未停止。继大彬、陈鸣远等大师之后，代有人才涌现。从技艺的精湛、境界的超脱方面而言，毫不逊色。李景康、张虹的著作，正可补遗。他们的补缀工作也使宜兴紫砂艺术有了较为完整、可以考查的体系，这在中国陶瓷史上亦属罕见，值得庆幸。

《阳羡砂壶图考》分上下二卷，成书于1934年。民国二十三年，参照《阳羡茗壶系》《阳羡名陶录》的记述，在此基础上以十二类别，分别考证、补遗、增添。资料虽然大多由周高起、吴骞而来（尤其明至清中期部分），但分类上可明显看出他们从收藏者角度加以甄别传器的目的。体例也较前两书有较大的发展，如待考、别乘、雅流等，涉及紫砂工艺行业内作品类型、文化辐射圈以及一些民国时期出土状况，比较科学，很有价值，按语部分亦有对砂艺的独到见解。上卷于1937年香港百壶山馆出版。下卷之图片部分，主要分：名家传器，雅流传器，待考传器，别乘传器，附记传器，记113图，附以印章铭刻。全书出版之际，正是对日抗战开始，下卷图版部分未及出版。在半个世纪后，有新加坡宋芝芹先生承让，经台湾詹勋华先生在编著整理中补述，编辑《宜兴陶器图谱》

（台北南天书局有限公司 1982 年出版）一书得以重新面世。内有砂壶图考下卷珍贵的手稿 60 余件壶图，其中有原稿线描图 6 幅，其余大部分为全形拓图。所收时大彬 4 件，含 2 底，供春、陈用卿、邵亨裕、沈子澈各 2 件，徐友泉、邵盖、郑宁侯各 1 件，惠孟臣 8 件，陈鸣远 5 件含 2 底，陈曼生 6 件，杨彭年，朱石楳各 2 件，还有华凤翔、冯彩霞、邓奎、申锡、吴大澂、汪锟等名家雅流的作品。至今只见零星撮印，未有完整出版。

李景康（1890—1960），字凤坡，广东南海人，“百壶山馆”主人；张虹（1894—1965），字谷雏，广东顺德人，“碧山壶馆”主人。

吾夙持玩物不丧志之论，欲为古今艺事家张目。盖若而人者，殚其天工人巧，以前民用，其极至于赘泽为止，非必如古之所谓淫巧也。抑世人疲精竭力纵欲以败度，杀人放火之具方层见迭出，吾不知其有益人群与否？乃论者似方扬此而抑彼，诚哉一孔之见，难语于通方之识也。吾国历代所称声明文物之盛，如周如汉唐如宋明如清，皆赖实物以证明，且承学者往往缘此而得悉当时政教风俗之情状，故考古之学实操历史之钤键，非夫游闲之士仅以赏鉴、观玩为已足也。惜历来士夫于格物致知之道，懵然不讲，一切委之匠役，间有一二豪杰奋起，有所制作，又不为世所重，且恒易代而失其传，复无人为之纪述，以致声沉响绝，尚何改进之可言。此其偷惰中于人心，空疏形为士习，固无怪出与世界相见，万事之相形见绌也。曩者黄宾虹先生有《美术丛书》之辑，关于一艺之著作，如制印、刻竹、陶瓷、刺绣、纸笔墨诸类，网罗甚备，然始终条理有系统之著作，极为罕觏。盖时至今日，不但求制器者之难，求知之而能述之者亦正不易。文化之消沉，士风之颓敝，其所由来者渐矣。日者李君凤坡、张君谷雏合编《阳羡砂壶图考》，先以序例见寄，属识其端。观其断制谨严，叙次朗晰，已足征其不苟。夫砂壶一微物耳，而制作良窳，实与文化升沉具有关系。故创于正德，盛于嘉靖、乾隆，而衰于道、咸，以后其体制则由朴而工而巧，而率且俗。今虽稍稍振起，而欲求复古尚未易言也。吾国好推尊古人，论者以为万事不进之征，其实因果倒置，盖惟今人之隳废，乃益见古人之不可及耳。加以物质关系，已不复能令吾人闭户研求，不计糜财失日与否，而务达所蕲向。故极深研几之事，不可复见，斯亦绝艺难继之一因也。吾因砂壶一事而感及其他，略书所怀如此，期与好学深思者共证焉。度李张二君之必相视而笑也。

时中华民国二十三年四月番禺叶恭绰序

阳羡砂壶图考序

阳羡砂壶，肇造于明代正德间，士夫赏其朴雅，嘉其制作，故自供春、大彬以还，即见重艺林，视同珍玩。壶艺著述，代有其人。盖前贤精神所寄，即国粹攸关，良有以也。推原其故，约有数端：茗壶为日用必需之品，阳羡砂制端宜治茗，无铜锡之败味，无金银之奢靡，而善蕴茗香，适于实用，一也；名工代出，探古搜奇，或仿商周，或摹汉魏，旁及花果，偶肖动物，咸匠心独运，韵致怡人，几案陈之，令人意远，二也；历代文人或撰壶铭，或书款识，或镌以花卉，或锓以印章，托物寓意，每见巧思，书法不群，别饶韵格，虽景德名瓷，价逾巨万，然每出匠工之手，向鲜文翰可观，乏斯雅趣，三也。备斯三者，则士夫之激赏岂徒然哉！挽近泰西酷嗜吾国艺术，书吾瓷铜国粹所托，而重价搜罗，精华垂尽，已堪惋惜。仅阳羡砂壶，探讨未深，复为扶桑人士网罗以去，关怀国粹者不禁俶然忧之。予与张子谷雏抱陆羽、卢仝之癖，兴伯高、槎客之思，深惜朱坚而后，壶艺著述百载无闻。典亡求野，已为昔贤所慨，矧朱氏《壶史》复渺然不易得耶。因而搜集前贤著录，旁咨博采，图说兼收，合编是书，聊继前轨。自金沙僧以迄端午桥，编为壶艺列传，附以考证，使其条分绪析，统系厘然，丽以丛谈、题咏，都为上卷；凡两家度藏暨朋侪名玩，益以载籍刊图，悉为慎选摄影，都为下卷。虽区区壶艺之微，无关大雅，然我弃人取，不免惟土物爱之思，斯编者之微意也。若谓附骥前代士夫，自矜博雅，则吾岂敢！

中华民国廿三年正月下浣　李景康叙于香海百壶山馆

序

我国壶艺之谈，自朱石梅而后，声沉响绝者凡百余载。予夙好斯道，年来岛居多暇，从事搜罗，凡朋侪之夙嗜度藏者，如蔡寒琼、区梦园、唐天如、潘兰泉、李凤廷、邹静存、叶次周、李凤坡诸子，咸互相过从，煮茗观摩，扬挖斯艺，或邮筒相寄，阐秘探奇，壶天岁月，送老消闲，几忘人世间之有理乱也。李子凤坡，鉴于国粹所存，斯风久泯，慨然倡为合编壶考之议，遂相与从事。稽载籍，考遗书，辨伪真，分雅俗，萃两家藏器暨蔡、区诸子名玩，慎选刊图，以发斯艺之精蕴，展国粹之潜光。复承黄宾虹、邓秋枚、王秋斋三子，远自歇浦吴门，物色珍品，于是编订。期年，不觉裒然成帙。然声应气求之助，则上述诸子贶我良多，蔡子寒琼搜集尤富，此编者不敢掠美者也。壶艺虽小道，倘昔日之声沉响绝者或得斯编之助，继起有人，发扬而光大之，则我国艺林不无少补耳。

中华民国廿三年春　张虹叙于碧山壶馆

凡例

一、砂壶为宜兴特产，见重于明清两代。明季周伯高尝著《阳羡茗壶系》，周嘉胄尝著《阳羡茗壶图谱》，清代则乾隆间张艺堂曾编《阳羡名陶说》，吴槎客曾辑《阳羡名陶录》，嘉道间朱石梅著有《壶史》，其余著录散见于两朝，载籍者甚夥，惜皆语焉不详，条理未备。《图谱》《壶史》两书且已散佚无传。矧百年以来，乏人继起，故是编采集众说，慎为厘订，分为上下两卷。上卷列传考据，下卷刊图附说，庶几条理分析，统系井然，便于检阅。

二、上卷列传考据，溯自明代正德初创，迄于清末宣统，以审其嬗递，辨其沿革，此外从略。

三、下卷凡一百十三图，附以印章、铭识，悉由两家藏器暨海内朋侪名玩及著录可考者慎选，按图审辨，足资证佐。

四、是编分为十二类：一、年代统系；二、壶艺列传；三、土质出产；四、制工窑火；五、赏鉴丛话；六、前贤文翰；七、时人题咏；八、名家传器；九、雅流传器；十、待考传器；十一、别乘传器；十二、附纪传器；上卷七类下卷五类。

五、前人文字，上列十二类多经引证，然仅举一二说者，仍将原文全条分载于赏鉴丛话、前贤文翰等类，使窥全豹。

六、各类悉以管见所及附以按语，冀求明晰，以助探讨。

壶艺列传目录

创　始

正 传

时大彬 李仲芳 徐友泉 欧正春 邵文金 邵文银 蒋伯荂 陈信卿 陈光甫 陈俊卿 沈君盛 陈子畦 陈远

别 传

邵盖 周后谿 邵二孙 陈用卿 陈正明 闵鲁生 陈仲美 沈君用 徐今音 陈辰 陈和之 陈挺生 承云从 周季山 沈子澈 徐次京 惠孟臣 惠逸公 王友兰 郑宁侯 华凤翔 许龙文 范章恩 潘大和 葛子厚 杨彭年 杨宝年 杨凤年 吴月亭 冯彩霞 邵景南 邵二泉 申锡 俞国良 王东石

雅 流

吴仕 柳佥 彭年 项元汴 赵宧光 董其昌 陈继儒 潘允端 邓汉 顾元庆 陈煌图 释如曜 蒋之翘 姚洛 梁小玉 宋荦 项不损 汪森 汪文柏 马思赞 张氏昆仲 杨中讷 曹廉让 唐仲冕 尤荫 源谦 郑燮 蒋升瀛 杜世柏 汪淮 缪颂 屠倬 薛怀 徐楙 陈鸿寿 郭麐 蔡锡恭 朱坚 张香修 乔重禧 瞿应绍 邓奎 黄彭年 黄玉麐 潘仕成 伍元华 蔡锦泉 蔡恺 吴大澂 张之洞 胡远 金铁芝 端方

待　考

阳美初期制壶　方拙　允公　蒋志雯　陈六如　亮彩　彭君宝　邵旭茂　明芳　邵元亨　邵元祥　虔荣　壶癡　陈宝大　新渊　万丰　潘忻宝　邵基祖　留珮　陈会元　姜千里　柯德纯　宝字壶　袁郁龙　君德　成兴　汉章　王南林　方会三　大亨　彭城老守　鹤颠

别　乘

纪年壶　贡局壶　无欵壶

附　纪

壶艺列传

创　始

凡事艰于创始，易于继承，发扬光大虽赖后人，而创制显庸功在前辈。合壶艺初期七人，名之曰“创始”，亦伯高《壶系》“正始”之意也。

金沙寺僧

金沙寺在江苏宜兴县东南四十里，唐相陆希声山房故址。僧人某，逸其名，明代正德间人，闲静有致，习与陶缸者处，抟其细土，加以澄炼，捏筑为胎，规而圆之，刳使中空，踵傅口、柄、盖、的，附陶穴烧成，人遂传用。僧作壶喜用紫砂泥，尝以指罗纹为标识[1]。

【康按】阳羡砂壶，创始于正德间金沙寺僧，年代非甚湮远，理宜不难考证，然明清两代著录无有述其传器者，推原其故，不外两端：一则此僧必制壶无多，故流传甚罕，难于考证；二则所制茗壶既无款识印章，后世纵遇传器亦无从辨认，所以名不可考，器亦不可考也。大抵供春制壶，始署名号，后世有疑供春为创制者，坐是故耳。

龚供春

供春，明代四川参政吴颐山（号拳石）家僮也。颐山尝读书金沙寺，供春给使之暇，窃仿老僧心匠，亦淘细土抟胚，指掠内外，指螺纹隐现可见，胎必累按，故腹半尚现节腠，审以辨真。今传世者，栗色闇闇，如古金铁，敦庞周正，允称神明垂则矣。《阳羡茗壶系》。供春制茶壶，款式不一，虽属瓷器，海内珍之，用以盛茶不失原味，故名公巨卿高人墨士，恒不惜重价购之。徐喈凤《重修宜兴县志》。其弟子所制更工，声闻益广。京口谈长益为之作传。《五石瓠》。

【康按】供春姓名聚讼者有五说，征引于下，可资考正。(一)吴梅鼎《阳羡瓷壶赋》序云："余从祖拳石公，读书南山，携一童子，有谓龚春为婢者，附会之说耳。名供春，见土人以泥为缶，即澄其泥以为壶，极古秀可爱，世所谓供春壶是也。"(二)周伯高《壶系》云："尝于吴冏卿家见大彬所仿，则刻供春二字，足折聚讼云。"(三)吴槎客《名陶录》云："世以其系龚姓，亦书为龚春。”（四）于琨《重修常州府志》云：“宜兴有茶壶．澄泥为之，始于龚春。”（五）《五石瓠》云：“宜兴砂壶创于吴氏之仆，曰供春，及久而有名，人称龚春。”根据上述五说可资订正者二：一则据梅鼎之说是供春见土人为缶，偶尔制壶，未必窃仿金沙僧，或梅鼎推尊从祖家僮，故以创作归之。而《五石瓠》与《府志》皆沿用其说，故有此误。二则梅鼎举其名，故曰供春；槎客及《府志》存其姓，故曰龚春，是则姓龚名供春无疑。此传本正名之义，故正其姓名曰“龚供春”。至于供春壶，已经万历间时大彬仿制，辨别殊难，惟同、光间吴清卿仿制者，为时未久，审辨则易。然以龚壶之价重，仿造者必众矣[2]。

附考证

特征

（一）金沙寺僧，以指罗纹为标识；供春，习其技成名工，以无指罗纹为标识[3]。

书法

（一）据宜兴储南强所藏失盖供春壶，“供春”二字作铁线小篆，镌于鋬内壶身，余不可考。

传器

（一）宜兴储简翁藏供春树瘿壶，失盖，全身作老松皮状，凸凹不平，鋬类松根。旧存沈树镛韵初家，继归吴窓斋，后归费念慈屺怀，转傅氏，民国十七年，始归储氏。吴窓斋所仿者俱此式[4]。

（二）《项氏历代名瓷图谱》纪龚春褐色壶云：“宜兴一窑

出自本朝武庙正德庙号之世，有名工龚春者，宜兴人，以粗砂制器，专供茗事，往往有窑变者如此壶，见下卷图刊。本褐色，贮茗之后则通身变成碧色，酌一分则一分还成褐色，若斟完则通身复回褐色矣。岂非造物之奇秘，泄露人间以为至宝耶！与下朱壶见下卷图刊咸出龚制。予曾一见于京口靳公子家，其后俱为南都张中贵以五百金购去。”

（三）又纪龚春窑变朱色壶云：怪诞之物，天地之大何所不有，余之未信者，未经余自见也，今见此二壶之异，信有之矣。

【康按】注茗变色之说，似属齐东野语，壶非透明体，本难置信。项氏自言亲见，故照录之云尔。岂两壶注茶浸润日久，有天然化学作用，因而随注茗之高下变色欤？姑存其说以俟解人。

杂评

（一）张岱曰：“龚、时瓦罐，直跻商彝周鼎之列而无愧。”

（二）又曰：“宜兴罐以龚春为上，时大彬次之，陈用卿又次之。”

（三）周澍《台阳百咏》云：“供春壶一具，用之数十年则值金一笏。”

董翰

翰，字后溪，万历时人，始造菱花式，已殚工巧。

赵梁

梁，万历时人，多提梁式。梁亦作良。

【康按】阳羡壶之作提梁式者，或以赵梁为鼻祖，后之提梁式有硬耳、软耳[5]两种，其制作精美者，硬耳多见，软耳较罕也。

元畅

畅，万历时人，周嘉胄《茗壶图谱》作元畅，《茗壶系》作元锡，《秋园杂佩》作袁锡。

时朋

朋一作鹏，大彬父，万历时人。与董、赵、元为四名家，乃供春之后劲。但董尚文巧，而三家多古拙。

李茂林

茂林，行四，名养心，万历时人。善制小圆式，妍在朴致中，允属名玩。所制壶朱书号记而已，陈定生称其壶在大彬之上，为供春劲敌，岂各有所见欤。周嘉胄《阳羡茗壶谱》述董翰、赵梁、元畅、时朋、李茂林皆万历时人。

【康按】周伯高《壶系》云："自此以往，壶乃另作瓦缶囊闭入陶穴，故前此名壶，不免沾缸坛釉泪。"根据此说，及上录各小传，可资考证者六：（一）金沙寺僧创制之品必属朴拙一流，赵良、元畅、时朋三家皆谨守其作风者也。（二）董后溪、李茂林已妍巧有致，则接踵供春一派，实为徐友泉、陈仲美、沈子澈辈之先河。（三）厥后时大彬则朴拙精巧，两美兼备，实集两派之大成，故臻斯艺之绝诣。（四）由金沙僧以迄李茂林，虽朴拙精巧，各擅胜场，然入穴之法未善，不免微沾釉泪，是故仍属壶艺创始时期。若完成时期，则须断自大彬始矣。（五）金沙僧与供春皆正德时人，而董、赵、元、时、李五家崛起于万历年间，相距嘉靖、隆庆两朝，凡五十年，其间未必壶艺中绝，想乏名手，故未见著录耳。（六）自正德以递万历，所制多大壶，李茂林始制小圆式，实为阳羡小壶之鼻祖，然明人小壶多类近世所谓中壶，其真小者绝罕，自明季陈子畦辈始嗜为之。

正传

制壶之法，大彬上兼金沙僧、龚供春之特长，下垂明清两代之极轨，而桃李盈门，多臻绝诣，蔚然开阳羡壶艺之正宗，故嫡传再传弟子，咸列大彬之后，谓之正传。譬诸音律，阳春白雪之巧，究不若黄钟大吕之雅正耳。

时大彬

大彬，为宋尚书时彦裔孙，时朋之子，号少山。壶艺传至大彬，始蔚然大观，为完成时期初期。制作之敦朴妍雅，实兼其长，故推壶艺正宗。其制法，陶土之内杂以硇砂，尝毁旧甓以杵舂之，使还为土，范为壶，燀以熠火，审候出之。雅自矜重，遇不惬意者碎之。李斗《扬州画舫录》。诸款具足，诸土亦具足，宜乎周伯高推为大家，有“明代良陶让一时”“独尊大彬固自匪佞”等语。

时为人敦雅古穆，壶如之，波澜安闲，令人起敬。其下俱因瑕就瑜矣。周容《宜兴瓷壶记》。凡所制壶不务妍媚，而朴雅坚致，妙不可思。初仿供春，喜作大壶，后游娄东，闻陈眉公与琅琊太原诸公品茶试茶之论，乃作小壶。几案陈一具，生人闲远之思，前后诸名家皆不能逮。遂于陶人标大雅之遗，擅空群之目矣。吴梅鼎品评，称其典重，又谓其曲尽厥妙，尝挟其术以游公卿之门，其子后补诸生，或为四书文以嘲之云："时子之入学，以一贯得也。"盖俗称"壶"为"罐"。《先进录》。观此，足见当时士夫之好尚矣。考诸记载，少山，万历间人，张叔未廷济云：顺治十八年，时年已老。然则少山克享大年，清初始殁，可无疑义。陶肆谣云"壶家妙手称三大"，盖谓时大彬、李仲芳、徐友泉也。所传弟子甚众，皆知名于世。

附考证

品质

（一）其制朴而雅，砂质温润，色如猪肝，其盖虽不能翕起全壶，然以手拨之，则不能动，始知名下无虚士也。陈鳣《松砚斋随笔》。

（二）陈其年赠高侍读澹人以宜壶二器，并系以诗，内有句云："宜壶作者推龚春，同时高手时大彬。碧山银槎濮谦竹，世间一艺俱通神。""彬也沉郁并老健，沙粗质古肌理匀。"

特征

（一）大彬枝指，以柄上拇痕为标识。李斗《扬州画舫录》。

书法

（一）周伯高曰：大彬款用竹刀，书法逼真换鹅经。

（二）又曰：镌壶款识，时大彬初倩能书者落墨，用竹刀画之，或以印记，后竟运刀成字，书法闲雅，在《黄庭》《乐毅》帖间，人不能仿，赏鉴家用以为别。

（三）张叔未得时少山方壶，赋诗，有句云："削竹镌留廿字铭，居然楷法本黄庭。"

【康按】大彬传器无多，且名高价重，赝鼎充斥，鉴别匪易。但根据上述三说，当以楷书款字而书法在《黄庭》《乐毅》间者为可靠。大彬早年倩能书者落墨，或恐书非一体，似难考证，然其后竟能运刀成字，书法闲雅，在《黄庭》《乐毅》帖间，则其代书者必此两帖书法无疑。想必大彬刀刻日久，如久临字帖，故能得其法度也。

题识

（一）客耕武原，见茗壶一柄于倪氏六十四砚斋，底有铭曰："一杯清茗，可沁诗脾。大彬。"凡十字。陈鳣《松砚斋随笔》。

（二）张燕昌曰：吾友沙上九见时大彬一壶，款题"甲辰秋八月时大彬手制"，近于王勺山季子斋头见一壶，冷金紫制，朴而小，所谓游娄东见弇州诸公后作也，底有楷书款云"时大彬制"。内有纹一线，殆未曾陶铸以前所裂，然不足为此壶病。

（三）张叔未得时少山方壶，底镘"黄金碾畔绿尘飞，碧玉瓯中素涛起"二句，欧公诗也。沈竹岑和叔未诗自注。右署"大宁堂"三字，左署"时大彬"三字。《阳羡图说》。

【康按】上述三条俱记大彬题铭署款，而不涉印章。细考各书著录，言大彬印章者仅得伯高"或以印记"四字。大抵大彬作壶，必用章者少，署款者多。而考其传器，署款者必精工，盖章者必粗朴，从未见署款而兼盖章者，盖明季风尚使然。大抵款章并用者，自陈鸣远辈始耳。

传器

（一）苇村尝以时大彬梅花砂壶赠汪近人，汪赋诗谢之，有“浑然制作梅花式”句。《阳羡名陶录》。

（二）吴槎客诗题云：艺堂明经以尊甫瓜圃翁旧藏时少山茗壶见示，制作醇雅，形类僧帽，为赋诗而返之。诗乃七古，内有句云：“一行铭字昆吾刻，岁纪丙申明万历。”

（三）张燕昌云：先府君性嗜茶，尝得时大彬小壶，如菱花八角，侧有款字，随手合盖，举之能翕起全壶，陈鸣远便不能到此。

（四）吴槎客云：长洲陆贯夫绍曾博古士也，尝为予言，大彬壶有分四旁底盖为一壶者，合之注茶，渗屑无漏，名六合一家壶，离之乃为六，其艺之神妙如是。

（五）吴槎客云：予藏大彬壶三，皆不刻铭。

（六）宜兴时大彬瓷壶，予有三执。其极大者，闵义行赠，口柄肥美，体肤稍糙，似初年所制，底有刻款“戊午年日时大彬制”，“时”字与“日”字连，可疑也。其小者，得自陈健夫，扁如柿饼，不得容杯水，柄下刻“大彬”二字，紫质坚厚，亦可宝也。中者色淡紫，而胞浆明润，敦朴稳称。非他手可能，闻之羊山朱天锦云，此名宝顷时壶，藏之两代矣。曲阜孔东塘尚任享金簿。

（七）《艺术丛编》载大彬方壶，底镂铭云“黄金碾畔绿尘飞，碧玉瓯中素涛起”。款署“大宁堂”“时大彬”楷书四行，即张叔未藏品也。

（八）又载大彬六角壶，底镌‘万历丙申年时大彬制”两行楷书。

（九）郑秋枚《砂壶全形拓本》刻大彬菱花式壶，工巧有致，有“大彬”二字楷书款。

（十）披云楼藏老朱泥大彬中壶一持，参砂坚润，形式如柿，盖内锓“大彬”二字，曩为宣古愚藏于歇浦，失慎碎其盖，赠与友人蔡寒琼，寒琼转以赠予。附志于此，聊表雅谊。康附识。

（十一）披云楼藏扁花篮形浓紫大壶一具，古朴有韵致，底钤长方印“大宾制”三字，书法古拙，在篆楷之间。考《文房肆考》曰，有时大宾以紫泥烧茶壶。《茗壶图录》曰大宾即大彬，吾国士夫习俗每用谐音字，想亦近入伍懿庄作乙庄，谭组庵作组安之例也。

（十二）碧山壶馆藏猪肝色大壶，泥质温润，工巧敦朴兼而有之，底镌行书“叶硬经霜绿[6]，花肥映日红。大彬制”。其十三字草书，想倩人代书者也。

杂评

（一）往时龚春茶壶，近日大彬所制，大为时人宝惜，盖皆以粗砂制之，正取砂无土气耳。随手造作，颇极精工。顾烧时必须火力极足，方可出窑。然火候少过，壶又多碎坏者，以是益加贵重。火力不到者，如以生砂注水，土气满鼻，不中用也。吴次纾[7]《茶疏》。

（二）吴兔床作隶书题张叔未时壶图，册首曰“千载一时”。

（三）文震亨《长物志》云：壶以砂者为上，盖既不夺香，又无熟汤气。供春最贵，第形不雅，亦无差小者。时大彬所制又太小。若得受水半升而形制古洁者，取以注茶，更为适用。

李仲芳

仲芳，茂林子，行大，万历时人。及时大彬门为高足第一。制度渐趋文巧，其父督以敦古。仲芳尝手一壶，视其父曰：“老兄这个如何？”俗因呼其所作为“老兄壶”。后入金坛，卒以文巧相竞。今世所传大彬壶，亦有仲芳作之，大彬见赏而自署款识者，时人语曰：“李大瓶，时大名。”吴梅鼎评仲芳壶有“巧穷毫发”“仲芳骨胜而秀出刀镌”二语。阮葵生《茶余客话》亦谓李仲芳小壶制法精绝，又在大彬右，其造诣可知矣。

附考证

书法

（一）周伯高曰：李仲芳亦合书法，时代大彬刻款，手法自逊。《茗壶图录》曰：“仲芳刀法遒劲。”

传器

（一）《茗壶图录》纪仲芳梨皮泥壶云：通盖高一寸七分二厘，口径二寸，腹径三寸五厘，深一寸四分五厘，重三十五钱，容一合一勺强，流徐起而湾，鋬环而的应之，腹圜底着，口内设堰圈受盖，盖之子口有缺处，底镌真书十八字，曰：“万历戊午秋日九月望日，为叶龛先生制。仲芳。”但“日”字重复为恨耳。泥色醇梨皮，通体蕴藉，有儒雅气象。

杂评

（一）《骨董琐记》云：大彬之后则陈仲美、李仲芳、徐友泉，沈君用、陈用卿、蒋志雯诸人。

徐友泉

友泉，名士衡，万历间人。原非陶人也，其父好大彬壶，延致家塾。一日强大彬作泥牛为戏，不即从，友泉夺其壶土出门去，适见树下眠牛将起，尚屈一足，注视捏塑，曲尽厥状。携以示大彬，一见惊叹曰："如子智能，异日必出吾上。"因学为壶，变化其式，仿古尊、罍诸器，配合土色所宜，毕智穷工，移人心目。厥制有汉方、扁觯、小云雷、提梁卣、蕉叶、莲方、菱花、鹅蛋、分裆索耳、美人垂莲、大顶莲、一回角、六子诸款；泥色有海棠红、朱砂紫、定窑白、冷金黄、淡墨、沉香水碧、榴皮、葵黄、闪色梨皮诸名。种种变异，妙出心裁。然晚年恒自叹曰："吾之精，终不及时之粗。"《阳羡名陶录》。又友泉尝为吴梅鼎父延揽于家，穷年累月，竭智殚思。制有云罍、螭觯、汉瓶、僧帽、苦节君、扇面方、芦席方、诰宝、圆珠、美人肩、西施乳、束腰平肩莲子、合菊、荷花、芝兰、竹节、橄榄、六方、冬瓜段、分蕉蝉翼、柄云索耳、番象鼻、鲨鱼皮、天鸡、篆珥诸式。梅鼎《茗壶赋》谓其综古今，极变化，技进乎道，集斯艺之大成。可谓推许备至矣。

附考证

书法

（一）笔法类大彬，虽小道，洵有师承矣。《阳羡名陶说》。

传器

（一）张燕昌曰：予少年得一壶，失其盖，色紫而形扁，底有真书“友泉”二字，殆徐友泉也。

（二）沪江孙氏藏友泉褐砂中壶一具，式度质朴，底镂“戊午仲冬徐友泉制”八字楷书，燕昌仅睹失盖传器，今幸得见完好者，可作鲁灵光殿看也。

杂评

（一）徐友泉、陈用卿、沈君用、徐令音皆制壶之名手也。《宜兴县志》。

（二）陈定生曰：陈壶、徐壶皆不能仿佛大彬万一。《秋园杂佩》。

（三）林古度为冯本卿作《陶宝肖像歌》，有句云：“近闻复有友泉子，雅式精工仍继美。常教春茗注山泉，不比瓶罍罄时耻。以兹珍赏向东吴，胜却方平众玉壶。癖好收藏阮光禄，割爱举赠冯金吾。金吾得之喜绝倒，写图锡名曰陶宝。一时咏赞如勒铭，直似千年鼎彝好。”观此诗则阮元海尝以友泉壶赠冯可宗矣。

欧正春

正春，万历时人，大彬弟子。多规花卉果物，式度精妍，吴梅鼎称其“肉好而工疑刻画”。

邵文金

文金又名亨祥，唐天如孝廉云据《壶史》，亨祥即文金。万历时人，大彬弟子。仿汉方独绝。周伯高，清初人，所著《壶系》有“今尚寿”一语，则文金必享遐龄。吴槎客和张叔未诗有句云：“勇唤邵文金，渠帅[8]在吾握。”其制作为士夫珍赏，于此可见。

邵文银

文银又名亨裕，唐天如孝廉云据《壶史》，亨裕即文银。万历时人，大彬弟子，制作文巧，饶有时门风格。

附考证

传器

（一）碧山壶馆藏紫砂中壶二具，式度相同，淡墨色，身形微扁，肩圆，四旁光泽，底平，唯较腹部微小，盖圈而平，的作扁圆形，与壶身相称，流斜出，势直而仰，鋬如阔耳状，底有篆书阳文方印曰“邵亨裕制”。

（二）不耽阁藏紫泥中壶二持，制作工致，与前壶相伯仲，底钤“邵亨裕制”阳文方印。

蒋伯荂

伯荂，名时英，万历时人，大彬弟子。初名伯敷，后客于吴陈眉公，为改字伯荂。因附高流，讳言本业。凡所制作，坚致不俗，其壶样相传为项子京墨林定式，呼为“天籁阁壶”。见《阳羡名陶说》、《阳羡茗壶图谱》。

附考证

传器

（一）张燕昌曰：昔在松陵话雨楼王楠沩山出示宜兴蒋伯荂手制壶。

（二）沈子培太史藏六角中壶一具，式如宫灯，色浓紫，陈眉公题四言诗四句，分书于壶身六页间，且代伯荂书款，珍品也。

陈信卿

信卿，万历时人，仿时、李传器，有优孟叔敖之肖，较诸用卿作品，信卿非用卿族人。虽丰美逊之，而坚瘦工整，雅自不群。貌寝意率，自夸洪饮，征逐贵游间，不务壹志尽技。间伺弟子造成，修削署款而已，所谓心计转粗，不复唱《渭城》时也。

陈光甫

光甫，天启、崇祯间人，仿供春、大彬，有入室之誉。天夺其能，早眚一目，相视口的不极端致，然经其手摹，亦具体而微矣。

陈俊卿

俊卿亦大彬弟子，天启、崇祯间人。

沈君盛

君盛，善仿友泉，为大彬再传弟子，而参以沈君用法。天启、崇祯间人。

陈子畦

子畦之名见于《陶录》，谓其仿徐友泉最佳，为时所珍。或云即鸣远父，然考其制作式度，可断为明季人。

附考证

品质

（一）作品多紫泥，胎薄而工颇精。

书法

（一）楷书有晋唐风格。

传器

（一）不耽阁藏紫砂小壶一具，作圆珠式，惜流缺重补耳。

（二）碧山壶馆藏紫砂大壶一持，形作扁花篮式，身胎甚薄，底镘“陈子畦”三字楷书。

【康按】《茗壶图录》纪鸣远仿古壶，有“薄如纸片，轻似鸿毛”二语。细察子畦壶，虽未符纸片鸿毛，然轻薄实驾乎明季诸家之上。岂陈氏家传手法如此，而鸣远有出蓝之美欤？子畦为鸣远父之说，观此亦足征也。

陈远

远，字鸣远，号鹤峰，一号石霞山人，又号壶隐，康、雍间人。工制壶杯瓶盒，手法在徐友泉、沈子澈之间，而所制款识，书法雅健，胜于徐、沈。《宜兴县志》。张燕昌谓其手制茶具雅玩不下数十种，如梅根笔架之类不免纤巧，其款字有晋唐风格，盖鸣远游踪所至，多主名公巨族。吴槎客云：“鸣远一技之能，间世特出，自百余年来，诸家传器日少，故其名尤噪，足迹所至，文人学士争相延揽。常至海盐馆张氏之涉园，桐乡则汪柯庭家，海宁则陈氏、曹氏、马氏，多有其手作，而与杨中允晚研交尤厚。

附考证

书法

（一）书法雅健，有晋唐风格。见本传。

题识

（一）张燕昌曰：于王勺山家见一壶，底有铭曰：“汲甘泉，瀹芳茗，孔颜之乐在瓢饮。”观此则鸣远吐属亦不俗，岂隐于壶者欤。

传器

（一）吴槎客曰：予尝得鸣远天鸡壶一，细砂作，紫棠色，上锓庾子山诗，为曹廉让先生手书，制作精雅，真堪与三代古器并列。窃谓就使与大彬诸子周旋，恐未甘退就邾莒之列耳。槎客尝作《天鸡壶铭》云："娲兮炼色，春也审畋，宛尔和风，弄是天鸡。月明花开，左挈右提，邛须红友[9]，其乐如泥。"

（二）汪季青《陶器行赠陈鸣远》云："赠我双卮颇殊状，宛似红梅岭头放。"

（三）张燕昌曰：予尝于吾师樊桐山房朱笠亭大令炎所居斋名见一壶，题"丁卯上元为耑木先生制"，书法似晚研，殆太史为之捉刀耳。

经亨沐字涤庐《鹤壶精舍记事》云：壬子冬仲，涤庐得陈鹤峰为杨耑木中允手制砂壶一具。考此壶张艺堂征君采入《阳羡陶说》谓是海盐朱氏樊桐山房旧藏，递经名人藏弄，得归敝箧，洵有前缘，因颜所居曰"鹤壶精舍"，以志欣遇。

又云此壶为海盐樊桐山房旧藏，后归道州何氏。曾经张艺堂征君采入《阳羡陶说》。谓其款字有晋唐风格，胜于前人。上款"为耑木先生制"。耑木系晚研，中允别字，鹤峰曾客中允家，为制陶器最多。此壶有"壶隐"一印，为所制陶器中仅见之品，自与寻常所制不同，宜征君之赞赏不置也。

又云：查丁卯为康熙二十五年，迄今民国壬子即民国元年凡二百二十六年，完好无缺，光泽鉴人，尤可宝爱，愿与识者共珍之。

（四）《茗壶图录》纪鸣远朱泥壶云：通盖高一寸九分六厘，口径一寸四分四厘，腹径二寸三分强，深一寸五分五厘，重廿二钱七分，容七勺弱，流湾而仰，錾环而纤，面的应之，腹侈而肩削成，底着，制作精致，光润露，薄如纸片，轻似鸿毛。底镌真书八字曰“丁未杏月鸣远仿古”。有小印二，曰“鸣”“远”，泥色纯朱。按鸣远一时之巧手，务要清癯，用意丁宁，功夫百炼，调泥不苟，有惜墨如金之意。通体柔情绰态，婵娟如妃子浴华清池中。

（五）又纪鸣远紫泥壶云：通盖高二寸一分二厘，口径纵一寸八分三厘，横一寸四分三厘，腹径二寸九分强，深一寸七分四厘，重五十三钱，容一合三勺强。流方而湾，鋬环而双式，盖盎的方而无棱，口椭而容盖，肩削成，腹胖，底内入如倒凹字。镌行书十二字曰“从来佳茗似佳人。坡公句。鸣远”。骨体秀美，存赵、董法。有小印曰“陈鸣远制”。泥色紫而光润欲滴，形制椭而四隅微圆，端丽精致，通体风流高雅，超出庸俗。

（六）《艺术丛编》载鸣远方壶一具，底镘“衎斋真赏。鸣远”六字。

（七）又海棠形小壶一具，底有鸣远款“石霞山人”章。

（八）又一具，底镌“石乳泛轻花”铭，有“陈”字圆章，及“鸣远”方章，张叔未介弟季勤所藏。见葛征诗注。

（九）邓秋枚《砂壶全形拓本》载紫砂壶一柄，底铭曰“器堕于地，不可掇也；言出于口，不可及也。慎之哉”。有“远”字款，“陈鸣远”章。

（十）唐天如孝廉藏白泥大壶一柄，诰宝形，底有“陈鸣远”篆文章，超逸有致。

杂评

（一）国朝宜兴陈远，工制砂壶，形制款识无不精妙，予目中所见及家旧蓄者数器，意谓即供春、少山无以过远也。《桃溪客话》。

（二）汪文柏《陶器行赠鸣远》有句云："荆溪陶器古所无，问谁作者时与徐。泥沙人手经抟埴，光色便与寻常殊。后来多众工，摹仿皆雷同。陈生一出发巧思，远与二子相争雄。"

（三）查慎行悔馀以陈鸣远旧制莲蕊水盛梅根笔格，为借山和尚七十寿，口占二绝句，云："梅根已老发孤芳，莲蕊中含滴水香。合作案头清供具，不归田舍归禅房。""偶然小技亦成名，何物非从假合成。道是抟沙沙不散，与翻新句祝长生。"

别传

大彬一派为壶艺正宗，此外异军突起，代有其人，列入别传聊示区别。

邵盖

盖，万历间人。制壶工巧，虽与大彬同时，而自树规模，于大彬为别派，亦邵家一名手也。

附考证

传器

（一）尝见紫砂大壶二柄：俱作扁花篮形，底有"邵盖监制"阳文篆章，字法与邵亨裕、亨祥章相类，足证诸邵同属一家，故世有"邵家壶"之称。

（二）李凤廷尝藏沙梨皮小朱壶一具，作圆珠式，底镌“邵盖”二字，书法半行楷。

（三）邵翰香旧藏紫砂大壶一，器底钤“邵盖监制”篆文方印。

周后溪

后溪，万历间人。

【康按】寒琼云：友人藏一周后溪破壶，以远在乡间，屡索未得一睹，殊憾事也。

邵二孙

二孙，万历间人。

陈用卿

用卿，天启、崇祯间人，与时大同工而年技俱后。负力尚气，尝挂吏议在缧绁中，俗名“陈三呆子”。式尚工致丰美，如莲子、汤婆、钵盂、圆珠诸制，不规而圆，已极妍饰。款仿锺太傅帖意，落墨拙而落刀工。吴梅鼎论用卿壶，以浑成醇饰称之。

附考证

书法

（一）款字有锺繇帖意。见本传。

传器

（一）蔡啸篪藏紫砂壶一具，淡墨色，身圆，鋬如半环，盖小的圆，身镌“秋水共长天一色。丁卯即天启七年。用卿”共十二字[10]，所谓书仿锺太傅，落墨拙而落力工[11]者也。

（二）蔡寒琼藏深紫色大壶一持，造工朴拙，身镌“山中一杯水，可清天地心”句，“用卿”款，书法在行草之间。

陈正明

正明，天启间人，制器极精雅。

附考证

传器

（一）《餐霞轩杂录》云，文后山[12]工诗善画，收藏名迹古器甚多，有宜瓷茗壶皆极静雅，其一署款“壬戌秋日陈正明制”，壬戌当属天启二年也。

闵鲁生

鲁生，名贤，明季人。仿制诸家，渐入佳境。人颇醇谨，每见传器则虚心企拟，不惮改作，技也进乎道矣。

陈仲美

仲美，明季时婺源人。初造瓷于景德镇，以业之者众，不足成名，弃去之。好配壶土，意造诸玩，如香盒、花杯、狻猊炉、辟邪镇纸、鹦鹉杯等类，重镂叠刻，鬼斧神工。壶象花果，缀以草虫，或龙戏海涛，伸爪出目。至塑大士像，庄严慈悯，神采焕生，璎珞花篮，不可思议。智兼龙眠、道子，心思殚竭，以夭天年。吴梅鼎评其制作有“仲美之雕镂，巧穷毫发”等语。周伯高《壶系》定为“神品”。

【康按】予藏一紫砂壶，质极细润，全身至底均作巨浪形，一面龙首仰出如戏逐波涛，一面鲤跃其中浪珠喷薄。盖亦作波涛形，浪花结顶，以一龙首代的，持壶时首能摇动，龙舌亦能吞吐，惜盖内仅钤“大亨”印，绝无款字。本传所谓龙戏海涛，又曰心思殚竭，虽此壶泥质制作似嘉、道间物，或亦摹仿仲美遗器也[13]。

附考证

传器

参看第一百一十一图

沈君用

君用，名士良，天启、崇祯间人。踵仲美之智而妍巧悉敌。壶式上接欧正春一派，至尚象诸物，以离奇著制为器用，无论方圆，笋缝不苟丝发。配土之妙，色象天错，金石同坚。自幼知名，人呼之曰“沈多梳”宜兴垂髫之称。巧殚厥心，以甲申四月夭。伯高《壶系》定为“神品”。

附考证

传器

（一）陈霭雪藏一红泥粗砂小壶，流短而鋬反，制作极精，壶底镌“大明天启丁卯君用制”楷书三行，洵俊品也。

徐令音

令音[14]疑是友泉子，即世称小徐者也。以未证实故未刊正传。徐喈凤《重修宜兴志》称友泉、用卿、君用、令音皆制壶名手。与诸人同列，想必造诣在伯仲间矣。

陈辰

辰，字共之，明季时人。工镌壶款，当代一人多假手焉，乃壶家之中书君也。

陈和之

和之，天启、崇祯间人。

附考证

品质

（一）色浓紫或猪肝色，试以指摇盖，铿然作金石声，通体气格高古，韵致清绝。《茗壶图录》。

书法

（一）行书字法有晋唐遗风。《茗壶图录》。

传器

（一）扶桑奥兰田藏紫泥小壶一具，流直而仰，鋬环而纤，腹圜而丰，底着，谓底着地无足。而凹口内设堰圈，盖之如合符，的成乳形，流下镌行书三字，曰“陈和之”。涤拭之久，自发暗然之光，非谓和尚光之比，可称茶寮珍玩也。

（二）李凤廷尝藏朱泥粗砂中壶一具，形扁如合欢壶，底镌“陈和之”三字楷书，旁有“和之”篆印。

陈挺生

挺生，天启、崇祯间人。

承云从

云从，天启、崇祯间人。

周季山

季山，天启、崇祯间人。

沈子澈

子澈，崇祯间桐乡县人，居青镇。善制瓷壶文具，与宜兴时大彬齐名，至今士大夫家有藏其手制者，价值甚贵。见《桐乡县志》。《桃溪客话》云：子澈胜国名手，至其品类，则有龙蛋、印方、云罍、螭觯、汉瓶、僧帽、提梁卣、苦节君、扇面方、芦席方、诰宝、圆珠、美人肩、西施乳、束腰菱花、平肩莲子、合菊、荷花、芝兰、竹节、橄榄六方、冬瓜段、分蕉蝉翼、柄云索耳、番象鼻、鲨鱼皮、天鸡篆珥、海棠香合、鹦鹉杯、葵花茶洗、仿古花樽、棋花垆、十锦杯等，大都炫奇争胜，各有擅场，姑举其十一耳。观此则子澈制作力追友泉，所制壶式亦多相类也。

附考证

品质

（一）制壶古雅浑朴。

题识

（一）尝为人制菱花壶，铭之曰："石根泉，蒙顶叶[15]，漱齿鲜，涤尘热。"《宜兴旧志》。

传器

（一）桐乡王杨盦藏子澈长方壶一具，鋬、流、的俱方，制作古雅，底有“沈子澈制”阳文篆书方印。

（二）又子澈扁方壶一，鋬、流与的俱方，古雅如前壶，底有“沈子澈制”阳文楷书方印。

（三）癸酉秋，家弟荻秋为予在羊石购得紫泥子澈小壶一柄，底镌年干及“子澈制”楷书款，将付值而肆人失慎堕地碎之。一物之微，得失若存乎数。为之惋惜不置也。康附识。

徐次京

次京，天启、崇祯间人。

附考证

书法

（一）擅八分书、楷书，笔法古雅。

传器

（一）《阳羡名陶说》云：王汋山子翼之有一壶，底有八分书“雪庵珍赏”四字，又楷书“徐氏次京”四字，在盖之外唇，启盖方见。唯盖之合口处，总不若大彬之玄妙。

惠孟臣

孟臣，天启、崇祯间荆溪人。所制大壶浑朴，小壶精妙，各擅胜场，亦大彬后一名手也。后世仿制者多，则名显可知。又金武祥字粟香《海珠边琐》云：潮州人茗饮喜小壶，故粤中伪造孟臣逸公小壶触目皆是。孟臣壶以竹刀划款，盖内有“永林”篆书小印者为最精。

附考证

品质

（一）浑朴工致兼而有之，泥质朱紫者多，白泥者少。出品则小壶多，中壶少，大壶最罕。

书法

（一）孟臣笔法绝类褚河南，见《阳羡名陶录》。唯细考传器，行楷书法不一，竹刀钢刀并用，要不离唐贤风格，仿制者虽精，书法究不逮也。

题识

张燕昌云：少年时得一壶，底有真书“文杏馆孟臣制”。

传器

（一）蔡寒琼藏孟臣大壶一持，侵粗砂作梨皮，老脂红色，反錾，短流，敦朴高古。底镌“清风拂面来。孟臣”七字行书，书法敦朴，纯用中锋，为不可多得之品。可惜失盖复配，且壶身微有裂痕，殊为缺憾耳。

（二）不耽阁尝藏小壶一持，侵粗砂，短流反錾，朱色，沙梨皮，底镌“大明天启丁卯孟臣制”九字楷书，有晋人风格，亦罕觏之品，惜已流入扶桑耳。

（三）听泉山馆藏白砂大壶一具，制作古雅，底锓“大明天启丁卯荆溪惠孟臣制”楷书十二字，足资年代考证。

（四）潘智龛藏朱泥小壶一具，制作甚工，全身现沙梨皮，底镌“惠孟臣制”四字楷书，书法近褚河南，亦罕觏之俊品也。

（五）披云楼藏孟臣大壶一持，朱泥；肩膊处縠罗文[16]甚精，底钤楷书大方印，曰“惠孟臣制”，惜失盖复配耳。

（六）碧山壶馆藏大壶一持，白泥微黝，底钤篆书大方印曰“惠孟臣制”。

（七）披云楼藏朱泥中壶一持，色泽鲜丽，薄胎幼土，式度妍雅，周身縠罗纹隐现，巧不可阶。底楷书曰“水浸一天星。孟臣”七字。

（八）披云楼藏朱泥小壶一柄，周身縠罗纹隐现，底镌“叶硬经霜绿。孟臣制”八字，在行草之间，笔势灵动，竹刀刻，非明人不办。

【康按】孟臣因负盛名，故赝鼎独夥。凡藏家与市肆无不有孟臣壶，非精于鉴赏者莫辨。尝见赝鼎精者凡二，制作甚工，楷书俊雅，然乏明人风格。壶底皆镌诗句及“雍正四年”等字，考署丁卯年两壶，丁卯即天启七年，与雍正四年适相距百载。孟臣在天启一七年制壶，与雍正四年相距几百载，人寿几何？可断其伪。或者孟臣以制壶著名，子孙世袭其生，因以孟臣为肆名，犹吾粤“梁财信”擅医术，传之子孙，仍以“梁财信”为药肆之号也。然孟臣后人制壶，不免纤巧之嫌，制于雍正间者，气格尚属不逮，其余则自郐以下，无足讥矣。

惠逸公

逸公，雍、乾时人。形式大小与诸色泥质俱备，工巧一类，可与孟臣相伯仲，故世称“二惠”。然赝鼎之夥亦几与孟臣等量。伪品多属小壶，大者尚罕见耳。又《海珠边琐》云：逸公乾隆时人，故吴兔床[17]《陶录)不载。逸公之泥色最奇。小壶亦有佳者，莫若手造大壶之古朴可爱也。

【康接】世称“二惠”，大抵以其精巧悉敌而言。但孟臣制品浑朴精巧无不俱备，逸公则长于工巧而浑朴不逮，故终让孟臣出一头地耳。惟逸公式度工作，气味无不仿佛孟臣，历考明清两代名工，无有如两人之酷肖者，大抵逸公必为孟臣后辈，亲承手法，故能相类。以是推之，逸公必为康熙下半朝人，想必乾隆初业尚存，制壶曾用乾隆年号，传器有“乾隆逸公”四字篆印者，亦多伪品。故《海珠边琐》断为乾隆时人。至谓兔床《陶录》不见逸公名，则未足引以为断。因孟臣享后世盛名，《陶录》尚言之甚略，且谓不知何许人，逸公为孟臣后辈，或子侄辈，名或未张，兔床略之，正意中事耳。

附考证

品质

（一）作品俱雅致脱俗，巧而不纤。纤者俱赝鼎。

书法

（一）逸公壶书法无定体，楷行草书俱备，第真品书法，俱高雅。楷书尤有唐帖遗意，大抵去明未远，矩矱犹存，非乾、嘉以后所能摹拟。刻法则竹刀钢刀均备，或飞舞或沉着，非后辈所逮也。

传器

（一）披云楼藏逸公加大朱泥壶一持。逸公大壶传器已鲜，如此器之大者，尤为仅见。气格浑厚，肩膊处縠罗纹隐现，均存清初作风。底镌铭曰“三山半落青天外”，款署“逸公制”，在行草之间，竹刀刻。可惜失盖重配，不无遗憾耳。

（二）披云楼藏逸公朱泥大壶一具，周身縠罗纹隐现，底镌“风流三接令公香。逸公制”十字行书，竹刀刻，亦惜失盖复配，殊为缺憾。

（三）又藏小壶一具，朱泥莲子样，浑厚雅朴，短流长鋬，底镌“流水足以自怡。逸公制”七字行书。逸公遗器，此具可称俊品。

（四）唐天如孝廉藏紫泥小壶一具，底镌“石门柳绿清明市”七字行书，下有“逸”字、“公”字两小章。

（五）不耽阁藏紫泥小壶一具，底镌“丁未仲冬惠逸公制”八字，大抵雍正五年之丁未也。

（六）披云楼藏小壶一持，朱泥薄胎，式度甚佳，底刻“二月江南水涨天。逸公”九字。

王友兰

友兰，顺、康间人。康熙四年乙巳，尝制拙政园茗壶，拙政园在燕都齐门内北街，明嘉靖中御史王献臣筑，文待诏有记。御史殁后归徐氏，国初归陈之遴相国。恽南田为之记。

附考证

传器

（一）《茶燕录》载友兰制拙政园壶，有恽南田题记，镂于壶腹，云："壬戌八月客吴门拙政园，秋雨长林致有爽气，独坐南轩，望隔岸横冈，叠石崚嶒，下临清池，磵路盘纡，上多高槐柽柳，桧柏虬枝，挺然迥出林表。绕堤皆芙蓉，红翠相间。俯视澄明，游鳞可数，使人悠悠有濠濮间趣。自南轩过艳雪亭，渡红桥而北，有堤通小阜，林木翳如。池上为湛华楼占，隔水回廊相望，此一园最胜地也。"壶底署款"乙巳新秋石壶史临"，底印"友兰茶具"四字，盖临摹之品也。

【虹按】此壶壶底"乙巳新秋石壶史临"数字，未悉壶属临制，抑临南田书拙政园题记？以未见原器，不敢武断也。

郑宁侯

宁侯，不详何时人，善摹古器，书法亦工。制壶胎薄，而坚致规矩，丝毫不爽，然工精而欠浑朴，可断为清初人也。

附考证

传器

（一）吴槎客云：闻湖汊宜兴地名质库中有一壶，款署"郑宁侯制”，式极精雅，惜未寓目。

（二）尝于香港市肆见宁侯朱泥中壶一具，薄胎，制作精雅，底有“郑”字圆印，“宁侯”二字方印，均篆书。

华凤翔

凤翔，或云康熙间人，善仿古器，制工精雅而不失古朴，风味别臻绝诣。

附考证

传器

（一）碧山壶馆藏凤翔仿汉方壶一持，参粗砂作梨皮色，底有“荆溪华凤翔制”篆书阳文印，全壶巧而不纤，工而能朴，可称神品。

许龙文

龙文，清初荆溪人，所制多花卉象生壶，殚精竭智，巧不可阶，仲美、君用之嗣响也。壶底恒有二方印，曰“荆溪”，曰“竜文”。

附考证

传器

（一）扶桑奥兰田藏龙文葵花壶一柄，流直鋬环，通体以秋葵花为式，千瓣参差，向背分明，如笑如语，其娇冶柔媚之态，觉妃子倦妆不异。瓣在腹者最大，在底者次之，在盖者又次之。的与流鋬亦各施工，流下有小印二，曰“荆溪”“竜文”。泥色紫而梨皮。许氏巧手，每壶无一不竭智力，而兹壶精制，尤穷神妙，非他工之可拟伦也。《茗壶图录》。

（二）又一壶，流直而方鋬，矩成口字样，盖平坦如棋枰，的似覆斗，钮底有印曰“许龙文制”，泥色紫而梨皮，形制四面端正。

（三）《餐霞轩杂录》纪文后山藏宜瓷茗壶三具，其一曰“竜文”。

范章恩

章恩，字迪恩，乾隆时人，在宜兴制壶，颇负时誉。

附考证

品质

（一）所制壶无论朱紫，皆扁身、鞠流、平盖，风格娴雅，骨肉停匀。

书法

（一）题铭书法似米襄阳，然是否出自迪恩手，无可考证，唯壶底及盖内印章，则传器皆同。

传器

（一）披云楼藏迪恩紫砂大壶一具，肉匀骨坚，别饶风格。腹镂“酒后花前云刻”六字草书，底有“范章恩记”阳文篆书方印，盖内有“迪恩”阳文篆书小章，均精美可爱。

（二）碧山壶馆藏朱泥大壶一具，色殊鲜艳，底有“范章恩记”阳文篆书方印，盖内有“迪恩”阳文篆书小章。

潘大和

大和，乾、嘉间人，与朱石梅同时。

附考证

传器

（一）区伯衡藏紫砂中壶一持，腹镌铭曰“虽有甘芳，不如苦茗”，款署“雪云女士雅玩。善堂制”，皆楷书，底有“潘大和制”篆书印。

（二）碧山壶馆藏砂胎包锡壶一持，内底有“潘大和造”篆书阳文印，壶身一面镂梅竹，一面镂铭云：“一榻茶烟结翠，半窗花雨流香。”下署“石梅”款，盖大和造壶，石梅手刻也。

葛子厚

子厚，嘉庆间人，缪颂游宜兴，子厚为制壶。见《雅流传》。

附考证

传器

（一）听泉山馆藏朱泥小壶一把，泥质细腻，莹洁可玩。款署“子厚书”，流利可喜。

（二）披云楼藏朱泥小壶一持，双釉皮轻巧坚致。底镌“木兰带露香差似”句，“子厚”款，行书圆润，颇近《圣教序》。

杨彭年

乾隆时制壶多用模衔造，分段合之，其法简易。大彬手捏遗法已少传人，彭年善制砂壶，复捏造之法，虽随意制成，自有天然风致。嘉庆间陈曼生作宰宜兴，属为制壶，并画十八壶式与之。彭年兼善刻竹刻锡，亦佳。《耕砚田笔记》。

附考证

传器

（一）宣古愚藏紫砂中壶一具，制作工巧玲珑，令人意远。壶身刻铭曰“不肥而坚，是以永年”，款书“省山三兄大人雅玩。弟德璋铭”，底钤“杨彭年造”篆文方印，亦隽品也。

（二）披云楼藏彭年白砂壶一持，八角形壶身，鋬内流下均起棱有致，底钤“杨彭年制”篆文方印。

（三）碧山壶馆藏彭年光身方壶一柄，制工颇精，底有“杨彭年制”阳文篆书印，书法与未遇曼生前之夹锡壶印相同。

（四）披云楼藏夹锡壶一持，内底有“杨彭年制”四字篆文凸印

【康按】彭年壶精品，以代曼生制者为最。盛传器悉附曼生传后，此篇仅择未遇曼生前及曼生去任后作品凡四，聊补曼生传之不足耳。

杨宝年

彭年之弟，字公寿，擅捏制法。尝为曼生造壶，传器恒署“公寿”款，世多误为海上画人胡公寿。

附考证

传器

（一）寒琼友人藏砂壶一持，底钤曼生刻“阿曼陀室”印，紫砂井栏式。铭云“井养不穷，是以知汲古之功，频伽铭公寿作”，行书五行。书法与味不耽阁所藏者同，鋬下钤“宝年”二字，篆书阳文小方印。

杨凤年

彭年妹，字玉禽，制壶得家法。《前尘梦影录》云：陈曼生司马在嘉庆年间，官荆溪宰，适有良工杨彭年善制砂壶，创为捏嘴不用模子，一门眷属并工此技。考诸宝年、凤年传器，信非溢誉也。

附考证

传器

（一）某君藏白泥钿盒式壶，镌铭云“钿盒丁宁，同注茶经。绮雯书，玉禽制”小楷四行，书法娟秀。鋬下钤“凤年”二字，篆书阳文长方小印。女子制壶，此为仅见。

吴月亭

吴月亭，字竹溪，为杨彭年后辈，善雕刻。尝见何冠五藏有一壶，把下有“彭年”印，底钤“阿曼陀室”印，壶身云溪写芭蕉石，署“竹溪刻”三字，刻工流利，书法颇见笔意。

附考证

传器

（一）披云楼藏紫砂大壶一把，底有篆书阳印曰“竹溪吴月亭制”。

（二）蔡啸篪藏朱泥方壶一柄，身刻铭曰“如印传一，如斗量才，觚哉觚哉。时辛亥夏当是咸丰元年南彝道者制”草书八行，分布壶身两面，盖内有“竹溪”小方印。此壶书法刻法俱佳，惜南彝道者不可考。

冯彩霞

彩霞，道光时人. 或云姓冯，宜兴名匠。南海伍氏制万松园壶，延之至粤。书法欧阳率更，所镌款字精谨有致，亦间用草书。所制壶有衔制、捏制之别。捏制壶则指纹塍理隐现，尤为夺目。盖以方印为识，有“彩霞监制”四字阳纹篆书。

附考证

传器

（一）碧山壶馆藏小朱泥壶一具，底镌“中有十分香。彩霞”七字，学欧公楷法。

（二）又藏手捏小朱壶一具，底有“彩霞监制”阳文篆书印。

（三）又藏小紫泥壶一具，式仿明季传器。底镌“山青卷白云。彩霞”七字行书，竹刀刻。

【康按】世俗相传有明季彩霞与道光彩霞之别，大抵惑于传器式度制作，酷肖明季作品，至有此误。其实出于道光彩霞之手。所谓明季彩霞壶，大约摹仿神似，竹刀刻字均可与明末高手颉颃，是以见者惑之。但细辨泥质火候，均乏渊然之光，若与明季壶并观，则轩轾立见。此其一。此种壶摹仿虽工，然壶的上孔，明季清初名工无不精严齐整，如玉器之精工琢磨，但彩霞仿古则每有小疵，且全的制作，总不免微有欹斜，不能光致平正，与道光彩霞壶比较，如出一人之手，此其二。盖之内孔亦多未严整，不类明制，此其三。细辨三者，则传闻之误可立解矣。[19]

邵景南

景南，道光时人，制壶善仿明代式，深得古法。

附考证

传器

（一）披云楼藏紫砂方壶一具，一面刻梅花一枝，有宋元风格。盖内有“景南”阳文楷书印，书法肖赵松雪。

邵二泉

二泉，道光间人。工镌壶铭，且善制壶。景南壶多为二泉刻字，与竹溪同时。

附考证

传器

（一）披云楼藏白泥大壶一柄，腹镘铭曰“客至何妨煮茗候，诗清只为饮茶多”，款署“二泉”，盖内有“志茂”小章，底有“阳羡潘志茂制”章，皆篆书。

（二）披云楼藏二泉紫泥大壶一，器壶身铭曰“十二峰前一望秋。二泉”款，皆行书。底钤篆章曰“竹溪吴月亭制”。

申锡

锡，字子贻，道、咸间人。笃志壶艺，以陆师道嘉靖十七年进士游宜兴玉女潭有“帝命主兹山，功成有申锡”之句，因取此义命名。所制壶，壶底有“茶熟香温”篆书方印，盖内有“申锡”楷书扁方小章，或鋬下有“申锡”小篆章。申锡善雕刻，喜用白泥，精者捏造，巧不可阶。若寻常之品，每用模制，赏鉴家自能辨之。考清代阳羡壶艺，能蔚为名家者，当推子贻为后劲，后此则有广陵绝响之叹矣。

附考证

传器

（一）披云楼藏申锡、杨彭年合制古铜色仿古中壶一具，内底钤“茶熟香温”篆文凸章，鋬下钤“申锡”篆文小章，盖面摹古器大篆十六字，近的处刻真书曰“右摹伯冏敦铭十六字。小石镌”，壶身一面刻小篆曰“太岁在甲戌初平五年吴师宜子孙”，一面镂真书曰“右录初平洗铭文凡十五字，据阮氏拓本藏”，底镌行书曰“甲辰仲冬彭年造”。全壶共刻六十七字。制作坚致朴雅，望之如古铜器，所见申锡传器，当以此为魁首也。

（二）披云楼藏申锡白泥壶一柄，身作长方形，上小下大，鋬流与的俱方，式度精巧谨严。一面刻“千石公侯寿贵作”凸形古篆，一面刻阴文荷花荷叶，衬以芦苇，盖内有扁方形“申锡”楷书小章，底有“茶熟香温”长方篆书章。

（三）又藏申锡白泥方形硬耳提梁卣一持，一面刻凸形瓦当文，两面刻阴文菩提一丛，盖内钤“申锡”二字楷书方形小章，底钤“茶熟香温”章。

（四）尝于羊石见一申锡壶，作断松身一段，鋬作曲枝形，流作断枝状，以树身破形作盖，全壶雕刻松皮，毕肖厥状，形制精雅，允推能品，未知流落何家耳。

俞国良

国良，同、光间锡山人，尝为吴中丞清卿造壶，制作精而气格浑成。每见清卿壶，盖内有“国良”二字篆书阳文印。

附考证

传器

（一）披云楼藏朱泥大壶一事，色泽鲜妍，造工精雅，壶底钤篆文方印曰“锡山俞制”，盖内钤“国良”二字篆文小章。

王东石

东石，同、光间人。造壶得古法，刻工精细。尝为胡公寿制壶，见胡远传。

附考证

传器

（一）尝见白泥钟形大壶，柄下有“东石”二字篆书小章，壶身镂南田画本秋茄图，刀浅而工细。

（二）唐天如孝廉藏白泥壶一具，井栏式，柄下有“东石”小章，壶身满镂草书，刀法流利，亦名手也。

雅流

文人胜事，偶尔寄兴，旁及壶艺，代有其人，兹就见闻所及，铨而次之，名之曰“雅流”，所以别乎众工也。

吴仕

仕，字克学，一字颐山，号拳石，宜兴人。明正德甲戌进士，以提学副使擢四川参政。少尝读书邑内金沙寺，家僮供春给使之暇，窃仿寺僧心匠，亦淘细土抟胚，以指捏法制壶。《阳羡茗壶系》。然供春仅一家僮，能作树瘿仿古诸式，款识“供春”二字亦书铁线小篆，倘非颐山研求式样，代为署款，恐难臻此。《壶系》以颐山小传附于供春传，以主附仆，体制究有未安，今特拔置雅流壶艺之首，想为有识者所韪也。

柳佥

佥，字大中，一字安愚，号味茶居士，正德间吴之隐君子。绝意仕进，尝以宋椠手抄改正《水经》错简，考核颇精，又摹写唐人诗数十种。全祖望《柳氏水经校本跋》《读书敏求记》《蠡轩随笔》。

附考证

传器

（一）《蠡轩随笔》云："予藏一砂壶，署味茶庵，乃大中之遗物也。"

彭年

年，字孔嘉，号隆池山樵，正德、嘉靖间长洲人。父昉，正德辛未六年进士。年夙承家学，嗜读书诗，宗盛唐书法，瓣香[20]颜、欧。少与文徵明游，以词翰名世。著有《隆池山樵集》，定制茗壶署"寒绿堂""彭年"款。

【康按】蔡寒琼考《士礼居藏书记》林和靖诗，有彭年跋，云："此集为匏庵相国所藏，标题尚公手迹也。嘉靖戊申春，礼部陆君购得之以遗余。隆池山樵彭年书于寒绿堂。"此跋足为孔嘉传壶印证也。

附考证

传器

（一）袁寒云克文藏紫砂壶一持，底锓“寒绿堂”“彭年”，五字，书法鲁公，秀劲有致。昔年蔡寒琼访寒云于宣南，尝得见之，寒云殁后，不知曾否散逸耳。见寒琼《壶雅》。

项元汴

元汴，字子京，号墨林居士，又号香岩居士，嘉兴人。山水学大痴，尤醉心云林，善写古木，水墨松竹梅兰，天真雅淡，颇有逸，俱入妙品。盖其家富饶，出其余绪，广购法书名画，牙签之富，埒于清秘[21]，熏习之久，自能运用也。书法出入智永、吴兴。见《画史汇传》。子京尝藏晋代孙登天籁琴，以“天籁”名其阁，定制茗壶，底钤“天籁阁”印章。见蒋伯荂传。嘉靖乙酉生，万历庚寅卒，年六十有六。

赵宧光

宧光，字凡夫，隆庆、万历间太仓人。妻文淑，字端容，衡山先生[22]孙女也，画承家学，颇擅时名。凡夫能文，善治印，世称雅人眷属。《梅花草堂集》云：凡夫倩人制壶，式类大彬辄毁之另制。大抵以大彬负盛名，不喜傍人篱壁，亦文人立异之见也。

附考证

传器

（一）昔钱受斋藏一壶，名钓雪，凡夫所定制，状似戴笠而钓者，意虽牵合，亦奇品也。

董其昌

其昌，字元宰，号思白，华亭人。万历乙丑进士，官至南都礼部尚书，以阉竖用事，深自远引。致仕，卒谥文敏。元宰天才俊逸，少负重名，奄人请书翰者，一切谢绝。然不激不随，故幸免党祸。书法超越诸家，独探神妙，其画集宋元诸家之长，实开清初四王之宗，高丽、琉球均知宝其手迹。旁及金石雕刻，无不超妙，世人拟之米襄阳、赵松雪。尝定制宜兴茗壶墨砚，自书铭识。茗壶惜无传器，可考惟秋枚邓实尝寄示拓本紫泥砚一方，底署“含山”二字行书，下钤“昌”字阳文篆印。元宰生于嘉靖乙卯，三十四年。卒于崇祯丙子，九年。年八十有二。著有《万历事实纂要》《南京翰林志》《容台集》《画禅室随笔》。石刻曰玉烟堂。见《明史》本传、《明史·艺文志》《松江府志》，画引《画史会要》《无声诗史》《图绘宝鉴续纂》。

陈继儒

继儒，字仲醇，号麋公，又号眉公，华亭诸生。屡奉诏征，坚卧不起。隐居昆山之阳，后筑室东佘山，刻意著述，工诗善文，短翰小词皆极风致。兼长绘事，梅花、山水、奇石，气韵空远，出人意表。蒋伯敷善制壶，恒为名流招致，眉公为之改字“伯荂”，且为之撰书壶铭。名工名士，允称双绝。眉公生于嘉靖戊午，三十七年。卒于崇祯己卯，十二年，年八十有二。著有《白石樵秘笈》、《品外录》《眉公秘笈》《逸史邵康节外记》《松江府志》。尝手摹苏长公书，刻石曰“晚香堂”。

附考证

书法

（一）行草出入苏、米。

传器

（一）沈子培太史藏宫灯式紫泥中壶，见蒋伯荂传。

潘允端

允端，字仲履，号南箕老人、元邮道人，上海人。嘉靖进士，力学好古，官至四川右布政使。父恩，字子仁，亦嘉靖进士，以左都御史致仕。仲履筑豫园以奉之，地甚宽广，园中有乐寿堂，董思翁为作《乐寿堂歌》。堂前有池台之胜，池边湖石奇峭，名五老峰，有玉玲珑、飞骏、玉华之名，相传为宣和遗物。遗制有乐寿堂壶，安富尊荣，极天伦之乐。子仁遗著有《笠江集》。见《明史》本传、《履园丛话》。

附考证

书法

（一）行书圆润团结，竹刀刻。

传器

（一）碧山壶馆藏紫泥小壶一具，泥色莹润可鉴，底錾“会向瑶台月下逢。乐寿堂制”行书共十一字，竹刀刻，盖内有“元江”小印。

邓汉

汉，字远游，一字虚舟，号萧曲山人，江西新城人。万历戊戌二十六年进士，除浦江知县，调秀水，召为河南道御史，庚戌万历三十八年巡按云南，出为山东副使，历参政按察使，以佥都御史巡抚顺天。天启乙丑五年以忤魏奄，遣戍贵州，崇祯初赦还，未及用而卒。有《大旭山房》《留夷馆》《芙蓉阁》《文远堂》《南中红泉》诸集。见《列朝诗集·邓佥都小传》《滇南茶花小志》《室名索引》。

附考证

书法

（一）小楷朴劲似王雅宜。

传器

（一）何觉夫藏紫泥小壶一柄，底刻“文远堂”三字楷书。

顾元庆

元庆，字大有，明季长洲人。家阳山大石下，学者称大石先生。名其堂曰夷白，藏书万卷，择其善本刻之。行世者有《文房小说四十二种》《明朝四十家小说》，著有《瘗鹤铭考》《云林遗事》《山房清事》《夷白斋诗话》。性好茶，著《茶谱》一卷。俞仲蔚《题大石山居诗》有“客留惟茗碗，日觉古心闲”之句。定制茗壶署“顾大石”或“夷白斋”。见王稚登《顾元庆墓志》、《蠡轩随笔》。

陈煌图

煌图，字鸿文，明季常熟人，后改名鸿，为马素修、杨维斗入室弟子。生于万历戊午四十六年仲冬，有冬兰之瑞，因名兰孙。崇祯壬午十五年副贡，官翰林院典籍兼待诏，未半载南都失陷，痛不欲生，以亲老归隐于西湖，田舍北山草堂以终。

【康按】蔡寒琼考《爱日精庐藏书志》鸿文汗简跋，有“崇祯辛巳十四年，余年二十有四，与生于戊午合。读书于吴门维斗师之古柏轩”等句，末署“壬戌清明日大邱陈鸿记。”壬戌为康熙廿一年，兰孙易名鸿，年已六十五矣。《壶雅》。

附考证

书法

（一）草书细笔而劲逸。

传器

（一）披云楼藏紫砂大壶一持，气格浑厚，鋬、的与流悉存明季风度，意味颇近鹤峰，壶底镌草书“明月一天凉似水”句，款署“兰孙”，笔法疏宕有致，竹刀刻。

释如曜

僧如曜，字昱光，定海人，万历壬子四十年住持普陀落伽山白华庵。定海都司梁文，因蕲嗣有感，捐资如曜兴建。其徒性珠，字朗彻，弱龄入山，大朴不琢，间发一二性灵语，真常独露，有《剖璞集》。庵在雨华峰南麓，距大海不数百武，绀殿红楼，宽闲静幽，撑云古木，拔地拂天，水光云影，逗漏树隙如水精帘幌，士大夫游山者多主其庵。昱光、朗彻师徒，蓄金石、书画、文玩茶具皆富。《普陀山志》《牟轩边琐》。

附考证

传器

（一）蔡寒琼尝于友人家见卧轮紫砂大壶。盖内钤“白华庵”阳文小篆方印，底刻楷书铭四行，行六字，铭曰“清人树，涤心泉，茶三昧，赵州禅。佛生日，丙申年，如曜铭，赠天然”寒琼考《普陀山志》，释系天然禅师，讳如寿，河南永城桑氏子，幼业儒，长投大智禅师剃度，万历壬辰二十年智师没，众推师继其席，寻谢事，筑精庐于沙岸，壬子示寂。盖非吾粤之天然和尚也。又涤心泉在道头濒海，潮涨时若欲没，然水清味甘，挹注不匮。《山志》录诗多涉茗饮，择附数首，以资证佐。屠隆诗：“白华庵里白烟生，童子烹茶煮石铛。门外不知飘急雪，海天低与冻云平。”陈朝辅诗：“幽壑沉沉春暖回，草庵阴雨长莓苔。新烟数缕穿云窦，石鼎茶香客远来。”施世骠诗：“不种凡葩养佛花，助春行汲尽纷拏。年来更结香山辈，小院清烟昼点茶。”释幻敏诗：“白华庵傍峭崖阴，煮茗频煨折脚铛。七碗兴浓犹未罄，清风习习淡烟横。”

蒋之翘

之翘，字楚稚，号石林，天启、崇祯间秀水人。家贫，好藏书。明末避盗村居，搜名人遗集数十种，辑《甲申前后集》，又尝重纂《晋书》，校注昌黎、河东集，自著有《天启宫词》。考《天禄琳琅》《竹洲集》有檇李檇李、秀水皆嘉兴县别名蒋石林藏书印记，《楹书隅录》《履斋示儿编》有檇李蒋石林藏书画印。

附考证

传器

（一）张廷济叔未云：吾弟季勤，藏石林中人壶。又葛见喦和叔未诗自注：“石乳”“石林”乃叔未弟季勤所藏二壶铭，吴槎客为题铭锓匣。

姚咨

咨，字舜咨，号潜坤子、皇象山人，皇山樗老、茶梦主人。明季无锡人。喜藏书，且嗜茶，藏书印曰“茶梦庵”，曰“茶梦散人”，茗壶亦用此印。著有《潜坤集》《春秋名臣列传》。见《明诗综》《漫堂随笔》。

梁小玉

小玉，明季武林人。七岁依韵赋落花诗，八岁摹大令帖[23]，长而涉猎群书，作《两都赋》，半载而就。著《娜嬛集》二卷。其冷香字韵诗云：“落月已随兰篆冷，飞花犹逗酒杯香。溪流石发云鬟冷，雨洗苔痕翠袖香。桃花泛水胭脂冷，杨柳随风翡翠香。斗草春风书带冷，采菱秋水镜花香。雨掩梨花春梦冷，风吹荷叶晚妆香。芦荻洲中风韵冷，豆花棚下雨痕香。气无烟火神皆冷，骨有烟霞髓亦香。”皆丽句也。至其语风，怀陈秘戏，流丹吐齐，备极淫靡。高仲武所云既雌亦荡，不如是之甚也。宜其制壶别具遐想。又尝商略古今名娃，奉薛涛为盟主，以苏小小、关盼盼配享，绛云楼主人云宜以李季兰、鱼玄机易置之，斯应此祀典耳。颜曰“花坛三秀之祠”，岁时奠而酬之，娜嬛自为祭主，故下文所举壶乃祠之祭器。小玉并工篆刻，有篆章诗云：“挥洒霞笺寄陇头，双钤题处紫云浮。儿家曾掌司花印，总领层城十二楼。”昔年曾见一青田冻石印，刻朱文“风月常新”四字，甚工，印款小隶书“娜嬛小玉”四字，惟谷九郎何人，未可考耳。

附考证

传器

（一）蔡寒琼《年轩边琐》云：乙亥春初，室人过孔夫人贺岁，春雨深幛，谈艺殊乐。素闻其家藏奇珍甚富，偶以砂壶为问，夫人召室人入燕处，启绣檀小匣，匣面刻“红霞仙杵，白玉绵团”八字，随园[24]语也。锦茵重裹一白泥茗壶，制法巧妙，顿昭眼帘，惊为奇秘，真令人触手欲噤也。壶坚质如玉，古泽如膏，壶身作乳形，极筑脂菽发之致，壶盖红，的若乳头微凸，下作扪胸半裩，以绣带为鋬，扪胸刻宋锦花纹，工丽无匹。其流作身根形，仅露寸许，器伟而不丑恶。扪胸之扣，作古玉卧蚕纹，中藏“小玉”二篆书，鋬下锦纹中藏“螂嬛”二篆书椭圆小印。盖之合口甚深，有“武林梁氏”篆书小长方印，底刻“三秀祠祭器第三”小隶书七字，又刻“金茎甘露，玉乳香谷。九郎题”蝇头小楷十一字。夫人云：伊之夫婿，曩岁于宣南以三千金登来，俪以羊脂白玉水中丞，亦作乳形，大小与壶相若，用双桃花色碧霞犀为的，以充茶瓶儿。又乾隆大婚时瓷杯一双，画阴阳二器者，皆闺房秘玩，从未示人也。

宋荦

荦，字牧仲，号漫堂，河南商邱人，文康公子也。少从贾静子、侯朝宗游，立雪园六子社，为明季群公子之一。明亡，以大臣子弟列侍卫，考试优等，累官山东按察使、江西巡抚。圣祖南巡，赐题牧仲别业“西陂”二大字，及“世有令仪”“鱼麦堂”“清德堂”等额。又牧仲尝游宜兴东坡书院，前有石坊，题曰“东坡先生买田处”，牧仲中丞手笔也。砂壶传器，有“清德堂”篆印者，想必为游宜兴时所定制，以牧仲名高，故后世仿其堂号制壶者甚夥。

附考证

传器

（一）披云楼藏紫砂大壶一柄，式度浑朴，底钤“清德堂”篆印甚精，与乾嘉间之清德堂印迥别。

【虹按】尝见清德堂壶，壶底钤“清德堂子”四字篆书阳文印。

项不损

不损，名真，槜李襄毅公之裔，或云秀水人，明季诸生。入清，官景陵知县，著有《无事编》。不损精八法，汪砢玉称其为书家龙凤，诗文深为李檀园、闻子将所赏。偶尔寄兴，制作砂壶，式度朴雅，字法晋唐，虽时、李诸家，不遑多让。

附考证

传器

（一）《名陶录》云尝见陈君仲鱼藏茗壶一事，底有“砚北斋”三字，旁署“项不损”款。

汪森附文柏

汪森，字普贤，一字碧巢，康熙间桐乡人。弟文柏，字季青，一字柯庭，善画工诗，官北城兵马指挥使，著《柯庭余唱》，朱竹垞作序。又著《杜韩集韵》《古香楼吟稿》。有裘杼楼、拥玉楼、摛藻堂、屐砚斋、古香楼小方壶。藏书甲于浙西。兄弟皆能读书，且嗜茗饮。陈鸣远客桐乡，尝主其家，为制砂壶，盖陈维崧其年为之作介，故柯庭赠鸣远陶器行，有“阿髯尺素来相通”之句。又鸣远尝制砚屏，柯庭为画双钩兰。见《陶录》。可知鸣远陶器，柯庭尝作画于其间，惜鸣远壶之有花卉者，尚未一觏耳。碧巢亦有茶壶铭可考。见《两浙辅轩录》、沈大成《汪君墓志》《嘉兴府志》《拜经楼藏书跋》《丽宋楼藏书志》。

马思赞

思赞，字仲安，号寒中，一号南楼，又号素邨，亦号衎斋。康熙间海宁人。惟朱竹垞太史跋其文翰，称宗人寒中，是寒中本姓朱，想必朱明遗裔，沧桑之间改易名氏，而世无知者。尝筑皆山堂、道古楼、红药山房，插架多宋元精椠[25]，旁及金石文玩，充牣其中，不减倪氏清秘阁。陈鸣远至海宁，尝主其家，为制壶。寒中又以方氏核桃墨与友人易时少山壶，固夙嗜茗壶者。见《杭郡诗辑》《持静斋书目》《藏书纪事诗》。

张氏昆仲

吴兔床《名陶录》云："陈鸣远足迹所至，文入学士争相延揽。尝至海盐，馆张氏涉园。"考涉园在海盐县城南三里乌衣村故址，亭池林木之胜甲于东南。而主人有称甌舫者，有晋樵讳柯字东谷者，有青在讳宗松号楚良又字蠖庐者，有咏川讳宗棣者，有芷斋讳载华号葭士又号佩蒹者，有江亭讳培元一作源者，又有称小白皜亭者，昆仲甚众，延鹤峰者未知谁属，因并记之。见吴骞《涉园修禊记》《丽宋楼藏书志》《两浙辅轩记》《藏书纪事诗》。

杨忠讷

忠讷，字端木，号晚研，海宁人。杨雍建以斋侍郎长子。康熙辛未进士，由编修官中允督江南学政，罢官后，筑拙宜园，与许尚书汝霖、查编修慎行、陈侍御勋修香山洛社故事。少学诗于竹垞检讨，能得其传。著有《丛桂集》。《国朝先正事略》。尝延鸣远至家制壶，代署款识。参看陈远传"传器"。

曹廉让

廉让，号廉斋，康熙间海宁人，陈鸣远尝主其家。见陈远传。

附考证

（一）邓秋枚藏束腰方壶一具，紫砂制，底刻铭曰"水来扬子，叶采蒙山，合而为一于其间"，款署"廉斋"，书法深入晋唐风格。

允礼

礼为清圣祖康熙十七子，雍正初封多罗果郡王，晋封亲王，管户部事，乾隆间卒，赐谥毅。有《春和堂集》《静远斋集》《奉使纪行诗集》。尝属方望溪辑《古文约选》。定制茗壶，底钤“静远斋继长制”篆书阳文方印。

附考证

传器

（一）碧山壶馆藏猪肝色仿汉方壶一持，制工精雅，底钤篆书“静远斋继长制”阳文方印。

唐仲冕

仲冕，字六枳，号陶山，乾隆进士，尝知荆溪县，梦见“尉缭了事”四字，因以自号。仿古制茗壶并署之，贻赠友辈。累官陕西布政使权巡抚篆，所至有惠政，尤善修治古迹，接贤礼士。以疾归，侨居金陵，卒年七十有五。吴槎客尝赠以诗云：“洞灵岩口庀精材，百遍临摹倚钓台[26]。传出河滨千古意，大家低首莫惊猜。”其一。“金沙泉畔金沙寺，白足禅僧去不还。此日蜀冈千万穴，别传薪火祀眉山。”其二。“百和丹砂百炼陶，印床深锁篆烟销。奇觚不数宣和谱，石鼎联吟任尉缭。”其三。“修修琴鹤志清虚，金注何能瓦注如。玉鉴亭前人吏散，一瓯春露一床书。”其四。“陶泓已拜竹鸿胪，玉女钗头日未晡。多谢东坡老居士，如今调水要新符。”其五。五绝皆咏茗壶，想必在荆溪时唱酬之作也。陶山性孝友，蚤岁病贫，母殁不能归葬，葬肥城之陶山，因以自号。尝结庐墓侧，孜孜著述，有《岱览》《陶山文集》传世。

尤荫[27]

荫，字贡父，号水邨，仪征人，居白沙之半湾，自号半湾诗老。著有《出塞》《黄山》等集。擅绘山水花鸟，皆逸品，尤长兰竹，与王文治相伯仲。水邨少客都门，和硕礼亲王延为上客。乾隆时尝随亲王出塞，世子汲修主人赠诗，引袁子才、王禹卿两公为比，推重备至，世谓赵康王之礼谢榛不是过也。晚年得痼疾，自谓半人，卖画自给。一时名公巨卿咸揄扬之，曾宾谷制军尝谓五十年中画手，推钱箨石、潘莲巢、罗两峰与水邨耳。家藏周穜赠苏长公石铫壶，容水升许，铜提，有篆书“元佑’二字，因名所居曰石铫山房。后进呈内府，因广写石铫图，并书苏诗于其上，以赠人，传播遐迩。尝见一图，写赠翁覃溪学士，题志云：覃溪老先生老大人命图，戊申清和月，水邨后学尤荫写于真州城南精舍。”并书苏长公诗云：“铜腥铁涩不宜泉，爱此苍然深且宽。蟹眼翻波汤已作，龙头拒火柄犹寒。姜新盐少茶初熟，水渍云蒸藓未干。自古函牛多折足，要知无脚是轻安。”坡公谢周仁熟惠石铫诗，乃在淮泗道中作。覃溪先生自志云：辛亥十二月十九日，自泰安回济南，道出长清，得坡公谢生日经数香手帖一通，至今年十二月补作先生生日，乃临于水邨所画石铫卷内，癸丑大寒后六日苏斋记。又题云：“我斟七十二名泉，不及苏斋十笏宽。赖有水邨图仿佛，依然元佑石苍寒。初茶芽味酬难尽，经数香浓墨未干。

廿载所吟今绘就，笑成诗境一枝安。”署款云：“甲寅二月，始得见前腊冯星实斋中坡公生日题石铫卷诗，补和于此。”右侧乐宝谱题云：“出山还酌在山泉，想见先生乐地宽。泗上茶铛烟久散，画中石骨藓犹寒。符分调水云腴竭，帖谢贻香墨汁干。都入苏斋作诗境，为传旧样遍长安。”款署“覃溪先生斧正。门人乐宝谱”。水邨尝仿制石铫茗壶，腹镌东坡诗二句，款署“水邨”，流传甚鲜，得者宝之。见《墨香居志》《墨林今话》《画史汇传》。

附考证

传器

（一）碧山壶馆藏水邨仿石铫壶一柄，腹镂苏诗“铜腥铁涩不宜泉，爱此苍然深且宽”句，字作苏体行书，白泥提梁式，底钤“石□”小章。

源谦

谦，字益否，号益热，乾隆间新会人。工书画，性嗜茗。尝倩人制砂壶，为粤人特制宜壶之嚆矢，唯名未显著，故知之者鲜。又金武祥《海珠边琐》云：“一日过随山馆谈茗，偶举项不损，玉泉信口以源益热对之，洵工绝。闻源氏名谦，字益之。中略。固知粤人制壶，不始于潘、伍二家也。”

附考证

书法

（一）壶底署行书款，字大盈寸，笔法近右军《圣教序》，而结构疏落，有明人遗意。

传器

（一）益热元孙六笙藏白泥粗砂大壶一柄，底署“益否”款。

郑燮

燮，江苏兴化人，字克柔，号板桥。乾隆进士，官潍县知县，有惠政。为人疏宕洒脱，工画兰竹，书法以隶楷行三体相参，别成一格。诗近香山放翁。有《板桥全集》。然曾制壶则鲜有知者。

附考证

传器

（一）李小坡藏板桥一壶，白泥粗砂，大鋬短流，制度古雅。身刻诗云：“嘴尖肚大耳偏高，才免饥寒便自豪。量小不堪容大物，两三寸水起波涛。”款署“板桥道人”，分写行书六行，钤“郑”字阳文圆印。板桥性喜诙谐，故壶铭亦嘲诙讽世。名流传器，风趣独绝，弥足珍也。

蒋升瀛

升瀛，字步蟾，一字采若，号惠堂，乾嘉时人。世居吴淞，筑寿松堂，藏书多宋元椠本。尝定制砂壶，泥质坚结，风度妍雅，底钤“寿松堂”篆章。

【康按】蔡寒琼尝考叶缘督昌炽《藏书纪事诗》，孙宗濂亦构寿松堂，藏书数万卷，以寝馈为乐。宗濂字栗忱，号隐谷，仁和人，乾隆甲子领乡荐云。

附考证

传器

（一）披云楼藏深紫色束腰中壶一对，炼泥坚润无匹，火候极到，造工谨严，以手摇盖丝毫不动。底钤“寿松堂”方印。观其章法篆法，非乾、嘉间名手不办。

杜世柏

世柏，字参云，江苏嘉定县南翔里人。世居其地，种竹甚茂，世称“竹园杜氏”。屋东偏适际断港，葭菼丛生，秋林萧散，故自号葭轩。髫龄即嗜篆刻，精研八体，著有《葭轩印品》四卷，见《飞鸿堂印人传》。制壶钤“葭轩”印。

附考证

传器

（一）相传葭轩制茗壶，并以瓷泥制印，仿古切玉法，侧有款曰“葭轩”。张燕昌云：“此必百年来精于刻印者。昔时少山、陈共之工镂款字，仅真书耳，若刻印则有篆法刀法，摹印之学非有数十年寝馈者，不能到也。”

汪淮

淮，字小海，乾嘉间人。能诗，书法山谷，所制茗壶极精雅，款署“汪淮”，或在壶底，或在流下。唯制器不多，流传极鲜。与张芑堂燕昌友善，芑堂《陶说》云：“小海藏宜兴瓷尊，质朴气浑，不知谁氏所作，然非供春、少山后作者所能措手。”见《陶录》。

缪颂

颂，长洲人，字石林，号石林散人，为王二痴弟子。嘉庆壬戌随星使聘琉球，及归，诗益放纵，画益超脱。昆山王椒畦极推许之。夙有心疾，间一发，佯狂落拓，以痴自居，其署款辄书“痴颂”。相传山塘顾歌楼有石林散人画梅横幅，极工。《墨林今话》《耕砚田笔记》。

【虹按】蔡寒琼藏缪颂水墨梅花小轴，笔墨朗秀可喜，罗纹纸，长二尺许，宽约九寸，缪篆款识二行云：“嘉庆甲子春海外归来，与曾园六如同游张公洞，以葛子为制之壶，试玉女泉，茶燕乐甚。画似六如。陈子用志胜事，石林中人缪颂并识。”下盖“石林中人”白文方印，足为颂游宜兴曾倩子厚制壶之证。又葛见岩和叔未诗自注云：叔未令弟季勤藏宜兴壶二，一陈远制，底镌“石乳泛轻花”句，一方壶，底钤阳文“石林中人”四篆字，俱天启时吴万化物也。按此则明季与清代乾、嘉间，当有前后两石林中人矣。

屠倬

倬，字孟昭，号琴坞，别号潜园，钱塘人。嘉庆戊辰进士，入词林，由仪征令擢袁州、九江知府，皆谢病不赴。家居数年，卒于扬州旅次。琴坞工诗古文，旁及书画金石篆刻，靡不深造。所著《程堂集》，风骨清矫，在东坡、山谷间，隶篆行楷咸臻绝诣，山水沉郁秀浑，自见性真。虽自言铁生所授，而笔墨之外别有神契，盖得于天者独多，非力可致也。尝定制砂壶，形式朴雅，自撰铭识，惜传器甚罕耳。

附考证

传器

（一）李凤廷尝见紫砂大壶一把，琴坞自撰铭，作行书数十字，书法近米南宫，有“琴坞”款章。

薛怀

怀，字小凤，号竹君，山阳人。边寿民甥也。写芦雁酷似其舅，兼善花卉禽虫，又善画宜兴壶器。见《墨林今话》。

徐楙

楙，一作橼，字仲繇，号问蘧，一号问年道人，乾、嘉间钱塘诸生。幼承叔祖心潜之教，嗜金石，收藏甚富，工书画，精篆刻，为浙中名手。著有《问蘧庐诗词》《漱玉词笺》，藏商父癸爵、周应公鼎。刻《绝妙好词笺》，校雠精审。倩杨彭年制壶，自刻铭识，审其传器制作及彭年印章，在曼壶之前。见《全石家书画集小传》《古今楹联汇刻小传》。

附考证

书法

（一）隶书闲雅，无书家整作气习。

传器

（一）碧山壶馆藏覆斗形紫砂壶一具，一方镌隶书铭曰："置之都篮，如印一函。"款署"问蘧制"，底款"杨彭年制"篆文方印。

陈鸿寿

鸿寿，字子恭，号曼生，一号种榆道人，乾、嘉间浙江钱塘人。嘉庆六年辛酉拔贡，以古学受知于阮云台尚书，云台抚浙时，与从弟云伯同在幕府，有二陈之称。后官江苏淮安同知，素善书，酷嗜摩崖碑版，行楷古雅，八分书尤简古超逸，脱尽恒蹊。篆刻追踪秦汉，为西泠八家[28]之一。兼好六法，意到生趣盎然，山水不多着笔，悠然意远，在姚云东、程孟阳间。亦工花卉兰竹，其言曰："凡诗文书画，不必十分到家，乃时见天趣。"洵通论也。见《墨林今话》。尝作宰宜兴，其地素产砂壶，大彬后特少传人，曼生公余之暇，辨别砂质，创制新样，手绘十八壶式，倩杨彭年、邵二泉等制壶，为时大彬后绝技，允推壶艺中兴。曼生壶铭多为幕客江听香、高爽泉、郭频迦、查梅史所作，亦有曼生自为之者。凡自刻铭，刀法遒逸，每经僚幕奏刀或代书者，悉署双款，寻常贻人之品，每壶只二百四十文，加工者价三倍。曼生致力诗古文辞，居恒著述自娱，有《桑连理馆集印》《种榆山馆诗集》。后调海防同知，道光二年壬午卒于官，时年五十有五。

【康按】根据此传可得而推断者二：（一）曼生卒于道光二年壬午，时年五十有五，以此推之实生于乾隆三十三年戊子，故书之曰乾、嘉人，盖在乾隆朝已二十八岁矣。世传曼生为嘉、道间人，虽不为误，但在道光朝仅年余耳。（二）曼生制壶虽多假手杨彭年，然参考后述传器，有第四千六百十四之号，可断其不止出于一二名工之手。盖当时名匠甚众，而曼生宰宜仅一任，满任亦仅三年。为之分制者必大有人在，或其宰宜前后，必有定制，始可臻此巨数。是故世人之辨曼壶者，必以有彭年印为真品，殊属胶柱之见。大抵以有彭年兄妹印为易于辨认则可，彭年印亦有伪仿者。以无彭年印为伪则不可，要须辨其风格、手工、书法、款字有无书卷气耳。（三）曼生宰宜及制壶，当在嘉庆廿一年左右，若道光朝制器便非曼壶矣。但曼壶名著一时，故有用其铭翻刻者，亦有伪造铭识者，是故赝鼎充斥，几与逸公、子冶等量。然细辨其铭句书法刻工，则思过半矣。[29]

附考证

书法

（一）曼生善书，故篆隶楷行悉备，参看各图便可了然。

传器

（一）云南赵樾邨太史藏紫砂大壶一具，刻铭云：“青山个个伸头看，看我庵中吃苦茶。”下款仅署“鸿”字，为曼壶所仅见，想必曼叟自用之品也。底有“桑连理馆”方印。曼生尝宰溧阳县，衙前有连理桑，因以名馆。壶鋬下有“彭年”小章。

（二）邓秋枚[30]《砂壶全形拓本》刊紫砂大壶一具，腹镌：“曼公督造茗壶第四千六百十四为犀泉清玩”共十八字，底有“阿曼陀室”印，鋬下有“彭年”小章。

（三）不耽阁藏台笠形紫砂大壶一具，铭曰：“笠荫暍，茶去渴。是二是一，我佛无说。”款署“曼生铭”三字，底印“阿曼陀室”，鋬下有“彭年”小章。

（四）披云楼藏深赭墨色合欢大壶一事，肩刻十五字铭，曰：“蠲忿若割，乐善如渴。曼生作合欢壶铭。”书法刻工均饶神采，惜盖鋬残缺，制银完补耳。底有“阿曼陀室”印。

（五）碧山壶馆藏淡紫砂瓜形中壶一事，铭曰“无用之用，八音所重”，款署“曼生铭”，底有“阿曼陀室”印，鋬下有“彭年”小章。

（六）《艺术丛编》载曼生壶拓款，壶铭云“注以丹泉，饮之延年。老曼铭，频伽书”十四字行书，盖郭频伽代书也。

（七）碧山壶馆藏粗砂方壶一具，左镂铭曰“方山子，玉川子，君子之交淡如此。曼生铭”，右镌款识曰“嘉庆丙子秋七月杨彭年造”。查丙子为嘉庆二十一年，曼生适在宜兴县任。

（八）邓秋枚《砂壶全形拓本》刊曼生提梁壶一具，铭识凡七行，皆隶书，曰：“左供水，右供酒，学仙佛，付两手。壬申之秋阿曼陀室铭。”提梁壶底有“阿曼陀室”印，印上有“眉”字隶书，尤为别致，鋬下有“彭年”小章。

【康按】《中国艺术家征略》云：曼生为杨彭年题其居曰阿曼陀室，未知何所据而云然。大抵世俗相传，或以阿曼陀室属诸彭年，编者因有此误。顾曼生邃于金石之学，以治印著名，而屡见曼生壶铭，款之下绝无印章，尝疑阿曼陀室为曼生室名，而苦乏佐证。去春因研究曼生书法，叶子次同出示其尊甫所藏曼生墨迹尺牍十数通，牍尾赫然有阿曼陀室印章，始知曩者所疑果获征实。今观此壶铭，纯是曼生隶书，而署款曰“阿曼陀室铭”，尤为铁案不移，足证前人相传之误。或疑曼生去任后以阿曼陀室印贻彭年，姑备一说。

明清两代名手制壶，每每择刻前人诗句而漫无鉴别，或切茶而不切壶，或茶与壶俱不切，予尝谓此等诗句不如略去为妙。至于切定茗壶并贴切壶形作铭者，实始于曼生，世之欣赏有由来矣。

题铭

（一）铫之制，抟之工，自我作，非周穜。石铫。

（二）苦而旨，直其体，公孙丞相甘如醴。汲直。

（三）月满则亏，置之座右，以为我规。却月。

（四）此云之腴，餐之不臞。横云。

（五）勿轻短褐，其中有物，倾之活活。百衲。

（六）蠲忿去渴，眉寿无割。合欢。

（七）宜春日，强饮吉。春胜。

（八）春何供，供茶事，谁云者，两丫髻。古春。

（九）光熊熊，气若虹，朝阊阖，乘清风。饮虹。

（十）井养不穷，是以知汲古之功。井栏。

以上诸铭皆频伽、听香、梅史及曼公自制，曾见于彭年壶式图中。见《中国艺术家征略》。

（十一）钿合丁宁，改注茶经。钿盒。

（十二）一勺水，八斗才，引活活，词源来。覆斗。

（十三）饮之吉，匏瓜无匹。瓜形。

（十四）蟹眼鸣，和以牛铎清。牛铎。

（十五）天茶星，守东井，占之吉，得茗饮。井形。

（十六）煮白石，泛绿云，一瓢细酌邀桐君。一面画石，老曼铭，频伽书。

（十七）合之则全，偕壶公以延年。延年半瓦。

（十八）作胡芦画，悦亲戚之情话。胡芦形。

（十九）鸿渐于磐，饮食衎衎，是为桑苎翁之器，垂名不刊。飞鸿延年。

（二十）天鸡鸣，宝露盈。天鸡。

（廿一）斟天浆，润渴墨。合斗。

（廿二）提壶相呼，松风竹垆。提梁。

郭麐

麐，字祥伯，号频迦[31]，吴江人，嘉庆间贡生。工诗古文辞，书法山谷，醉后画竹石别饶天趣。晚年侨居嘉善以终。著有《金石例补》《灵芬馆全集》，所与交游多知名之士，与陈曼生最知契。曼生宰宜兴，时祥伯游幕中，尝铭壶镌字，贻赠知交，惜所制不多，故流传甚罕。

附考证

书法

（一）楷行草书均由山谷，上窥西晋，刻法绝佳。

传器

（一）不耽阁藏紫砂大壶一柄，制作醇雅，肩镂铭曰："吾爱吾鼎，强食强饮。祥伯为稼庭作。"稼庭姓范，尝官天台教谕。底有"阿曼陀室"印，下有"彭年"小章。

蔡锡恭

锡恭，字少峰，为吴门望族，叔载樾、载福，弟锡澂，堂弟锡琳均邃于金石之学，饮誉艺林。少峰嗜茗壶，庋藏大彬为宝俭堂主人所作一具，张叔未尝赋诗纪之；又倩杨彭年制壶，底钤"少峰"二字篆文方印。尝官震泽巡检。著有《醉经阁诗存》《金石考》《吴门宦游记》。

【康按】此条得诸蔡子寒琼，但友辈中尝见少峰壶印有"邵"字者，或另有其人，尚待考正。

附考证

传器

（一）尝见白泥壶一柄，底钤“少峰”篆印，鋬下有“彭年”小章。

（二）又尝见石井栏式旧拓本，壶身摹刻唐人石井栏铭，壶底钤“少峰清玩”篆印，想必定制之品也。

朱坚

坚，字石梅，嘉、道间山阴人。能画，兼长人物花卉，尝为戴文节画像，笔法遒丽，凤公模摹一帧见赠。康附志。工鉴赏，多巧思，砂胎锡壶是其创制[32]。著有《壶史》一册，嘉、道以来名士题咏迨遍。偶写墨梅，亦具苍古之致，尤精铁笔，竹石铜锡靡不工。侨居袁浦，纵饮剧谈，每有宴会，非得此翁不乐也。《墨林今话》。

附考证

书法

（一）篆隶行楷均劲逸有风致。

传器

（一）听泉山馆藏夹锡壶一具，今赠张君谷雏，壶作方竹形，鋬、流、的皆镶玉。一面刻松柏石，题云“松柏同春”图，款署“埜鹤”；一面刻隶书铭，云：“如竹虚中，如环玲珑，用作茶具银铛同，雪瓯碧碗来香风。”款署“道光丙戌三月石梅制”九字行书。

（二）碧山壶馆藏紫砂大壶一具，铭曰：“洞寻玉女餐石乳，朱颜不衰如婴儿。石梅。”

（三）区梦良藏紫砂大壶一具，铭曰“笠荫暍，茶去渴。石梅”，款底有“味无味斋”印，许桂林斋名也。鋬下有“彭年”章。

（四）阳羡储简翁南强藏石梅为宋茗香制一壶，刻梅花殊清隽，并有郭频伽、陈曼生、凌鱼诸人题铭，洵俊物也。考茗香名大樽，又字左彝，著有《学古集》。凌鱼，番禺人，有《书耘斋集》。

张香修

香修，初名秋月，嘉庆间人。幼媵于无锡嵇文恭相国家。严元照字久能娶于嵇氏，乃谋诸闺人而纳之，以十六观经有“戒香薰修”之语，字之曰“香修”。华秋、槎屠、琴坞[33]为写秋江载月团扇，贻之元照，因以画扇名斋。所制壶，底刻“香修”二字小楷，极精雅。

附考证

传器

（一）蔡寒琼尝于羊城江东孙宅见一紫砂小壶，底刻“香修”二字，端妍有致。

乔重禧

重禧，字鹭洲，上海人，嘉庆廪生。博学嗜古，工鉴别，书法得颜平原风骨，尤精小楷，与瞿应绍子冶友善。至今歇浦有地名乔家滨者，即其故宅，有宜园之胜。鹭洲茗壶与子冶壶式度相仿佛，想必同时定制。鹭洲尝游京师，名甚噪，新安太傅曾延写御制诗文集六十万言。生平词章之学具有深造，所交多海内贤达。卒后徐渭仁诸友醵金治其丧，并选刻所著《四陔南池馆遗集》。见《海上墨林》。

附考证

传器

（一）碧山壶馆藏白泥粗砂中壶一具，刻梅一枝，分布身盖，一面镌行书曰“罗浮香影。鹭洲题”，壶底钤“吉壶”二字，篆书胡芦形印，鋬下钤“彭年”小章，盖内有“宜园”小章，皆篆书。

瞿应绍

应绍，字子冶，初号月壶，改号瞿甫，又号老冶，上海明经，尝任训导。工诗词尺牍，少与郡中贤士大夫游，名噪吴淞。书画俱师恽草衣，尤好篆刻，精鉴古。所居有香雪山仓、二十六品花庐、玉垆、三涧雪词馆，皆贮尊彝、图史及古今人妙墨。酷嗜菖蒲，罗列瓶盆，位置精严，入其室者不啻作倪迂清秘阁观也。子冶固工写生，尝为墨戏。于墨竹工力最深，纵逸自如，论者咸谓当时第一手，然常心折铁舟、七芗两家，盖不忘所自也。见《墨林今话》。子治尝制砂壶，自号壶公，倩邓符生至宜兴监造，精者子治手自制铭，或绘梅竹，镘与壶上，时人称为三绝壶，克继曼生之盛。至寻常遗赠之品，则属符生代镌铭识。

附考证

书法

（一）出入米襄阳、恽草衣，题壶多行书，间作楷书。

传器

（一）碧山壶馆藏子治粗砂幼造[34]壶一柄，深赭色，壶身一面画竹，一面题云："一枝鲜粉艳秋烟。此余画竹题句也。"壶盖刻款识云："史亭能制茗壶，以此奉正。子治。"皆行书。底有"月壶"二字篆印，鋬下有"安吉"小章。

（二）披云楼藏参砂轻赭色大壶一柄，镘梅花一株，密布壶身，壶盖近鋬处刻"子治"款，鋬下钤"吉安"篆印，壶底钤"月壶"篆章。

（三）八壶精舍藏深朱泥中壶一柄，镘砂堆凸如树瘿，式度古雅，别饶风趣。铭曰："翡翠婵婵，春风荡漾，置壶竹中，影落壶上。"署款曰"子治竹中画竹，适日移阴，因写其意"，盖上镌"子繁茶具。子治"六字，底有"子繁石壶"篆印。

（四）又藏白泥参砂中壶一柄，式度如前壶，铭曰"前松雪，后仲姬，今春水、朴卿夫妇，后先辉映"，盖此壶乃赠张春水、陆朴卿夫妇者也。

邓奎

奎，字符生，擅真草篆隶，博雅能文。尝为子冶至宜兴监制茗壶，亦有自行撰铭定制者，铭语工切，篆隶楷书均饶雅人深致。间刻花卉，款署“符生”，壶底有“符生邓奎监造”篆文方印，或“符生氏造”篆文方印。

附考证

传器

（一）邓秋枚《砂壶全形拓本》载符生白泥壶一柄，一面摹钱王造金涂塔佛像，一面刻隶书，铭曰：“忆昔钱王造塔，金涂八万四千，功德遐敷。吾摹其状以制茗壶，拈花宝相，焜耀浮图。虚中善受，甘露涵濡。晨夕饮之，寿考而愉。”下署楷书款曰“符生铭”。壶底有“符生邓奎监”篆文方印。

（二）碧山壶馆藏邓符生白泥大壶一柄，井栏式，一面锓隶书，铭曰：“南山之石，作为井栏，用以汲古，助我文澜。”款署“符生铭”。一面镌“银床”二字，隶书，旁刻楷书八行曰：“义山诗云‘却惜银床在井头’，银床即井栏也。符生志。”壶已失盖，不无缺憾耳。

黄彭年

彭年，贵筑人，字子寿，道光进士，官至湖北布政使。生平以整饬风纪、扶植士类为己任，尝掌教保定莲池书院，成就尤众。

父辅辰亦道光进士，官至凤邠道。子国瑾官翰林院编修。世传家学，代有藏书，其传器亦足珍也。

附考证

传器

（一）蔡寒琼尝见白泥小方壶一持，底钤“彭年”二字篆书方印，盖内钤“子寿”二字隶书小长方印。

黄玉麐[35]

玉麐，道光间诸生，居苏州，善制宜兴茶器，选土配色并得古法，赏鉴家珍之，谓在杨彭年、宝年昆仲之上。倪小舫云：玉麐落拓不羁，家极贫，然非义不取，其壶每柄售二金，须极穷乏时始再制，否则百金不能强也。立品如此，宜其艺之精矣。见《萝窗小牍》。

附考证

传器

（一）碧山壶馆藏朱泥大壶一具，色泽莹洁，制作醇雅，脱尽清季纤巧气，其风格直追明季诸名手，确非杨氏昆仲所能逮也。盖内有“玉麟”篆文方印。

（二）碧山壶馆藏紫泥大壶一持，格度浑厚，盖内钤“玉麟”二字楷书小章。

潘仕成

仕成，字德畬，番禺人，先世以盐贾起家，道光癸巳年京畿荒旱，德畬以副贡捐输赏给举人，历官至两广盐运使。粤人官粤，诚破格也。在广州建别业，名海山仙馆，即今荔枝湾，台榭亭院，莳木栽花，极人工之胜。四方闻人莅广州者，多集其间。德畬喜收藏，法书名画，搜罗极富。刻有《海山仙馆丛书》《海山仙馆藏真帖先世本》。闽籍闽人多嗜茶，至德畬好尚不改，特制茗壶，以壶盖唇外阴文篆书“潘”字印为识，至今流传。粤人名之曰潘壶。

附考证

书法

（一）向无款识，只盖唇外用一“潘”字篆文小章而已。

传器

（一）不耽阁藏紫砂小壶一柄，式度相同，制法力仿明壶。

伍元华

元华，字春岚，南海人。先世以洋商起家，与潘氏、卢氏、叶氏并称豪富，名动一时。辟万松园于广州河南，袤延数里，楼阁云连，花木蕃殖，园多松，因以命名。性嗜茗壶，特延宜兴名手冯彩霞来粤，在园中炼土开窑。所制多小壶，壶底署“万松园制”四字，多楷书，间作草书，有署款“癸巳年即道光十三年万松园鉴制”

者，间镌“彩霞”二字于盖唇外，甚为士夫珍赏。至今园中假山下犹有制壶余土。又筑听涛楼于万松山麓，且制“听涛山馆”茗壶，款书“伍氏听涛山馆，春岚鉴制”楷书二行。式仿供春，制工之精不亚万松园壶也。春岚能诗善画，收藏甚富，著有《延晖楼吟稿》。谢退谷尝为绘听游山馆图，阮元、白镕、吴嵩梁皆有题咏。见《楚庭耆旧诗》续集。

附考证

书法

（一）楷书法欧阳率更，笔法端谨，草书有明人笔意，与楷书迥别。常见孟臣壶式样与楷书皆同伍壶者，想必彩霞仿制。

传器

（一）听泉山馆藏伍氏听涛山馆小壶一持，流作三曲，竹节形，錾亦作竹节式，底镌“伍氏听涛山馆春岚鉴制”十字楷书。

（二）八壶精舍藏莲子样白泥小壶一柄，底镘“万松园制”四字草书。

（三）又藏朱泥小壶一柄，曲錾，制作精巧，底镘“癸巳年万松园鉴制”八字。

（四）披云楼藏白泥小壶一柄，底镌“癸巳年万松园鉴制”。

蔡锦泉

锦泉，字文渊，号春帆，道、咸间顺德人。幼聪悟，博通经史，工诗古文辞，为督学白小山镕所器重。兼娴绘事，从谢兰生游，画益进，以女妻之。道光十一年解元，联捷进士，官翰林院编修，入直上书房，为惠亲王师傅，提督湖南学政。与伍元华友善，伍氏延宜兴名手归制砂壶，有同嗜，亦倩制壶手，自题铭，或钤“听松山馆”印。见《楚庭耆旧遗诗》《馆阁爵里考》。

【康按】蔡寒琼藏有春帆手书校茶苑额，惜茗壶无传器可考。

蔡恺

恺，字乐樵，号小痴，锦泉族侄。少时三应童试不售，即弃去帖括[36]。工诗画篆刻，诗仿黎简民，有《眺松阁集》二十卷。画学王麓台，善用浓墨，自镌“苍鼠奋髯饮松腴”七字印，遇得意之作辄钤之。嗜茗饮，手制茶具极精妙。乡中荐绅多出门下，以布衣而一时推为祭酒。见《岭南画征略》。

吴大澂

大澂，初名大淳，字清卿，号恒轩。尝得古铜愙樽，又号愙斋。吴县人，同治戊辰翰林，历官广东、湖南巡抚。精训诂，工篆书，自童年习之，中岁后参以古籀文，以清劲之笔一洗完白山人气习，即寻常简札，尝用篆书，好之笃也。草书法山谷。兼擅丹青，笔法古茂。嗜蓄书画、碑版、泉币、钟鼎之属，著有《愙斋集古录》《古籀补》《古玉图考》《权度量考》《恒斋吉金录》《洪氏钱志校误》《字说》诸书。晚年卜居歇浦，与画人任伯年、胡公寿、吴俊卿辈结萍社。藏有供春缺盖树瘿壶，因倩人至宜兴依式仿造，别制壶式数种以贻知交，壶底有“愙斋”阳文印为识，篆法之精，非前代壶印可及也。

附考证

书法

（一）题铭多法山谷行书，或用大篆。

传器

（一）王杨盦藏白泥大壶一柄，刻意笔人物山石景，底有“愙斋”大篆印。

（二）碧山壶馆藏愙斋仿龚春树瘿大壶一事，白泥制，全身作松皮状，鋬后刻“供春”二字篆书。

（三）碧山壶馆藏愙斋紫砂大壶一柄，乃滨虹先生为谷雏购。壶身镂铭云：“渊其中，骏其色，是茶仙，有琴德。甲午东溪生书并刻。”一面镂仙人像，底钤“愙斋”印。考甲午年清卿任台湾巡抚，师败于日本，丧地辱国，而此壶适制于是年，特纪之以寄慨。

张之洞

之洞，南皮人，字香涛，又字孝达，亦字香岩，晚号无竞居士。尝命人往宜兴制壶，自撰壶铭，故号壶公。鉴赏书画法帖，喜用“壶公”印。之洞同治进士，以第三人及第，才名藉甚。屡膺督学之命，所至提倡经史实学，外任督抚垂三十年，督两广时创办广雅书院、广雅书局。在粤提倡实学，与阮文达后先辉映。在两湖任最久，京汉铁道、汉阳铁厂、萍乡煤矿皆其创办，蔚为清季名臣。光绪末内擢军机大臣，官至体仁阁大学士。卒，谥文襄。有《广雅堂集》。

附考证

书法

（一）书法宗苏子瞻。

传器

（一）所见传器俱紫泥中壶，香涛撰铭，下款署“之洞铭”。

胡远

远，字公寿，以字行。初号小樵，又号瘦鹤，一号横云山民，同、光间华亭人。书法颜鲁公，藏有戏鸿堂祖本《争座位稿》，矜为至宝。画笔秀雅绝伦，山水花卉无所不能，尤喜画梅，老干繁枝，横斜屏幛，对之如在孤山篱落间也。尝定制茗壶，自题铭识。著有《寄鹤轩诗集》。

附考证

书法

（一）书学颜鲁公《争座位》，参以己意，运笔灵活。

传器

（一）八壶精舍藏猪肝色大壶一把，有草书铭曰："石可袖，亦可漱，云生满瓢，咽者寿。胡公寿题。"底钤"阳羡王东石摹曼生壶"九字篆印。一面刻"杰三仁兄大人雅正。程先氏临制于上海"。字法学赵㧑叔行书。

金铁芝[37]

铁芝，号玉道人，同、光时人。能画，以钢刀刻瓷，善双钩法，故其室曰"铁画轩"。兼善治印，与吴石仙[38]齐名，均金陵人也。制壶钤"铁画轩"篆文小章

附考证

传器

（一）披云楼藏紫泥小方壶一具，制作朴茂，底钤"铁画轩"篆章。

端方

方，字午桥，号陶斋，满洲正白旗人。光绪举人，由工部主事历官陆军部尚书、两江总督、南洋大臣，宣统辛亥革命军兴，调四川总督，途次被戕，谥忠愍。陶斋精金石之学，珍藏金石碑帖甚富，著有《陶斋吉金录》《藏石记》。尝定制茗壶，投赠知交，壶式数种，俱白泥，色微黝，底有"宣统元年王正月元日"篆书

两行，长方阳文印。盖内有“陶斋”及“宝华盦”印，俱篆书阳文。

附考证

传器

（一）唐天如孝廉藏白泥中壶一柄，身、的俱圆，底有阳文小篆长方印，曰“宣统元年王正月元日”，盖内有“宝华盦制”方印，及“陶”字“斋”字两小章，均阳文篆书。

（二）又白泥提梁耳小壶一柄，印章与上同。

待考[39]

散见各家著录及考诸传器，或仅知姓名，或仅见别号，或仅得斋名、肆名，而其人其时均乏正确考据者，俱审辨泥质式度制作，次其后先，刊作待考一类。诚以珊网遗珠，不无奇宝，而繁稽博考，有俟异日也。

初期制壶

披云楼藏紫砂大壶一具，发掘于佗城[40]西郊明冢。杂现于陶器间，制作麤朴，身现大砂一颗，粗如青豆，四周釉泪斑驳，且现竹削纹。盖的无孔，全身现古瓮缸之银光色。历观朋侪藏器，无此特质，底钤印章曰“阳羡制壶”，篆法古奥。考明季周伯高《壶系》金沙僧传“僧习与陶缸者处，抟其细土，加以澄炼”制壶，后“附陶穴烧成，人遂传用”。《壶系》又以金沙僧、供春、董翰、赵梁、袁锡、时朋、李茂林七人，属创始时期，且系按语云："自此以往，壶乃另作瓦缶，囊闭入穴，故前此名壶不免沾缸坛釉泪。"参上两说，斯壶既现陶缸质，复沾釉泪，纵非金沙僧手制，亦属初期作品无疑。朴拙之品，有如太羹元露，须领略于味外味也。

方拙

披云楼藏深赭墨色大壶一柄，式度朴拙，参粗砂作梨皮，火候极到，盖内起泡，宽厚逾常，亦属罕觏，盖内钤篆文小章，曰"方拙"，细窥始能辨认，想亦明季传器也。

允公

八壶精舍藏一朱泥壶，在中小之间，形如半截球，底镌楷书"山水主人允公"六字。敦朴工致，兼而有之，甚类万历间物，亦可贵也。

蒋志雯

《扬州画舫录》云：大彬之后则陈仲美、李仲芳、徐友泉、沈君用、陈用卿、蒋志雯诸人。既与陈、李、徐、沈并列，想亦当时高手，惜无传器可考耳。

陈六如

吴梅鼎《阳羡瓷壶赋》"瓶织回文之锦"及"卮分十锦"两句，

皆自注分咏陈六如仿花尊及十锦杯，梅鼎与徐友泉，沈君用同时，六如想必明季时人。

亮彩

《餐霞轩杂录》云：文后山工诗善画，收藏名迹古器甚多，有宜瓷茗壶三具，皆极精雅，其一题曰："山中一杯水，可清天地一心。亮彩。"

彭君实

阮葵生《茶余客话》云：大彬益擅其长，其后有彭君实、陈用卿、徐氏壶，皆不及大彬。

明芳

尝见友人藏明芳紫泥小壶，制作甚精，底刻"文光先生赏茗。明芳手制"，可断为明代传器。

邵旭茂[41]

《壶天眘录》曰：吾家旧藏紫砂大壶一，制度似陈用卿，造工精细过之。质坚如玉，底二印，上"荆溪"二字篆书椭圆印，下"邵旭茂制"篆书四字方印，亦精湛绝伦，必明代物也。碧山壶馆藏紫砂提梁式大壶一事，可容水数升，用作水注亦佳品也。

邵元祥

元祥制壶坚结，式度近亨裕、亨祥，而精细不逮。披云楼藏中壶一柄，底钤“邵元祥制”篆文方印，可断为明代物。朋辈家多有藏器，印章相同而形式不一，制工则如出一手也。

邵元亨

叶次周藏元亨小紫砂壶一持，制作印章均肖元祥壶。

壶痴

蔡寒琼藏紫砂大壶一柄，作长方诰宝形，式度朴雅，泥质坚结，饶有大家风度，允推俊品，非明季清初名工不办。

虔荣[42]

碧山壶馆、披云楼各藏紫砂大壶一持，作淡墨色，肩圆，循腹以下渐小，砂细工精。底镌楷书“岁在辛卯仲春虔荣制，时年七十有六并书”十六字。以制作论，甚似明末遗器，两壶式度款识俱同。

新渊

所见传器形如邵亨裕中壶，色紫但工致略逊亨裕。底有篆书阳文方印曰“新渊”，类似明末作品。

陈宝大

所见传器形式、泥质俱似新渊壶，唯精俊过之，底有楷书阳文方印曰“陈宝大”。

潘忻宝

披云楼藏紫泥中壶一具，虽属模制，而造工比邵元祥较精，式度亦较浑厚，颇具大壶气格。底钤“潘忻宝制”篆书方印。

万丰 附隆记、顺记

万丰似明代壶肆名号，或云创于万历间[43]。审其精品之制作式度，不为无据。传器多小壶，每镌草书于壶底，间有只用“万丰”篆印者，然精巧不逮。尝见盖唇有“万丰”二字草书者，区梦良、潘兰泉各藏一具，而壶底署“孟臣”款，想壶肆营业久远，不限于时代也。至万丰“隆记”“顺记”，小壶传器尤夥，似属清初作品，大壶则精粗不一，亦有时代较后者，足为两号留存甚久之据。

唐天如孝廉藏紫泥小壶一柄，底刻“明月清风客。万丰制”八字草书，制作精严，酷见明季矩矱。

天如孝廉又藏紫砂小壶一持，底钤“万丰隆记”篆文方印。披云楼藏紫砂小壶一把，底钤“万丰顺记”篆文方印。

留佩

佩之事略未详，或以留佩二字为名，或谓姓留名佩。然以后说为近，因留佩壶尝见署“姑苏留佩”四字。见《茗壶图录》。与地名连用，当是姓名也。汉之留盼[44]，宋之留从效，元之留梦炎皆留姓显官，特氏族不繁而已。审留佩壶之式度制作，可断为明末清初人。考其书法，无定体，然以圆润沉着而结构团结者为佳。唐天如孝廉藏小朱壶一事，底铭“以知汲古功”五字，款署“留佩制”，书法沉着，上乘之品也。

披云楼藏朱泥小壶一事，制作精妙，气韵天然，壶底镂“听涛”二字，与伍氏听涛山馆不同。竹刀刻，内有“元江”小印，盖唇刻“留佩”二字，想必留佩为听涛制。然留佩署款于盖唇者，此为创见。

【虹按】留佩壶就予所见各品，制工皆精，唯款识镌字，书法各异。盖陶人每不擅书，辄倩能书者落墨，是以款识书法互有异同。尝见留佩壶各家庋藏传器，可为印证。不耽阁所藏二品，款识书法已属不同。其一朱泥小壶，壶底镌字则与唐天如孝廉所藏朱泥小壶书法相同，其二紫泥小壶一把，壶底镌字与万丰壶草书款识相类。至披云楼所藏朱泥小壶，“留佩”二字镌于盖唇之外，盖内小印“元州”二字，阳文篆书，与予所得留佩朱泥小壶之盖内小印悉同，但两壶款字书法则又迥别，爰录之以待参考。

邵基祖

披云楼藏朱泥大壶一具，原色加彩，五色花卉极工，远出王南林辈之上。壶亦制作坚致，饶有朴雅气，非清初名手不逮也。

陈曾元

所见传器小方壶，朱泥，罗纹隐现，手捏之品也。底有篆书阳文方印曰“陈曾元制”，似清初物。

姜千里[45]

寒琼《牟轩边琐》云：“以砂壶制胎而外嵌螺钿或雕漆者，真希世之珍也。”姬人月色少时曾在陈昭常简持宠姬处鹿鸣庵尼耶须见一方壶，内紫砂胎，底钤“鸣远”印，篆书阳文，甚精劲。外黑漆嵌螺钿，流与缝两面作折枝花分布，螺钿深碧浅红之色作花叶，备极巧思。左右两面嵌人物，似是《玉簪记》“偷诗”“茶宴”两故事，几案屏帷文房珍玩亦分选螺色配成。壶盖作汉方镜花纹，尤为古雅，鋬上刻“妙慧庵”小篆三字，娟秀可爱，底钤印章曰“姜千里造”小楷，瘦金书，想必千里构思定制，倩鸣远造壶也。又一壶白泥胎，外涂朱红雕漆，仿古提梁卣，云雷纹，极精细，此壶犹存简塀妻弟张某处。唯嵌螺钿壶则不知流落谁家耳。

柯德纯

所见传器六角朱泥小壶，工作甚佳，双釉皮，鋬下刻“柯德纯制”四字，底镌“智水仁山”，想必清初物也。

宝字壶

不耽阁藏朱泥菊瓣中壶一柄，制作极工，底钤“宝”字篆印，似清初传器。

袁郁龙

披云楼藏失盖朱泥大壶一持，制作敦朴，微现手捏痕。底钤“袁郁龙制”篆文方印，似康、雍间物。

君德

尝见传器，仅镌楷书“君德”二字，造工极精。碧山壶馆藏朱泥小壶一柄，双釉皮，底镌“雍正年制”四字，鋬下刻“君德”两字，悉楷书。

成兴

碧山壶馆藏小壶一具，深紫色，底有竹刀刻字，曰“明月依然似去年。成兴制”，颇类清初传器。

汉章

披云楼藏深朱色大壶一柄，式仿供春。底镘句曰“雀舌先春注此中”，款署“汉章制”，盖内有“贞祥”楷书小章，似雍、乾传器。

王南林[46] 附阳友兰

南林，乾隆时人，所制饶釉宜壶，每绘粉彩花鸟，与阳友兰同时，而精雅过于友兰。净身饶釉宜壶本创于明季，唯粉彩花鸟盛于乾隆朝，南林传器有“王南林制”篆书方印，友兰传器则有“阳友兰制”篆书圆印。又宜壶底印有篆书“友兰秘制[47]”印者，想另有其人也。

方曾三

披云楼藏大壶一具，猪肝色，制作式度泥质均似清德堂壶，唯底印“方曾三制”四字篆书，则较清德堂印略为朴拙耳。

大亨

披云楼藏壶，盖内有“大亨”印者凡数具。大亨是壶肆抑壶工名号，尚待考证。然各印形式虽同，大小微有出入，细审传器多类乾、嘉间物也。其一作鱼龙戏浪状，身盖俱作波涛形，壶身一面有龙首跃出波间，一面作跃鲤状，壶顶亦作龙首代的。首舌皆能摇动。鋬作龙身，盖内有“大亨”楷书印。[48]

彭城老守

披云楼藏紫砂大壶一具，泥质莹润，制作极工。壶身一面镌词一首，云："小门深锁巧安排，没有尘埃，却有莓苔。自然潇洒胜蓬莱，山也悠哉，心也悠哉。东风昨夜送春来，才见梅开，又见桃开。"上款署"梦渔先生大人玩之"，一面刻盘景松石，颇饶唐六如笔意。下署"癸巳白露日刻"共行书五十九字，有晋唐帖意，惜"锁"字误刻"销"字，为微憾耳。盖内有"绶馥"二字行书，审其制作火候，以乾隆间物，癸巳年疑为乾隆三十八年也。

鹤颠

披云楼藏软耳提梁中壶一具，砂极莹润，深紫色，身形如权，制作精美罕有其伦，且饶雅韵，似出嘉、道间名手所制。流下镌"鹤颠"二字楷书，酷有唐贤风格。底有"松鹤庐"篆书阳文方印，盖内有篆书阳文方印，曰："余生皆类文人手刻。"所见软耳提梁壶无出其右者。

汪锟

蔡寒琼藏砂胎夹锡古琴式壶一持，一面刻秋芙蓉，一面镂铭云："撑肠千卷，睡足一瓯，壶公之流与，卢仝之俦与？汪锟题铭。"行书分三行，以檀木作柄，嵌银丝"澹远堂制"四字篆书，式度精雅。

范庄农[49]

披云楼藏传器两具，其一为白泥中壶，底钤“范庄农家”篆印，盖内钤“静安”二字篆印，制作朴雅。身镌“饮和”两字，款署“跂陶刻”，书法学赵松雪。其二为仿曼生紫泥大壶，底印与上壶无异，盖内“静安”二字篆法亦同，唯刻法稍别耳。此壶式度纯仿范章恩，想或章恩后辈也。

【康按】跂陶[50]，姓吴，工松雪书法。予藏一“冰心道人”[51]紫泥扁壶，上形颇尖，身镌“如圭如璋”四字，跂陶款，书法与“饮和”白泥壶同。又藏宜兴紫泥香垆一，身摹“富贵昌，宜侯王”汉洗古篆文，亦跂陶书刻。

师蠡阁

披云楼藏朱紫大壶各一具，壶底皆有“师蠡阁”印，印法在徐三庚、赵㧑叔[52]之间。紫泥壶仅一印，朱泥壶镌铭曰：“饮食寿，乐未央，宜子孙，大吉羊。”款署“癸巳阳月东溪并刊”。共二十字，书法在行楷之间，有松雪笔意。盖内有虎泉篆印。考东溪尝为吴中丞清卿造壶，故知其为同、光间人，此壶制于癸巳，必属光绪十九年，特刊一具，以征时代制作之异。

升轩

披云楼藏朱黄小壶一事，参疏砂，短流反錾，式度如小鸟依人，颇觉可爱。底钤“升轩”二字阳文方印，想是胜清末年所制。

别乘

阳羡制壶有上列五类不能赅括者，铨次于后，谓之别乘。盖牝牡骊黄之外，不无上驷也。

纪年壶

纪年壶之无款者，足征每代之普通制作，其式度、造工、泥质、火候，均足为研究之资。姑举所得传器于后，以见一斑。

（一）万历水壶

披云楼藏大圆珠式水壶一具，软耳提梁，白泥制，坚致而气韵流动，底镌“万历”二字楷书。

（二）万历大壶

碧山壶馆藏朱泥大壶一持，底镌“万历”二字端楷。

（三）乾隆中壶

披云楼藏均州釉宜壶一持，平盖直流，底钤“乾隆年制”篆书阳文方印。

（四）乾隆大壶

碧山壶馆藏猪肝色大壶一柄，底钤“大清乾隆年制”六字篆文方印。

（五）嘉庆大壶

披云楼藏猪肝色大壶一柄，底钤“嘉庆丙辰”四字篆文方印，盖嘉庆元年传器也。

贡局壶[53]

考林古度为冯本卿作陶宝肖像歌，有“荆溪陶正司陶复”之句，可知阳羡贡局已创于明代。细考传器，各色泥质俱备，壶底或刻字，或钤印，或具年号，或用“贡局”二字，亦有仅用一“局”字者，择录三器于后，以概其余。

（一）康熙壶

尝见朱泥小圆壶一具，底镌“康熙贡局”四字行书。

（二）雍正壶

披云楼藏加大朱泥软耳提梁壶一，器底镌“雍正贡局”四字行书。

又藏小朱泥软耳提梁壶一持，底刻“雍正贡局”四字楷书，式样釉色书法，与上壶无异。

无款壶

凡无款字印章而制作精、时代高者，选录二器[54]于后，以见一斑，所谓时花美草虽不知名，亦觉可爱也。

（一）猪肝色壶

披云楼藏猪肝色大壶一，器形扁，参白砂，制作工致，似万历名工手法。

（二）莲花壶

碧山壶馆藏朱泥中壶一器，壶身壶盖皆作莲瓣形，似清初传器。

（三）笙形壶

笙形壶制作绝精，紫泥制，见于英人步殊所著《中国艺术》

一书，可惜款识印章俱不详，故附于此，以为别乘后劲。

附记

阳美砂器茗壶而外，杯盘茶洗无所不备，此外则文房用品、案头玩具、花瓶、念珠、翎套等物，莫不兼制，附录一二于后，借窥一斑。

（一）茶盘

披云楼藏朱泥圆盘二具，径阔六寸三，一底钤“徐仰泉制”篆书阳文方印，一底钤“金远音制”篆书阳文方印。审其式度、质地、火候，近于雍、乾间物。

（二）犀牛

林季绳藏徐友泉制犀牛一头，豆绿色，质地坚致，而火候极到，腹下镘“友泉”二字楷书，有晋唐帖意。

（三）香炉

林季绳藏陈仲美小鼎式香炉一具，古铜器色，精严中饶有敦朴气。底钤“陈仲美”篆文方形小章，书法刻工酷肖鸣远印章。

（四）核桃

林季绳藏陈鸣远半边核桃一枚，连枝而核露其半，精巧逼真。叶底钤“鸣远”篆文方形小章，

（五）小碟

林季绳藏陈鸣远蕉叶形小碟一事，一隅衬以秋葵花一枝，楚楚有致。花底钤“陈鸣远”篆文方形小章，精妍不苟，与小壶章同。

（六）兔毫盏

碧山壶馆藏北宋建窑陶制兔毫盏一事，入土日久，釉变银光

色，剥落处现红泥质，虽非阳羡产品，然与水村仿制周穜赠东坡石铫壶均足为北宋茶具制作规模参考。附录雅云君投登某报考据一文于后，可见宋人茗事，早具精细之讲求也。

古建窑有二，在北宋初设于建安，后迁建阳。在明者，设于德化。明建以白瓷著称，宋建色乌黑，所出兔毫盏尤名贵，一时于汝、官、哥、定诸窑中，不啻异军突起也。蔡襄《茶录》云：茶色白，宜黑盏。建安所造者，绀黑纹如兔毫，其坯微厚，盛茶久热难冷，最为要用。他处出者，皆不及。”《格古要论》亦谓古建窑器其碗盏多是撇口按粤谚称挞口，色黑而滋润，有黄兔斑滴珠大者，真。但体极厚，少见薄者。是知所谓兔毫盏者，以盏有兔毫纹故也。《方舆胜览》云：兔毫盏出建宁。《鹧鸪注》云：黄鲁直诗“建安瓷碗鹧鸪斑”，是鹧鸪斑即兔毫盏。则兔毫又名鹧鸪斑矣。朱氏《陶说》云：宋时茶尚□碗，以建安兔为上品。又引《清异录》云：闽中建茶盏花纹鹧鸪斑，试茶家珍之。苏轼诗“忽惊午盏兔毫斑”，吴歙诗“蟹汤兔盏斗旗枪”，盖皆为此咏也。

古人嗜茶，既以兔毫盏为试茶之具，又以为斗茶之珍器。斗茶之法，以水痕先退者为负，耐久者为胜，故较胜负曰“一水”“两水”。茶色白，入黑盏水痕易验，兔毫盏之所以贵也。近人寂园《陶雅》曾谓兔毫盏即鹧鸪斑，旋又谓鹧鸪斑痕宽，兔毫针瘦，亦微有不同。至黄矞《瓷史》且疑鹧鸪斑即兔毫盏为误。凡此所说，皆以年代久远，器多湮没，但凭古书以为臆断，实皆不得一窥其真象耳。余藏有宋建窑兔毫盏一具，口径三寸弱，高一寸三分，底足甚小，口撇而微罄，全器为压手杯式。釉色绀黑，外面半露胎骨，坯作灰黄色，体厚可二分，口际周绕以鹧鸪斑点，极类滴珠，殆《格古要论》所谓“斑即指鹧鸪斑以滴珠多者为真”也。腰际密布如兔毫之细纹，贮水则露，水干则隐。按以古人斗茶之法尤极符合，所谓水痕先退者，盖即指水干而纹痕辄退也。余曾于市肆古董店中偶见有口际周绕以鹧鸪斑之宋建黑瓷盏，特皆无兔毫纹若余所藏者，似不多见。可知古人兔毫盏即鸬鸪斑之言，实指夫纹斑兼全之器，亦实唯此，始足能名贵一时。倘缺少其一，既有毫厘千里之差，亦正以启寂园诸人之怀虑不解矣。因约略说之，并与世之同好及鉴藏家共质焉。

土质出产

周伯高《阳羡茗壶系》云：相传壶土所出，有异僧经行村落，日呼曰："卖富贵士。"人群嗤之。僧曰："贵不欲买，买富何如？"因引村叟指山中产土之穴。及去，发之，果备五色，烂若披锦。此条本属神话不足置信，但相传已久，故仍存之以觇宜兴风俗而已。陶穴环蜀山，山原名"独"，东坡先生乞居阳羡时，以似蜀中风景，故改是名。《陶录》云：《尔雅·释山》："独"者也，蜀。则先生之锐改厥名，不徒桑梓殷怀，抑亦考古自喜云尔。

陆希声《颐山录》云：颐山东连洞灵诸峰，属于蜀山。蜀山之麓有东坡书院，然则蜀山盖颐山之支脉也。徐一夔《蜀山草堂记》云：东坡尝筑书堂，其址入于金陵保宁官寺，遂为寺之别墅。今东坡书院前有石坊，宋牧仲中丞题曰"东坡先生买田处"。祠祀先生，陶烟飞染，祠宇尽墨。

王稚登《荆溪疏》云：蜀山黄黑二土皆可陶，陶者穴火负山而居，累累如兔窟。以黄土为胚，黑土傅之，作沽瓴、药炉、釜鬲、盘、盂、敦、缶之属，鬻于四方，利最溥。近复出一种似均州者，获值稍高，故土价踊贵，逾三十千。高原峻坂，半凿为坡，可种鱼，山皆童然矣。陶者甬东人，非土著也。

壶土类别

△胎骨　嫩黄泥出赵庄山，以和一切色土，乃黏埴可筑，陶壶之丞弼也。

△朱泥　石黄泥出赵庄山，即未经风日之石骨也。陶之乃变紫砂色。

△黯肝色　冻梨色　松花色　豆碧色　轻赭色　淡墨色天青泥出蠡墅，陶之变黯肝色。又其夹支有梨皮泥，陶现冻梨色。淡红泥陶现松花色。浅黄泥陶现豆碧色。密口泥陶现轻赭色。梨皮和白砂陶现淡墨色。山灵腠络，陶冶变化，故露种种光怪云。

△白沙　浅深古色　老泥出团山，陶则白砂星星，宛若珠琲，以天青石黄和之，成深浅古色。

△白泥　白泥出大潮山，陶缸缶用之。此山未经发用，载自江阴白石山即江阴秦望山[55]东北支峰。

以上诸条俱见周伯高《阳羡茗壶系》。伯高云：出土诸山，其穴往往善徙，有素产于此忽又他穴得之者，然皆深入数十丈乃得。

△釉　《陶录》云：大潮山一名南山，在宜兴县东南，距丁、蜀二山甚近，故陶家取土便之。山有洞，可容数十人，又有张公、善权二洞，石乳下垂，五色陆离，陶家作釉悉于是采之。

△砜砂　《阳羡壶系》云：细土淡墨色，上有银沙闪点，迨砜砂和制。周容《宜兴瓷壶记》云：时大彬故入以沙，炼土克谐。按砜砂即陶缸已成之器捣碎舂之参入土中，故曰参砂。

【虹按】壶之色以红紫为最溥，黄白次之，名称原无一定，以状取譬。红之深者曰朱砂，浅者曰海棠红，参砂曰碧榴皮。紫砂之色有黯肝、猪肝、冻梨、轻赭、铁色、淡墨、栗色、沉香水、浅深古色之称。白沙有白泥窑白之分，黄色有冷金、葵黄、松花、豆碧诸品。盖土之变异虽由山之所产，亦由陶人匠心配合也。

壶质辨别

就土质而论，自明迄今凡数百载，一山土层开发既尽，不得不向他山求之。产土之穴既异，土质自属不同，赏鉴亦随之而别。兹本所知，述其概略如次。

（一）由明以迄清初：（甲）凡紫砂制者，胎骨硬而坚，色润而光和。（乙）红泥所制者，胎骨虽不如紫砂之坚，温润透明则一也。（丙）至白泥黄泥胎骨之坚硬与紫砂无异，唯温润透明则不如。

（二）雍、乾之世：（甲）紫砂制者，胎骨仍属坚硬，而温润透明已逊。（乙）至朱泥所制者，胎骨松而不结，色枯而不泽，每以釉作皮，使其光腻，已非本质之美矣。（丙）唯黄泥白砂所制者，胎骨之坚，色泽之温润，与清初制品仿佛相似。

（三）降及嘉、道：（甲）紫砂壶胎骨之坚，仍可比美清初，唯透明温润殊为逊色。（乙）白泥亦复如是。（丙）独朱泥制者，胎骨坚硬胜于雍、乾传器，而略逊于明，且与清初相较，色仍温润，仅透明不如耳。

（四）递至咸、同、光、宣：（甲）紫砂制器胎骨之坚尚与嘉、道传器相伯仲，唯色泽枯燥，未脱砂土之气。（乙）白泥所制者亦同。（丙）砂泥壶则胎骨干而色寡。

综上壶质而论，如江河之日下，我国百业退化，虽壶艺之微，亦所不免，良可慨也！递乎今日新造之器，较之光、宣为佳，大抵发掘土质与工作技能皆有所研究也。康附识。

制工窑火　谷雏

配土火候

造壶之家，各穴门外一方地，取色土筛捣部署讫，掩窖其中，名曰“养土”。取用配合各有心法，秘不相授。壶质之优劣以此为判。壶成幽之，候其极燥，乃以陶瓮吴俗谓之缸掇，粤俗谓之瓮缸。度五六器，封闭不隙，始鲜冰裂射油之患。过火则老，老，不美观；欠火则稚，稚，有沙土气。若窑有变相，则匪夷所思，倾汤贮茶，云霞绮闪。然亿千中或一见耳。

规仿临摹

规仿名壶曰“临”，比于书画之临摹也。以上见《阳美茗壶系》。

手捏模制

金沙寺僧始制壶，削竹如刀以作工具。供春更斫木为模，以范壶形。至大彬悟金沙僧法，则又弃模用竹刀助以手捏。迨后工具日精，至明季已增至数十事矣。制壶器具用法，详见于周容《阳羡瓷壶记》，惜句晦而字多讹误，不可了解，因删去之。况今日距周容时已三百载，时移世易，器具变更自在意中也。

【虹按】周容，鄞人，字茂三，明诸生。国变后为僧，因以母在返初服。踪迹遍天下，所交皆一时遗民，绘松林枯石，萧然远俗。有以鸿博荐者，以死拒。有《春涵堂诗文集》。

又按宜壶造法，前人记载已属寥寥，且各有异同，今就所知者，分别录出如次。

（甲）《骨董琐记》云：砂壶始于金沙僧，团紫泥作壶具，以指螺纹为标识。供春见之，遂习其技成名工，以指螺纹为标识。（乙）周容《宜兴瓷壶记》云：供春斫木为模。根据是说则印模之法始自供春，然既用模印，安得有指螺纹？岂印后壶土未干，复捺以指纹欤？然周容此说与《骨董琐记》符。（丙）唯周伯高《壶系》云供春淘土团坯，胎必累按，故腹半尚现节腠，视以辨真。但供春壶世不多见，吴中丞清卿旧藏供春壶，今归宜兴储南强。壶作树瘿形，节腠隐现，确是团坯捏成，与伯高所纪悉同。（丁）项子京《名瓷图谱》绘供春壶二品，一圆式，一六角提梁，俱平整无节腠，与周容言供春用模制相符。但两说未知孰是耳。意者供春造壶其始效法金沙僧以手团泥捏成，及后始用模制欤？（戊）《宜兴瓷壶记》云：时大彬悟其法，又弃模子，以砂炼土克谐，审其燥湿展之，名曰“土毡”。（己）《骨董琐记》亦云：大彬毁甓以杵舂之，使还为土，范为壶。是则造壶有参砂之法，实创于大彬。其后壶质纷歧，变态百出，有粗砂、参砂、幼泥之别，或仿古器，或逞工巧，各择所宜，其关键实渊源于大彬也。（庚）周伯高《壶系》云：陈仲美，婺源人，初造瓷于景德镇，以业此者多，不足成名，弃之而来。配壶土，造诸玩具。然则景德造瓷诸法由明传入宜兴，于兹可考矣。

宜壶有团坯捏成，有捏坯车胎，有模印车胎之分。（甲）团坯捏成之壶，全以手捏出錾流，由团泥分出不必驳接，故縠绉四周，指纹隐现可辨。（乙）至捏坯而车胎之壶，先以手捏成坯，胎俟干后置胎于车盘之上，乘车盘旋转之势以刀按胎，车成圆形，故鋬流必须驳接，唯坯经手捏，故縠绉微现。（丙）至以模印出然后车胎之壶，全由器械造成，故滑腻整齐，绝无节腠耳。精制之壶，所有捏坯时手纹及车胎之刀痕，悉以水笔细细抹去，尽没痕迹，使极光腻乃已。但经窑火之时，土质感受热力，自生溶液，且微有涨缩，然经手捏者，縠绉隐现犹存，甚易辨认也。（丁）至花果象生壶亦有手捏刀刻之分。手捏浑朴，刀刻精巧。亦有手捏刀刻并用者，各随匠心而已。

造工沿革

就所见宜壶，察其造工，由明以迄顺、康，以捏造车坯为多，全以手捏与印模者罕觏。雍、乾市制之器，印坯车胎为广。及嘉、道之世，曼生司马重倡壶艺，古法是尚，故捏造车胎之法极盛，如杨彭年、邵二泉、邵景南、冯彩霞、黄玉麟诸人所制之壶，俱用此法。若全以手捏则间见耳。就印模与捏造而论，印模之法易精，在工业为进步，捏造之法难精，在技能为绝诣。故印模之法便于仿行，捏造之法则庸工不易措手也。名家之壶，俱以捏造见长，坐是故耳。

加釉加彩

浇釉之法，先造壶胎，干后以釉浇之[56]，有双单皮之别，与景德镇制瓷浇釉无异。凡浇釉之壶，胎骨多松砂，大抵松砂宜于加釉。

第松砂色枯，故以釉作皮，即生莹润。第单皮色薄，双皮色厚而已。凡双皮者，必润泽如膏，光可鉴人，大抵双皮釉者多属小壶中壶，大壶则甚罕觏也。至加彩之法，阮葵生[57]《茶余客话》云：近时宜兴砂壶复加饶州之彩，光耀射人。观此则宜兴加彩实用景德粉彩瓷色料，故其法与粉彩瓷填粉加彩无异。

火候沿革

宜壶之入窑过火见诸记载者有四：（甲）《阳羡茗壶系》云：前此名壶不免沾缸坛釉泪，自李茂林之后始另作瓦器，囊闭入穴。观此则当时所造茗壶，附于烧缸坛之窑，与缸坛相混而已。（乙）《骨董琐记》云：时大彬为壶，焊以熠火，审候以出，雅自矜重。观此则大彬之于窑火烧法始细加审辨。（丙）至张燕昌《陶说》、吴槎客《陶录》，俱纪陈鸣远尝至海盐馆张氏之涉园，桐乡之汪柯庭家，及海宁陈氏、曹氏、马氏，多有其手作，汪柯庭、杨晚研、曹廉让诸公亲为书铭题识。观此则当时鸣远制壶，必随地置窑烧器，自审火候，故能挟技游也[58]。盖配土、造工、窑火并皆佳妙，乃为上品，三者缺一便非全美矣。细察传器，由明代以迄清初，配土与窑火克谐，砂质溶化，故能出窑之后微现透明，色泽可爱。降至雍、乾，窑火略逊，与前器相较，已不逮清初之坚结温润矣。嘉、道之世，壶艺中兴，坚结之致虽不如清初，然壶色湿润已优于雍、乾。至咸、同传器，不免有砂土之气，盖砂质非有高度火力不能变成溶液，故砂土之气不变，麄厉之质尚存，不足贵也。夫艺之高下，虽茗壶之微，系乎世运之隆替，良可慨已！

赏鉴丛话

本艺

（一）壶之土色，自供春而下及时大彬初年，皆细土淡墨色，上有银沙闪点，迨硇砂和制，縠绉周身，珠粒隐隐，更自夺目。《阳羡茗壶系》。

（二）时壶名远甚，即遐陬绝域犹知之。其制始于供春，壶式古朴风雅，茗具中得幽野之趣者。后则如陈壶徐壶皆不能仿佛大彬万一矣。一云：供春之后四家，董翰、赵良、袁锡疑即元畅，其一即大彬父时朋也。彬弟子李仲芳，芳父小圆壶李四老官，号养心，在大彬之上，为供春劲敌，今罕有见者。或沦鼠菌或混鸡彝，壶亦有幸不幸哉。陈贞慧《秋园杂佩》。

（三）供春壶式，茗具中逸品。其后复有四家，董翰、赵良、袁锡，其一则时鹏，大彬父也。大彬益擅长，其后有彭君实、龚春、陈用卿、徐氏，壶皆不及大彬。彬弟子李仲芳，小圆壶制精绝，又在大彬之右，今不可得。近时宜兴沙壶复加饶州之鎏，光彩射人，却失本来面目。陈其年诗云："宜兴作者称供春，同时高手时大彬。碧山银槎濮谦竹，世间一艺皆通神。"高江村诗云："规制古朴复细腻，轻便可入筠笼携。山家雅供称第一，清泉好瀹三春荑。"昔杜茶村称澄江周伯高著《茶茗》二系，表渊源支流甚悉。阮葵生《茶余客话》。

（四）香雪居在十三房，所鬻皆宜兴土产砂壶。茶壶始于碧山冶金，吕爱冶银。泉洗茗腻，非扃以金银必破器染味。砂壶创于金沙寺僧，团紫砂泥作壶具，以指罗纹为标识。有吴学使者读书寺中，侍童供春见之，遂习其技为名工，以无指罗纹为标识。宋尚书时彦裔孙名大彬，得供春之传，毁甓以杵舂之，使还为土，范为壶，燀以熠火，审候以出，雅自矜重，遇不惬意辄碎之，至碎十留一，皆不惬意即一弗留。以柄上拇痕为标识。大彬之后则陈仲美、李仲芳、徐友泉、沈君用、陈用卿、蒋志雯诸人。友泉有云罍、蝉觯、汉瓶、僧帽、提梁卣、苦节君、扇面、美人肩、西施乳、束腰菱花、平肩莲子、合菊、荷花、竹节、橄榄六方、冬瓜段、分蕉蝉翼、柄云索耳、番象鼻、沙鱼皮、天鸡、篆珥诸式。仲美另制鹦鹉杯。吴天篆《瓷壶赋》云：翎毛璀璨，镂为鹦鹉之杯。盖谓此。后吴人赵良璧变彬之所为而易以锡，近时则归复所制锡壶为贵。李斗《扬州画舫录》。

（五）一艺之工，足以成名，而叹士人有不能及。偶观《袁中郎集》“时尚”一篇，与予说略同，并录之。云：古来薄技小器皆可成名。铸铜如王吉、姜娘子，琢琴如雷文、张越；瓷器如哥窑、董窑；漆器如张成、杨茂、彭君宝。士大夫宝玩欣赏，与诗疑作书画并重。当时文人墨士、名公巨卿不知湮没多少，而诸匠之名顾得不朽。所谓五谷不熟不如荑稗者也。近日小技著名者尤多，皆吴人。瓷壶如龚春、时大彬，价至二三千钱，铜壶称胡四，扇面称何得之，锡器称赵良璧，好事家争购之。然其器实精良，非他工所及，其得名不虚也。王士祯《居易录》。

（六）近日一技之长，如雕竹则濮仲谦，螺甸则姜千里，嘉兴铜器则张鸣岐，宜兴茶壶则时大彬，浮梁流霞盏则昊十九，皆知名海内。王士祯《池北偶谈》。

（七）昆陵器用之属，如笔、笺、扇、箸、梳、枕及竹木器皿之类，皆与他郡无异。唯灯则武进有料丝灯，壶则宜兴有茶壶，澄泥为之，始于供春，而时大彬、陈仲美、陈用卿、徐友泉辈踵事增华，并制为花樽、菊合、香盘、十锦杯子等物，精美绝伦，四方皆争购之。于琨《重修常州府志》。

（八）台湾郡人茗皆自煮，必先以鼻嗅其香，最重供春小壶。供春者，吴颐山婢名，制宜兴茶壶者。或作龚春者，误。一具用之数年，则值金一笏。周澍《台阳百咏》注。

【康按】世俗误传供春为婢，想本此说。

（九）陈远，工制壶杯盒，手法在徐、沈之间。而所制款识书法雅健，胜于徐、沈，故其年虽未老，而特为表之。徐喈凤《宜兴县志》。

（十）清代则许龙文工于花卉象生。又有以“姑苏留佩”四字为款识者，未详为谁。陈曼生、瞿子冶风流好奇，而制作甚雅。《茗壶图录》。

妙用

（一）往时龚春茶壶，近日时大彬所制，大为时人宝惜，盖皆以麄砂制之，正取砂无土气耳。许次纾《茶疏》。

（二）壶于茶具，用处一耳。而瑞草名泉，性情悠寄，仙子之洞天福地，梵王之香海莲邦，审厥尚焉，非曰好事已也。故茶至明代，不复碾屑和香药制团饼，此已远过古人。近百年中，壶黜银锡及闽豫瓷，而尚宜兴陶，又近人远过前人处也。陶曷取诸？其制以本山砂土，能发真茶之色香味，不但杜工部云“倾金注玉惊人眼”，高流务以免俗也。至名手所作，一壶重不数两，价重每一二十金，能使土与黄金争价，世日趋华，抑足感矣。周伯高《阳羡茗壶系》。

（三）壶宿杂气，满贮沸汤，倾即没冷水中，亦急出冷水泻之，元气复矣。同上。

（四）品茶用瓯，白瓷为良，所谓“素瓷传静夜，芳气满闲轩”也。制宜弇口邃腹，色泽浮浮而香味不散。同上。

（五）壶经用久，涤拭日加，自发暗然之光，入手可鉴，此为书房雅供。若腻滓斓斑，油光烁烁，是曰“和尚光”，最为贱相。每见好事家藏列颇多名制，而爱护垢染，舒袖摩挲，唯恐拭去。曰：吾以宝其旧色尔。不知西子蒙不洁，堪充下陈否？以注真茶，是姑射山之神人安置烟瘴地面矣。岂不舛哉！同上。

（六）壶供真茶，正在新泉活火，旋瀹旋啜，以尽色声香味之蕴。故壶宜小不宜大，宜浅不宜深，壶盖宜盎不宜砥，汤力茗香，俾得团结氤氲。宜倾竭即涤去渟滓。乃俗夫强作解事，谓时大彬壶质地坚洁，注茶越宿暑不馊。不知越数刻而茶败矣，安俟越宿哉！况真茶如莼脂，采即宜羹，如笋味，触风随劣。悠悠之论，俗不可医。《阳羡茗壶系》。

（七）茶洗，式如扁壶中加一项鬲，而细窍其底，便过水漉沙，茶藏以闭洗过茶者，仲美、君用各有奇制，皆壶使之从事也。水勺、汤铫亦有制之尽美者，要以椰匏锡器为用之恒。同上。

（八）壶以砂者为上，盖既不夺香，又无热汤气。供春最贵，第形不雅，亦无差小者。时大彬所制又太小。若得受水半升而形制古洁者，取以注茶，更为适用。其提梁、卧瓜、双桃、扇面、八棱、细花、夹锡、茶替、青花白地诸俗式，俱不可用。锡壶有赵良璧者亦佳，然宜冬月用，闻近时吴中归锡、嘉禾黄锡价最贵，然制小而俗。金银俱不入品。宣庙有尖足茶盏，料精式雅，质厚难冷，可试茶色，盏中第一。世庙有坛盏，中有“茶汤果酒”，后有金篆“大醮坛用”等字者，亦佳。他如白定窑等，藏为玩器，不宜日用。盖茶须熁盏令热，茶面聚乳，旧窑器熁热则易损[59]，不可不知。又有一种名崔公窑，差大，可置果实。文震亨《长物志》。

（九）茶壶，陶器为上，锡次之。冯可宾《茶笺》。

（十）茶壶以小为贵，每一客壶一把，任其自斟自饮，方为得趣。何也？壶小则香不涣散，味不耽阁。冯可宾《茶笺》。

（十一）宜兴罐以龚春为上，时大彬次之，陈用卿又次之。锡注以黄元吉为上，归懋德次之。夫砂罐砂也，锡注锡也，器方脱手而一罐一注价五六金，则是砂与锡之价，其轻重正相等焉，岂非怪事！然一砂罐一锡注，直跻之商彝周鼎之列而毫无惭色，则是其品地也。张岱《梦忆》。

（十二）供春制茶壶，款式不一，虽属瓷器，海内珍之。用以盛茶不失元味，故名公臣卿高人墨士，恒不惜重价购之。继如时大彬益加巧，价愈腾。若徐友泉、陈用卿、沈君用、徐令音，皆壶之名手也。徐喈凤（宜兴县志》。

（十三）茗注莫妙于砂壶，精者又莫过于阳羡，是人而知之矣。然宝之过情，使与金玉比值，毋乃仲尼不为已甚乎。置物但取其适，何必幽渺其说，必至殚精竭虑而后止哉！凡制砂壶，其嘴务直，购者亦然。一曲便可休，再曲则称弃物矣。盖贮茶之物与贮酒不同，酒无渣滓，一斟即出，其嘴之曲直可以不论。茶则有体之物也，星星之叶，入水即大，斟泻时纤毫入嘴则塞其流。啜茗快事，斟之不出，大觉闷人，直则保无是患矣。李渔《杂记》。

（十四）近时壶癖家言体必推小，言流必推直，强以为解事，予未以为然。盖推小者其理出于点茗之便，推直者其理出于注茶之快，便与快则主实用言之。然壶本玩具也，玩具之可爱在趣而不在理，故以理言则小直固可，以趣言则大曲亦可。知理而不知趣者，不论大小曲直，择其善者皆取之。知趣而不知理者是为下乘，知理知趣是为上乘。此语盖壶癖家顶门之一针也。《茗壶图录》。

【康按】壶嘴贵直之说，衷于实用，不为无理。然亦有外虽两曲，而内流仍直者，美术实用两者兼之，尤觉匠心独运。一曲便休之说，未为定论。

（十五）往时邦人吃茗者，大概用大壶以相夸称，间虽有小壶可观者，不相顾。近日则不然，贱大如奴隶，爱小似妻妾，亦时好之变耳。屠隆《考槃余事》曰：凡瓶要小者，易候汤。《茗壶图录》。

（十六）茗注不独砂壶。古用金银瓷，近时又或用玉，然皆不及于砂壶。盖玉与金银虽可贵，雅韵不足，如锡则不侈不丽，古人或称之，而今人竟不取焉，是今人意度乃过古人处也。如瓷莫善于白瓷，《茗壶系》曰品茶用瓯，白瓷为良，所谓“素瓷传静夜，芳气满闲轩”者，足以为证。《茗壶图录》。

品鉴

（一）先府君性嗜茶，所购茶具皆极精。尝得时大彬小壶如菱花八角，侧有款字。府君云壶制之妙即一盖可验，试随手合上，举之能吸起全壶。所见黄元吉、沈鹭雍锡壶亦如是。陈鸣远便不能到此。既以赠一方外，事在小子未生以前，迄今五十余年，犹珍藏无恙也。余以先人手泽所存，每欲绘图勒石纪其事，未果也。张燕昌《陶说》。

（二）槜李文后山鼎工诗善画，收藏名迹古器甚多。有宜瓷茗壶三具，皆极精雅。其署款曰“壬戌秋日陈正明制”，曰“龙文”，曰“山中一杯水，可清天地心。亮彩”。三人名皆未于前载，亦未详何地人。陈敬璋《餐霞轩杂录》。

（三）时大彬所制砂壶，紫砂中有白点，若花生果也。陈曼生壶式样较为小巧，所刻书画亦精，壶嘴不淋茶汁，一美也。壶盖转之而紧闭，拈盖而壶不脱落[60]，二美也。寂园叟《陶雅》。

（四）壶形状不一，或圆或方，或棱或扁，或平或直，或崇或卑，或大或小。而如蛋者不得不圆，如斗者不得方，如觚者不得棱，如鼓者不得扁，如砥者不得不平，如筒者不得不直。试品骘之，温润如君子者有之，豪迈如丈夫者有之，风流如词客，丽娴如佳人，葆光如隐士，潇洒如少年，短小如侏儒，朴讷如仁人，飘逸如仙子，廉如高士，脱尘如衲子者有之。赏鉴好事家深爱笃好，然后始可与言斯趣也已。《茗壶图录》。

（五）泥色之辨洵难矣。每壶各异，譬犹天文之灿然不可得而名状也，请言概略。有朱泥，有紫泥，而朱紫二色则壶之本色也。或谓红曰朱砂，黑曰紫砂，而朱有浓淡，紫有浅深。或有白泥乌泥黄泥，或有梨皮泥松花泥，或有铁色栗色淡墨色，猪肝色黯肝色，又有金银沙闪点者，縠绉周身者，其他如海棠红、朱砂紫、定窑白、冷金黄、沈香水碧、榴皮、葵黄诸名，皆取譬以名状，而予未得悉睹其物，倘想象妄说，则毫厘千里，故不敢臆决焉。姑记以俟识者之燃犀耳。同上。

（六）款识或以诗句，或以古语，或以姓名，或以别号，或以堂亭斋馆诸号，或印或否。书体不一，大抵用真行草，间有用篆隶者。印文有朱白肥瘦诸体，其镌印所在，或腹或底，或流下或鋬下，或盖背或盖之外口，无一定位置，各随作家心匠而为之耳。

同上。

（七）壶或无款而优于有款者，然无款而良者不及有款而良者。近人往往爱无款者，无他虑，有款之真伪难辨也。予谓爱无款者譬犹聘美人而不知其姓名，虽姿色可见而不知何等人种，何等血脉，颇有不慊者存焉。故无款者不及有款者，昭昭矣。同上。

（八）壶有真赝，犹书画之有真赝，不可以不辨焉。予向观友人镝木溪庵所藏紫砂大壶，底有篆书印曰“许伯侯制”，腹划草书九字曰“习习清风引碧云。用卿”。予以为真物。既而溪庵殁，再观于松井钓古宅，始知非真。盖初之为真，予以着眼未高故也。近又观清客所赍孟臣、留佩及子冶、曼生茗壶，非无一二可赏者，大抵似真而非真，犹玉之与燕石耳。抑真赝难辨不独茗壶，《格古要论》云：唐萧诚伪为古帖示李邕曰：“此右军真迹也。”邕忻然曰：“是真物。”诚以实告，邕复视曰：“细观亦未能辨。”古人且然，况今人乎。然明眼者能辨之，若伯乐之于马，卞和之于璞是也。赏鉴家苟善用意，何必认赝为真乎。同上。

（九）近时有一种奇品，邦俗呼曰“具轮珠”，所谓小圆式、鹅蛋式之类也。形有大小，制有精粗，泥色有朱有紫有梨皮。小而精者曰“独茶铫”，粗而小者曰“丁稚”，而大概无款识，故不详为何人手作。或云不降崇祯，或云不升乾隆，议论纷纭，未有确乎折众诉者。予窃谓粉本盖权舆于明代良工，而倩人转传临摹，更逞奇巧，必非一人一手所能制。盖良工不苟作，若王氏之画，十日一水，五日一石，妙品所以不多也。兹壶予所传闻，始将四十品，而目击者过半，但有大同小异耳，岂悉成于良工之一手者耶？或有久匿于巾箱中而非清人所制不容疑者，或有经手泽指摩而仿佛明人所造者，似难辨而不难辨，故概论之，恐非明人之制。若彼不降崇祯之言崇奖过当，而不升乾隆之说虽不当亦不远矣。而其为器拙而密，朴而雅，流直而快于注汤，大小适宜有韵致，是以盛行于世也。顷者京贩好事家渴望心醉，一睹兹壶，津津流涎，争购竞求，不惜百金二百金，必获而后已。辄曰："非获具轮珠者，难与言茗事。"于是狡贾乘机射利，价比拱璧，甚有售伪物以欺人者。呜呼！好事之弊，一至于此，玩物丧志，言非诬也。同上。

（十）汪小迂云：宜兴茗壶不能刻山水，虽摹古人画本亦不佳。蒋宝龄谓：数语真得此中甘苦。《墨林今话》。

【康按】砂壶宜刻花卉竹石而不宜干人物山水者，大抵人物山水俱笔画多而工细，无论朱紫白泥，刻后皆与泥色相混，稍远视之便觉濛混不显，虽工巧亦不见佳。小迂能得此中甘苦者，坐是故耳。然尝见有刻堆凸山水者，云物树石工细玲珑，殊觉可爱。是则不宜于山水者，仅指阴文言，未可一概论也。

（十一）当神宗时，天下文治向盛，若赵高邑、顾无锡、邹吉水、海琼州之道德风节，袁嘉兴之穷理，焦秣陵之博物，董华亭之书画，徐上海、利西士之历法，汤临川之词曲，李奉祠之本章，赵隐君之字学，下而时氏之陶，顾氏之冶，方氏、程氏之墨，陆氏攻玉，何氏刻印，皆可与古作者同蔽天壤。而万历五十年无诗，滥于王、李，佻于袁、徐，纤于钟、谭。《赖古堂尺牍新钞·徐世溥（与友人书）》。

杂记

（一）汪小海淮藏宜兴瓷花尊一，若莲子而平底，上作数孔，周束以铜，如提梁卣。质朴浑，气尤静雅。余每见必询及。无款，不知谁氏作，然非供春、少山后作者所能措手也。张燕昌《陶说》。

（二）蟋蟀盆苏州陆、邹二姓所造极工巧，雕镂精致，出之大秀，小秀者尤妙。大小秀，邹氏二女也。同上。

（三）往梧桐乡汪次迁安曾赠余陈鸣远所制研屏一，高六寸弱，阔四寸一分强，一面临米元章垂虹亭诗，一面柯庭双钩兰。惜乎年久作碎玉声矣。柯庭名文柏，次迁之曾大父，鸣远曾主其家。同上。

（四）余于禾中骨董肆得一瓷印，盘螭钮，文曰："太平之世多长寿人。"白文，切玉法，侧有款曰"葭轩制"。葭轩不知何许人，此必百年来精于刻印。昔时少山、陈共之工镌款字，特真书耳。若刻印则有篆法刀法，摹印之学，非有数十年功者不能到也。吴兔床著《阳羡名陶录》，鉴别精审，遂以为赠。时丙午乾隆五十一年夏日。同上。

（五）明时宜兴欧姓者或云即欧子明造瓷器曰"欧窑"，有仿哥窑纹片者，有仿官地窑色者，采色甚多，皆花盆奁架，诸器颇佳。朱炎《陶说》。

（六）均州窑器凡猪肝色、火里红、青绿错杂若垂涎，皆上。三色之烧不足者，非别有此样。此窑唯种菖蒲盆底佳，其他坐墩、墩炉、合方瓶、罐子俱黄砂泥坯，故器质不足。近年新烧皆宜兴砂土为骨，釉水微似，制有佳者，但不耐用。《博物要览》。

（七）明人欧子明所制宜兴花盘之属，每有阳文"子明仿古"字样，是曰"欧瓷"，亦犹之葛明祥也。葛乃乾、嘉时人，欧、葛瓷釉色略相似，在灰墨蓝绿之间。厂人鄙之，以为溺壶色，日本人美之，以为海鼠色，且谓四时花光皆与之相宜。日本人重泥均，以有纹者贱，细如鱼子者为下，盖纹片细碎乃阳羡砂之上釉者，欧氏之所仿也，要不得以广窑目之。寂园叟《陶雅》。

（八）宜兴砂皿上罩釉汁，多甜白淡青二色，乃欧氏所仿，曰宜均也。或以属之欧越，误矣。欧氏原制尚有可观者，后人转相摹拟，纹片日益琐细，亦殊可厌。同上。

琐谈八则　凤坡

（一）壶泥　历考所睹诸传器，宜兴土以紫色者为最夥，朱色次之，白者又次之。盖自大彬而后金沙僧以陶缸泥澄炼制壶近紫色，其余初期六家传器甚少，则难于考证。嬗递至道光间，潘壶伍壶，凡名家紫泥传器，无不质美色佳者。朱泥壶则自明季以迄乾、嘉，均甚质美。道光而后虽制作极工，泥质已不如前，非淡则微黄，且欠坚润。白泥则色枯而黝，佳者更为罕觏。是故后之作者，纵有精工，亦为土质所限矣。

（二）壶色　以予管见，茗壶以保存本身色泽之美者为上乘，参杂颜料于全泥者为中乘，制后抹釉以文饰外观者为下乘。譬诸女子，却嫌脂粉污颜色，真美者也，薄施粉黛便觉容光照人，则其次焉。若只事铅华，涂饰借掩其陋，纵能工巧，亦云下矣。

（三）壶形　形式虽古朴精巧，各擅胜场，然究以不师古人而自然敦古者为上。仿古而得其神味者次之，精巧而名贵者又次之，奇特而有别趣者再次之，纤巧而入俗者下。譬诸文章，自然敦古者，史汉之文也；得古人之神味者，韩柳之文也；精巧而名贵者，欧苏之文也；别饶奇趣者，杂家之文也；纤巧而俗者，场屋之文风斯下矣。砂壶有陈陈相因，形式平凡者，譬诸官样文章，千篇一律，则自郐以下，无足讥焉。

（四）壶款　宜兴茗壶见赏于明季清初者，无不出于名工之手。其所赏者，壶之形质风格韵致耳。士夫间有代书款字，亦仅署匠名，所重者仍在壶不在款也。自清初曹廉让辈创为文人署款之举，杨晚研中允尝为陈鸣远捉刀，未尝自署名号。嘉、道之间陈曼生、郭频伽、江听香、高爽泉、查梅史、瞿子冶辈更盛行之，名工名士相得益彰，固属两美，但臻至近世，多务虚声，不问壶之佳否，但求款署名流，则舍本逐末，来免过当。譬诸村里娥眉，骤施文绣，未见可观，只觉可哂。倘只求铭款，曷若收罗纸绢墨迹，尤为手泽亲切欤。

（五）款章　明季制壶，大都署款者鲜盖章，盖章者以单章为多鲜署款。风气所趋，无论名工庸手，如出一辙。至于制铭者署款，造壶者盖章，大抵清初始成风尚。此后，则制铭之文士与造壶之名工，各署款识者有之，分用款章者有之，用印章而分钤壶底鋬下盖内者有之，无非表示郑重之意。降及近世，则市制庸品，或伪制平凡者，每每分钤数章，譬诸婢学夫人，不堪位置，东施效颦，益形其丑，徒取厌耳。

（六）题铭　题铭切壶切茗，尚矣。曼生制铭多能切壶切茗兼切壶形，尤为独到。至于泛用前人诗句而壶与茗俱不切者，转觉可厌，反不若无铭之为愈。古人以衣不称身为身灾，铭不切器宁非壶灾欤！仿古而用古器铭者别论。书法可观无足轻重。

（七）结构　砂壶结构是否得宜，关系甚重。予尝创为“嶽”字观壶法之说，意谓“言”肖壶身，“山”像壶盖，“犭”似壶流，“犬”类壶鋬，无论篆隶楷行草书，要须各部大小相称，长短相关，顾盼有情，行笔有致。虽体制各殊，气味各别，奇正异趣，风尚异时，要皆不能外此。执此绳之，则名工俗手可立判矣。

（八）彩色　阳羡彩色砂壶，世俗相传每谓始于乾隆朝，几若视为定论，故每遘彩色壶，辄定为乾、嘉物。不知阳羡彩瓷已见于明季，可于下列三条证之：（一）朱炎《陶说》云：明时宜兴有欧姓者造瓷器曰“欧窑”，有仿哥窑纹片者，有仿官均窑色者，采色甚多。根据此说，则宜窑彩色已盛于明代。（二）《名陶录》云：陈仲美，婺源人也，造瓷于景德镇，以业之者多，不足成其名，弃之而来。好配壶土，意造诸玩。仲美既以景德瓷工转业宜壶，必知施彩之法，纵前人未谙敷彩，仲美必有以启之也。（三）《两般秋雨盦》“伶俐不如痴”一则云：向在友人家见一阳羡砂钵盂，用以为水注，旁缀一绿菱角，一红荔枝，一淡黄如意，底盘一黑螭虎龙，即以四爪为足，下镌“大彬”二字，设色古雅，制度精巧，而四物不伦不类，莫知其取义。后询一老骨董客，谓余曰：“此名伶菱俐荔不钵如意痴螭。时大彬、王元美旧有此制。”乃知随处皆学问也云。据此则大彬已有红绿黄诸彩制器。加彩壶始于明代可无疑义[61]。

附茶话八则　谷雏

（一）砂壶适用

物之兴替，由递演而进，虽曰运会使然，亦由人事所致。就茶器而论，古人需用茶瓶，据柯丹丘云：以银锡为上，瓷石次之，盖煮煎之器易毁而难存，择其佳者已足，不必过事求精。及泡茶之法既兴，则茶器之需首要在壶，壶之佳者，厥唯阳羡所产，其质最宜茶，能葆留汤热香蕴，壶中真茶之味存而不散，不但优于闽豫之瓷，且远胜银锡之器。故明清以还，阳羡诸名流所制之器，凡一壶一卣几与商彝周鼎并为世珍。虽由好事者有以致之，就其器而论，实胜于古代陶器而适于用也。

（二）茶之源流

六经无“茶”字，始见王褒《僮约》。《尔雅》“槚，苦荼”，“荼”即茶也。然古人多称饮茶始于《三国吴志·韦曜传》：孙皓每饮群臣，酒以七升为限，曜饮不过二升，或为裁减，或赐茶茗以当酒。又《飞燕别传》：后梦见帝赐座命进茶，左右奏云：向侍帝不谨，不合啜此茶。然则西汉时已有之，又谢安诣陆讷，但设茶果。至《晏子春秋》“食脱粟之饭，炙三戈五卵茗菜”，则非饮茶之谓。《茶余客话》。然先代嗜者尚寡，逮至唐宋始为世重。就制茶、煮茶、泡茶之法而论，唯泡茶优于煮茶。而古人制茶之法，焙至燥，埋至坚，不得不煮，其味乃发。盖煮茶之法始于陆鸿渐，《全唐诗》语云：陆鸿渐，名羽，学赡词逸，诙谐辩捷，性嗜茶，始创煮茶法。鸿渐所著《茶经》述制茶之法，云采之、蒸之、捣之、拍之、焙之、穿之、封之。《志林》云：唐之煎茶用姜，又有用盐者。制茶之法至宋始有大小龙团，创于丁谓，成于蔡君谟。《归田录》云：茶之品莫贵于龙凤团，仁宗尤所珍惜，虽相辅之臣，未尝辄赐。唐庚《斗茶记》云：嘉佑七年，亲享明堂，颁赐两府，人得一饼，宰相家藏以为宝，余亦忝与，未敢碾试，至熙宁元戊申首尾七年，更阅三朝，而赐茶犹在。据此可知唐宋制茶能耐久也。

（三）制茶煎茶

柯九思丹邱《茶具分对图题记》云：茶宜蒻叶封里而畏香药，喜温燥而忌冷湿，故收藏之家以箬叶封入焙中，三两日一次，用火当如人体之温，倘火多则叶焦不可食。茶宜密裹蒻笼盛之，宜于高阁，不宜湿气，恐失真味也，故古人用火，今称建城[62]者。

建安民间多以茶为工，故据地以封之，茶之真味蕴诸枪旗之中，必浣之以水而后发也。继后加之以火，投之以泉，则阳嘘阴吸，自然交姤而馨气溢于鼎矣。故凡苦节用事之余，未免有沥微垢，皆赖水沃盥，名其器曰“水曹”，如人之濯于槃而垢自去，则有日新之功，岂又关于世教者耶。凡瓶要小者则易候汤，银锡为上，瓷石次之。

（四）茶废龙团

明洪武七年，诏天下产茶之地，岁有定额，以建宁为上，听茶户采进，有司勿预。茶名有四，曰探春、先春、次春、紫笋。不得碾揉为大小龙团。此诏乃当时颁示贡茶例也。唯茶制龙团由兹而废。周伯高云：茶至明代，不复碾屑和香药制团饼，此已远过古人。

（五）明代泡茶

王象晋《茶谱》云：以砂铫煮水，瓷壶注汤，白瓯供酌，成为上品泡茶之法。始见于此，创自何人已不可考。自泡茶之法兴，为世喜用。就茶具而论，即闽豫之瓷俱不及宜兴砂制砂壶，能留汤热而发茶香，有碧泛云腴之妙。泡法有四：一曰择水。山泉为上，江水次之，井水又次之。以常汲为佳，若遇混浊咸苦不宜饮啖，水泉不美茶味顿失。二曰择器。铜腥铁涩，不宜泉。以瓦瓶煮水为佳，砂壶供注，瓷瓯供酌，然须洁净，若遇腥膻油腻沾染，须浣之使洁，妨败茶味。三曰候汤。煮水须用活火明炉，忌用湿薪，使汤无妄沸。始则鱼目散布，蟹眼初生，涌沸之顷累累如串珠，纷披四散则冷气全消矣，乃提瓶移炉外。四曰点茗。赶汤沸始止之候，先注壶与瓯，将汤倾出，消其冷气，始以茶纳壶中，乃以汤注壶内，复以汤浇壶外，使热气内蕴而不散。于是提壶注茶于瓯，则真茶之色香味溢于瓯中，唯壶内之茶须斟竭勿留，乃能再泡，至三过汤，则茶之元味尽矣。故壶宜小不宜大也。若汤留壶内，则浸出茶胶，味涩不宜供饮。若常饮茶胶，防患茶湿病，世之嗜茗者或未谙此也。

（六）茶之效用见高道人《遵生八笺》

人饮真茶，能止渴、消食、除痰、少睡、利水道、明目、益思。出《本草拾遗》。除烦去腻，人固不可一日无茶。然或有忌而不饮。每食已，辄以浓茶漱口，烦腻既去而脾胃不损，凡肉之在齿间者，得茶漱涤之，乃尽消缩，不觉脱去，不烦刺挑也。而齿性便苦，缘此渐坚密，蠹毒自已矣，然率用中茶。出苏文。

（七）贮茶之法

茶之品类最繁，不拘何地所产，各有佳品。以岩茶为上，蒻叶为贵，新焙为佳，旧则香味消失。故贮茶宜有法，以陶瓷为佳。近日潮州所制锡罐亦适于用，以蜡封闭无隙而气全，可以耐久。且宜置诸高阁，若遇湿气侵及，其味立变。不宜以纸包裹，免引湿气。若用香花熏茶，切宜速饮，因花味易变，连及茶也。

（八）茶具名词见高道人《遵生八笺》

茶具十六器高瑞南曰：茶具十六器，收贮于器局，供役苦节君者，故立名管之，盖欲归统于一，以其素有贞心雅操而自能守之也。

商象古石鼎也，用以煎茶　　归洁竹筅帚也，用以涤壶

分盈勺也，用以量水斤两　　递火铜火斗也，用以搬火

降红铜火箸也，用以簇火　　执权准茶秤也，每勺水二斤、茶一两

团风素竹扇也，用以发火　　漉尘茶洗也，用以洗茶

静沸竹架，即《茶经》支腹也　　注春瓷瓦壶也，用以注茶

运锋劖果刀也，用以切果　　甘钝木砧墩也

啜香瓷瓦瓯也，用以啜茶　　撩云竹茶匙也，用以取果

纳敬竹茶橐也，用以放盏　　受污拭抹布也，用以洁瓯

总贮茶器七具

苦节君煮茶作炉也，用以煎茶，更有行者收藏

建城以蒻为笼，封茶以贮高阁

云屯瓷瓶，用以□泉，以供煮也

乌府以竹为篮，用以盛炭，为煎茶之资

水曹即瓷缸瓦缶，用以贮泉，以供火鼎

器局竹编为方箱，用以收茶具者

外有品司竹编童提合，用以收贮各品茶叶以待烹品者也

茶器四具《考槃馀事》载茶器廿七具，廿三具见上文，兹补录其五于左

湘筠焙焙茶箱，盖其上，以火气也；隔其中，以有容也；纳火其下，去茶尺许，所以养茶色香味也

鸣泉煮茶罐　　沈垢古茶洗

合香藏日支茶瓶以贮司品者　　易持纳茶漆雕秘阁

前贤文翰

文

汤蕴之传　支廷训

坡翁尝曰“买田阳羡吾将老焉”，岂以济胜得胜故云尔邪[63]？非也！此中有一清真道人，与汤蕴之最善。道人名闻天下，即天子首嘉之，啧啧曾不释口。蕴之亦阳羡产也，状貌虽不甚伟，闲

雅修饰，一准于时。且火候具足，入水不濡，历金山玉泉碧涧，咸为识赏中怀。惟珍一清真，清真亦惟蕴之是契，两相渐涵，芝兰之气不啻也。饮德者风生两腋，在座尘祛，能令寐者忽寤，醉者旋醒，烦者顿解。喜通雀舌[64]，故知会悟也。仪肃枪旗[65]，尊驾聿临也。颁颁龙凤，禁庭异数也[66]。所以导款诚，将祗肃，孰为之调停斟酌，非蕴之弗任矣。以故士君子咸器之于时，名益重。虽块然一质[67]，即金玉其相者不与易也，有同类流入酣里[68]，典裘落帽，居然以圣贤自标，笑其斤斤独抱，徒为自苦耳。曰：吾苦固甘之，凡受我灌输者，谦谦抑抑，一如捧盈，虽有高谈情话，终始不愆于仪，非若丧德丧邦是戒者。宁从竹里炊烟，不向瓮边觅梦；宁随作书刘琨为伍，不与投辖陈遵为邻[69]。整容缄口，一种清芬未启，气已充然有余。其人人亦在意气，非关唇吻，置之者亦必慎择所处，非几筵弗置也。禹锡馈菊表情，陶谷烹雪知味，率皆蕴之襄事。松风叶唱，其受知于坡翁素矣，微独阳羡佳山永足当一老邪！[70]

《阳羡名陶录》序　吴　骞

吴骞，海宁人，字槎客，号兔床，贡生。藏书五万卷，筑拜经楼藏之，晨夕展诵。黄丕烈颜其室曰百宋一廛，骞闻之，自题其居曰千元十架，谓千部元板也。能画工诗。嘉庆间卒，年八十一。有《拜经楼诗文集》。

上古器用陶匏，尚其质也。传称虞舜陶于河滨，器皆不苦窳。苦读如盬。苦者何？薄劣粗厉之谓也。窳者何？污窬瘢玻之等也。然则苦窳之陶，宜为重瞳之所弗顾者。厥后阏父作周陶正，武王赖其利器用也，以大姬妻其子而封之陈。《春秋》述之。三代以降，官失其职。象犀珠玉，金碧焜耀，而陶之道益微。今陶穴所在皆有，不过以为瓴甑罂缶之须，其去苦窳者几何？！惟宜兴之陶，制度精而取法古，迨乎胜国，诸名流出，凡一壶一卣，几与商彝周鼎并为鉴家所珍，斯尤善于复古者欤！予竭来荆南，雅慕诸人之名，欲访求数器，破数十年之劳，而所得益寥寥焉。虑岁月滋久，并作者姓氏且弗章，拟缀辑所闻以传好事。暨阳周伯高氏尝著《茗壶系》，述之颇详，兹复稍加增润，为《阳羡名陶录》。超览君子更有以匡予不逮，实厚愿焉。

《茗壶岕茶系》序　江阴金武祥粟香

吾乡尚宜兴岕茶，尤尚宜兴壶，陈贞慧《秋园杂佩》言之而不详。尝检《宜兴志》，考其缘始，所载岕茶甚略，而论瓷壶则多引江阴周高起《阳羡茗壶系》，及检《江阴新志》周高起传，仅言其有《读书志》，而未及其他。甲申在羊城书肆获《茗壶系》钞本一册，今年春，汪君芙生寄示粤刻丛书中，有《茗壶系》，后附《洞山岕茶系》一卷，亦高起所撰。惟粤版及前得钞本，均多讹舛，无别本可校。《宜兴志》尚有吴骞《阳羡名陶录》序，云：《茗壶系》多漏略，复加增润，厘为二卷，曰《名陶录》。今《名陶录》亦不可得。而江阴明人著述甚稀，此二系亦谱录中之隽逸者，足资考证。姑就所知并《宜兴志》所引《茗壶系》，稍事订正，因合《岕茶系》，汇梓丛书中。其《读书志》盖无可访求矣。高起弟荣起亦明诸生，究心六书，汲古阁刊版多其手校。荣起女淑、淑禧，均工诗善画，尤为时所称。并附识之。光绪十四年夏六月金武祥序于梧州。

《茗壶图录》序　扶桑川田刚

画双圜以示人，人不能辨其孰日孰月。题两角四蹄一勾以问人，人不能辨其为牛为羊。然则有图无解，有解无图，皆不可以悉物形。形之不悉，安能辨其真赝乎？近者煎茶盛行，人争购古器，相高以雅致，即如注春，亦黜银锡，专用泥沙。明制一壶，值抵中人一家产，而供陶时窑，徒尚其名，往往为黠商所瞒。于是兰田奥君录其家藏及同好所藏，以著斯书。前举十四品目，后列卅二摹图。形质异同，各设名号，自嘴、柄、口、腹以迄雕文款识之微，大小长短，方圆肥瘠，详写其状，毫厘无遗。盖吴骞《名陶录》、周高起《茗壶系》记载虽备，并无图画，此补其阙，洵为有见焉！郑康成曰：《易》《诗》《书》《礼》《乐》《春秋》策皆尺二寸，《论语》八寸策者，三分居一。服虔传《春秋》云：古文篆书，一简八字。而三礼《考工记》《尔雅·释宫》，昔儒皆有图解。夫形而上者谓之道，形而下者谓之器。六经载道，尚有所考于图，况辨器物真赝，尤不可以不识其形式尺度。好事者读之，其于鉴赏也思过半矣！

《茗壶图录》自序　扶桑奥兰田

人非圣，孰能无癖。王济有马癖，和峤有钱癖，杜元恺有《左传》癖。老杜云："从来性癖耽佳句。"白乐天云："人皆有一癖。"则人之不能无癖也，旧矣。盖癖者，嗜好之病，而发于性情之不得已耳。故灵均之于兰，渊明之于菊，茂叔之于莲，和靖之于梅，太白、鸿渐之于酒与茶，同不免为癖也。然而天下后世，因其癖而足以知其人，则癖者亦未必可弃也。予于茗壶，嗜好成癖焉，不问状之大小，不问流之曲直，不言制之古今，不说泥之精粗，款之有无，苟有适于意者，辄购焉藏焉，把玩不置。而惧其或毁灭难保,欲作图记以垂于后而未果。今兹夏秋之交，养病于注春居，既而少愈，神恬身闲，忽焉兴怀，草草弄笔。先录我所有，并及诸友所藏，厘为二小册，命曰《茗壶图录》。功将竣，顿忘病之在体也，岂不癖之甚乎。噫！予寄迹城市，未能脱世累，比诸屈、陶、周、林、李、陆，雅俗仙凡虽不可同日语，而其所以癖则同矣。世间好事者流，知予嗜好发于性情之不得已，则茗壶或与兰菊莲梅酒茶同传于千载之后，而予癖亦非徒为云尔。

《茗壶图录）后序　扶桑渔隐田

长夏倦甚，榻于梧竹下，炉于盘石上，汲井泉，安石铫，汤候未至，取兰田《茗壶图录》而读之。其体全依《博古图录》，其言引据《茗壶系》《名陶录》《茶具文房图赞》等书，搜罗考核，凿凿不遗，非嗜好如色食，奚能至于此！兰田征余题，且告曰：将游毛山，行装中不可无《图录》，《图录》中不可无子言。夫兰田扫地静坐，炷香煮茗，以寓沈湛之思。虽寄迹阛阓，姿神则超乎赤岩碧洞间。《图录》之言又将有所审定，予亦臭味者矣，为传语小舟子，杖履相追不远也。时垆底火活，蟹眼已过，汤候至矣。把茗碗一吃，全身烦腻消除，两腋风生，余魂飘然已在岩洞中矣。

《茗壶图录》跋　阙　名

甲戌春，予初至日本，即耳奥兰田名。厥后又数数闻人道其有茗壶癖。于今二年，未谋半面。顷闭门养疴，闻剥啄声，则慈水王惕斋挟是册来，为达奥君意，丐予跋后，且述倾慕。令人兴孔北海亦知之盛，欣然展览。虽器不尽古，人不尽名，壶不尽为己有，而其辨色分形，测深摹款，井井凿凿，非沉湎个中者不能办。人言其癖，信不诬也。昔壶公栖隐壶中，别有天地，今奥君此三十二天，我不知其神栖何处，抑犹三十三天耶？闻其珍爱所藏，不轻出示。每佳客至，随意取一壶以供，其雅致如此。仆拟他日走访注春居，相与话壶中日月，又不知与三十二先生其缘何在？先即图中默而识之，试卜能暗合否乎。[71]

阳羡茗壶赋并序　吴梅鼎

梅鼎，万历间宜兴人。

六尊有壶，或方或圆，或大或小。方者腹圆，圆者腹方，范金琢玉，弥甚其侈。独阳羡以陶为之，有虞之遗意也。然粗而不精，与窳等。余从祖拳石公读书南山，携一童子名供春，见土人以泥为缶，即澄其泥为壶，极古秀可爱，世所称供春壶是也。嗣是，时子大彬师之，曲尽厥妙。数十年中，仲美、仲芳之伦，用卿、君用之属，接踵骋技。而友泉徐子集大成焉。一瓷罂耳，价埒金玉，不几异乎？顾其壶为四方好事者收藏殆尽。先子以蓄公嗜之，所藏颇夥，乃以甲乙兵燹，尽归瓦砾。精者不坚，良足叹也！有客过阳羡，询壶之所自来，因溯其源流，状其体制，胪其名目，并使后之为之者，考而师之，是为赋。

惟宏陶之肇造，实运巧于姚虞。爰前民以利用，能制器而无窳。在汉秦而为皋，宝厥美曰康瓠。类瓦缶之太朴，肖鼎鬲以成区。杂瓷瓨与瓿甑，同锻炼以无殊。然而艺匪匠心，制不师古，聊抱瓮以团砂，欲挈瓶而范土。形每侪乎欹器，用岂侔夫周簋。名山未凿，陶瓬无五采之文；巧匠不生，镂画昧百工之谱。爰有供春，侍我从祖。在髫龄而颖异，寓目成能；借小技以娱闲，因心挈矩。过土人之陶穴，变瓦瓿以为壶；信异僧而琢山，斸阴凝以求土。时有异僧绕白砀、青龙、黄龙诸山，指示土人曰："卖富贵土。"人异之。凿山得五色土，因以为壶。于是砠白砀，凿黄龙。窕掘井兮千寻，考岩有骨；若入渊兮百仞，采玉成峰。春风花浪之滨，地有画溪花浪之胜。分畦茹滤；秋月玉潭之上，地近玉女潭。并杵椎舂。合以丹青之色，图尊规矩之宗。停椅梓之槌，酌翦裁于成片；握文犀之刮，施刓掠以为容。稽三代以博古，考秦汉以程功。圆者如丸，体稍纵为龙蛋；壶名龙蛋。方兮若印，壶名印方，皆供春式。角偶刻以秦琮。又有刻角印方。脱手则光能照面，出冶则资比凝铜。彼新奇兮万变，师造化兮元功。信陶壶之鼻祖，亦天下之良工。过此则有大彬之典重，时大彬。价拟璆琳；仲美之雕锼，陈仲美。巧穷毫发。仲芳骨胜而秀出刀镌，李仲芳。正春肉好而工疑刻画。欧正春。求其美丽，争称君用离奇；沈君用。尚彼浑成，佥曰用卿醇饬。陈用卿。若夫综古今而合度，极变化以从心，技而进乎道者，其友泉徐子乎！缅稽先子，与彼同时。爰开尊而设馆，令效技以呈奇。每穷年而累月，期竭智以殚思。润果符乎球璧，巧实媲乎班倕。盈什百以韫椟，时阅玩以遐思。若夫燃彼竹炉，汲夫春潮，浥此茗碗，烂于琼瑶。对炜煌而意駴，瞻诡丽以魂销。方匪一名，圆不一相[72]，文岂传形，赋难为状。尔其为制也，象云罍兮作鼎，壶名云罍。陈螭觯兮扬杯。螭觯名。仿汉室之瓶，汉瓶。则丹砂沁采；刻桑门之帽，僧帽。则莲叶擎台。卣号提梁，提梁卣。腻于雕漆；君名苦节，苦节君。盖已霞堆。裁扇面之形，扇面方。觚棱峭厉；卷席方之角，芦席方。宛转潆洄。诰宝临函，诰宝。恍紫庭之宝现；圆珠在掌，圆珠。如合浦之珠回。至于摹形象体，殚精毕异。韵敌美人，美人肩。格高西子。西施乳。腰洵约素，照青镜之菱花；束腰菱花。肩果削成，采金塘之莲蒂。平肩莲子。菊入手而疑芳，合菊。荷无心而出水。荷花。芝兰之秀，芝兰。秀色可餐；竹节之清，竹节。清贞莫比。锐榄核兮幽芳，橄榄六方。实瓜瓠兮浑丽。或盈尺兮丰隆，或径寸而平砥；或分蕉而蝉翼，或柄云而索耳；或番象而鲨皮，或天鸡与篆珥。分蕉蝉翼、柄云索耳、番象鼻、鲨鱼皮、天鸡、篆珥皆壶款式。匪先朝之法物，皆刀尺所不似。若夫泥色之变，乍阴乍阳，忽葡萄而绀紫，倏橘柚而苍黄。摇嫩绿于新桐，晓滴琅玕之翠；积流黄于葵露，暗飘金粟之香。或黄白堆沙，结哀梨兮可啖；或青坚在骨，涂髹汁兮生光。彼瑰琦之窑变，匪一色之可名。如铁如石，胡玉胡金。备五文于一器，具百美于三停。远而望之，黝若钟鼎陈明廷；追而察之，灿若琬琰浮精英。岂隋珠之与赵璧，可比异而称珍者哉！乃有广厥器类，出乎新裁。花蕊婀娜，雕作海棠之盒；沈君用海棠香盒。翎毛璀璨，镂为鸚鹉之杯。陈仲美制鸚鹉杯。捧香奁而刻凤，沈君用香奁。翻茶洗以倾葵。徐友泉葵花茶洗。瓶织回文之锦，陈六如仿古花尊。垆横古干之梅。沈君用梅花垆。卮分十锦，陈六如十锦杯。菊合三台。沈君用菊合。凡皆用写生之笔墨，工切琢于刀圭。倘季伦见之，必且珊瑚粉碎；使棠溪观此，定教白玉尘灰。用濡毫而染翰，志所见而徘徊。

铭

茶壶铭　汪森见雅流传

茶山之英，合土之精[73]。饮其德者，心恬神宁。

前题　汪森

酌中冷，汲蒙顶。谁其贮之，古彝鼎。资之汲古得修绠。

张季勤藏石林中人茗壶，属铭以锓之匣　吴骞

浑浑者，陶之始，舍则藏，吴与尔[74]。石林人传季勤得，子孙宝之永无忒。

赞

陈远鸣远天鸡酒壶赞　吴骞槎客

娲兮炼色，春也审畋。宛尔和风，弄是天鸡。月明花开，右挈右提。浮生杯酒，函谷丸泥。

时少山壶赞　张廷济叔未

一壶千金，一时千载。容酌廉泉，青浦遗爱。入吾清仪，珍

同鼎鼒。永宝用之，时乎难再。

诗

阳羡壶瀹茗　徐渭

徐渭，字文清，更字文长，号天池，又号青藤，山水、人物、花鸟、鱼虫、竹石超逸有致，于行草书精奇伟杰。尝言：吾书第一，诗二文三画四。识者许之。总督胡宗宪招致幕府，知兵好奇计。著有《诗文全集》《路史分释》。明正德辛巳生，万历癸巳卒，年七十有三。

虎丘春茗妙烘蒸，七碗何愁不上升。青箬旧封题谷雨，紫砂新罐买宜兴。却从梅月横三弄，细搅松风炧一灯。合向吴侬彤管说，好将书上玉壶春。

曹季野余抡仲招集古岩寺洗泉即事　程嘉燧

程嘉燧，字孟阳，号松圆，休宁人。侨居嘉定。山水宗倪、黄，兼工写生，笔墨腴润。晓音律，嗜古书画器物。诗主陶冶性灵。与李流芳为友，吴梅村为作《画中九友歌》，又与唐时升、娄坚称练川三老。嘉靖乙丑生，崇祯葵未还休宁卒，年七十有九。著《浪淘集》。

结伴携壶集小亭，砂瓶活火试中泠。乳浮瓯面雪花白，石现潭心天骨青。远出俗尘堪洗耳，闲窥容发悔劳形。当歌尚喜清狂在，免使群贤笑独醒。徐、程二诗虽非专咏砂壶，但茶诗中而有壶在，故并采入。

荆溪杂曲　王叔承承父

蜀山山下火开窑，青竹生烟翠石销。笑问山娃烧酒勺，沙坏可得似椰瓢。见《明诗综》。

过吴迪美朱萼堂看壶歌兼二公　周高起

周高起，字伯高，江阴人，博闻强识，工古文辞。早岁饩于庠，与徐遵汤同修县志。居由里山，游兵突至，被执索赀，怒詈不屈，死。著有《读书志》（《江阴县志·忠义传》）。

新夏新晴新绿焕，茶式初开花信乱。羁愁共语赖吴郎，曲巷通人每相唤。伊予真气合奇怀，闲中今古资评断。荆南土俗雅尚陶，茗壶奔走天下半。吴郎鉴器有渊心，曾听壶工能事判。源流裁别字字矜，收贮将同彝鼎玩。再三请出豁双眸，今朝乃许花前看。高槃捧列朱萼堂，匣未开时先置赞。卷袖摩挲笑向人，次第标题陈几案。每壶署以古茶星，科使前贤参静观。指摇盖作金石声，款识称堪法书按。某为壶祖某云礽，形制敦庞古光灿。长桥陶肆纷新奇，心眼欷歔多暗换。寂寞无言意共深，人知俗手真风散。始信黄金瓦价高，作者展也天工窜。技道曾何彼此分，空堂日晚滋三叹。

供春大彬诸名壶，价高不易办，予但别其真而旁搜残缺于好事家用自怡悦，诗以解嘲　周高起

阳羡名壶集，周郎不弃瑕。尚陶延古意，排闷仰真茶。燕市

曾酬骏，齐师亦载车。也知无用用，携对欲残花。吴迪美曰：用涓人买骏骨、孙膑刖足事以喻残壶之好，伯高乃真赏鉴家，风雅又不必言矣。

台阳百咏　周澍静澜

寒榕垂荫日初晴，自泻供春蟹眼生。疑是闭门风雨候，竹稍露重瓦沟鸣。此诗咏供春壶，故次于此。

为冯本卿金吾作陶宝肖像歌　林古度茂之

昔贤制器巧含朴，规仿樽壶从古博。我明龚春时大彬，量齐水火抟埴作。作者已往嗟滥觞，不循月令仲冬良。荆溪陶正司陶复，泥沙贵重如珩璜。世间茶具称为首，玩赏揩摩在人手。粉锡型模莫与争，素瓷斟酌长相偶。义取炎凉无变更，能使茶汤气永清。动则禁持慎捧执，久且色泽生光明。近闻复有友泉子，雅式精工仍继美。常教春茗注山泉，不比瓶罍罄时耻。以兹珍赏向东吴，胜却方平众玉壶。癖好收藏阮光禄，割爱举赠冯金吾。金吾得之喜绝倒，写图锡名曰陶宝。一时咏赞如勒铭，直似千年鼎彝好。

赠冯本卿都护陶宝肖像歌　俞彦仲茅

何人霾向陶家侧，千年化作土赭色。捄来捣治水火齐去声，义兴好手夸埏埴。春涛沸后春旗濡，彭亨豕腹正所须。吴儿宝若金服匿，汇缘先入步兵厨。于今东海小冯君，清赏风流天下闻。主人会意却投赠，媵以长句缥缃文。陈君雅欲甘茗战，得此摩挲日千遍。尺幅鹅溪缀剡藤，更教摩诘开生面。图为王宏卿所写。一时佳语倾瑶玙，堪备他年斑管书。月笋冯园名即今书画舫，砚山同伴玉蟾蜍。

赠高侍读澹人以宜壶二器并系以诗　陈维崧

陈维崧，贞慧子，字其年，号迦陵，宜人。少以诸生负盛名，康熙中举鸿博，授检讨，与修《明史》。有《湖海楼诗集》《迦陵文集》。宜壶作者推龚春，同时高手时大彬。碧山银槎濮谦竹，世间一艺俱通神。彬也沈郁并老健，沙粗质古肌理匀。有如香盒乍脱藓，其上刻划唯凫蹲。又如北宋没骨画，幅幅硬作麻皮皴。百余年来迭兵燹，万宝告竭珠犀贫。皇天劫运有波及，此物亦复遭荆榛。清狂录事偶弃得，一具尚值三千缗。后来佳者或间出，巉削怪巧徒纷纶。膩茶褐色好规制，软媚讵入山斋珍。我家旧住国山下，谷雨已过芽茶新。一壶满贮碧山岕，摩挲便觉胜饮醇。迩来都下鲜好事，碗嵌玛瑙车渠银。时壶市纵有人卖，往往赝物非其真。高家供奉最澹宕，羊腔讵屑膏吾唇。每年官焙打急递，第一分赐书堂臣。头纲八饼那足道，葵花玉銙宁等伦。定烦雅器瀹精茗，忍使茅屋埋佳人。家山此种不难致，卓荦只怕车辚辚。未经处仲口已缺，岂亦龙性愁难驯。昨搜败簏剩二器，函走长鬣逾城闉。是其姿首仅中驷，敢冀拂拭充綦巾。家书已发定续致，会见荔子冲埃尘。

宜壶歌答陈其年检讨　高士奇

高士奇，字澹人，号江村，钱塘人。以国学生就试京闱不利，卖文自给。新岁为人作春帖子，自为句书之，偶为圣祖所见，旬日中三试皆第一，命供奉内廷。官至礼部侍郎。著有《春秋地名考略》《清吟堂全集》《松亭行纪》《江村销夏录》。

荆南山下罨画溪，溪光潋滟澄沙泥。土人取沙作茶器，大彬名与供春齐。规制古朴复细腻，轻便堪入筠笼携。山家雅供称第一，清泉好瀹三春荑。未经谷雨焙嫩绿，养花天气黄莺啼。旗枪初试泻蟹眼，年年韵事宜幽栖。柴瓷汉玉价高贵，商彝周鼎难考稽。长安人家尚奢靡，镂锼工巧矜象犀。词曹官冷性澹泊，叨恩赐住蓬池西。朝朝僳直趋殿陛，夜冲街鼓晨听鸡。日间幼子面不见，糟妻守分甘咸齑。纵有小轩列图史，那能退食闲品题。近向渔阳历边徼，春夏时扈八骏蹄。秋来独坐北窗下，玉川兴发思山溪。致札元龙乞佳器，遂烦持赠走小奚。两壶圆方各异状，隔城郑重裹锦绨。长篇更题数百字，叙述历落同远赍。拂拭经时不释手，童心爱玩仍孩提。湘帘夜卷银汉直，竹床醉卧寒蟾低。纸窗木几本精粲，翻憎玛瑙兼玻璃。瓦瓶插花香热缶，小物自可同琰圭。龙井新茶虎跑水，惠泉庙芥争鼓鼙。他年扬帆得恩请，我将携之归故畦。

希文以时少山砂壶易吾方氏核桃墨　马思赞见雅流传

汉武袖中核，去今三千年。其半为酒池，半化为墨船。磨休斫骨髓，流出成元铅。曾落盆池中，数岁膏愈坚。质胜大还丹，舐者能升天。赠我良友生，如与我周旋。岂敢计施报，报亦非戋戋。譬彼十五城，难易赵璧然。有明时山人，搦砂成方圆。彼视祖李辈，意欲相后先。我谓韩齐王，羞与哙等肩。青娥易羸马，差觉胜前贤。

少山壶　任安上李唐

洞山茶，少山壶，玉骨冰肤，虽欲不传，其可得乎！壶一把，千金价。我笔我墨空所神，谁来投我以一缗。袁枚曰：可慨亦复可恨。然自古如斯，何见之晚。

苇村以时大彬所制梅花沙壶见赠，漫赋兹篇志谢雅贶　汪士慎近人

汪士慎，字近人，号巢林，休宁人，流寓扬州，善墨梅，工诗，著有《巢林诗集》。

阳羡茶壶紫云色，浑然制作梅花式。寒沙出冶百年余，妙手时郎谁得如。感君持赠白头客，知我平生清苦癖。清爱梅花苦爱茶，好逢花候贮灵芽[75]。他年倘得南帆便，随我名山佐茶燕。

洞山秋片茶，烹以惠泉，贮砂壶中，色香乃胜。光福梅花盛开，折得一枝归。啜数杯，便觉眼耳鼻舌身意直入清凉世界，非烟火人所能梦见也

魏鉽蜩《寄生随笔》云：此帧板桥道人画，梅花一枝，傍列时壶一器，诗画皆有清致，要不在元章、文长之亚　郑　燮

郑燮，字板桥，兴化人。乾隆丙辰进士，知潍县，以疾归。长于写意，兰竹用草书法，脱尽时习。画石尤妙。书有别致，诗词不屑作熟语。有《板桥杂著》。

因寻陆羽幽栖处，倾倒山中烟雨春。幸有梅花同点缀，一枝和露带清芬。

芑堂明经以尊甫瓜圃翁旧藏时少山茗壶见视，制作醇雅，形类僧帽，为赋而返之　吴骞

蜀冈陶复苏祠邻，天生时大神通神。千奇万状信手出，巧夺坡诗百态新。清河示我千金宝，云有当年手泽好。想见硇砂百炼精，传衣夜半金沙老。一行铭字昆吾刻，岁纪丙申明万历。弹指流光二百秋，真人久化莲台锡。吴梅鼎《茗壶赋》云：刻桑门之帽，则莲叶擎台。昨暂留之三归亭，箧中常作笙磬声。趿然起视了无睹，惟见竹炉汤沸海月松风清。乃知神物多灵閃，不独君家双宝剑。愿今且作合浦归，免使龙光斗牛占。噫嗟公子慎勿嗟，世间万事犹抟沙。他日来寻丙舍帖，春风还啜赵州茶。

观六十四研斋所藏时壶，率成一绝　陈鳣仲鱼

陶家虽欲数供春，能事终推时大彬。安得携来偕砚北，注将勺水活波臣。予尝自号东海波臣。

时少山方壶通高三寸六分，方二寸二分，口九分，鋬高二寸。纯素，楷书四行在底，中二行："黄金碾畔绿尘飞，碧玉瓯中素涛起。"右一行"大宁堂"，左一行"时大彬"　张廷济

张廷济，字叔未，嘉兴人。嘉庆举人，屡踬礼闱，遂结高隐，以图画金石自娱。书法米芾，草隶独出冠时。诗朴劲典核。有《馨堂集》《清仪阁题跋》。

黄土谁抟作汉方，一时千载姓名香。吴兔床年伯题此壶曰"千载一时"。品题不假朱王重，谓竹垞、阮亭两先生。弓冶何惭赵董良。大彬父朋善制壶，与董翰、赵梁、元畅为四名家。自富技能须绝顶，可撑文字到枯肠。

重吟细把真无奈，玉溪生句。赢得壶中岁月长。

嘉庆癸亥八月，得时少山方壶于隐泉王氏，系国初幼扶先生进士旧物，赠以四诗　张廷济

添得萧斋一茗壶，少山佳制果精殊。从来器朴原团土，且喜形方未破觚。生面别开宜入画，元子上林为绘图。诗肠借润漫秋枯。金沙僧寂供春杳，此是荆南旧范模。

削竹镌留廿字铭，居然楷法本黄庭。周高起曰：时大彬款用竹刀画之，书法遒美，逼真山阴《换鹅经》。云痕断处笔三折，盖留三折刀痕。雪点披来沙几星。壶质以沙土为之，俗所谓粗泥细做也。便道千金输瓦注，从教七碗补茶经。延陵著录征君说，好寄邮筒问大宁。吴兔床年伯著《阳美名陶录》，艺堂征君著《阳美陶说》，此壶"大宁堂"款当必有考。

琅琊世族溯蝉联，老物传来二百年。过眼风灯增旧感，丁巳岁孟中观携是壶，留全斋旬日，戊午冬孟化去。知心胶漆语新缘。王心耕上舍为余作缘得此壶。未妨会饮过诗屋，西邻葛见岩，布衣，辟溪阳诗屋，吟咏其中，藏有陈用卿所制。大好重携品隐泉。隐泉在北市刘家滨，水底遇盛夏水涸时，跳珠飞雪，泊泊靡穷，酿酒煎茶异常甘冽。余命之曰"隐泉"。是处林木深秀，前辈李文龙先生旧居于此，因又名"高士泉"。闻说休文曾有句，可能载美赋长篇。姊婿沈竹岑广文曾赋此壶贻王君安期。

活火新泉逸兴赊，年年爱斗雨前茶。从钦法物齐三代，张岱《梦忆》：宜兴龚春、时大彬瓦罐，直跻商彝周鼎之列而毫无惭色，则是其品地也。吾家藏有商周彝品十数种，殿以此壶，弥增古泽。便道都篮只一家。弟季勤有石林中人壶。兄子上林藏有陈鹤峰壶。竹里水清云起液，篁里水名新泉。祇园轩古雪飞花。东邻太平禅院，旧有沸雪轩，嘉靖庚申吴尚书鹏为作碑记，曰：家仲鹤偕

文学高道渐读书禅院。余烟水归来，先瞻祇苑。家仲曰：“谁此约者额此萧斋，阿兄试实之。”时沙弥煮山泉，沸水涛声，道渐曰：“胡不以沸雪额之？”余大快。道渐书之，而余为记云（前明嘉兴县令汤齐所修邑志）。与君到处堪煎吃，珍重寒窗伴岁华。

时大彬方壶，征母王氏藏之百数十年矣。辛酉秋日，过隐泉访安期表弟，并示沈竹岑广文诗，即席次韵　葛徵见岩

隐泉故事话高人，隐泉一名高士泉。况有名陶旧绝伦。煮茗肯辞甘草癖，成诗底买玉壶春。宾朋聚散空多感，书卷飘零此重珍。记取年年来一呷，未妨桑苎目茶神。

叔未三兄得时大彬方壶于隐泉王氏，赋四诗见示，即叠辛酉题是壶诗韵一首　葛徵

移向墙东旧主人，竹田位置更超伦。瓦全果胜千金注，时好平分满座春。石乳石林真继美，叔未令弟季勤藏宜兴壶二，一陈鸣远制，底镌“石乳泛轻花”，一方壶，底阳文“石林中人”四篆字，俱天启时吴万化物也。二品俱余为作缘。宝尊宝敦合同珍。叔未藏商尊一，文曰“册斑作父乙宝尊彝”，藏周敦二，一曰丰侯印作朕皇考尊敦，一曰惠作脱文考率伯尊敦。从今声价应逾重，试诵新诗句有神。

和叔未时壶原韵　周汝珍东杠

入室芝兰臭味联，松风竹火自年年。寻盟研北虚前诺，得宝墙东忆昔贤。斗处元知茗是玉，倾来不数酒如泉。徐陵雪庐孝廉沈约竹岑学博俱名士，写遍张为主客篇。

叔未叔出示时壶命作图并赋　张上林又起

曾阅沧桑二百年，一时千载姓名镌。从今位置清仪阁，活火新泉话夙缘。吴兔床作隶题图册首，曰“千载一时”。

壶歌为叔未解元赋　沈铭彝竹岑

少山作器器不窳，罨画溪边劚轻土。后来作者十数辈，逊此形模更奇古。此壶本自琅琊藏，郁林之石青浦装。情亲童稚摩抄惯，赋诗共酌春茗香。艺林胜事洵非偶，一朝恰落茂先手。清仪阁下檇李亭，幂历茶烟浮竹牖。庐陵妙句清通神，壶底镂“黄金碾畔绿尘飞，碧玉瓯中素涛起”二句，欧公诗也。细书深刻藏颜筋。我今对之感旧雨，君方得以张新军。商周吉金案头列，殿以瓦注光璘彬。壶兮壶兮为君贺，曲终正要雅乐佐。

叔未解元得时大彬汉方壶，诗来属和　吴骞

春雷蜀山尖，飞栋煤烟绿。独龙绕蜂穴，日夜鏖百谷。开荒藉瞿昙，炼石补天角。中流抱千金，孰若一壶逐。继美邦美孙，

李斗谓大彬乃宋尚书时彦之裔。智灯递相续。两仪始胚胎，万象供抟掬。视以火齐良，宁弃辟与曝。名贵走公卿，价重埒金玉。商周宝尊彝，秦汉古卮盝。丹碧固焜耀，好尚殊华朴。迄今二百祀，瞥若鸟过目。遗器君有之，喜甚获郢璞。折柬招朋侪，剖符规玉局。松风一以泻，素涛翻雪瀑。恍疑大宁堂，移置八砖屋。摹形更流咏，笺册装金粟。顾谓牛马走，名陶盍补录。嗟君负奇嗜，探索穷崖隩。求壶不求官，干水甚干禄。三时我未餍，一夔君已足。予藏大彬壶三，皆不刻铭；虽一壶，底有欧公诗二句，为尤胜。譬如壶九华，气可吞五岳。何当载乌篷，共泛罨溪渌。庙前之庙后，遍听茶娘曲。勇唤邵文金，渠帅[76]在吾握。大彬汉方惟邵文金能仿之，见《茗壶系》。

观叔未时大彬壶　徐熊飞渭扬

少山方茗壶，其实强半升。名陶出天秀，止水涵春冰。良工举手见圭角，那能便学苏模棱。凛然若对端正士，性情温克神坚凝。风尘沦落复见此，真书廿字壶底铭。削竹镌刻妙入神，不信芦刀能刻髓。王濛故物藤箧封，岁久竟归张长公。八砖精舍水云静，我来正值梅花风。携壶对客不释手，形模大似提梁卣。春雷行空蜀冈破，乱点硇砂灿星斗。几经兵火完不缺，临危应有神灵守。薄技真堪一代师，姓名独冠陶人首。吾闻其美如美人，气韵幽洁肌理匀。珍珠结网得西子，便应扫却蛾眉群。又闻相壶如相马，风骨权奇势矜雅。孙扬一顾获龙媒，十万骊黄皆在下。多君好古鉴别精，搜罗彝器陈纵横。纸窗啜茗志金石，烟篁绕舍泉清泠[77]。东南风急片帆直，我今遥指防风国。他日重携顾渚茶，提壶相对同煎吃。

时少山砂壶为蔡少峰锡恭赋　张廷济

离墨山城呼卖土，抟沙搵破蛟龙府。方壶圆峤尽炉锤，翻出茶神新样谱。供春无字留人间，鼻祖今传时少山。黄庭楷则遒且媚，险怪一例从镵删。我有汉方壶一柄，吴兔床山人陈仲鱼征君徐雪庐孝廉沈竹岑广文留清咏。语儿城中喜再逢，一十二字笔同劲。虑俿尺量二寸崇，腹围九寸中丰隆。年纪辛丑年正老，款云辛丑秋日，是顺治十八年，时年已老。粗沙斑斑谁磨硴。君家品茶世著录，砖炉石铫煎初熟。一瓯香味非寻常，不用花瓷琢红玉。我亦思买阳羡田，再寻时子壶中天。只愁妙迹久断绝，零砂胜块飞云烟。何如醉经阁主得佳供，松风石乳清香送。大宁堂与宝俭堂，敝藏者是大宁堂款，此云为宝俭主人制，盖亦堂名也。两地茶余联午梦。

坐怀苏亭，焚北铸炉，以陈壶徐壶烹洞山岕片歌此歌咏徐陈壶，故次于后　熊飞

熊飞又作飛，四川人，崇祯官宜兴教谕。

显皇垂拱升平季，文盛兵销遍恬嬉。是时朝士多韵人，竞仿吴侬作清事。书斋蕴藉快沈燎，汤社精微重茶器。景陵铜鼎半百沽，荆溪瓦注十千余。宣工衣钵有施叟，时大后劲模陈徐。凝神昵古得古意，宁与秦汉官哥殊。余生有癖尝涎觊，窃恐尤物难兼图。昔年挟策上公车，长安米价贵如珠。辍食典衣酬夙好，铸得大小两施炉。今年阳羡理蓿架，怀苏亭畔乐名壶。苏公癖生予梓里[78]，此地买田贻手书。焉知我癖非公癖，臭味岂必分贤愚。闲煮惠泉烧柏子，梧风习习引轻裾。吁嗟，洞山岕片不多得，任教茗战难

相克。亭中长日三摩挲，犹如瓣香茶话随公侧。吴骞云：顾智跋：偶检残编，得熊公怀苏亭歌词，想见往时风流暇逸。今亭既湮没，故附志此，以志学官昔有此亭，亦见阳羡茗壶固甲天下也。

陶器行赠陈鸣远　汪文柏见雅流传

荆溪陶器古所无，问谁作者时与徐。时大彬、徐友泉。泥沙人手经抟埴，光色便与寻常殊。后来众工摹仿皆雷同，陈生一出发巧思，远与二子相争雄。茶具方圆新制作，石泉槐火鏖松风。我初不识生，阿髯尺素来相通。谓陈君其年也。赠我双卮颇殊状，宛似红梅岭头放。平生嗜酒兼好奇，以此饮之神益王。倾银注玉徒纷纷，断木岂意青黄文。厂盒宣炉留款识，香奁药碗生氤氲。数物悉见工巧。吁嗟乎！人间珠玉安足取，岂如阳羡溪头一丸土。君不见轮扁当年老斫轮，又不见梓庆削鐻如有神。古来技巧能几人？陈生陈生今绝伦。

双溪竹枝词　陈维崧

蜀山旧有东坡院，一带居民浅濑边。白甄家家哀玉响，青窑处处画溪烟。

周梅圃送宜壶　吴省钦冲之

春彬好手嗟难见，质古沙粗法尚传。携个竹炉萧寺底，红囊须瀹惠山泉。

无锡买宜兴茶具二首　冯念祖尔修

陶出玲珑碗，供春旧擅长。团圆双日月，刻画五文章。直并抟砂妙，还夸肖物良。清闲供茗事，珍重比流黄。

敢云一器小，利用仰前贤。陶正由三古，茶经第二泉。却听鱼眼沸，移就竹炉边。妙制思良手，官哥应并传。

天门唐南轩馆丈斋中多砂壶，有形如橄榄者，或憎其拙。予独谓拙乃近古，遂枉赠焉，名曰“味谏”　程梦星伍乔

义兴夸名手，巧制妙圆整。兹壶独臃肿，赘若木之瘿。吕甫公有木瘿壶诗。一盏回余甘，清味托山茗。

《阳羡名陶录》题辞　周春松霭

博物胸储七录豪，闲窗馀事付名陶。开函纸墨生香处，篆入熏炉波律膏。

瓷壶小样最宜茶，甘欸浓浮碧乳花。三大一时传旧系，长教管领小心芽。

闻说陶形祀季疵，玉山[79]风腋手煎时。何当唤取松陵客，补赋荆南茶具诗。

阳羡新镌地志讹，延陵诗老费搜罗。他年采入图经内，须识桃溪客语多。

题朱梓庐明府休度壶山图　张廷济

先生昔为余题少山壶，汉方瓦注矜奇觚。先生今属余题壶山图，边方泉石胜名都。壶山之图境奇特，壶山之吟笔清腴。一读吟稿一读画，沃我诗肠忘焦枯。先生裴园承旧学，金壶古文细商榷。冷官于越饭不足，开怀且试百壶握。提壶更入武林局，奇书校雠正舛驳。一官奉檄来云中，却爱山穷与水穷。讼庭清闲昼无事，扶筇试茗衙斋东。饮水一壶非品味，要品此心同不同。归来补图轩巽好，指点浮沤是山窍。玉峰宝峰任卧游，旧梦重寻颜一笑。贱子蒙契今十年，瓠壶无用荷见怜。示我汉瓦建安字，饮我宋瓮内府泉。谓我雕琢愁肝肾，作诗苦且暂辍焉。谓我明年运在禄，病减盍整驴车鞭。我感先生此意厚，疑义遗文欣屡叩。行将再放范湖舟，从弟子列侍左右。壶中之日特地长，再拜敬为先生寿。

金粟香武祥饷宜兴茗壶，媵以饼茶，赋诗为谢　汪瑔芙生

坐窗渴病愁阑暑，梦想一瓯如泼乳。荆溪茗具忽见贻，转惜闲身愧桑苎。

大彬供春无后先，裔云团月期同煎。闻君家近慧山麓，何日相从第二泉。

词

满庭芳吾邑茶具俱出蜀山，暮春泊舟山下，漫赋此词　陈维崧

白甄生涯，红泥作活，乱烟细袅孤村。春山脚下，流水浴柴门。紫笋碧鲈时候，溪桥上、市贩争喧。推篷望，高吟杜句，旭日散鸡豚。　田园淳朴处，牵车粥畚，垒石支垣。看鸱彝扑满，磊磊邱樊。而我偏怜茗器，温而栗，湿翠难扪。掀髯笑，盈崖绿雪，茶事正堪论。

时人题咏

题词　番禺叶佩瑜次周

搜集名壶说百篇，如眉朗列阐真铨。千秋艺苑名应并，屡代茶经典共联。朱紫纷陈欣俊赏，旗枪静沸袅晴烟。定知梨枣成书后，一卷风行海内传。

题词　番禺俞叔文

饱墨恒疑夙好偏，先生乃以百壶传。偶然瀹茗情何适，无赖磨人老自怜。金石雕镂名士笔，杯觞想象太平年。思归我本江南客，土物流连倍惘然。

供春壶歌　顺德张虹谷雏

储简翁得吴清卿旧藏供春树瘿壶，滨虹词长尝雇工拓出，以拓本寄赠，为作歌以纪之。

茶事允宜供春供，巧思妙致惊神童。岕山蒻叶胜蒙顶，流风余韵宗卢仝。松火候汤蟹眼熟，云腴香泛碧且浓。久羡供春创神品，真面未见难形容。传来拓本惊欲绝，脱尽人巧殊众工。古松磐根似瘿结，鳞甲苍古疑虬龙。隐现指纹绉如縠，珠粒妙曼隆虚空。绝诣端从妙指出，阳冰字法栖昆虫。供春二字作篆书，镌于鋬内。欣赏无言意仿佛，神工鬼斧难雷同。前贤跻之三代隆，讵知瓦罐齐彝钟。法物流传数百载，叔未未见疑无踪。张叔未为蔡少峰题时少山壶句云：供春无字留人间。清卿好古目如炬，呵护传器归吴中。不沦鼠菌存檀匣，虽非完器欣难逢。重摹阳羡补壶盖，兰膏荡涤光玲珑。简翁得之逾瑰璧，永宝文物留江东。昔年窸斋重摹制，我得一事寒斋充。吴清卿曾仿制十柄，吾友秋斋词丈侨居吴门，为余作缘购得一柄。东吴秀发结蜀土，地灵钟毓生壶公。学宪风流久零替，世人梦想知有龚。寺僧手迹没陵谷，允推鼻祖传宗风。谁云末技不足数，陶人继起皆景从。茶具从此黜银锡，无人齿及铅与铜。陶价日增拟金玉，壶天岁月真无穷。安用买田客阳羡，香茗满注足吾躬。

题宜兴储简翁藏供春树瘿壶用宋吕晦叔公著　瘿木壶诗原韵　顺德蔡守寒琼

曩岁买砂壶，自笑太不智。竹节与梅根，每遇辄轻弃。不道龚供春，竟有此奇制。石以丑见称，木岂瘿为赘。九柯至一罢，见《画断》[80]。取形画相类。绝技师造化，规矩自可废。八凹九凸旨，佛说为人意。瑞州大愚守芝禅师问如何是为人，一句师曰："四角六张。"曰："意旨如何？"师曰："八凹九凸。"项氏名瓷图，亦载有二器，制造太纤巧，我固疑是伪。简翁获真品，聚道讵谋利。倭奴争来求，千金未云贵。倘游罨画溪，欣赏定出视。刳剔必天然，妙手与众异。明人喜草篆，款识应如是。为诵晦叔诗，谛玩相勉励。当年归春楼，吴氏得此壶，有《归春楼记》之作。早自善标置。抱残守阙者，窸斋好古士。人间难再得，失盖宁求备。伯高宝康瓠，我亦有斯志。

张子谷雒为李子凤坡写吴清卿仿制供春树瘿壶图，赋题一绝　叶佩瑜

前朝韵事几成尘，世尚名壶说供春。珍重窸斋摹仿意，丹青犹幸与传神。

题张子谷雒自绘清卿仿供春树瘿壶图　叶佩瑜

供春壶，窸斋仿。木以瘿而自全，壶以瘿而见赏。其物幸存，其仪可象。绘事千秋，风流日长。

前题　番禺王薳秋斋

佛门殊胜叹抟沙，并有神童演丽瓜。三百年间称绝技，窸斋传古自名家。

阳羡壶瀹茗　南海程景宣竹韵

臭过椒兰，味同醪醴。壶领神瀵，岕茶可拟。

兰泉属题频伽、明芳、鸣远砂壶合拓　区赍梦良

兰泉嗜藏壶，与我有同癖。家风嗣海山，探骊得祥伯。明芳固雅韵，鸣远亦蕴藉。三壶聚翠墨，一纸连城璧。对此触所好，欢喜为啧啧。每欲同把玩，去来无定迹。何时谢尘事，相与数晨夕。茶宴日追随，一瓯话闲适。

题兰泉兄频伽、明芳、鸣远砂壶合拓，次梦良韵　南海李景康凤坡

兰园多古意，爱壶早成癖。一具见家珍，道翰洒祥伯。明芳精且奇，鸣远亦载籍。尺素联古欢，价重逾拱璧。瓦缶跻鼎彝，赞欢惟啧啧。我亦嗜此深，神契略形迹。一瓯涤尘襟，谈笑数昕夕。理乱何足闻，壶天最闲适。

为兰泉题频伽、明芳、鸣远三壶墨拓，和梦良原韵　蔡守

潘兰泉区梦良唐天如李凤坡张谷雏，五子抱壶癖。兰泉获俊物，作缘有岩伯。葛澂为张叔未作缘得时壶。明清皆名流，一一稽载籍。一壶直千金，三事抵双璧。我亦有同嗜，忻赏称啧啧。昔同居赤雅，今宛成陈迹。病榻得新诗，高吟破愁夕。我僭号壶帝，壶天聊自适。简琴石为刻“壶天壶帝”一印。

丁卯腊八初度，得金冬心澂泥砚、惠孟臣紫砂壶，冬心生于丁卯，惠壶亦镌丁卯年，于事颇巧合，爰制笺以纪之，并赋一律　番禺邹浚明听泉

眼中万事总糊涂，只问葫芦笑也无。出世同生师祖日，疑年合数大颠珠。云间珍重冬心砚，天启流传惠子壶。底刻“大明天启丁卯荆溪惠孟臣制”。瀹茗临池闲岁月，刚逢丁卯二难俱。

陈用卿砂壶为蔡啸府集句　东莞邓尔雅尔疋

铁色皴皮带老霜，刘秉忠，破鼻竹林风送香。晁补之。泉甘器洁天色好，欧阳修。落霞秋水梦还乡。杨万里。壶刻：“秋水共长天一色”句。

喜得陈用卿两砂壶　顺德蔡为珍尚陶

昔者有壶痴，今复见壶癖。一壶十万缗，爱壶遑计直。壶乃哆口笑，是岂壶魔力。供春与大彬，夙已名藉藉。猗欤陈三呆，庞然夺一席。选土固精研，不愧善为埴。一夔洵足矣，奚待穷搜索。丰城剑气双，容或兆奇获。斯愿竟不虚，会亦逢其适。异曲本同工，连珠兼合璧。杯水可清心，一壶刻“山中一杯水，可清天地心”。长天共一色。一壶刻“秋水共长天一色”。交互恰有情，书法太傅迹。同好恣延赏，无乃为形役。壶寿几千年，别具此古式。闲尝考壶系，阳羡衍世泽。紫砂壶胎骨，梨皮壶绨綌。日月在壶中，不觉天地窄。大雅久不作，谁与数晨夕。行将本此意，还以娱嘉客。

子云省长藏有陈子畦砂壶一事，予爱其坚致，蒙以见赠，得充寒斋点茗之需，为赋诗纪之　张虹

吾家叔未子，求壶不求官。吴免床为张叔未题时少山壶，诗云“求壶不

求官”。解嘲聊自况，雅量感公宽。法物齐三代，清娱乐古欢。子畦法友泉，塑术作沙抟。陶人传百代，阳羡土一丸。欲偕壶公去，卜筑蜀山端。雨前采蒻叶，风味胜龙团。

兰孙壶歌并序　李景康

予藏紫砂大壶一具，底镌“明月一天凉似水”句，款署“兰孙”，草书清劲。寒琼考据，知为明代遗老陈煌图款。煌图一字鸿文，常熟人，崇祯副贡，官翰林院典籍兼待诏。南都失陷，痛不欲生，归隐以终。

鸿文老叟何堂堂，潜龙勿用惟退藏。愿作淮王旧鸡犬，至今青史生余光。眼看七庙堕胡马，薇蕨欲采无首阳。仅余蜀山一片土，壶中日月如长房。兰孙二字见标格，要与屈子齐芬芳。闲尝夜坐读公传，明月一天如水凉。茶烟半榻足禅悦，微熏馥馥充诗肠。君不见叠山卖卜建阳市，棱棱风骨寒秋霜。抚公此物岂殊趣，视作鸿宝藏缣缃。

家藏赭墨色参白砂无款章壶一持，审其炼泥制作，非万历名手不办也　李景康

时花美草未知名，一样天工雨露成。耳食纷纷说壶系，几人法眼辨朱明。

留佩不知何许人，小壶工细妍雅，向为艺林欣赏。予得一小朱壶，“留佩”二字刻在盖唇，戏进一解　李景康

丹唇外朗见便娟，不欲人间姓字宣。留得江皋琼佩意，一生长结绿波缘。

题鱼龙戏浪紫砂壶　李景康

百壶居士抱壶癖，乘桴浮海无人识。延奇揽异性所钟，一室纷陈杂图籍。中有一壶众所无，江翻海覆腾波涛。全壶自盖至底皆作波浪形。一龙嘘噏据其顶，盖面以波沫结顶，龙首横出代的。昂首吐舌殊自豪。龙首龙舌均能伸缩摇动。一龙夭矫势磅礴，涌出洪涟见头角。壶身一面有龙首凸出波际。喷薄如争跃鲤雄，一面有鲤跃出波间。徊翔似厌层渊薄。曾闻天地开鸿濛，河滨尚未生重瞳，虞舜尝陶于河滨。遑论金沙时与龚。指金沙僧、时大彬、龚供春。倏然玉女降蓬岛，玉壶坠世凭虬龙。见《图书集成·壶说》。旨哉斯物有所本，岂投俗尚肤与庸。紫砂莹润如和玉，香雾纷腾茗初熟。七碗能生两腋风，一杯尽解炎方溽。壶兮壶兮出谁手，盖内有“大亨”印待考。鬼斧神工原不朽。昔闻仲美像鱼龙，见《壶系》陈仲美传。夸奇欲把心肝呕。君不见由来奇癖无古今，佛亦爱花仙爱酒。

癸酉岁得尤水邨仿雪堂石铫壶，次苏长公原韵赋诗纪之　张虹

品泉人爱在山泉，器量深宏饮亦宽。赖有水邨存古意，俨知元佑说苍寒。自惭俚句谁为和，重仿新图墨未干。尤水邨家藏石铫壶为周穜赠苏长公物，进呈内府，后广写石铫图，以赠知交。今岁从蔡子寒琼借模本，传写一轴。漫笑求壶千里外，秋斋词兄在吴中为予购得水村仿制石铫壶一事，寄

归粤中。诗简传语报平安。平、瓶音同。

张子谷雒得尤水邨仿雪堂石铫壶，以诗见示，依韵奉和　叶佩瑜

闲来抱瓮汲清泉，一勺真能胸处宽。饮水讵令人独异，在山弥惜汝禁寒。瀹期苦茗思回味，荡到回肠未觉干。苏子题诗尤子仿，深怀似欲世同安。

张子谷雒得尤水邨仿雪堂石铫壶，以拓本见赠，赋题一首　李景康

长公千古人之雄，诗文词字百代宪。更兼画笔妙寰宇，九州四海谁追踪。萧然笠屐见襟抱，风飘衣袂如神龙。山泉笑酌意独远，知公心事惟周穜。臣心如水皎日月，斗筲器小怜荆公。水邨千载独神会，岂将余技夸雕虫。深宽诗句见肝胆，发人深省如晨钟。我亦羹墙想风采，一生低首惟坡翁。

题彭老守壶　李景康

世人不识彭城守，千石分封印如斗。锦衣不屑项王荣，雄州卧治鼾声吼。醒来瀹茗润诗肠，座中不设平原酒。制壶堪与石梅邻，审其式度制作，似乾、嘉间物，或与朱坚同时。尚古尽同鸿渐友。挂冠神武赋归来，门前学种先生柳。用梅村句。自言潇洒胜蓬莱，壶腹刻词一首，凡四十五字，有“自然潇洒胜蓬莱”句。只许桃梅窥户牖。刻词有“先见梅开，后见桃开”句。昆明余劫认寒灰，乱世功名等苍狗。无官心事总悠然，刻词有“山也悠哉，心也悠哉”句。君亦前朝彭泽叟。

香港渣甸山北山堂品茗，即题兰泉藏频伽为稼庭制砂壶，用葛岩伯咏时大彬壶原韵　蔡守

今朝品茗北山亭，茶具多君妙绝伦。小子曾钻黎峒火，冯璧题东坡海南烹茶图诗：“地恶九钻黎峒火。”余尝佐戎幕入琼崖，故云。故人时寄碧萝春。海山俊物诚家宝，兰泉并藏海山仙馆茗。范郭名壶足古珍。种藕成莲图可咏，天台归后礼汤神。

又倒押前韵　蔡守

胡麻饭后策茶勋，炉鼎精微神又神。古色吉祥涵紫气，壶为紫砂。佳铭渊懿足奇珍。壶中曾贮天台水，舌本常留顾渚春。料得藕香工瀹茗，萱帷读画乐天伦。稼庭父藏名画甚富，母王氏工绘事。

前题　蔡守

壶中日月茶胜酒，罚例能毋剧季伦。战胜只谋竹沥水，味浓最爱碧萝春。藕香煮茗瓶笙妙，蘅梦为铭鼎鼐珍。拟把金钗候汤眼，瓯香浮动一栖神。

予得陈曼生茗壶二柄，一方形一瓜样，拓出合装为轴，以诗系之　张虹

日对青山吃苦茶，曼壶铭有“青山个个伸头看，看我庵中吃苦茶”句。衎斋雅爱玩抟沙。一瓯荡漾浮柔叶，百载流传有丽瓜。埴作方圆俱

入妙，不分朱紫并妍华。苦教此老司陶正，陶宝于今遍我家。

寒琼、倾城伉俪藏张春水、陆璞卿夫妇茗壶此壶今归区梦良　邓尔雅

佳茗佳壶得佳耦，故应整顿注全神。各镌名姓因人重，细玩箴铭祝自珍。形匾虽非三代物，诗清胥赖一旗春。山家韵事茶堪赌，金谷休称行季伦。

题徐问蘧茗壶壶形覆斗，壶身镌隶书铭云“置之都篮，如印一函。问蘧制”十一字　张虹

相期金石无古今，跻之彝鼎联赏心。江东法物等琅琳，妙若都篮印可钦。西京铭法昆吾锓，珍同曼老难为寻。同出彭年笙磬音。得之忍俊殊不禁，欣然相对助长吟。论交此君称苔岑，瓦缶可爱逾黄金。

题朱石梅砂壶拓本二绝　张虹

依样葫芦依样看，新传拓本墨才干。先生著述留壶史，壶史于今见亦难。

高寿僧人未问医，朱颜不衰如婴儿。石梅壶铭句。吃茶百碗从无厌，大中三年，东进一僧年百卅岁。宣宗问服何药致然，答曰：“臣少也贱，不知药性。本好茶，至处惟茶是求，或饮百碗不厌。”因赐茶十觔，令居保寿寺。见《南都新书》。瓦注称珍漫笑痴。

癸酉腊月获申锡、杨彭年合制壶，敦朴如古铜器，喜赋长篇　李景康

愧非太上能忘情，半生寂寂囚书城。理乱聒其耳，哀乐伤其膺。不学驱车痛哭阮步兵，不师谪仙沉醉思骑鲸。一瓯在手聊自快，尽祛尘虑如释冰。百壶坐拥煮石髓，灵襟豁豁双眸清。群器相映有奇趣，式度尚未跨朱明。申杨[81]望古竞遥集，孕育周汉成壶形。客来惊睹貌沉古，几疑铁涩和铜腥。东坡句“铜腥铁涩不宜泉”。虫鱼字迹有所本，岐山敦与江东铭。盖镌伯冏敦古篆，腹镂吴初平洗隶书。赫然纪历在甲戌，吴洗有甲戌年干。巧遭此物逢岁星。明年适甲戌。屠苏大醉可预卜，半瓯苦茗能为醒。来春画笔异风格，对之探古思冥冥。

谷雏画盟得潘兰泉藏黄玉麐破盖朱泥壶，凤公画盟为补缀之，属赋一首　李景康

吴门秀士玉麐叟，肥遁疏狂惟纵酒。醉后惟耽玉茗香，不羡金章大如斗。闲捏朱砂自制壶，翘然标格众工殊。公卿欲买苦不得，物罕珍逾海上珠。兰园偶得惊奇宝，涤拭摩挲非草草。蓦然倾盖碎珊瑚，几番难倩名工补。贻赠壶痴喜欲狂，视作璠玙什袭藏。龙眠素擅描龙手，为补康瓠玉有光。众美天衣渺无迹，几案横陈同啧啧。娲皇纵具补天功，语等齐东人不识。一器偏多手泽联，岁朝花下煮蒙泉。琼浆妙解相如渴，为拟张华咏物篇。

题潘氏砂壶集句 邓尔雅

海山仙人绛罗襦，苏轼，跳身何用世间壶。柳贯。只问此瓶当响答，杨万里。幽窗催破紫云腴。陆游。不如仙山一啜好，欧阳修。露芽云液胜醍醐。文彦博。焚香出户迎潘岳，鱼玄机。挥豪百斛泻明珠。黄庭坚。

题兰泉藏潘氏砂壶集句并序 蔡为珍

潘壶潘得，事岂偶然。美矣家珍，后先辉映。丁卯坡公生日，寿苏寿壶同时举行，会次兰斋出所藏海山仙馆茗壶拓本属题。爰集古句，聊以塞责。

遗予石廪茶，李群玉。未语意先可。陆游。乘兴击一壶，曹邺。质状矮而椭。文同。所贵心之珍，李白。不精安用夥。苏轼。况复居二潘，楼钥，聊将窃比我。苏轼。灵津咽玉池，戎昱。渴者不思火。韦应物。重有入林人，卢思道。隔石尝茶坐。郑巢。

临江仙予藏鹤颠壶，底钤“松鹤庐”印 李景康

巧样搓酥和琢玉，酒边花下相随。青衫湖海半生痴，愁肠亏汝涤，歌咏半闲时。 鹤料早存归隐计，松涛惟有君知。流年偷换旧芳姿。一壶香细细，终夜意迟迟。

踏莎行逸公大朱壶色极妍丽，春昼瀹茗，意兴陶然，偶填一阕 李景康

午梦方回，宿酲初解，融冰细瀹龙团透。画屏人静意慵慵，鸟声花外喧春昼。碧玉澄鲜，朱霞焕发，壶光乱却添香袖。半瓯清隽欲消魂，帘栊低亚余芳逗。

锦缠道题乔鹭洲、瞿子冶茗壶合拓，一锓梅，一锓竹　张虹

香雪子冶室名香雪山仓宜园鹭洲家有宜园之胜，彩笔乍留名句。绘双清、别绕新趣。古权旧样移茶注。雅制流传，恰配清人树。伪闽宫人呼茶为“清人树”。　看昆吾妙锓，划沙犹铸。溯风流、百年如故。问沪滨、重访花庐迹[82]，桃花如雾，池馆无寻处。

注释：

［1］“金沙寺僧”条：以指罗纹为标识来辨别真伪，仅仅是一种流传说法，并无根据（如实物、传器等）。金沙寺僧作品如果有流传，也应是早期砂壶面貌，按语因此说“不可考”。

［2］“龚供春”条：供春的姓名，历来颇多异议，其中较早的见于周高起《阳羡茗壶系》。周氏见大彬仿供春壶，款署“供春”刻款，而吴梅鼎《阳羡茗壶赋》序中也未提及“龚”姓，“龚”姓可作待考。

［3］以无指罗纹为标识：对照紫砂工艺演进的过程，此说与金沙寺僧作品的“以指罗纹为标识”一样，不足为供春壶特征。

［4］此处提供了有关现藏于中国历史博物馆的树瘿供春壶的来历，结合“吴清卿仿制者，为时未久，审辨则易。然以龚壶之价，重仿者必众矣”，及“据宜兴储南强所藏失盖供春壶，‘供春’二字作铁线小篆镌于鋬内壶身，余不可考”，可见作者对此供春壶实持存疑的态度。

［5］硬耳、软耳：紫砂壶提梁式造型。其提梁有的是用紫砂泥捏塑修削再粘接于壶体，与壶体同一体，构成虚实相生的造型空间；有的在壶肩琢塑带孔钮，烧成后用金属、藤竹等材料穿系而形成活络提梁。固定提梁为“硬耳”，活络提梁称“软耳”。

［6］叶硬经霜绿，疑为“叶梗经霜绿”。

［7］“吴次纾”为“许次纾”之误。

［8］渠帅，《阳羡名陶录）作“渠师”。

［9］“邛须红友”应为“卯须红友”。

［10］实际为十一字。

［11］“落力工”应为“落刀工”。

［12］文后山：文鼎（1766—1852），清代篆刻家、画家。字学匡，号后山，别号后翁，浙江秀水（今嘉兴）人。颜所居曰“停云旧筑”。篆刻谨严，章法工稳，得文彭遗意。亦精刻竹，所刻扇骨或臂搁，皆自作书画。善山水、松石，师法文徵明，秀丽绝俗。有《梅华水榭图》等传世，著有《五字不损本诗稿》。

［13］“陈仲美”条：按语中提到“大亨”款印“龙戏海涛”式壶，即邵大亨制鱼化龙壶。

［14］“今音”应为“令音”。

［15］蒙顶叶，原作“蒙项叶”，据《阳羡名陶录》改。

［16］文中多处将“縠罗文”误作“穀罗文”，又“縠绉”误作“穀绉”，一并改之。

［17］文中多处将“吴兔床”误作“吴免床”，一并改之。

［18］陈曼生作宰宜兴：“宜兴”应为“溧阳”，后文亦有此误，一并指出。

［19］“冯彩霞”条：按语讲所见传器壶之的子有欹斜、内孔不周正的缺憾，可作参考。至于明代壶、清代壶在工艺上的精粗差别，似不可一概而论。

［20］瓣香：古以拈香一瓣，表示对他人的敬仰。

［21］牙签之富，埒于清秘：牙签，象牙制的图书标签，此处代

指图书收藏。清秘，疑即清秘阁。倪云林家豪富，筑云林堂、清秘阁，收藏图书文玩，并作为吟诗作画之所。项元汴收藏之富，可比于当年清秘阁。

[22] 衡山先生：文徵明（1470—1559），明代书画家，字徵仲，号衡山居士。

[23] 大令帖：东晋王献之书法法帖。王献之与王珉齐名，珉代献之为中书令，当时称珉为小令，献之为大令。宋高宗赵构曾赞王献之书法："大令摛华，琼绝今古。"王献之法帖有洛神赋十三行，鸭头丸帖、地黄汤帖等。

[24] 随园：清袁枚别墅名，此处指袁枚。康熙时江宁织造隋氏在金陵城外小仓山筑堂，号"隋园"，后倾颓，为袁枚所购，随其高为置江楼，随其下为置溪亭，随其夹涧为置桥，随其湍流为置舟，因改为"随园"，故址在今江苏南京市北。

[25] 宋元精椠：椠（音 qiàn），画版、刻本。宋元精粹刻本。

[26] 钓台，《阳羡名陶录》作"钧台"。

[27] 尤荫：其传世作品，即文中所提《石铫图》，录于《名人书画》。

[28] 西泠八家，原为"西冷八家"，底本误。

[29] "陈鸿寿"条：此条关于曼生壶有"创制新样，手绘十八壶式"及按语（二）中传器有"第四千六百十四之号"，均应存疑，不能成为确论。且曼生壶声名显赫，赝品奇多，确实如同文中所言，应从铭句、书法、刻工方面来鉴别。

[30] 邓秋枚，原为"邓秋梅"，底本误。后文亦有，一并改之。

[31] 频迦，本书前后文均作"频伽"。

[32] 砂胎锡壶是其创制：朱石梅创制的包锡壶，以紫砂为胎，外面包裹锡皮，曾于清代道光间有过盛行时期。但这种装饰方法使器皿笨重，有损砂艺本色，故后世不再仿造。

[33] 琴坞，原作“琴邬”，据前文改。

[34] 粗砂幼造：指调砂泥料，质地粗古但加工精细的砂壶。

[35] 黄玉麐：黄玉麐的生平《宜兴县志》有记载：“黄玉麐，蜀山人，原籍丹阳，幼孤，年十三从同里邵湘甫学陶器三年，遂青过于蓝。善制掇球、供春、鱼化龙诸式。莹洁圆湛，精巧而不失古意。又喜作假山，得画家皴法，层峦叠嶂，妙若天成。吴县中丞大澂及顾茶村先后来聘，为制壶若干，得大澂手镌印章赠之。大澂富收藏，玉麐得观彝鼎及古陶器，艺日进，名亦日高。晚年每制一壶必精心构撰，积日月而成。非其人，重价勿予。虽屡空，不改其度云。”

[36] 帖括：指科举应试之业。

[37] 金铁芝：20 世纪 20 年代有戴国宝，号玉道人、玉屏，于上海创办铁画轩陶器公司，印记为“铁画轩制”，经营高档紫砂。

[38] 吴石仙：（？—1916）近代画家。名庆云。以字行，晚号泼墨道人。江苏金陵人，寓上海。擅山水，长于烟雨景致，能出新意。从米芾、高克恭两家取法，并参用西洋水彩画技法。传世作品有《海州全图》《远寺夕照图》《远浦归帆图》等。

[39] “待考”篇收录一些张、李二人当时无法、无从考证的传器和工艺名师，其中多有“明代物”“想必明季人”等断语，今天看来都应存疑。年代久远的器物以及名不见经传的艺人，有些今天仍然应列入“待考”。

［40］佗城：即佗城镇，在今广东省龙川县。

［41］邵旭茂：邵旭茂应为清乾隆时人，制壶风格以浑朴见长，因此文中误作明代艺人。今宜兴紫砂工艺厂藏有“荆溪”“邵旭茂制”印款提梁壶一件。

［42］虔荣：潘虔荣，字菊轩，与杨彭年同时。虔荣名在《宜兴县志》，属长寿耄耋之列，故能得知年代。今香港中文大学人物馆藏有虔荣莲子大壶，底刻款“岁在辛卯仲冬虔荣制，时年七十六并书”。制壶年代当为清道光十一年（1831），可见虔荣历经乾、嘉、道三朝。又《邵氏宗谱》卷十六有高熙《茗壶说》之《赠邵大亨》一文，其中有句：“……近得菊轩掇，并苍老可玩。”（其中“掇”即“掇子”壶，造型类莲子大壶）

［43］万丰似明代壶肆名号，或云创于万历间：“万丰”应为一壶肆名号。

［44］盼，应是“朌？”之误。

［45］姜千里：又名江千里，明代晚期镶嵌螺钿名工。字秋水。浙江嘉兴人。王士祯《池北偶谈》和朱琰《陶说》作姜千里。一生喜用《西厢记》故事作小件软螺钿（亦称“点螺”器物），所遗作品多用彩色软螺钿镶嵌。所嵌锦文，极精细。阮葵生《茶余客话》说：“名称朝野，信今后传世无疑。”

［46］王南林：乾隆时艺人，制壶颇有声望。紫砂施釉、绘粉彩是盛行于清代嘉、道年间的一种装饰风气。紫砂壶烧过后满身挂釉，再以800℃低温二次烧成，为满釉，亦称“炉均”；而在砂壶上模仿雍正朝盛行的粉彩手法绘画花鸟等，亦为二次烧成，是紫砂工艺受雍正时期粉彩装饰流行风尚影响而出现的模仿装饰手

法，终因釉彩与紫砂质地的效果不融合而没有继续发展。

［47］友兰秘制：乾、嘉时期艺人邵友兰印款。

［48］“大亨”条：《邵氏宗谱》卷十六有高熙《茗壶说·赠邵大亨君》一文，抄录如下：“茗壶之由来远矣，其以专精者不可殚述。余家藏黄南林中掇一，苍劲中有斧凿痕，又徐氏细砂轿顶一，颇无俗态，意近今名手，罕出其右者。近得菊轩掇，亦苍老可玩，然不免岛瘦郊寒，于廷制稍腴润，未极精巧。窃叹古制不存，几如虞敦殷瑚鸡彝牺象之不可复睹矣。不意比年来得一邵君大亨。君所长，非一式，而雅善效古，每博览前人名作，辄心揣手摩，摹得者珍于拱璧。其佳处力追古人，有过之而无不及也。每游览竟日或卧逾时，意有所得便欣然作成一器，否则终日无所作，或强为之不能也。其掇壶，颈项及腹，骨肉停匀，雅俗共赏，无响者之讥，识者谓后来居上。嘴注鍳胥出自然若生成者，截长注尤古峭。口盖直而紧，虽倾侧无落帽之忧，口内厚而狭，以防其出。气眼外小而内锥，如喇叭形，均无窒碍不通之弊。且贮佳茗，经年嗅味不改。此皆前人所未逮也。其余曰鱼化龙、曰一捆竹、曰风卷葵，皆出自君手。他人莫能为之，即为之，亦如婢见夫人，无可仿佛。此亦仅以精密胜，不足尽君技之妙也。噫，以兹壶之工而用之，众技亦何技不工；以兹壶之精而用之，博学亦何学不精？而君独专于此，学在此，技在此，名亦在此。倘所谓一艺成名者与！若余之一无成百无成者，能不愧甚。遂书以赠之。”邵大亨是清嘉、道年间宜兴上岸里（今上袁）人。此处披云楼藏“龙戏海涛”即鱼化龙壶。

［49］范庄农：即“范庄农家”篆印款壶，与利永公司、吴德盛等时代相同。

［50］跂陶：吴德盛陶器公司，创于20世纪20年代。店主吴汉文，能亲手从事镌刻，署款“跂陶”“企陶”“潜陶”。注册商标为“金鼎商标”，圆形图记，阳文四字楷书，中有一鼎，小篆“德鼎”二字。

［51］冰心道人：程寿珍（1857—1939），自号冰心道人，宜兴上袁村人，名艺人邵友廷养子。代表名作有掇球、仿鼓、汉扁，印款有“冰心道人”“八十二老人”等，又有“八十二老人作此茗壶，巴拿马和国货物品展览会曾得优奖”字样。

［52］徐三庚、赵扮叔：清代著名篆刻家。徐三庚（1826—1890），字辛穀，又字诜郭，号井罍，又号袖海，别号金罍山民、似鱼室主、余粮生，浙江上虞人。善篆、隶，常用《吴纪功碑》体势入印，在吴熙载、赵之谦外能另辟生面。刻款运刀熟练，不加修饰，有生辣遒劲之风。著有《金罍山民印存》。赵之谦（1829—1884），初字益甫，号冷君，后改字扮叔，号悲盦、憨寮、无闷、铁三、梅盦，浙江会稽人。精篆刻，初学浙、皖二派，后突破秦汉钤印规范，汲取古钱币、镜铭、碑版等篆字入印，章法讲究，古劲浑厚，闲静遒丽，别创新法，印侧刻画像，亦属首创。著有《二金蝶堂印谱》等著作，书、画、印精品均有传世留存。

［53］贡局壶：仅依据“荆溪陶正司陶复”之句便推断荆溪明代已设贡局，不足为证，且所见“贡局”款传器大多为外销产品，有的作“抛光”表面处理（史料中至今未有宫廷派督陶官督造砂壶的记载）。虽然底有“雍正”“天启”贡局字样，并不代表明清朝代，相反，这些贡局壶大多为19世纪出品。

［54］“二器”当为“三器”。

［55］秦望山，原为“泰望山”，据《阳羡茗壶系》改。

［56］浇釉之法，先造壶胎，干后以釉浇之：上釉的方法，文中作者以为是生坯上釉，但紫砂壶是烧过的紫砂壶胎上画彩，再以800C低温第二次烧成。

［57］”阮蔡生”为“阮葵生”之误。

［58］鸣远制壶，必随地置窑烧器，自审火候，故能挟技以游也：陈鸣远等紫砂艺人挟技以游，可以带上泥料、工具，制成壶坯后带回宜兴烧造。从紫砂烧成要求状况看，不可能随地置窑（类似陈鸣远的做法，20世纪二三十年代紫砂艺人在上海仿古制作砂器，也是带回宜兴烧造的）。

［59］损，原作“捐”，据《长物志》改。

［60］壶盖转之而紧闭，拈盖而壶不脱落：这种现象称“锁盖”，实际上是由于壶盖、壶口两个圆形不规整、不吻合造成的，是一种工艺缺陷。

［61］“彩色”条：彩色砂壶实际上有满釉、粉彩以及不上釉而用色泥调配色彩三种，不能混为一谈，与欧窑更不相同。因此推断加彩壶始于明代不足为证。

［62］建城：即贮茶罐。见后文“总贮茶器七具”条。

［63］坡翁尝曰“买田阳羡吾将老焉”，岂以济胜得胜故云尔邪：济胜，登临揽胜。苏东坡“买田阳羡吾将老焉”岂是因为阳羡山水胜景宜于登临揽胜的缘故？

［64］雀舌：嫩茶芽，状似雀舌而得名。此处借“雀舌”茶名与下文“旗枪”对仗。

[65] 枪旗：绿茶，因叶如旗、芽尖似枪而得名。借“旗枪”之名，成“仪肃”之文。

[66] 颁颁龙凤，禁庭异数也：龙凤，龙凤茶，茶饼上饰以龙凤而得名。宋代有龙凤团饼作为贡茶珍品。此处借龙凤茶名，又喻贤才贵人之相。

[67] 块然一质：双关语，既指“汤蕴之”，即砂壶，是土块造就。又指崛然独立，孤傲而安然自得的气质。

[68] 有同类流入酣里：当指与“茶”相对应的“酒”。

[69] 宁随作书刘琨为伍，不与投辖陈遵为邻：刘琨（270—318），字越石，晋愍帝时大将军。与祖逖友善，有志恢复中原。陈遵，汉杜陵人，好客，每会饮，取客车辖投井中，使客不得去。此处茶、酒相比，讥酒有失德之虞。

[70] “汤蕴之传”条：由苏东坡赞赏阳羡不独看中山水胜景，更是因砂壶佳茗的缘故，盛赞“汤蕴之”即砂壶朴实高贵、清雅宜德的品质。

[71] 这里《茗壶图录》序、跋文字多有与原文不符之处，读者可参阅前文。

[72] 圆不一相，《阳羡名陶录）作“圜不一相”。

[73] 合土之精，《阳羡名陶录》作“含土之精”。

[74] 吴与尔，《阳羡名陶录》作“吾与尔”。

[75] 茅，《阳羡名陶录》作“芽”。

[76] 参见注 8。

［77］清冷，《阳羡名陶录》作“清泠”。

［78］苏公癖生予梓里，《阳羡名陶录》作“苏公癖往予梓里”。

［79］玉山，《阳羡名陶录》作“玉川”。

［80］“九柯”为“九朽”之误，“《画断》”为“《画继》”之误。按《画继》，宋邓椿著。“九朽一罢”系该书提出的一种人物画法。

［81］“申杨”为“申锡”之误。

［82］按词律，应在“庐”后断句，“迹”字属下句，不知底本“迹”字是否有误。

后　记

《紫砂名陶典籍》汇集本成书了，在2000年出版物的现有基础上，添加了很多珍贵的书影资料，也增加了砂壶拓片以及茗壶图录这样珍贵清晰的图片。这些书在图书馆被当成古籍保护起来，或者被拍卖会作为珍本拍卖，都说明了分量。于我而言，这份珍贵在于这些典籍编注的背后，背负着太多沉甸甸的回忆。

回想1989—1993年在南京艺术学院读研究生期间，有机会回宜兴参加由顾景舟大师主编的《宜兴紫砂珍赏》的编写工作，重新回到长辈的身边，聆听教诲。记得当时，祖孙二人，经常是清茶一杯，展卷闲谈，艺闻趣事，无所不及，其中谈的较多的是紫砂艺术古籍的注释工作。当时，顾老要我手抄这些古籍，有时间要逐字逐句地注释，并严肃地告诉我：这些典籍是中国陶瓷史上屈指可数的几本，在中国工艺文化的传承中有着重要的价值。他曾给我讲解《茗壶系》《名陶录》中涉及工艺的一些疑难之处。如文字晦涩的《宜兴瓷壶记》，如果没有像顾老那样在工艺实践中积累了丰富的专业知识，对传统工艺有深刻的理解和认识，并且具有孜孜求证的钻研精神的大师，是难以完全厘清头绪的。这一段充实而美好的学习时光，使我学到了许多课堂、书本上学不到的知识。可惜后来顾老身体每况愈下，这项工作不得不搁置一边。这一搁却从此在我的心中搁住了，这一工作成了我必须向长辈交出的一份作业。今天，《典籍》汇集本又可以付梓了，也许其中疏漏还是很多，还是难以完全符合他老人家的心意，我心中却还是像修改后交完作业的学生，暗暗地松了口气。因此，《典籍》的成书，最应感谢顾景舟大师的倡导和求证，再次谨以此书寄托对顾老的怀念之情。

另一份珍贵，来自提供《茗壶图录》以及提供古籍版本的南京图书馆古籍部，《茗壶图录》由谈伟光先生拍卖得来，提供本书，让我们能够看到当初日本初版的样貌。而其他古籍以及红格抄本等，来自南京图图书馆。在此一并表示感谢。

《阳羡茗壶系》《阳羡名陶录》（含《宜兴瓷壶记》）《茗壶图录》《阳羡砂壶图考》《明清沙壶集拓》是明至民国时期研究紫砂名陶的专著和资料，此次选注，重点仍然在于明清两本主要的紫砂典籍，尔后的著作有些重复前人的记述，就不再赘述了。目的主要是为紫砂艺术的爱好者、从业者提供阅读的方便，因此，选择一种版本为底本，对明显疑误之处，参考其他版本进行修正（加注）；注释也是着重于有关紫砂工艺的解说、考证（一般第一次出现加注，重复的内容不再注释）。若有疏漏舛误之处，敬请方家指正。

在典籍的选注和拍摄中，得到赵彦梅、顾竝、阚青、朱江龙等同道的帮助，也得到了漳浦县博物馆王明月、陈建新两位老师的支持，在此表示感谢。

高英姿
2019 年，冬月
于南京师范大学原美楼